DUBLIN

RALPH-RAYMOND BRAUN

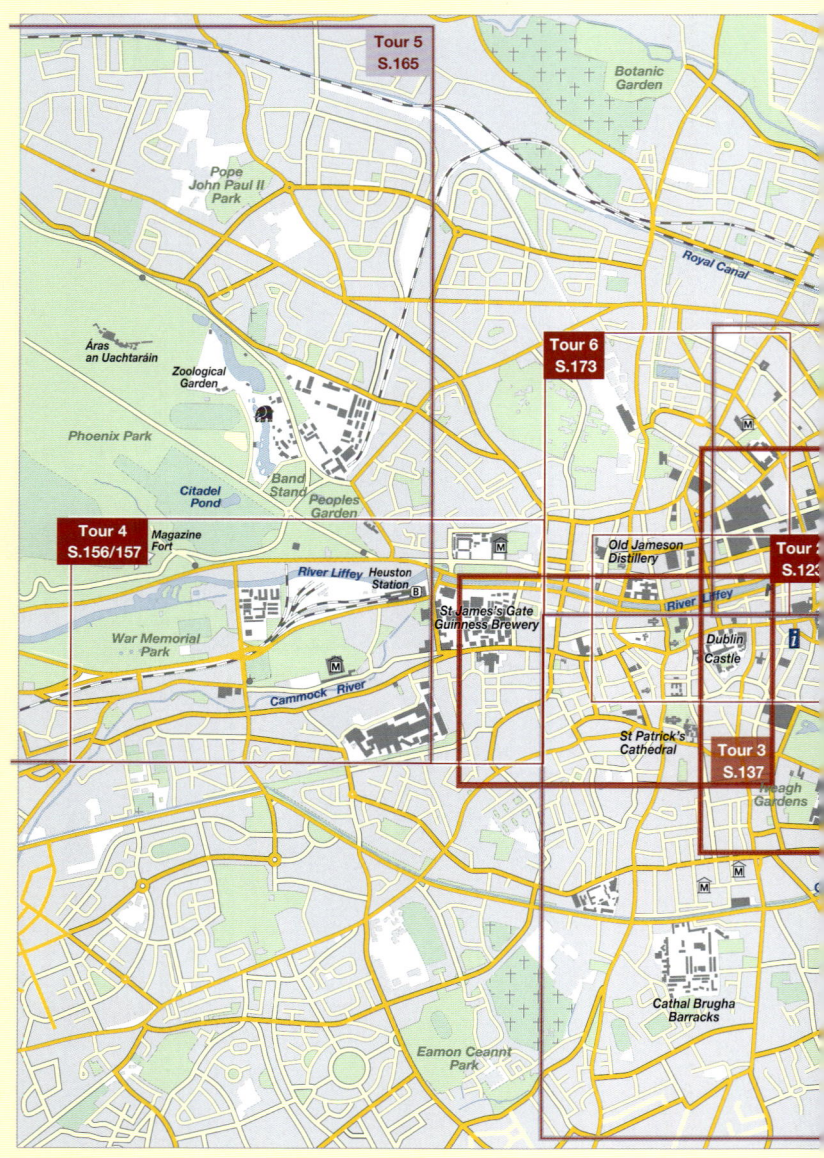

Tour 5
S.165

Tour 6
S.173

Tour 4
S.156/157

Tour 3
S.137

Tour 2
S.123

Botanic Garden

Royal Canal

Pope John Paul II Park

Áras an Uachtaráin

Zoological Garden

Phoenix Park

Citadel Pond

Band Stand

Peoples Garden

Magazine Fort

Old Jameson Distillery

River Liffey   Heuston Station

St James's Gate Guinness Brewery

River Liffey

Dublin Castle

St Patrick's Cathedral

Iveagh Gardens

War Memorial Park

Cammock River

Eamon Ceannt Park

Cathal Brugha Barracks

Dublin und ich? Das ist zuallererst: das Wetter und ich. Am liebsten fahre ich im Juni, da bleibt es lange hell und man hat gutes Fotolicht bis spät in den Abend. Zur Grundausstattung jeder meiner Dublinreisen gehören gute Schuhe, mit denen ich die im Buch beschriebenen Stadtspaziergänge und noch ein paar andere schmerzlos ablaufen kann. Bequem müssen sie sein, die Schuhe, und regenfest.

Unterwegs mit Ralph-R. Braun

Nach dem Pflichtprogramm der Touren-Updates bleibt dann meistens noch etwas Zeit für die Kür. Für mich sind das Klippenwanderungen mit Meerblick, etwa um die Halbinsel Howth. Abends geht's dann in den Pub, den Ort der unvermuteten Begegnungen, der Gespräche und Witze, geprägt von der Schlagfertigkeit und dem Charme der Gäste.

Mein erstes Irlandbuch schrieb ich zu Anfang der Neunzigerjahre. Damals waren die Dubliner noch weiß, gut katholisch und ziemlich arm. Heute haben viele ihre Wurzeln in Afrika, Asien oder Polen. Eine wohlsituierte Mittelschicht ist gewachsen und immer weniger Menschen lassen sich von der Kirche in ihre Lebensgestaltung reinreden. Und wie hat sich die Stadt seit unserer ersten Begegnung verändert! Kommen Sie mit, ich zeig es Ihnen.

Impressum

Text und Recherche: Ralph-Raymond Braun **Lektorat:** Carmen Wurm, Horst Christoph (Überarbeitung) **Redaktion:** Heike Dörr **Layout:** Jana Dillner **Karten:** Judit Ladik, Carlos Borrell, Gabor Sztrecska, Michaela Nitzsche, Torsten Böhm **Fotos:** siehe Seite 287 **Covergestaltung:** Karl Serwotka **Covermotive:** oben: Old Library des Trinity College; unten: Campanile im Trinity College (beide Heiko Beyer, Vision 21)

3. KOMPLETT ÜBERARBEITETE UND AKTUALISIERTE AUFLAGE 2015

Inhalt

Dublin – Hintergründe & Infos

Inhalt

Dublin – Stadttouren und Ausflüge

Kartenverzeichnis

Zeichenerklärung für die Karten und Pläne

Autobahn	Grünfläche	Information
Hauptstraße	Sehenswürdigkeit	Krankenhaus
Sonstige Straße	Museum	Post
Fußweg	Kirche	Parkplatz
Stadtrundgang	Synagoge	Busbahnhof
Eisenbahn	Zoo	
Straßenbahn	Denkmal	
Fährlinie	Brunnen	Heuston Station — Fernbahnhof
Gebäude	Stadttor	Ashtown Station — Commuter (Vorortbahn)
Gewässer	Turm	Sandymount Station — DART (S-Bahn)
Friedhof	Leuchtturm	Jervis — LUAS (Tram)
Bebaute Fläche	Hafen	
Fußgängerzone		

Inhalt

Alles im Kasten

Was haben Sie entdeckt?

Waren Sie in einem stimmungsvollen Pub? Haben Sie in einem angenehmen B&B mit freundlichen Gastgebern übernachtet? Wenn Sie Ergänzungen, Verbesserungen oder neue Tipps zum Buch haben, lassen Sie es uns bitte wissen!

Schreiben Sie an: Ralph-Raymond Braun, Stichwort „Dublin" | c/o Michael Müller Verlag GmbH | Gerberei 19, D – 91054 Erlangen | ralph-raymond.braun @michael-mueller-verlag.de

Vielen Dank!

Dank an Tourism Ireland für die Unterstützung.

 Mit dem grünen Blatt haben unsere Autoren Betriebe hervorgehoben, die sich bemühen, regionalen und nachhaltig erzeugten Produkten den Vorzug zu geben.

Dublin: Die Vorschau

Willkommen in Dublin!

Irlands Hauptstadt ist eine schillernde Metropole, in der Glanz und Elend untrennbar miteinander verwoben scheinen – und die sich am Tresen eines Pubs doch sogleich in ein heimeliges, vertrautes Dorf verwandelt. Nach langer Wirtschaftskrise, die auch die Stimmung drückte, zeigen sich nun wieder Lichtstreifen am Horizont der Immobilienverkäufer und Arbeitsuchenden. Mary und Paddy begegnen den Deutschen, die für die Sparpolitik und die Fahrt in den ökonomischen Abgrund mitunter verantwortlich gemacht wurden, wieder entspannter.

Wer Dublin nur als Durchgangsstation auf dem Weg in die irische Landschaft betrachten wollte, der ließe sich viel entgehen. Tauchen Sie ein in eine pulsierende Stadt, die sich so launisch und wechselhaft gibt wie das Wetter. Eine nicht mehr taufrische Metropole, nur an manchen Stellen auf Hochglanz poliert, die aber viel mitgemacht hat und viel erzählen kann; für die man sich manchmal schämen möchte und an die man doch sein Herz so sehr verloren hat, dass man sich von ihr nicht trennen mag. Liebes, dreckiges Dublin, Stadt der Vielfalt und der Gegensätze: hier die Anzug tragenden Banker und Makler, die zum Lunch aus ihren Glaspalästen oder aufgemöbelten georgianischen Backsteinhäusern strömen, und dort jene, denen nichts bleibt, denn als lebende Hinweistafeln für Boutiquen und Kartenlegerinnen zu werben.

Hauptstadt der Literatur

Für die einen ist Dublin die Wiege der irischen Nation. 2016 wird man – mit dem bei solchen Staatsereignissen üblichen Glanz und Gloria – das hundertjährige Jubiläum des Osteraufstands feiern, der, obgleich militärisch

gescheitert, das Land in die Unabhängigkeit führte. Andere sehen in Dublin die Welthauptstadt der englischsprachigen Literatur, geadelt mit dem UNESCO-Prädikat einer City of Literature. Hier wirkten literarische Schwergewichte wie Jonathan Swift, George Bernard Shaw, James Joyce und Samuel Beckett. Das aus dem Mittelalter stammende Book of Kells zählt zu den Topattraktionen. Auch, ja besonders in der Krise sind die Umstände dem Schreiben zuträglich. Dublin vergibt den höchstdotierten Literaturpreis der englischsprachigen Welt, und der irische Staat besteuert Künstler erst ab einem Einkommen von mehr als 40.000 Euro. Literatur bewegt hier nicht nur Bücherfreunde. Man muss den Ulysses nicht gelesen haben, um, nach der Mode von anno dazumal kostümiert, an einem 16. Juni mit Tausenden Gleichgesinnten auf den Spuren des Romanhelden Leopold Bloom durch Dublin zu flanieren – und dabei, wie Bloom, auch immer wieder einzukehren. Auf einem Literary Pub Crawl, einer „literarischen Kneipenbekriechung", bekommen Sie einen Cocktail aus literarischen Schnipseln, Lyrik und Anekdoten serviert, gewürzt mit viel Humor.

Stahl und Glas vor georgianischer Kulisse

Kunst bestaunen kann man außer in Museen und Galerien auch an ganz unerwarteten Orten. Junge Kunstschaffende der Generation Bailout haben stillgelegte Geschäfte, ungenutzte Garagen und leere Lagerhäuser übernommen und in Räume für Ausstellungen, Performances und Konzerte verwandelt. Farbenfrohe Graffitis beleben ansonsten triste Gemäuer. In den Jahren des keltischen Tigers entstand in den Docklands ein neues Stadtviertel mit zeitgenössischen Bürotürmen und

Dublin: Die Vorschau

Apartmenthäusern aus viel Stahl und Glas. Doch das Viertel zeugt nicht nur vom Wirtschaftsboom, sondern auch von dessen Ende: Manche Wohnung oder Ladenfläche steht leer, weil sich zu wenige die teuren Mieten leisten können. Und dann ist da noch diese prächtige Kulisse georgianischer Architektur. Zwar hat der Aufstieg des „Tigers" auch manche Wunde ins Stadtbild geschlagen und nicht nur gelungene zeitgenössische Architektur. sondern auch belanglose Bürobauten entstehen lassen. Doch es bleiben noch genug georgianische Reihenhäuser. Mit ihren schmucken Backsteinfassaden und den farbenfrohen Eingangstüren sind sie geradezu ein Markenzeichen Dublins.

Feiern für jeden Geschmack

Sei es eine Session mit dem Fiddler im Pub, ein Rockkonzert im Club, der coole Sound in der durchdesignten Rooftop-Bar oder der Auftritt von Weltstars auf großer Bühne: Das Dubliner Nachtleben und die vielfältige Musikszene locken. Die Stadt ist ein schier unerschöpflicher Nährboden für neue Bands und Musikstile. Händel präsentierte hier seinerzeit den Messiah, die Dubliners brachten den irischen Folk nach Deutschland. U2s Bono begann seine musikalische Karriere als Straßenmusiker auf der Grafton Street und The Corrs wurden in Whelan's Music Bar entdeckt. Keiner weiß genau, wie viele Pubs es in Dublin gibt. Bier und Geselligkeit gehören für die Iren zusammen, und im Ausgehviertel Temple Bar kann man bis in den frühen Morgen feiern.

Schlendern und Shoppen

Kein Städtetrip ohne Shoppingtour. Dublins Einkaufsviertel in und um die

Fußgängerzone Grafton Street ist kompakt und damit fußschonend zu erkunden. Hier findet Käufers Herz Mode aus Leinen oder Wolle und keltisch inspirierten Schmuck samt edlem Kunsthandwerk. Sollten die Füße wehtun, gibt es auch genügend Schuhgeschäfte. Nassau Street und Suffolk Street sind die richtigen Adressen für Souvenirs, vorwiegend in Irischgrün und Guinnessschwarz. Kleine Läden mit Büchern, CDs und sogar Vinylscheiben verführen zum Stöbern nach Raritäten. Antiquitätenjäger und Vintage-Enthusiasten machen einen Abstecher ins Antique Quarter in der Francis Street. Nur ein paar Schritte sind es zu den Designerläden im Szeneviertel Temple Bar, wo man sich samstags auch auf Märkten für Schmuck und Design sowie für Gaumengenüsse vergnügen kann.

Schlemmereien aus aller Welt

Die irischen Köchinnen und Köche haben sich längst von der kulinarisch armen Vergangenheit und dem schlechten Einfluss der früheren Kolonialmacht England emanzipiert. Mit dem *Countryhouse Style* fanden sie einen Weg, die regionale Küche in die Restaurants zu holen und zu verfeinern. Die grüne Insel liefert für diese moderne irische Küche erstklassige Zutaten: Austern, Krabben und Fisch (ja, den gibt's noch!) aus dem Meer, zartes Fleisch von den Weiden. Die meisten Dubliner Restaurants setzen jedoch auf *Fusion Food*, also die kreative Kombination von Kochkünsten und Esskulturen aus aller Welt. Wer die Welt lieber peu à peu und Region für Region entdecken möchte, statt sie auf einmal auf dem Teller zu haben, kann sich an preiswerten fernöstlichen und afrikanischen Buffets laben.

Dublins Türen – bunte Abwechslung im Einerlei der Häuserfronten

Hintergründe & Infos

In der Gewalt des Britischen Empire (Relief am Kilmainham Hospital)

Stadtgeschichte

Seit mehr als tausend Jahren ist Dublin das Einfallstor für Fremde, die nach Irland kommen. Und über kurz oder lang dann doch irgendwie irisch werden.

Eine Siedlung *Eblana* an Stelle der heutigen Stadt ist schon auf der um 140 n. Chr. entworfenen Weltkarte des alexandrinischen Geographen Ptolemaios verzeichnet. Quellen des 6. Jh. erwähnen den befestigten Handelsplatz *Ath Cliath* („Furt an der Schilfhürde"), den Historiker um die heutige Bridge Street lokalisieren, wo auch die alte Königsstraße zwischen Tara und Wicklow die Liffey überquerte. Daraus entwickelte sich der heutige irische Name Dublins, Báile Átha Cliath. Auf dem anderen, rechten Ufer des River Poddle gab es die Klostersiedlung *Dubh Linn* („dunkler Teich"), die Dublin seinen englischen Namen gab. Der „dunkle Teich" war die Mündung des Poddle. Heute völlig in unterirdische Rohre gezwängt, folgte er einst der St Patrick Street, schlug einen Bogen südlich um Dublin Castle und ergoss sich an der Grattan Bridge in die Liffey.

Die Wikinger

837 ließen sich Wikinger an der Poddlemündung nieder. Die Bucht diente den von Ivar Ragnarsson „dem Knochenlosen" angeführten Piraten als Winterlager *(longphort)*, Ausgangspunkt für Raubzüge und Umschlagplatz für Sklaven und anderes Raubgut. Die genaue Lage der Siedlung ist bis heute Gegenstand von Spekulationen und nicht durch Bodenfunde gesichert. 902 wurden Nordmänner durch den Fürsten von Leinster vertrieben, kamen aber 15 Jahre später unter Ivars Enkeln Ragnall und Sigtrygg wieder zurück. Diese zweite Wikingerkolonie lag am Südufer der Liffey zwischen Parliament Street, wo damals der Poddle mündete, und der Christ Church Cathedral; später wurde sie westwärts bis über die Bridge Street hinaus erweitert. Ausgrabungen brachten Spuren von aus Holz und

St Patrick: Der Heilige Irlands, nicht Roms

Der Nationalheilige Patrick, von dem einige allerdings behaupten, es hätte ihn so nie gegeben und alle Legenden um ihn seien Erfindungen kirchlicher Propaganda späterer Zeiten, stammte aus Wales, war aber als 16-Jähriger gekidnappt und nach Irland in die Sklaverei verschleppt worden. Nach sechs Jahren gelang ihm die Flucht. Inzwischen tief religiös, ging er nach Frankreich, wo er zum Bischof aufstieg. Mächtige Visionen trieben ihn nach Irland zurück. 432 soll er sein erstes Kloster in Armagh (Down) gegründet haben, von dem aus er die Iren missionierte und wohl zu Lebzeiten den gesamten Norden bekehrte. Interessanterweise wurde Patrick vom Heiligen Stuhl nie offiziell heilig gesprochen – er ist „nur" Volksheiliger, denn in seinem Leben gibt es dunkle Flecken wie Schlangenbeschwörungen und Saufgelage, wegen denen er in Rom bislang für eine Heiligsprechung nicht würdig genug erscheint.

Lehm gefertigten Einraumhäusern ans Licht, es gab Schusterwerkstätten und Webstühle. Ein Erdwall mit Palisadenzaun schützte den Ort, der bald zur Hauptstadt des kleinen Königreichs *Dublinshire* wurde, das die Küste von Skerries bis Wicklow kontrollierte und enge Verbindungen zum Wikingerreich von Jorvik (York) hatte.

Doch so wie die Seekrieger andere Siedlungen zu überfallen pflegten, wurde ihre junge Stadt nun selbst Opfer feindlicher Überfälle, sei es von anderen Wikingertrupps oder Iren aus dem Hinterland. 980 siegte der irische Hochkönig Máel Sechnaill II. in der Schlacht von Tara über seinen Dubliner Widersacher Olaf Sigtryggson, raubte dessen sagenhaft schöne Frau Gormflaith, plünderte Dublin und ließ sich von den Unterlegenen die enorme Menge von 2000 Rindern als Tribut ausliefern. Der so erkaufte Frieden dauerte gerade nur bis 989, dann belagerten die Iren Dublin aufs Neue und zogen die Schraube an: Nun war, jedes Jahr an Weihnachten, ein Tribut von einer Unze Gold pro Dubliner Haushalt fällig. Bei seiner dritten Eroberung der Stadt im Jahre 995 ließ sich Máel Sechnaill dann auch noch die Machtinsignien der Wikingerkönige von Dublin und York aushändigen, nämlich das Karl dem Großen zuge-

schriebene Schwert und den pfundschweren „Ring des Thor". Was für eine Demütigung!

Olafs Sohn und Nachfolger, der noch junge Sigtrygg Seidenbart, mag diesen Verlust der heidnischen Kultobjekte verschmerzt haben, war er doch bereits als Kind getauft worden. Die meisten anderen Dubliner Wikinger hingegen huldigten noch bis ins 11. Jh. den nordischen Göttern Thor und Odin. Erst um 1030, nach einer Romfahrt des Königs, bekam die Wikingersiedlung mit dem aus Holz gebauten Vorläufer der Christ Church Cathedral ihre erste Kirche und einen eigenen Bischof. Bezeichnenderweise empfingen die ersten Dubliner Bischöfe ihre Weihe nicht in einem irischen Kloster, sondern in Canterbury.

Die Normannen

1170 eroberten die Normannen Dublin. Im Streit mit seinem Rivalen von Connaught hatte der keltische Fürst von Leinster den englischen Baron Richard de Clare, genannt „Strongbow" (Starker Bogen), um Hilfe gebeten und ihm zum Dank seine Tochter Aoife versprochen. Ein in der Nationalgalerie hängendes Monumentalgemälde von Daniel Maclise hält die Hochzeit fest. Der Kriegszug wurde ein Erfolg und

Richard wurde mit der Heirat auch Erbe von Leinster. Das wiederum ließ König Heinrich keine Ruhe. Der Papst hatte ihn schon lange mit der Herrschaft über Irland belehnt, ohne dass er diesen Anspruch bislang hatte durchsetzen können.

So kam Heinrich II. nun persönlich an der Spitze eines Heeres nach Irland und teilte die Insel unter seinen Gefolgsleuten auf. Dublin wurde Sitz des königlichen Gerichts und damit zum Hauptort der englischen Präsenz. Wer immer auf der Insel Rang und Namen hatte, fand sich zu den *Seasons,* den Gerichtstagen, in Dublin ein, um seine Interessen zu vertreten. Anfangs mit einer schlichten

Ein geknechteter Kuttenträger in der Dublinia

Palisade, bald mit einer Reihe von Burgen, wurde das *Pale,* das Umland Dublins, vor den Einfällen der irischen Häuptlinge geschützt. Den Normannen verdankt Dublin neben dem Castle auch seine beiden Kathedralen und die Pfarrkirche St Audoen's. Während die Wikinger sich mehr und mehr mit den einheimischen Kelten vermischt und assimiliert hatten, achteten die Normannen auf strikte Trennung von Eroberern und Eroberten: die alteingesessene Stadtbevölkerung musste Platz für Kolonisten aus England machen und nach *Oxmantown,* der Vorstadt am Nordufer der Liffey, umziehen. Von den Kaufmannsgilden und Handwerkszünften blieben sie ausgeschlossen, auch der Bischofsstuhl war fortan für Engländer reserviert.

1318 musste sich die Stadt des schottischen Königs Robert Bruce erwehren. Um sich besser verteidigen zu können, zerstörten die Dubliner selbst ihre Brücke und verbrannten die Vorstädte außerhalb der Stadtmauer. Leider drehte der Wind und trieb das Feuer in die Stadt selbst. 1348 forderte die Pest ihren Blutzoll. 1394 bekamen die Dubliner hohen Besuch: Richard II. kam samt seinem Heer, und zwang mit dieser Drohgebärde die irischen Fürsten, ihm den Treueeid zu leisten.

Im 15. Jh. geriet auch das weiterhin englische Dublin ins Abseits. Die Nachfolger Richards II. waren zu sehr mit dem Hundertjährigen Krieg gegen Frankreich und mit dem innerenglischen Rosenkrieg zwischen den Häusern York und Lancaster beschäftigt, um sich weiter um Irland kümmern zu können.

Mehr über das mittelalterliche Dublin erfahren Sie in der Ausstellung Dublinia (→ S. 129). Funde aus der Wikingersiedlung sind auch im Nationalmuseum ausgestellt (→ S. 104).

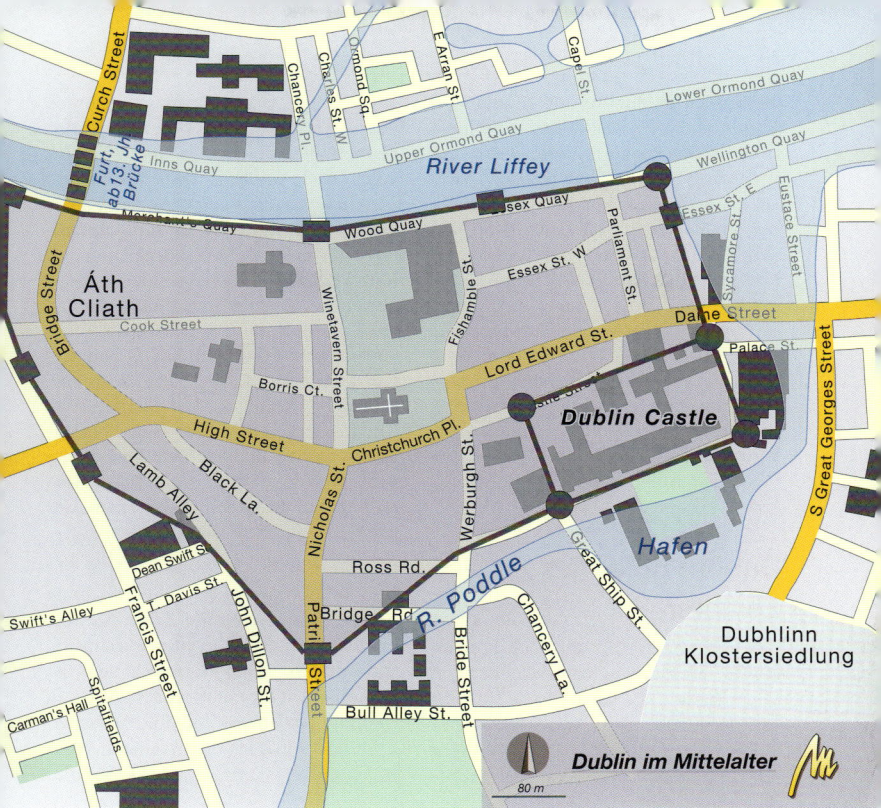

Dublin im Mittelalter

80 m

Dublin Castle

Hafen

Dubhlinn
Klostersiedlung

River Liffey

Áth Cliath

R. Poddle

Von der Reformation zur Glorious Revolution

Erst Heinrich VIII. versuchte, auch das Irland außerhalb des Pale wieder enger an die Krone zu binden. Dazu lud er den mächtigsten irischen Fürsten Garret Og Kildare im Sommer 1534 zu „Verhandlungen" nach London und stellte ihn dort unter Hausarrest. Als diese Nachricht und vielleicht noch schlimmere Gerüchte in Dublin eintrafen, kündigte Garret Ogs Sohn Silken Thomas vor dem im Zisterzienserkloster St Mary's versammelten Kronrat dem König die Loyalität auf und brach einen Aufstand vom Zaun – für Heinrich der willkommene Anlass, ein Heer zu schicken, dem die Rebellen nicht gewachsen waren. 1541 ließ sich Heinrich vom Dubliner Parlament zum irischen König erheben.

So england- und königstreu die Dubliner auch waren, Heinrichs Kirchenreform fand in der Stadt nur wenig Anklang. Nachdem ihm der Papst die gewünschte Ehescheidung verweigert hatte, gründete der König seine eigene, die anglikanische Kirche und ernannte sich selbst zum Oberhaupt der Gläubigen. In Dublin wurden die Heiligenbilder und Reliquien zerstört und die Klöster samt ihrem Grundbesitz an die Anhänger des Königs verteilt. Trotzdem hielten die meisten alteingesessenen Bewohner am katholischen Glauben fest. Auch die Gründung des protestantischen Trinity College (1592) änderte daran zunächst nichts. Die protestantische Oberschicht *(Gentry)*, die

die Geschicke Dublins und Irlands vom 17. bis ins 19. Jh. bestimmen sollte, rekrutierte sich anfangs weitgehend aus englischen Neueinwanderern. Nach 1650, als Oliver Cromwell die Katholiken aus der Stadt verbannte, ihren Besitz beschlagnahmte und katholische Messen verbot, waren die Protestanten in der Mehrheit. Auch Cromwells Nachfolger förderten die Einwanderung von Protestanten. Gerne wurden ihres Glaubens wegen aus Frankreich vertriebene Hugenotten aufgenommen, deren Vermögen, Gewerbefleiß, internationale Verbindungen und protestantische Ethik den Aufstieg des Dubliner Bürgertums förderten.

Dublins goldenes Zeitalter

Um 1730 war Dublin die nach London größte Stadt des Königreiches und zählte bald mehr als 100.000 Einwohner. Jonathan Swift war Dekan von St Patrick's Cathedral, am 13. April 1742 stellte Georg Friedrich Händel, der in Dublin die Winter zu verbringen pflegte, in Neale's Great Musick (sic!) Hall erstmals sein Oratorium *Messiah* dem Publikum vor. Die *Gentry* investierte ihr aus den Landgütern gewonnenes Vermögen in neue und prächtige Häuser in den georgianischen Vierteln außerhalb der zu eng gewordenen Stadtmauern. Zunächst galt die North Side, also das Nordufer der Liffey, als die beste Adresse. Nachdem der Herzog von Kildare sich 1745 mit dem Leinster House das bis dahin prächtigste Stadtpalais auf dem Südufer der Liffey bauen ließ, wurde es schick, in dieser Gegend zu wohnen.

Die *Wide Streets Commission,* mit der 1757 die systematische Stadtplanung begann, zeigt schon mit ihrem Namen, worum es ging. Um die gleichzeitig sprießenden Slums kümmerte sich die Kommission allerdings nicht. Auch in Dublins goldenem Zeitalter zwischen 1782 und 1801, als die irischen Protes-

Der gefürchtete Eroberer Richard Strongbow ruht nun friedlich in der Christ Church

tanten sogar ihr eigenes Parlament hatten (heute ist das Gebäude treffenderweise Sitz der „Bank of Ireland"), war das Los der katholischen Bevölkerung nicht rosig. Mittellose Zuwanderer aus dem Umland ließen sich vor allem am nördlichen und südwestlichen Stadtrand nieder; Slumbezirke, in denen rivalisierende Gangs wie die der (protestantischen) Weber aus dem Liberties-Viertel und die der (katholischen) Metzger vom Ormond Quay um die Vorherrschaft kämpften.

Kampf um die Freiheit

Der *Act of Union,* also die staatsrechtliche Vereinigung Englands und Irlands, beendete 1801 die irischen Autonomieträume und ließ das überbordende Wachstum der Stadt abrupt abbrechen. Da die Entscheidungen nun nicht mehr in Dublin, sondern in London getroffen wurden, hatte die Gentry keinen Grund mehr, in Dublin zu verweilen, und gab ihr Geld anderswo aus. Ein noch härterer Schlag für Dublins produzierendes Gewerbe war die Aufhebung der Schutzzölle (1824), die den irischen Markt für Importe aus den englischen Fabriken öffnete. Binnen kurzer Zeit brach die Dubliner Leinen- und Seidenweberei völlig zusammen. Auch wenn die Hauptstraßen der Stadt eine Gasbeleuchtung bekamen und 1834 eine Eisenbahn zum Hafen Kingstown (heute Dun Laoghaire) eröffnet wurde, war hier von der Industrialisierung, die damals viele englische Städte und auch Belfast aufblühen ließ, nur wenig zu spüren.

Bestimmendes politisches Thema des 19. Jh. waren die irisch-katholische Emanzipation und das Ringen um die Selbstverwaltung *(home rule).* Daniel O'Connell mit dem Beinamen „The Liberator" (der Befreier) wurde als erster katholischer Abgeordneter zum Parlament in Westminster zugelassen und

Eine grüne Tür aus Dublins goldenem Zeitalter

wurde 1841 auch der erste katholische Oberbürgermeister von Dublin. Als Präsident der *Home Rule League,* der ersten professionell organisierten Partei der Britischen Inseln, kämpfte Charles Stewart Parnell unter dem Motto „Irish Land for Irish People" gleichermaßen für eine Landreform wie für die politische Selbstverwaltung. Die *Gaelic Athletic Association (GAA)* bemühte sich um die Renaissance überlieferter alter Sportarten wie Hurling und Straßenbowling und erfand den „Gaelic Football", die *Gaelic League* widmete sich der Pflege der irischen Sprache und

Kultur. 1905 gründete Arthur Griffith die Partei *Sinn Féin,* die für Irland ein eigenes Parlament anstrebte.

Der Osterputsch

Der Erste Weltkrieg verschob die Verwirklichung der 1912 endlich in London beschlossenen *Home Rule* ein weiteres Mal und ließ die Spaltung der irischen Nationalbewegung deutlich werden. Während die irische Parlamentspartei zur Unterstützung der britischen Kriegsanstrengungen aufrief, wollten die radikalen Nationalisten aus Gewerkschaftskreisen und der

„Proclamation" – Rowan Gillespies Denkmal für die 1916 hingerichteten Freiheitskämpfer

Irish Republican Brotherhood den Weltkrieg zu einem bewaffneten Aufstand nutzen. Dieser, von den Iren heute als „Osteraufstand" gefeiert, geriet dann aber nur zu einem eher dilettantischen Putsch. Gegen Mittag des 24. April 1916, einem Ostermontag, erlebten einige verblüffte Passanten, wie der von der Brotherhood zum ersten Präsidenten erkorene Patrick Pearse von der Treppe des Dubliner Hauptpostamts die Republik ausrief.

Immerhin benötigte die Armee eine Woche, um die Rebellen aus den von ihnen besetzten Dubliner Amtsgebäuden zu vertreiben – auf dem Weg ins Gefängnis mussten die Aufrührer Spott und Beschimpfungen der Dubliner über sich ergehen lassen. Erst die drakonischen Strafen, die das britische Militärgericht verhängte (14 Todesurteile wurden gleich Anfang Mai vollstreckt), und die Säuberungen und Strafaktionen der Armee auch gegen am Putsch völlig Unbeteiligte, die nur wegen ihrer nationalen Gesinnung in den Gefängnissen misshandelt wurden, wendeten das Blatt der öffentlichen Meinung und machten die Putschisten zu Märtyrern.

Vom Anglo-Irischen Krieg ...

Bei der nächsten Unterhauswahl 1918, bei der erstmals auch die Irinnen mitstimmen durften, musste die Parlamentspartei eine vernichtende Niederlage einstecken: Fast alle katholisch-irischen Mandate fielen an die bislang unauffällige *Sinn Féin,* die sich nach dem Osteraufstand zum politischen Sprachrohr der Radikalen entwickelt hatte. Statt ihre Plätze in Westminster einzunehmen, versammelten sich die neuen Abgeordneten, soweit sie nicht in britischen Gefängnissen saßen, am 21. Januar 1919 im Dubliner Mansion House, bildeten ein eigenes, irisches Parlament und wählten eine irische Regierung.

Mit einem Überfall auf zwei Polizisten in Tipperary begann am gleichen Tag der bis Mitte 1921 anhaltende Anglo-Irische Krieg, auch Irischer Unabhängigkeitskrieg genannt, in dem die *Irish Republican Army (IRA)* mit Guerilla-Aktionen und Attentaten der britischen Armee und ihren Hilfstruppen zusetzte. Für die Bevölkerung bedeutete das regelmäßige Ausgangssperren und Hausdurchsuchungen. An Dublins *Bloody Sunday*, am 21. November 1920, tötete ein IRA-Trupp unter Michael Collins gleich 18 britische Agenten, worauf die Armee noch am gleichen Tag zur Vergeltung im Croke Park Stadion blindlings in die zu einem gälischen Fußballspiel versammelte Zuschauermenge schoss.

London unternahm nun einen Anlauf, das Irland-Problem auf parlamentarischem Wege zu lösen. Im anglo-irischen Vertrag vom 6. Dezember 1921 willigte die irische Verhandlungsdelegation unter Arthur Griffith und Michael Collins in die Teilung Irlands ein. Auch ließen sie sich breitschlagen, keine eigene Republik zu gründen, sondern als Dominion im Commonwealth zu verbleiben und den britischen Monarchen als nominelles Staatsoberhaupt zu akzeptieren, auf das alle Abgeordnete den Eid zu leisten hatten.

… zum Bürgerkrieg

Das Dubliner Parlament ratifizierte den Vertrag nur mit einer dünnen Mehrheit. Vielen Abgeordneten und Bürgern war die noch verbliebene Bindung an England zu eng. Besonderen Anstoß nahmen sie an dem Eid auf die Krone, während die Abtrennung des Nordens interessanterweise weniger Unmut erregte. Kaum war der Friede mit England hergestellt, fielen irische Vertragsgegner und Befürworter nun selbst mit Waffen übereinander her. In der Hoffnung, durch gezielte Provokation die Briten zur Wiederaufnahme

der Kämpfe bewegen zu können, hatten die Vertragsgegner die Four Courts und andere öffentliche Gebäude besetzt. Doch statt der Briten übernahmen es die irischen Vertragsbefürworter selbst, ihre früheren Kameraden zu bombardieren und in Straßenkämpfen niederzuringen. Der innerirische Bürgerkrieg wurde erst 1923 beigelegt. Mit landesweit etwa 4000 Toten war sein Blutzoll erheblich höher als der des Befreiungskriegs gegen die Briten. Es versteht sich, dass auch Dublin bei den Kämpfen zu Schaden kam.

Freistaat und Republik

Unter *Eamon de Valera* bildeten die Gegner des Vertragswerks die *Fianna-Fáil*-Partei, die bei den Wahlen von 1927 über die in der *Fine Gael* organisierten Befürworter siegte und das Land bis nach dem Zweiten Weltkrieg regierte. Mit einer Verfassungsreform wurde 1937 der verhasste Eid auf die Krone abgeschafft und die Souveränität auch über die bei England verbliebenen Nordprovinzen beansprucht. 1949 folgte schließlich der Austritt aus dem Commonwealth. Erst jetzt war die beim Osteraufstand proklamierte Republik tatsächlich verwirklicht.

In Dublin standen die 1930er-Jahre im Zeichen des Wiederaufbaus – nicht nur von Gebäuden, sondern auch von im Bruderkampf beschädigten sozialen Beziehungen. Im Zweiten Weltkrieg blieb Irland neutral. Gleichwohl luden deutsche Bomber am 31. Mai 1941 auch über Dublin ihre tödliche Fracht ab. Ob aus Versehen oder mit Absicht, das wurde nie geklärt. Die Bundesrepublik zahlte 1958 bescheidene 327.000 irische Pfund als Entschädigung.

Der keltische Tiger

Als Irland 1973 der EU (die damals noch Europäische Gemeinschaft hieß) beitrat, war es noch das sprichwörtliche Armenhaus am Rande Europas, rückständig und fromm. Ehen blieben unauflöslich bis zum Tod, Verhütungsmittel waren ebenso verboten wie Stanley Kubricks Film *Clockwork Orange* oder der O-Ton von Sinn-Fein-Politikern in Radio und Fernsehen; der Bus brauchte für die zehn Kilometer vom Dubliner Vorort Blanchardstown ins Zentrum etwa eine halbe Stunde. Heute hat die Kirche, gebeutelt von Skandalen um pädophile Priester und in Wäschereien ausgebeutete „gefallene Mädchen", drastisch an Ansehen und Einfluss verloren. Nur noch jeder zehnte Jugendliche verbindet die Unbefleckte Empfängnis mit Maria; dafür hat die Republik Irland einen unrühmlichen zweiten Platz beim Länderranking in punkto Häufigkeit von Selbstmorden Jugendlicher. Auf der EU-Wohlstandsskala hat sich Irland unter die Top Ten hochgearbeitet. Durch das gestiegene Verkehrsaufkommen dauert die morgendliche Busfahrt von Blanchardstown nach Dublin nun zwei Stunden.

Sein Wirtschaftswunder verdankte Irland ausländischen Investitionen. Die fanden auf der grünen Insel einen fruchtbaren Nährboden aus niedrigen Steuern und Löhnen, einer jungen, gut ausgebildeten Bevölkerung mit englischer Sprache und nicht zuletzt intensiver Förderung durch die Europäische Union. Die öffentlichen Investitionen, sei's ins Gesundheitswesen oder in Busse und Bahnen, hielten damit aber nicht Schritt. Über zwei Jahrhunderte ein klassisches Auswandererland, das seinen Bevölkerungsüberschuss nach London, Australien oder Amerika exportierte, wurde Irland nun ganz unvorbereitet zum Einwandererland. Etwa jeder fünfte Dubliner wurde im Ausland geboren. Asiaten, Polen und Litauer bereichern das städtische Leben, arbeiten auf dem Bau oder im Dienstleistungssektor. Nun, da der keltische Tiger erlahmt ist, wird die Toleranz der Iren gegenüber den Fremden auf die Probe gestellt.

Cow's Lane Designer Market: Warme Mützen gegen die Wirtschaftskrise

Zeittafel

um 140	Die Weltkarte des Ptolemaios verzeichnet die Siedlung Eblana an der Stelle Dublins
um 450	Der Legende nach kommt Irlands Nationalheiliger St Patrick ins künftige Dublin und tauft am St Patrick's Well
vor 700	Quellen erwähnen einen Handelsplatz und eine Klostersiedlung
837 – 902	Erste Wikingerkolonie
ab 915	Zweite Wikingerkolonie und Königreich Dublinshire
um 1030	Dublin wird Bischofssitz
1169/70	Die Anglonormannen besetzen Dublin und sein Hinterland
1348	Die Pest bricht in Dublin aus
1536	Anglikanische Reformation, Schließung der Klöster
1541	Heinrich VIII. lässt sich zum König von Irland erheben
1592	Gründung des Trinity College
1650	Oliver Cromwell verbannt die katholische Bevölkerung aus Dublin
1742	Uraufführung von Händels Messiah in der Neale's Great Musick Hall
1779	Arthur Guinness gründet am St James's Gate eine Brauerei
ab 1782	Der protestantische Adel bemüht sich unter Henry Grattan um die irische Unabhängigkeit
1801	Act of Union: Auflösung des irischen Parlaments und Vereinigung mit England
1841	Daniel O'Connell wird der erste katholische Bürgermeister Dublins
1845 – 1850	Die durch die Kartoffelfäule verursachte „Große Hungersnot" kostet eine Million Iren das Leben und zwingt 1,5 Mio. zur Auswanderung
1893	Gründung der „Gaelic League", die sich um die Wiederbelebung der gälisch-irischen Kultur bemüht
1905	Der Journalist Arthur Griffith gründet die nationalistische Partei Sinn Féin
1916	Der Dubliner Osteraufstand der Irish Republican Brotherhood scheitert, die Anführer werden hingerichtet
1919	Die für das Londoner Unterhaus gewählten Sinn-Féin-Abgeordneten konstituieren sich in Dublin als irisches Parlament und rufen die Republik aus
1919 – 1921	Guerillakrieg zwischen der Irish Republican Army (IRA) und der Royal Constabulary (Polizei) samt deren Hilfstruppen, den „Blacks and Tans"
1921	Anglo-irischer Vertrag: Teilung Irlands, Dublin wird Hauptstadt des „Freistaats" aus 26 von 32 Grafschaften
1922 – 1923	Irischer Bürgerkrieg
1937	Verfassungsreform – Der Eid auf die Krone wird abgeschafft
1949	Austritt Irlands aus dem Commonwealth
1973	Irland tritt der Europäischen Gemeinschaft bei
2002	Der Euro ersetzt das irische Pfund
2008	Die Immobilienblase platzt, Irland fällt in die Rezession
2014	Sinn Féin gewinnt die Kommunalwahlen und verspricht eine Wiederbelebung des Sozialen Wohnungsbaus

Rokoko-Stuck im Newman House

Architektur

Dublin hat viele bemerkenswerte Bauten aus alten Tagen in die Gegenwart gerettet. Die georgianischen Reihenhäuser mit ihren Backsteinfassaden und den farbenfrohen Eingangstüren sind geradezu ein Markenzeichen der Stadt.

Allerdings hat der Aufstieg des keltischen Tigers auch viele Wunden in die Bausubstanz geschlagen. Manches alte Schmuckstück musste einem zwar modernen, aber eher belanglosen Bürobau weichen, doch dazwischen gibt es auch gelungene zeitgenössische Architektur.

Dublins älteste Siedlungsspuren reichen in die Wikingerzeit zurück. Beim Bau des Rathauses am Wood Quay kamen Reste der Kaianlagen und die Pfosten von Holzhäusern ans Licht – und wurden nach einer Bestandsaufnahme wieder zugeschüttet bzw. den Fundamenten des Neubaus geopfert. Die ersten steinernen Bauten entstanden um die Wende zum 13. Jh. unter den Normannen. Noch erhalten sind der Record Tower (→ S. 144) im Dublin Castle (der obere, kronenartige Abschluss wurde dem Turm jedoch erst später aufgesetzt) und die beiden später allerdings mehrfach umgebauten Kathedralen, Christ Church Cathedral (→ S. 129) und St Patrick's Cathedral (→ S. 147). Auch die kleinere der beiden benachbarten St Audoen's Churches (→ S. 125) stammt aus jener Zeit.

Als erster namhafter Architekt hinterließ William Robinson (1645–1712) in der Stadt seine Spuren. Nach dem Vorbild des Pariser Hôtel des Invalides baute er das kasernenartige Royal Hospital in Kilmainham (1680 → S. 157) als Heim für Kriegsversehrte und Veteranen. Auch Marsh's Library (1701 → S. 148), Dublins erste öffentliche Bibliothek, geht auf ihn zurück. Robinsons Nachfolger im Amt des königlichen Chefbaumeisters (*general surveyor*), Thomas Burgh (1670–1730), entwarf die Pläne für die jetzt vom Nationalmuseum genutzten Royal Barracks (1702), eine der größten Kasernen auf den Britischen Inseln.

Das georgianische Dublin

Die Übersetzung der *Quattro libri dell'architettura* des Renaissancearchitekten Andrea Palladio ins Englische (1715) hatte solchen Einfluss auf die Baukunst im protestantischen Britannien und Nordamerika, dass man auch vom pallidi(a)nischen Stil spricht. Dank seiner klaren, regelhaften Formensprache und den einfachen Kompositionsprinzipien konnte er sogar von Laien umgesetzt werden. Seine klassizistischen Formen mit Betonung der Linie und die strengen Proportionen grenzen ihn vom üppigen, „katholischen" Barockstil ab. Edward Lovett Pearce (1699–1733) brachte den neuen, vor allem für Schlösser und Landsitze beliebten Stil nach Dublin. Sein Parlamentsgebäude (1731, heute Bank of Ireland → S. 96) erinnert äußerlich an einen antiken Tempel. Der deutschstämmige Richard Cassels (1690–1751) entwarf für den Herzog von Kildare das Leinster House (1745 → S. 103).

Pearce wirkte an den beiden Häuserzeilen der Henrietta Street (1720 → S. 174) mit, dem ältesten noch erhaltenen Ensemble des georgianischen Dublin. Unter diesen Begriff fällt grob gesagt alles, was in der Zeit der vier unmittelbar nacheinander regierenden Könige mit Namen George (1714–1830) gebaut wurde. Schöne Beispiele dieser äußerlich schlichten und ebenmäßig proportionierten Reihenhäuser für das gehobene Bürgertum findet man auch am Mountjoy Square (→ S. 194) und am Merrion Square (→ S. 91). Während in England die Projektentwickler oftmals die gesamte straßenseitige Fassade aus einem Guss errichteten und es dann den Käufern der Parzellen überließen, an die Rückseite der Fassaden die Häuser nach Belieben anzubauen, verdanken Dublins georgianische Straßenzüge ihr einheitliches Aussehen den strengen Auflagen an die Bauherren, die ihre Grundstücke oft nur über 40, 60 oder 100 Jahre zur Erbpacht erhielten.

Seinen Gipfel erreichte der Bauboom des protestantischen Dublin mit Thomas Cooley (1740–1784) und James Gandon (1743–1823), die beide noch immer dem Palladianismus verpflichtet waren. Cooley hinterließ die als Börse gebaute City Hall (1779 → S. 140), Gandon das Custom House (1791 → S. 197) und die Four Courts (1802 → S. 181).

Das 19. Jahrhundert

Francis Johnstons (1760–1829) für die irische Geschichte später so wichtige General Post Office (1814 → S. 198) war das letzte große öffentliche Gebäude in palladianischer Tradition. Die vom gleichen Architekten und schon kurz vor dem GPO auf dem Gelände des Dublin Castle gebaute Chapel Royal (1814 → S. 143) brachte die vor allem in England geschätzte Neugotik (gothic revival) nach Dublin. In diesem Stil wurde dann auch St Patrick's Cathedral (→ S. 147) umfassend erneuert. Der Wohnungsbau für die obere Mittelschicht verlagerte sich zunehmend in die Vorstädte. Vorgärten kamen in Mode, das Kellerniveau wurde angehoben und zur „Gartenetage". In Ballsbridge und Donnybrook sind noch einige Häuserzeilen aus dieser Epoche erhalten. Die einst so prächtigen georgianischen Häuserreihen im Stadtzentrum wurden in immer kleinere Wohneinheiten für

immer ärmere Mieter aufgeteilt. Um der Wohnungsnot und den unhygienischen Zuständen abzuhelfen (einmal ausgebrochen, pflegten Typhus, Cholera und dergleichen Epidemien auch auf die besseren Viertel überzugreifen) wurde neben philanthropischen Vereinigungen ab 1880 auch die Stadtverwaltung als Bauherr aktiv. Bis zum Beginn des Zweiten Weltkriegs hatte sie in den Außenbezirken rund 15.000 Wohnungen errichtet – die meisten als gleichförmige zweigeschossige Häuserzeilen.

Vom Expressionismus zur klassischen Moderne

Die nach der Unabhängigkeit ersten Bauprojekte der Corpo, wie Dubliner ihre Stadtverwaltung nennen, waren die von der Gartenstadtbewegung beeinflussten Siedlungen Marino und Fairbrother Fields (zwischen South Circular Rd. und Cork Rd.). Als recht großzügig bemessene Eigenheime zielten sie auf die neue Mittelschicht. Im Zeichen der Weltwirtschaftskrise wurden dann kleinere Einheiten gebaut, die man etwa in Cabra und Crumlin sehen kann. Drei stattliche, ebenfalls von der Corpo errichtete Wohnblocks am Chancery Place (→ S. 178), Henrietta Place (→ S. 176) und in Ringsend (→ S. 212) vereinen mit ihren Flachdächern, Türmen, Ziegelornamenten und gerundeten Fenstern Elemente des Expressionismus und des Art déco.

Ebenfalls in den 1930ern ließ der irische Freistaat sein erstes Bürogebäude bauen, das bemerkenswert schlichte Department of Industry and Commerce in der Kildare Street (→ S. 88). Eine strenge, neoklassizistische Fassade weist in die Kolonialzeit, Reliefs des keltischen Sonnengottes Lugh und des heiligen Brendan und ein Fries über dem Art-déco-Portal zitieren irisches Erbe. Ganz dem Bauhaus mit seinem umfassenden Kunstbegriff verpflichtet ist das erste, inzwischen denkmalgeschützte Empfangsgebäude des Dublin Airport. Mit dem Gebäude wurden seinerzeit auch die Lampen, Möbel, Armaturen, ja sogar das Essbesteck des Flughafenrestaurants eigens entworfen und angefertigt.

Internationaler Stil und Brutalismus

1966 feierte Irland den 50. Jahrestag des Osteraufstands. Man wollte nun endlich aufschließen zu den fortgeschrittenen Industrienationen. In Stillorgan eröffnete Dublins erstes Einkaufszentrum, in Ballymun begann das größte Bauprojekt Europas. Für 16.000 Bewohner war das neue Viertel weit außerhalb auf der „grünen Wiese" gedacht, erstmals sollten die Dubliner auch in Hochhäusern wohnen, Ersatz für die maroden Altbauten der Innenstadt, deren Abriss dann Platz für neue Bürohäuser schaffen sollte. Längst sind die Wohntürme von Ballymun wieder gesprengt. Mit seinem sterilen Umfeld, dem Mangel an Infrastruktur und Arbeitsplätzen galt Ballymun als Musterbeispiel einer städtebaulichen Fehlentwicklung, welche die sowieso schon sozial benachteiligten Bewohner nun auch noch räumlich aussonderte.

In der Innenstadt hielt die moderne Architektur erst 1953 mit dem zentralen Busbahnhof Busáras Einzug – ein Rasterbau mit Bauhausanklängen (→ S. 197). Das erste und lange einzige Hochhaus Dublins war die 1961–1965 als Hauptquartier der Gewerkschaft SIPTU gebaute Liberty Hall, ein 59 m hoher Klotz, mit dem die Funktionäre der Arbeiterklasse zum Himmel griffen oder wenigstens ein Ausrufezeichen in die Dubliner Skyline setzten. Der geplante Abriss des Turms, über den nur wenige getrauert hätten, wurde im Zeichen der Wirtschaftskrise verschoben. Für gelungen hält wenigstens die Architekturkritik die Berkeley Library

Kantiger Sichtbeton-Brutalismus
im Trinity College

(1967) auf dem Gelände des Trinity College. Der Entwurf dieser kantigen Schachtel des Sichtbeton-Brutalismus brachte Paul Koralek den Durchbruch als Stararchitekt.

Als größter architektonischer Sündenfall dieser Zeit, in der die Immobilienspekulation nach langer Abstinenz ins Stadtzentrum zurückkehrte, gilt das von Sam Stephenson (1933–2006) entworfene Bürogebäude der staatlichen Elektrizitätsgesellschaft ESB in der Fitzwilliam Street, dem eine der schönsten georgianischen Straßenfassaden Dublins weichen musste. Der Earl of Pembroke, der der ESB zuvor das Grundstück verkauft hatte, soll, von schlechtem Gewissen getrieben, aus dem Erlös eine Millionensumme der dem Denkmalschutz verpflichteten *Irish Georgian Society* gestiftet haben.

Als weitere Hässlichkeit hat Stephenson, dessen Vater pikanterweise zu den Mitbegründern der *Old Dublin Society* gehörte, seiner Stadt den Neubau der Zentralbank (1975) beschert. Schwer und massiv sollte er die Altstadt überragen und beherrschen, was ja der Stellung einer großen Bank im Wirtschaftsleben entspricht, und noch ein paar Meter höher sein als erlaubt. Die schärfste Kritik aber zog das nach Stephensons Plänen begonnene Rathaus (1976) auf sich: der ästhetischen Erscheinung wegen und weil beim Aushub der Baugrube die im Boden konservierten Reste der Wikingerstadt entsorgt wurden. Die *Times* nannte Stephenson einen Fan von Hitlers Hofarchitekten Albert Speer senior und seine Rathaustürme Bunker. Nach heftigen Protesten und Prozessen wurde der Entwurf nur in einer abgespeckten Version realisiert.

Nicht zufällig waren Stephensons Auftraggeber zumeist der Staat und staatseigene Unternehmen. Der Architekt, dessen gestyltes Dubliner Wohnhaus heute ein teures Boutique-Hotel ist, war Mitglied der Regierungspartei Fianna Fáil, die er mit großzügigen Spenden unterstützte, und ein enger Freund von Premierminister Charles Haughey. Der Streit um Abriss oder Sanierung der georgianischen Altbauten war auch ein Streit zwischen der alten, anglo-irisch protestantischen Elite und einer neuen Schicht von staatsnahen Aufsteigern, deren Projekte und Architektur keine regionalen und historische Bezüge mehr hatten.

Wendepunkt Temple Bar

Ein Wendepunkt im Umgang mit dem architektonischen Erbe war die Auseinandersetzung um das von vielen Künstlern bewohnte Viertel Temple Bar, an dessen Stelle die Stadtplaner schon seit 1961 einen zentralen Busbahnhof vorgesehen hatten und dessen Eigentümer deshalb die Häuser dem Verfall überlassen hatten. Im 18. Jh. war die Gegend im Schatten des Parlaments ein Handwerkerviertel. Von den Kahlschlägen der Wide Streets Commission blieb es verschont und war damit Dublins letzter Rest einer vorindustriellen, fußgängerfreundlichen Stadt mit der engen räumlichen Verbindung aus Wohnen und Arbeiten.

Die Kulturschaffenden setzten sich durch. Temple Bar blieb und wurde zu einem kulturellen und touristischen Vorzeigeprojekt mit eklektizistischem Stilmix saniert. Nur stiegen damit die Mieten derart, dass Galerien, Ateliers und Werkstätten freier Künstler durch Filialisten und Gaststätten ersetzt wurden.

Dank des Erfolgs von Temple Bar blieb die Mitte der Stadt von weiteren Hochhäusern im Internationalen Stil oder Brutalbeton verschont. Internationale Vernetzung und Globalisierung müssen nicht mehr beschworen werden; sie sind heute allgegenwärtig und für jedermann spürbar. So kommt wieder die Tradition in den Blick – und wird vereinnahmt: Von der „Heritage Industry", die sie in touristische Waren ummünzt, von Politik und Medien, die die Deutungshoheit über Geschichte beanspruchen. In der Architektur ist es oft nur die Fassade, die als Blendwerk oder Versatzstück stehen bleibt, während dahinter ein völlig neues Gebäude entsteht.

Jahrtausendwende und Gegenwart

Ungehemmter baut sich's mit Glas und Stahl an der Mündung der Liffey, die mit Milliardenaufwand zu einem internationalen Banken- und Finanzzentrum aufgemöbelt wurde. Den Anfang machte das International Financial Services Centre IFSC, ein Konglomerat aus mehreren Gebäuden gleich neben dem Custom House. Dank Steuerbegünstigung haben fast 500 internationale Unternehmen hier ihre irische Filiale eingerichtet, womit die Integration Irlands in die internationale Finanzwelt repräsentiert wird.

In den vormals maroden Docklands entstanden zwischen den Bürohäusern auch Wohnungen für betuchte Käufer und Mieter: kleine, als Schuhschachteln verspottete Apartments für junge Singles oder Zweitwohnungen für diejenigen, die ihre Familie außerhalb Dublins nur am Wochenende sehen. Ihre Verpflichtung zum Bau von Sozialwohnungen erfüllte die Dublin Docklands Development Authority an jenen Stellen, die für andere Nutzungen nicht attraktiv genug waren. Für den Grand Canal Square auf dem Südufer der Liffey plante Daniel Libeskind ein neues Theater und zwei Bürotürme.

Am anderen Ende des Stadtzentrums wurden der Smithfield-Platz und das umliegende Arme-Leute-Viertel sowie die Industriebrache der Jameson Distillery saniert. Die Liffey bekam eine neue, an die Uferböschung über den Fluss gehängte Fußgängerpromenade, die Nationalgalerie zur Jahrtausendwende einen „Millennium Wing". Aufgehübscht wurde auch die O'Connell Street.

Zu Beginn des Jahrtausends schien es, als hätten sich Architekten, Projektentwickler und andere Freunde von Hochhäusern durchgesetzt und Dublin würde künftig nicht mehr nur in die Fläche, sondern auch vermehrt in die Höhe wachsen. Wäre solche Verdichtung nicht auch vernünftig in einem Meer von Einfamilienhäusern, das trotz hoffnungslos unzulänglicher Verkehrswege und -mittel bald bis zum Shannon reichen wird? Rekordverdächtige Leerstände an Büroflächen und sinkende Immobilienpreise haben den Höhenflug gebremst. Daran ändert auch der Umstand nichts, dass noch immer 45.000 Haushalte eine neue Wohnung suchen. Die meisten können sich eine solche aus eigenen Mitteln nämlich sowieso nicht leisten.

Grand Canal Docks: schickes Wohnen am Wasser

Literatur

Dass es in Dublin mindestens so viele Dichter wie Leser gibt, ist wohl nur ein Gerücht – zum Wohlgefallen der Fremdenverkehrswerbung. Doch hat die Stadt eine erstaunliche Zahl an Schriftstellern hervorgebracht, darunter Giganten der Weltliteratur wie Jonathan Swift, George Bernard Shaw, James Joyce und Samuel Beckett.

Ist Dublin deshalb eine Stadt der Literatur? Für die meisten Autoren war es ein Durchgangsort, in dem sie Kindheit und Jugend verbrachten und der sich deshalb in ihren Werken niederschlug. Irgendwann aber flohen sie vor der geistigen und moralischen Enge und erlebten den Höhepunkt ihrer Karriere in literarischen Zentren wie London oder Paris.

Die Chester Beatty Library zeigt herrliche Buchmalereien

James Joyce etwa, der mit seinem *Ulysses* Dublin das herausragendste literarische Denkmal gesetzt hat, schuf damit aus der Ferne des Exils eine Stadt der Erinnerung, die er nie mehr betreten sollte.

Auch dank der Joyceschen Imagination kann man heute leicht eine Urlaubswoche auf den Spuren der Dubliner Autoren verbringen. Dabei helfen themenorientierte Führungen (→ S. 48) wie die James Joyce Walking Tour, oder der Literary Pub Crawl, eine unterhaltsame literarische Zechtour. Natürlich kann der Literatourist die Schauplätze auch alleine erwandern. Fixpunkte einer solchen Tour sind das Dublin Writers Museum (→ S. 202) und die wechselnden Ausstellungen der National Library (→ S. 106), dazu das James Joyce Centre (→ S. 202), der James Joyce Tower (→ S. 244) und das Geburtshaus von George Bernard Shaw (→ S. 222). Interessiert auch die Kunst der Buchgestaltung, kommen die Chester Beatty Library (→ S. 145) und das legendäre *Book of Kells* (→ S. 101) hinzu.

Pioniere der anglo-irischen Literatur

Eine chronologisch aufgebaute Literatour hätte an der St Patrick's Cathedral zu beginnen, wo **Jonathan Swift** (1667–1745) (→ S. 146) lange Jahre als Dekan wirkte und auch begraben liegt. *Gulliver's Travels,* das heute in einer entschärften und gekürzten Version als Klassiker der Kinder- und Jugendliteratur etabliert ist, war von Swift als scharfzüngige Sozialkritik an der Gesellschaft seiner Zeit und als Kritik an menschlicher Unvernunft gedacht.

Eine Statue am Eingang des Trinity College ehrt **Oliver Goldsmith** (1728–1774), der einst hier studierte. Sein erfolgreichstes, auch von Goethe gelobtes Werk *The Vicar of Wakefield* feiert in eleganter Prosa das einfache, naturnahe Leben auf dem Lande, wo ein leichtgläubiger Geistlicher mit Familie ungeachtet aller Schicksalsschläge in selbstgenügsamer Zufriedenheit lebt. Goldsmith' Versepos *The Deserted Village* wendet sich gegen die damals verbreiteten Einhegungen und Vertreibungen der Pächter, wie sie die Grundbesitzer im Zuge der industriellen Revolution vornahmen.

James Clarence Mangan (1803–1849) arbeitete zeitweise als Katalogisierer in der Bibliothek des Trinity College (→ S. 101). Der Dichter lebte in äußerster Armut, schlimmer noch als auf Spitzwegs Bild des armen Poeten. Zeitgenossen beschrieben ihn als von bleicher Gestalt, mit wirrem Haar, tagaus tagein in denselben braunen Kittel gekleidet. Vereinsamt, ausgezehrt, opiumsüchtig und alkoholabhängig starb er in den Jahren der großen irischen Hungersnot an der Cholera. Außer den eigenen Versen (zu lesen etwa unter http:// poetryx. com) hat Mangan vor allem brillante Übertragungen fremdsprachiger Gedichte ins Englische geschaffen, darunter eine *German Anthology.*

Ein literarischer Außenseiter

Manch einer bestreitet die literarischen Qualitäten des in Dublin aufgewachsenen **Bram Stoker** (1847–1912). Er gehört aber zweifelsfrei zu den wirkungsmächtigsten irischen Autoren. Aus seinen Schreckens- und Mysterienerzählungen ragt der Vampirroman *Dracula* heraus, Vorlage für ein Dutzend Filme und sogar Bühnenstücke. Stoker hat die schon in uralten Mythen tradierte Figur der

Jonathan Swift,
Autor von Gullivers Reisen

blutsaugenden Nachtgestalt zwar nicht erfunden. Doch er verknüpfte als erster den Vampir-Typus mit einer realen historischen Gestalt, dem walachischen Fürsten Vlad III. Dracula, genannt der Pfähler, weil er seine Feinde auf diese grausame Art hinzurichten pflegte.

Die großen Meister

Bram Stoker war ein Studienfreund von **Oscar Wilde** (1854–1900) (→ S. 90). Und er war einer der wenigen, der auch dann noch zu Wilde hielt, als der begabte und von seinem Genie überzeugte Bohemien in einem spektakulären Prozess der Homosexualität überführt und ins Gefängnis geworfen wurde. Wildes Bühnenstücke stellten die Doppelmoral der viktorianischen Gesellschaft bloß. Weniger bekannt sind seine Kunstmärchen und Gespenstergeschichten.

Zwei Jahre nach Wilde erblickte in der Synge Road Nr. 33 ein späterer Nobelpreisträger das Licht der Welt. Das Geburtshaus von **George Bernard Shaw** (1856–1950) ist heute sein Museum (→ S. 222). Der ungeheuer produktive Autor (seine gesammelten Werke füllen 33 Bände) war mit seinen kritisch-realistischen Stücken einer der besten englischsprachigen Dramatiker nach Shakespeare – und zugleich Sozialist. So zählt er zu den in China meistgelesenen und aufgeführten ausländischen Autoren.

Shaw war nicht Dublins erster Nobelpreisträger. Bereits 1923 wurde diese Ehre **William Butler Yeats** (1865–1939) zuteil: „Für seine ständig beseelte Dichtung, die in der strengsten künstlerischen Form dem Geiste eines Volkes Ausdruck verleiht", heißt es in der Laudatio über den vielleicht bedeutendsten englischsprachigen Lyriker des 20. Jh. Der im Dubliner Stadtteil Sandymount geborene Yeats verband eine zeitgemäße Formensprache mit der Rückbesinnung auf Traditionen und Mythen des vorchristlichen Irland. Als führende Persönlichkeit der irischen Renaissance, einer Bewegung, die den kulturellen Nationalismus pflegte, gründete er zusammen mit der Schriftstellerin (Lady) Augusta Gregory das Abbey Theatre (→ S. 196) als irisches Nationaltheater. Viele Stücke irischer Autoren erlebten hier ihre Uraufführung.

Der Dramatiker **Sean O'Casey** (1880–1964) wurde in einer heruntergekommenen Mietskaserne als 13. Kind eines verarmten Angestellten geboren. Seine stärksten Theaterstücke spielen in jenem Slumviertel um die Dorset Street (→ S. 173), dessen Milieu der Autor nur zu gut kannte, wie man seiner sechsbändigen Autobiografie entnehmen kann. Politisch dem überzeugte Christ und Sozialist O'Casey dem Arbeiterführer Jim Larkin (→ S. 188) nahe, den Osteraufstand hielt er für chancenlos und beteiligte sich nicht. Seine Sicht vom irischen Unabhängigkeitskampf brachte er mit *The Plough and the Stars* (1926) auf die Bühne, dessen Uraufführung einen Sturm der Entrüstung entfachte. Der zuvor von W. B. Yeats und Lady Gregory geförderte Autor, dessen Stücke regelmäßig am Abbey Theatre aufgeführt wurden, verließ daraufhin Dublin und ging, wie so viele Iren, nach London.

Man muss den *Ulysses* nicht gelesen haben, um, nach der Mode des Jahres 1904 kostümiert, an einem 16. Juni mit tausend Gleichgesinnten auf den Spuren des Romanhelden Leopold Bloom durch Dublin zu flanieren – und dabei, wie Bloom, auch immer wieder einzukehren. Das schwer verdauliche Sprachkunstwerk ohne Punkt und Komma verfasste **James Joyce** (1882–1941), als er Dublin schon längst verlassen hatte (→ S. 245). Es spielt an jenem Tag, als Joyce seine spätere Frau Nora Barnacle kennenlernte. Joyce, der den größten Teil seines Lebens im selbst gewählten Exil in Paris und Zürich verbrachte, schrieb neben *Ulysses* gerade mal noch zwei weitere Romane. *A Portrait of the Artist as a Young Man* (1916) beschreibt die Geschichte der literarischen Figur Stephen Dedalus, der seine Jugend im katholischen Dublin verbringt und schließlich ins Exil geht. Die Parallelen zum Leben des Autors sind offensichtlich. An seinem letzten Roman, dem avantgardistischen *Finnegan's Wake*, welcher das Traumleben eines in seiner Kneipe eingeschlafenen Wirts beschreibt, arbeitete Joyce 17 Jahre.

„Für eine Dichtung, die in neuen Formen des Romans und des Dramas die künstlerische Aufrichtung des Menschen aus seiner Verlassenheit erreicht", bekam **Samuel Beckett** (1906–1989) als dritter Dubliner den Nobelpreis. Seine Werke – Theaterstücke, Prosa, Gedichte und Hörspiele – sind überwiegend in Französisch geschrieben und zeichnen sich durch sprachlichen Minimalismus aus. Die tragischkomischen Klassiker *En attendant Godot (Warten auf Godot,* 1953*)* und *Fin de partie (Endspiel,* 1956*)* revolutionierten mit einer Atmosphäre von Überdruss, Aussichtslosigkeit und sinnentleerter Routine das moderne Theater. Beckett ist der am wenigsten irische unter den mit Dublin verbundenen Autoren. Nach Jahren der Wanderschaft ließ er sich 1937 in Frankreich, dem Land seiner hugenottischen Vorfahren, nieder und schrieb seine Stücke später auch auf Französisch. Der Roman *Watt* (1944), dessen clowneske Figuren bereits an *Warten auf Godot* denken lassen, enthält einige biographische Details aus der Dubliner Zeit, im Einakter *Krapp's Last Tape* (1958) begegnet uns der Pier von Dun Laoghaire (→ S. 238).

Der Vater von Leopold Bloom

Die Kneipendichter

Anders als Beckett hatte **Flann O'Brien** (1911–1966) zum Übervater Joyce offenbar ein gebrochenes Verhältnis. In seinem satirischen Roman *The Dalkey Archive* (1964) – für den Literaturkritiker Stephan Maus ein „krauses Kuriositätenkabinett für Liebhaber des schelmisch augenzwinkernden Akademikerscherzes" – lässt er ihn als Kneipenwirt auftreten, dem seine Romane nur noch peinlich sind und der vom Wunsch beseelt ist, dem Jesuitenorden beizutreten. Dabei haben O'Briens phantasievolle Romane mit ihren vielfach verschachtelten, manchmal zu einem unentwirrbaren Knäuel geratenen Handlungssträngen

mehr mit dem joyceschen Werk gemein als dem Autor lieb gewesen sein mag. *At Swim-Two-Birds* (1939) wird von manchen als Pionierroman der Postmoderne gelobt. Andere sehen O'Brien hier als einen Philosophen des Alkohols. Immerhin: Mit ihm wurde die irische Kneipenkultur literaturfähig.

Der als Sohn eines Kleinbauern in der noch heute vergleichsweise armen Grafschaft Monaghan geborene **Patrick Kavanagh** (1904–1967) entfloh als junger Mann der dörflichen Enge, marschierte drei Tage lang bis Dublin, machte es zu seiner neuen Heimat und schlug sich dort als Feuilletonist und Klatschkolumnist durch. Das literarische Schreiben war für ihn, wie für viele irische Schriftsteller seiner Zeit, ein

Mittel, sich aus der sozialen und kulturellen Misere zu flüchten. In der Dubliner Kulturszene blieb der misstrauische, zänkische und dazu trinkfreudige Kavanagh zeitlebens ein Außenseiter. Seine Gedichte und sein autobiographischer Roman *The Green Fool* (1938) drehen sich um die Widrigkeiten des Alltags und entlarven die scheinbar heile Welt des alten, ländlichen Irland. Posthum hat man ihn am Grand Canal nahe der Baggot Bridge, seinem Lieblingsplatz, mit einer lebensgroßen Bronzefigur geehrt, die wie einst der leibhaftige Kavanagh auf einem Bänklein sitzend den Kanal betrachtet (→ S. 220).

Wie schon Patrick Kavanagh ist auch **Brendan Behan** (1923–1964) ein dankbares Sujet des Literary Pub Crawl. Seine Stammkneipe McDaid's (→ S. 117) pflegte der sangesfreudige, als Randalierer gefürchtete Autor zum Arbeitszimmer zu machen, seine Schreibmaschine brachte er mit. Behan entstammte einer verarmten, doch gebildeten Familie, ließ sich als Jugendlicher von der IRA anwerben und landete wegen der Planung eines Sprengstoffanschlags und eines versuchten Polizistenmords im Gefängnis. Sein Drama *The Quare Fellow* (1955), das Behan den literarischen Durchbruch brachte, spielt im Mountjoy-Gefängnis (→ S. 195) und kreist um die letzten Stunden vor der Hinrichtung eines Gefangenen. Behan, der seine Theaterstücke und Romane oft zuerst in irischer Sprache verfasste, brachte mit seinen von populären Songs unterbrochenen Dialogen die Umgangssprache auf die Bühne. Sein exzessiver Lebensstil und besonders der übermäßige Alkoholgenuss brachten den Autor früh ins Grab.

Seamus Heaney (1939–2013), Dublins bislang letzter Nobelpreisträger, wuchs in Derry auf und kam erst nach Ausbruch der Troubles, wie der Nordirlandkonflikt auch genannt wird, ins friedlichere Dublin. Heaney schreibt Natur- und Stimmungsgedichte, ohne dabei ein Heimatdichter vom Schlage Ludwig Ganghofers zu sein. In seiner Poesie begegnet uns vielmehr eine zerbrechliche, von den Herausforderungen unserer Zeit bedrohte Welt. Oft stehen alte Mythen und moderne Alltagserfahrungen unvermittelt nebeneinander. Neben seinen eigenen Gedichten schuf Heaney auch gelungene Übersetzungen großer Dichter von Vergil bis Rilke.

Zeitgenössische Autoren

William Trevor (* 1928) lebt schon lange in Devon, fühlt sich aber dem Land seiner Kindheit auch literarisch verbunden und lässt die meisten seiner zwei Dutzend Romane und zahlreichen Kurzgeschichten in Irland spielen. *Mrs Eckdorf in O'Neill's Hotel* (1969) etwa fängt auf joycesche Art die Atmosphäre der Stadt Dublin ein. Trevors Charaktere, oft Alte und Vereinsamte, leiden unter verpassten Chancen und einem Schicksal, aus dem es kein Entrinnen gibt. Es fällt ihnen schwer, der Wahrheit ins Auge zu sehen, und sie ziehen sich stattdessen in Scheinwelten zurück. Stets würzt der „irische Tschechow" seine Geschichten jedoch mit viel Humor, der die Tristesse komisch und damit erträglich bis vergnüglich macht.

Lust auf einen Schwatz mit Patrick Kavanagh?

Thomas Kinsella (* 1928) zählt zu den großen irischen Lyrikern des 20. Jh. Im Unterschied zu William Butler Yeats und Patrick Kavanagh war er der irisch-gälischen Sprache mächtig. Außer mit seinen Gedichten machte er sich auch mit der Übersetzung des altirischen Epos *Táin Bó Cuailnge* einen Namen. Seit den 1960ern lebt Kinsella als Professor für englische Literatur in den Vereinigten Staaten.

Der Erzähler John Banville (* 1945), jahrelang Literaturchef der *Irish Times,* wird von der Kritik als großer Stilist und Sprachartist gefeiert. Im Mittelpunkt seiner Romane stehen oft Männer, die ihr Leben rückblickend betrachten oder existenzielle Erfahrungen machen. Banville geht erzählerisch sehr ins Detail, mäandert auf Abwegen und hantiert virtuos mit verschiedenen Zeit- und Handlungsebenen. Als sein Meisterwerk gilt die mit dem Booker-Preis, dem wichtigsten britischen Literaturpreis, ausgezeichnete Erzählung *The Sea* (2005).

Hugo Hamilton (* 1953) wurde als Sohn eines irischen Vaters und einer deutschen Mutter in Dublin geboren. Der nationalistisch gesinnte Vater verbot ihm, Englisch zu sprechen und schickte ihn auf eine gälische Schule. So lernte Hamilton die englische Sprache, in der er heute meist schreibt, auf der Straße. Seine Erzählungen reflektieren die Position eines Außenseiters, der sich keiner Kultur richtig zugehörig fühlt. In *The Speckled People* (2003) und *The Sailor in the Wardrobe* (2006) setzt er sich mit der eigenen, deutsch-irischen Kindheit auseinander. Auch einige seiner Romane spielen in Deutschland. 2007 erschien *Die redselige Insel*, sein Reisetagebuch auf den Spuren Heinrich Bölls. Hauptfigur von Hamiltons Irland-Romanen ist der schrullige Gesetzeshüter Pat Coyne, der sich als letzter Held von Dublin der Spaßgesellschaft widersetzt.

Auch Roddy Doyle (* 1958) wurde mit dem Booker-Preis ausgezeichnet. Er bekam ihn für seinen autobiographischen Roman *Paddy Clarke Ha Ha Ha* (1993). Sein Debütroman *The Commitments* (1987) wurde von Alan Parker verfilmt. Wie die beiden anderen, ebenfalls verfilmten Bände der *Barrytown Trilogy* (*The Snapper* 1990; *The Van* 1991) liefert der Roman eine Zustandsbeschreibung der Dubliner Arbeiterklasse. Nur ihr unverwüstlicher Humor lässt die Rabbittes, eine achtköpfige Familie aus der Nordstadt, im Kampf mit erdrückender Armut, Gewalt und häuslichem Chaos bestehen. Roddy Doyle verleiht den im Leben zu kurz Gekommenen eine Stimme. Eine deftige, mit Schulenglisch allein nicht immer zu verstehende Umgangssprache lässt die dialogreichen Romane authentisch erscheinen.

Lesestoff

Gemessen an der Zahl der Übersetzungen ins Deutsche hat die irische Literatur ihre beste Zeit hinter sich. Zuletzt 1996, Irland war Ehrengast der Frankfurter Buchmesse, legten sich die deutschen Verlage mit Werken irischer Schriftsteller mächtig ins Zeug. Zum Glück sind viele der damals übersetzten Bücher noch immer auf dem Markt, wenngleich antiquarisch und vielleicht mit der einen oder anderen abgestoßenen Ecke. Nachstehend eine Auswahl, die zwangsläufig die Vorlieben des Autors widerspiegelt.

Übersicht

Hans-Christian Oeser: Treffpunkt Irland, Reclam. Ein literarischer Reiseführer durch die Grüne Insel, der auch ein ausführliches Kapitel zu Dublin enthält.

Andreas Pittler (Hg.): Europa erlesen: Dublin, Klagenfurt, Wieser Verlag. Versammelt ein halbes Hundert kurzer Erzählungen, Romanauszüge, Essays und Gedichte, die sich allesamt um Dublin drehen.

Zwanzig alte und neue Klassiker

Jonathan Swift: Gullivers Reisen, Reclam. Mehr als nur Kindergeschichten sind diese unsterblichen Grotesken einer verkehrten Welt – ein polemischer Roman voll beißenden Spotts, in dem Swift sich über die Verhältnisse seiner Zeit lustig macht.

Oliver Goldsmith: Der Pfarrer von Wakefield, Goldmann. Eine komisch-satirische Familiengeschichte um den Landpfarrer Primrose, der immer nur das Beste will und selten etwas Gutes erreicht. Aber kein Rückschlag ist schlimm genug, um seinen Optimismus und den Glauben an den Sieg des Guten zu erschüttern.

Oscar Wilde: Sämtliche Märchen und Erzählungen, Anaconda. Oscar Wilde, brillanter Ästhet, exzentrischer Dichter und gnadenloser Kritiker der spätviktorianischen Gesellschaft, hat eine außergewöhnliche Sammlung bezaubernder Märchen, berühmter Erzählungen und sinnreicher Prosagedichte hinterlassen. Kluge Sprüche für alle Lebenslagen findet man in den **Aphorismen** (Insel). Im Gerichtsprozess gegen Oscar Wilde wurde **Das Bildnis des Dorian Gray** (Anaconda) verwendet, um die Unzucht des Autors zu belegen.

George Bernard Shaw: Pygmalion, Suhrkamp. Eine witzige Komödie über ein ernstes Thema. Der versnobte Professor Higgins will seinem Freund Pickering beweisen, dass die gesellschaftliche Stellung eines Menschen von dessen Sprache abhängt. So unterrichtet er das ungebildete Straßenmädchen Eliza, auf dass sie in der besten Gesellschaft problemlos zurecht komme. Doch mit Eliza erleben die beiden Männer so manche Überraschung.

Samuel Beckett: Warten auf Godot / Endspiel / Glückliche Tage, Suhrkamp. Vor allem sein Stück *Warten auf Godot* begründete Becketts Ruf. Die traurigen Helden bzw. Antihelden Estragon und Wladimir spiegeln das traurige Los der gesamten Menschheit wider und doch spenden sie Trost vor allem in ihrer Trostlosigkeit.

Flann O'Brien: Auf Schwimmen-zwei-Vögel, Heyne. Ein „wirklich lustiges Buch", befand der große James Joyce über diesen absurden Roman voller kreativer Wortspiele. Und eine große Herausforderung für jeden Kritiker, scheint doch schon eine Inhaltsangabe schier unmöglich. Übersetzer Harry Rowohlt brachte es so auf den Punkt: „Eine Gruppe von Menschen geht von A nach B und quatscht sich dazwischen fest."

Brendan Behan: Borstal Boy, Kiepenheuer & Witsch. Der autobiografische Roman erzählt in klarer und schnörkelloser Sprache, doch voller Ironie und Witz, von der Rebellion eines Jungen und seinem Alltag in einer Erziehungsanstalt.

Seamus Heaney: Die Amsel von Glanmore und **Ausgewählte Gedichte**, Hanser. Zwei Bände mit Gedichten von Irlands berühmtestem zeitgenössischen Lyriker und Nobelpreisträger.

William Butler Yeats: Liebesgedichte, Luchterhand. Sein Leben lang vergötterte Yeats die schöne Schauspielerin und Agitatorin Maud Gonne, ohne von ihr erhört zu werden. Entstanden sind dabei wunderschöne Gedichte.

James Joyce: Ulysses, Suhrkamp. Die Chronik einer Stadt: „A picture of Dublin so complete that if the city one day suddenly disappeared from the earth it could be reconstructed out of my book", schrieb Joyce über seinen Roman. Der beschreibt in epischer Breite einen einzigen Tag, den 16. Juni 1904, im Leben des Romanhelden Leopold Bloom, und erreicht dabei die Dimensionen der Homer'schen Saga von der Irrfahrt des Odysseus. Im gleichen Verlag sind auch **Dubliner** und **Finnegan's Wake** erschienen – allesamt keine leicht verdauliche Lektüre.

Nuala O'Faolain: Ihre Autobiografie **Nur nicht unsichtbar werden** (rororo) und ihr Roman **Ein alter Traum von Liebe** (List) erzählen von freudloser Kindheit, Alkoholproblemen und Liebesdramen und wurden zu internationalen Bestsellern.

John Banville: Die See, Goldmann. Der verwitwete Kunsthistoriker Max Morden flieht in das Haus am Meer, wo er als Kind aufregende Ferien verbrachte. Indem er sich die damaligen Erlebnisse vergegenwärtigt, um mit dem Verlust seiner Frau fertig zu werden, werden auch alte Wunden aufgerissen ... Doch die Handlung ist bei einem Sprachartisten wie John Banville eigentlich Nebensache.

Roddy Doyle: Henry der Held, Fischer-TB. Die Titelfigur kommt in den Dubliner Slums auf die Welt und prügelt sich durchs frühe

Die Bettlektüre des jungen G. B. Shaw

20. Jh. Doyle verknüpft das Schicksal seines Helden mit der „großen Geschichte" und entzaubert so die Mythen um den Osteraufstand und Irlands Staatsgründung.

Anne Enright: Das Familientreffen, btb. Der Hegarty-Clan versammelt sich in Dublin, um Liam, das schwarze Schaf der Familie, zu Grabe zu tragen. Doch nur Veronica fragt nach den Todesumständen ihres Lieblingsbruders. Die so geweckten Geister der Vergangenheit reißen sie in einen ausweglosen Strudel aus echten und falschen Erinnerungen, aus Dichtung, Wunsch, Alptraum und Wahrheit. Eine Lösung für die Probleme der Heldin bringt die 2007 mit dem Booker-Preis ausgezeichnete Erzählung nicht.

Krimis

Erskine Childers: Das Rätsel der Sandbank, Diogenes. Zwei Engländer kreuzen auf einer kleinen Jacht durch das deutsche Wattenmeer und geraten dabei in den Strudel geheimnisvoller Ereignisse: Was als harmloses Segelabenteuer beginnt, führt bald in die Welt der Spionage, denn kurz nach 1900 rüsten England und Deutschland um die Wette. Die Geschichte einer Seglerfreundschaft und einer unerfüllten Liebe. Und der erste Spionageroman der Weltliteratur.

Hugo Hamilton: Der letzte Held von Dublin, Steidl-Verlag. Der Kritiker Eberhard Bort charakterisiert den in Dublin spielenden Krimi als „eine unterhaltsame Karikatur nicht nur des harten Polizisten, der es im Alleingang mit dem Bösen der Welt [...] aufnimmt, sondern auch der gesellschaftlichen Zustände im ‚neuen' Irland."

Tana French: Schattenstill, Fischer. In einem der wenigen bewohnten Häuser der Geisterstadt Broken Harbour wird eine junge Familie aufgefunden – die Eltern erstochen, die Kinder erstickt. Für Detective Mike Kennedy, den Chefermittler der Dubliner Mordkommission, tun sich Abgründe auf, die bald auch ihn zu verschlingen drohen.

Declan Hughes: Blut von meinem Blut, Rowohlt. Ed Loy, Privatdetektiv aus Los Angeles, kommt zur Beerdigung seiner Mutter zurück nach Dublin. Als Jugendfreundin Linda ihn bittet, nach ihrem verschwundenen Mann zu suchen, gerät er immer tiefer in einen Strudel von Verstrickungen und landet schließlich bei seiner eigenen Vergangenheit. Etwas verworrene Handlung, doch viel Lokalkolorit und Atmosphäre. Wer auf den Geschmack kommt, kann Ed Loy in bislang drei Folgebänden bei weiteren Ermittlungen begleiten.

Phil Lynott – die Legende lebt

Musik

Irland hat heute Westeuropas lebendigste Musikszene. Sei es eine Session mit dem alten Fiddler im Pub, der ausgelassene Tanz auf der Céilí, das große Sommerfestival oder ein Rockkonzert: Die Musik der Grünen Insel ist für viele das Hauptmotiv ihrer Irlandreise.

Während in vielen anderen Regionen die Volksmusik im Schatten von Modernisierung, zunehmender Mobilität, dem Aufkommen von Musikkonserven und dem Siegeszug angloamerikanischer Popkultur sang- und klanglos unterging oder zu touristischer Animation verkam, ist der Folk für viele Iren Teil ihrer Identität und das gemeinsame Musizieren aus dem Alltag nicht wegzudenken.

Folk

Dabei schienen auch in Irland nach dem Zweiten Weltkrieg die Tage der Volksmusik gezählt. In den Dubliner Ballsälen regierten Walzer und Foxtrott, über das Radio und später den Bildschirm erreichten amerikanische Rhythmen auch das letzte Dorf. Ret-

tung und Revival des Folk brachte die 1951 gegründete **Comhaltas Ceoltóiri Éireann** (CCE, www.comhaltas.com), die „irische Musikbewegung". Diese Organisation arbeitet daran, die alten und vor allem die irisch-gälischen Lieder nicht in Vergessenheit geraten zu lassen, veranstaltet Festivals und Konzerte und richtet entsprechende Musikschulen ein.

Vor allem der früh verstorbene **Séan Ó Riada** (1931–1971), ein Jazzpianist und Komponist, schrieb unzählige, nur mündlich überlieferte Lieder nieder und brachte die Volksmusik in den Film, in die Orchestersäle und sogar in die Kirchen. Dabei halfen sicher auch die Erfolge, die Liedermacher wie Woody Guthrie, Odetta Holmes oder Joan Baez in den 1960er-Jahren in den USA feierten. Ob nun inspiriert von der irischen Diaspora in New York oder von Pubs in London, jedenfalls begannen damals auch Dubliner Kneipen, zuerst wohl **O'Donoghue's** (→ S. 118), für bestimmte Abende Musiker aus der Nachbarschaft zum zwanglosen Spiel zu engagieren: die Pub-Session wurde geboren. Seit diesen Tagen ist der Folk ein nicht mehr wegzudenkender Bestandteil auch des öffentlichen Lebens.

Die großen Stars

Auch die irische Diaspora spielte für die Wiederbelebung der Volksmusik eine Rolle. Unter den irischen Auswanderern befanden sich natürlich auch viele Musiker, die jenseits des Atlantiks für ihre Landsleute die alten Lieder spielten. **Michael Coleman,** ein in Sligo aufgewachsener Geiger, und **Pakie Dolan** aus Longford nahmen schon in den 1920er-Jahren in New York regelmäßig Schallplatten auf, als wohl noch die wenigsten Irland-Iren überhaupt wussten, was ein Grammophon ist. Diese Schellacks fanden später den Weg zurück auf die Insel. Auch manche Musiker kehrten wieder heim, darunter die **Clancy-Brüder** aus Tipperary.

Die seit 1962 auftretende Dubliner Band **The Chieftains** (www.thechieftains.com) um den Dudelsackpfeifer **Paddy Moloney** ist die älteste und zugleich erfolgreichste der traditionellen Gruppen. Viele ihrer frühen Stücke arrangierte noch Séan Ó Riada persönlich. Mit ihren rebellischen Saufliedern und melancholischen Balladen machten ebenfalls seit den Sechzigern die **Dubliners** (www.patsywatchorn.com) den irischen Folk auch in Deutschland berühmt. Obwohl sie es bis in die englischen Charts brachten, gilt ihre Musik aus den Anfangsjahren auch für Puristen als authentischer Folk. Mit dem gleichen Prädikat dürfen sich auch die **Fureys** (www.thefureys.com) schmücken, eine Familienband, deren große Zeit Anfang der Siebzigerjahre war.

Die Session

Regelmäßig treffen sich die Hobbymusiker der Nachbarschaft im Pub zur Session *(seisiun)*. Was dem Außenstehenden als spontanes Event erscheinen mag, ist meistens arrangiert. Nicht jeder Wirt heißt Musiker willkommen. Und wer sie in seine Kneipe einlädt, bezahlt ein oder zwei in der Szene bekanntere Spieler dafür, dass sie regelmäßig bei ihm auftreten. Bei einer offenen Session darf dann jeder mitspielen, der sein Instrument versteht und die Songs kennt. Mit den Musikern kommt dann auch das Publikum schnell in Stimmung, die je nach Song als augenfeuchte Balladenmelancholie oder als ausgelassenes Bodenstampfen daherkommt.

Wichtigstes Instrument des irischen Folk ist die *Fiddle,* die Violine. Dazu kommen die *Tin Whistle,* eine Blechflöte mit nur sechs Löchern, aber 2½ Oktaven, und die *Bodhran,* eine mit Ziegenhaut bezogene Handtrommel, die mit den Fingerknöcheln oder einem Schlegel geschlagen wird. Seltener ist die *Uilleann Pipe,* ein Dudelsack, der im Unterschied zu seinem schottischen Verwandten nicht mit der Atemluft, sondern durch Druck mit dem Ellenbogen gefüllt wird (was die Iren für die schlauere Variante halten – man kann während des Spielens Whiskey trinken). Neben diesen traditionellen Instrumenten ist heute das Akkordeon *(accordion)* aus der Volksmusik nicht mehr wegzudenken. Auch die Harfe *(harp),* im Mittelalter das Instrument der Barden, gehört zum irischen Folk – im Pub sieht man sie aus verständlichen Gründen allerdings kaum.

Doch die beste und wohl wegweisendste Dubliner Band der innovativen Siebziger war **Planxty,** deren Köpfe Christy Moore und Dónal Lunny bis heute entscheidend in der irischen Folkszene mitmischen (s. u.). Ein neues Kapitel des Folk schrieben Mitte der Achtziger die **Moving Hearts**, die Traditionals mit Jazz- und Bluesmotiven mischen.

Irlands populärster Musiker ist **Christy Moore** (www.christymoore.com). Der kahlköpfige Barde, der Traditionals allenfalls noch als frei interpretierte Vorlagen für seine witzigen, manchmal beißend ironischen Balladen nimmt, greift auch soziale und politische Probleme auf. Sein Bruder macht unter dem Namen **Luka Bloom** (www.lukabloom. com) Karriere. **Dónal Lunny,** der nach Anfängen als Musiker heute nur noch im Hintergrund wirkt, ist als Arrangeur und Produzent von Christy Moore und vielen anderen Solisten und Folkgruppen die graue Eminenz der irischen Volksmusik. Von den Liedermachern der jüngeren Generation setzt sich der aus der Straßenmusikszene kommende Stadtpoet **Damien Dempsey** (www. damiendempsey.com) in seinen Songtexten kritisch mit der irischen Gesellschaft unserer Tage auseinander. Als eine Art Botschafter irischer Musik durfte der Liedermacher **Fionn Regan** seine melancholischen, am jungen Bob Dylan und an Leonhard Cohen orientierten Balladen bereits der Queen und Präsident Obama präsentieren.

Celtic Rock

Der **Celtic Rock** kombiniert Instrumente des Folk wie Mandoline, Fiddle und Akkordeon mit der üblichen Rockinstrumentierung aus E-Gitarre, Keyboard und Schlagzeug und schlägt auch mit seinen Songs oft die Brücke zwischen beiden Genres, indem etwa traditionelle Lieder als rockiges Arrangement eingespielt werden oder die Texte um Themen aus der irischen Mythologie kreisen. Pioniere des Celtic Rock waren die außerhalb Irlands nur wenig bekannten, für nachfolgende Musikergenerationen aber prägenden **Horslips** (www.horslips.ie). Mit ihnen bekam irische Musik ein cooles und modernes Image. **Phil Lynott** (→ S. 94), der früh verstorbene Sänger und Songwriter von **Thin Lizzy** (www.thinlizzy.org), ließ sich für seine Texte gleichermaßen vom Dubliner Alltag wie von alten keltischen Legenden und Sagen inspirieren. Mit Songs wie *Whiskey in the Jar* (1973) und *The Boys are back in Town* (1976) machte die Band auch international auf sich aufmerksam.

Die punkigen **Pogues** (www.pogues. com) gingen nie ohne Alkohol auf die Bühne; doch selbst mit dem nötigen Quantum sangen und spielten sie nicht besonders melodisch. Frontman Shane MacGowan, der selbst für die Pogues zu stark soff, wurde auch schon mal kurzerhand am Mikrofonständer angebunden, damit er nicht umfiel. Der wegen seiner Hilfsaktion für Afrika („Live Aid") einst für den Friedensnobelpreis vorgeschlagene **Bob Geldof** (www.bob geldof.info) begann mit den Rats, die sich später zu den **Boomtown Rats** umformierten und in einem musikalischen Desaster untergingen.

U2 und danach

An den Verkaufszahlen ihrer Songs gemessen sind **U2** (www.u2.com) die erfolgreichste Band der Insel. Von jeder Scheibe verkaufen sie weltweit mindestens 10 Millionen Stück. Schon als Schüler feierten die Dubliner Mainstream-Musiker um Leadsänger **Bono** (Paul David Hewson) und den Gitarristen The Edge (David Howell Evans) Ende der Siebzigerjahre ihre ersten Erfolge. Ungeachtet ihres Weltruhms leben sie weiter in Dublin und haben dort mit „The Clarence" ein eigenes Hotel. In einer Kneipe gleich um die

Ecke arbeitete früher **Sinéad O'Connor,** die mit *Nothing compares 2U* die Hitparaden stürmte. Das Enfant terrible erzürnte die katholische Welt, als sie vor 30 Millionen amerikanischen Fernsehzuschauern ein Bild des Papstes zerriss und die Kirche ein „auf Lügen gebautes Reich des Bösen" nannte.

Als beste Stimme seit Sinéad O'Connor lobt die Kritik **Julie Feeney** (www.ju liefeeney.com). Die gelernte Musikpädagogin, die nebenbei noch modelt und schauspielert, trat mit ihrem Debütalbum *13 Songs* (2005) ins Rampenlicht. Die von ihr selbst komponierten und getexteten Balladen gehören zum Besten, was die irische Musikszene derzeit zu bieten hat.

Wer an den Balladen von Tom Waits Gefallen findet, wird auch die Songs des Multitalents **Clara McDonnell** (http:// klaramcdonnell.wordpress.com) mögen. Ein anderer Newcomer, dem eine große Karriere zugetraut wird, ist der von Bob Marley und Stevie Wonder beeinflusste **Paddy Casey** (www. paddycasey.ie). **The Chapters** (www. facebook.com/ thechapters), deren Musik Erinnerungen an Fletwood Mac und Talking Heads weckt, wurden mit einem grandiosen Auftritt als Supportband beim Dubliner Neil-Young-Konzert bekannt. Nach ihren Anfängen im Post-Punk sind **Delorentos** (www. delorentos.net) nun beim Akustik-Rock angekommen und singen auch Songs in irischer Sprache.

Klassische Musik

Während Folk und Rock boomen, führt die Klassik nur ein Schattendasein. Da sind nur wenige Namen mit Irland verbunden: Allen voran **Georg Friedrich Händel** (1685–1759) (→ S. 127), der 1742 einige Wochen in Dublin weilte und die Uraufführung seines *Messiah* dirigierte. Dann der Lautenspieler und Komponist **John Dowland**

(1563–1626), der möglicherweise aus Dalkey (→ S. 241) stammte. Ein Brückenbauer zwischen Kulturen war der als Jugendlicher erblindete Dichter, Komponist und Harfenspieler **Turlough O'Carolan** (1670–1738). Einerseits steht er noch in der Tradition keltischer Barden, andererseits ließ er sich für seine Kompositionen auch von den Starkomponisten seiner Zeit wie Antonio Vivaldi, Arcangelo Corelli und dessen Schüler **Francesco Geminiani** (1687–1762) beeinflussen. Der arbeitete zuletzt als Konzertmeister in Dublin und soll, so die Legende, aus Gram darüber gestorben sein, dass ihm ein Diener eine gerade vollendete Komposition entwendet hatte. Nur Spezialisten kennen den aus Dublin stammenden Tenorsänger und Theaterleiter **Michael Kelly** (1762–1826), der uns in Wien als Freund Mozarts begegnet und etwa bei der Uraufführung der *Hochzeit des Figaro* mitwirkte.

Der geringe Stellenwert klassischer Musik in Irland mag damit zusammen hängen, dass nach dem Act of Union (→ S. 21) der protestantische Adel, also die potentiellen Musikmäzene, das Land verließ. Den Iren aber galt klassische Musik als eine Musik der Kolonialherren und war entsprechend verpönt. Erst nach dem Zweiten Weltkrieg bekam Dublin ein professionelles Symphonieorchester, bis heute gibt es kein festes Opernensemble. Umgekehrt wurde die von den Kolonialherren unterdrückte und in den Untergrund gezwungene Volksmusik gerade deshalb neben dem katholischen Glauben zu einem wichtigen Teil der irischen Identität. Ganz ohne Einfluss blieb die Klassik jedoch nicht. Die Barockmusik etwa hat sich in den Folk in Gestalt der Polkas und Mazurkas eingeschlichen, die neben Jigs, Reels und Hornpipes auf keinem traditionellen Tanzfest *(céilí)* fehlen.

Irland in Sicht

Anreise

Mit dem Flugzeug

Aer Lingus und Ryanair sind, was die Vielzahl der Verbindungen betrifft, mit Abstand Spitzenreiter beim Lufttransport zwischen Irland und dem Kontinent. Beide verlangen leider für die Gepäckbeförderung heftige Aufschläge, die scheinbare Schnäppchenflüge aufs Preisniveau von Lufthansa und anderen Konkurrenten anheben. Die Flugzeit von Deutschland nach Dublin beträgt 2 bis 2½ Std.

Flugportale im Internet

Wenn Sie flexibel sind und zunächst nur günstige Flugtage suchen, hilft **bravofly.de** mit einer komfortablen Schnäppchensuche. Haben Sie sich auf ein Datum festgelegt, helfen Suchmaschinen, die die Angebote der Buchungsportale vergleichen und Sie dann auf das ausgewählte Portal weiterleiten. **skyscanner.de** ist etabliert und bewährt. **swoodoo.com** zeigt Ihnen auch die manchmal recht hohen Gebühren der diversen Anbieter. **flug.idealo.de** erlaubt die Suche nach Gabelflügen.

> Kaufen Sie die Bustageskarte **Leap Visitor Card** (→ S. 46) bereits am Flughafen (am Busschalter, bei der Touristeninformation oder am Fahrscheinautomat), denn sie gilt auch für den Airlink-Bus in die Stadt.

Dublin Airport

Dublin Airport (☎ 01 814 1111) liegt etwa 15 km nördlich des Zentrums neben der Autobahn M 1. Terminal 1 und der neuere Terminal 2 stehen unmittelbar nebeneinander. **Busse** bringen die Fluggäste in die Stadt. Die Linien 16 und 41 fahren alle 15 Min. via DART-Station Drumcondra Rd ins Stadtzentrum (O'Connell St, Fahrzeit

40 Min.). Abfahrt ist am Busbahnhof auf der Rückseite des Parkhauses vor Terminal 1.

Der teurere und schnellere **Airlink Express** Nr. 747 (6 €, hin und zurück 10 €) fährt mit nur wenigen Zwischenhalten zur O'Connell Street, zum Busbahnhof und zur Heuston Station. Ein privater **Aircoach** fährt im 15-Minuten-Takt die großen Hotels im Stadtzentrum an (Ticket 7 €, Info www.aircoach.ie). Beide halten vor Terminal 1 und Terminal 2.

Ein **Taxi** zur Connolly Station kostet ca. 30 €.

Mit Auto und Schiff

Angesichts der langen Anfahrt wäre es ziemlich abwegig, für einen Städtetrip mit dem Auto von Deutschland nach Dublin zu reisen. Allenfalls in Kombination mit einem längeren Aufenthalt auf der Insel lohnt sich ein solches Unterfangen.

Irish Ferries schippern mehrmals die Woche von Cherbourg (Frankreich) nach Dublin. Eine andere Route führt über Belgien und den Ärmelkanal zunächst nach England und dort von Liverpool oder Holyhead (Wales) mit der Fähre weiter nach Dublin – Details finden Sie unter www.irlandfaehre.de und www.norfolkline.de. Außer **Dublins Hafen** (Bus Nr. 53) an der Mündung der Liffey steuern einzelne Fähren auch den Hafen **Dun Laoghaire** im Süden der Stadt an, der mit der DART-Bahn erreicht werden kann.

Irish　Ferries,　Ferryport,　Terminal 1, ☎ 0818 300 400, www.irishferries.com.

Stena Line, Terminal 2, ☎ 01 204 7777, www. stenaline.com.

P & O,　Terminal 3,　☎ 01 407 3434,　www. poferries.com.

Mit der Bahn

Am gängigsten ist die Bahnfahrt über London. Wer dabei die Superzüge **Tha-**

lys (Köln–Brüssel) und **Eurostar** (Brüssel–London) benutzt, ist zwischen Köln und Dublin fast einen Tag unterwegs. An Sonderangeboten gab es 2014 z. B. das **London Spezial** (ab Köln 59 €).

Unter dem Etikett **SailRail** (www.sailrail.co.uk) bieten Bahn und Fährgesellschaften flexible, für jeden Zug und jede Fähre gültige Tickets von Großbritannien nach Irland an. Von London nach Dublin zahlt man rund 40 £ (umgerechnet rund 50 €). Mehr zur Bahnfahrt von England nach Irland unter www.seat61.com/Ireland.htm.

Lautstarker Empfang am Flughafen

Auch für Wikinger hat Dublin das passende Angebot

Unterwegs in Dublin

Mit dem Bus

Dublins **Busbahnhof** (Busáras Central Bus Station, ☎ 01 836 6111) in der Store Street dient nur dem Fernverkehr aus der Region Dublin heraus.

Die meisten Linien des **Stadtverkehrs** beginnen im Zentrum („An Lar") um die O'Connell Bridge. Die Doppeldecker und anderen Modelle mit dem schnittigen Logo „db" (Dublin-Bus) verkehren zwischen 6 und kurz vor 24 Uhr in der Stadt und hinaus bis nach Bray, Enniskerry, Maynooth und Malahide. Das **Dublin Bus Office**, 59 O'Connell St (Mo–Fr 9–17, Sa/So 9–14 Uhr, ☎ 01 873 4222, www.dublinbus.ie) hat einen **Visitors Guide** mit den wichtigsten Tarifinfos und Haltestellenplänen für die Innenstadt. Der **Route Network Guide** zeigt die Routen der Buslinien im gesamten Stadtgebiet von Howth bis Tallaght.

Nitelink fährt in den Nächten auf Samstag und Sonntag von Mitternacht bis 4 Uhr morgens für 6 € von der O'Connell Bridge in die Vororte Dublins.

Tickets

Hier eine Auswahl aus den drei Dutzend verschiedenen Ticketvarianten.

Die **Einzelfahrt** kostet je nach Strecke 0,70–5 € und muss im Bus passend bezahlt werden – es gibt kein Wechselgeld.

Die **Tageskarte** für Bus, Bahn und Tram kostet 10 €. Die **Leap Visitor Card** für 72 Stunden Bus, Bahn, Tram und Airlink kostet 20 €.

Die unter dem Namen „Travel 90"verkaufte **Mehrfahrtenkarte** erlaubt 10 Fahrten von längstens 90 Min. Dauer.

Als weitere Tageskarten sind an den mit „db" gekennzeichneten Verkaufsstellen die **Dublin Rambler** erhältlich (1 Tag Familienkarte 13 €; 5 Tage Einzelkarte 28 €).

Last, but not least wird noch ein **Freedom Ticket** verkauft. Für 30 € darf man 3 Tage lang alle Busse samt Airlink und Nitelink benutzen inklusive Stadtrundfahrt *Dublin Bus Tour* (→ S. 49).

Mit einer **Student Travel Card** für 12 € (www.studenttravelcard.ie) gibt's für Studenten ermäßigte Wochen- und Monatskarten – lohnt sich also nur, wenn man länger bleiben will.

Dublin Bus – gut zu wissen

- Es gibt **keine Verbundtickets** – für Bus, Bahn und Tram braucht man in der Regel gesonderte Fahrscheine.
- Die ausgehängten **Fahrpläne** an den Bushaltestellen geben nicht die aktuelle Abfahrt an, sondern den geplanten Start der Busse am Terminal
- Die aktuell **nächsten Abfahrten** für jede Haltestelle können Sie unter www.dublin bus.ie abfragen.
- Um einen Bus anzuhalten, muss man auch an der Haltestelle winkend o. ä. **Zeichen geben.**
- Wer nicht passend zahlt, bekommt vom Busfahrer **kein Wechselgeld.** Stattdessen gibt's einen Gutschein, den man aber nur im *Dublin Bus Office* einlösen kann.
- Das Wechselgeldproblem vermeidet man mit der **Leap Card,** einer aufladbaren Prepaid-Geldkarte, von welcher der Fahrer den Fahrpreis abbucht. Man bekommt die Leap Card gegen ein geringes Pfand an den Verkaufsstellen von Dublin Bus.

Mit der Straßenbahn (Luas)

Die Straßenbahn *Luas* (ir. für Geschwindigkeit, gesprochen *luis*) wird vom französischen Konzern Veolia betrieben. Die **Green Line** (Grüne Linie) verbindet St Stephen's Green mit dem Vorort Cherrywood, die **Red Line** (Rote Linie) fährt vom Point Depot über Connolly Station und Heuston Station nach Tallaght und Saggart. Tatsächlich sind die Trams alle grau und die Farben Rot und Grün nur Linien auf dem Stadtplan. Die einfache Fahrt kostet 1,70–3 €, Rückfahrt vergünstigt. Tickets sind an den Automaten erhältlich. Es gibt keine Einzelfahrscheine für Bus *und* Tram, aber in beiden gültige Tages- und Wochenkarten (9 € bzw. 36 €).

Mit der S-Bahn (DART)

Für längere Strecken ist die S-Bahn des **D**ublin **A**rea **R**apid **T**ransit ein gegenüber dem Bus sehr viel schnelleres und zuverlässigeres Transportmittel. Von den Stationen Connolly, Pearse und Tara fahren die grünen Züge etwa alle Viertelstunde ins Umland nach Greystones (Co. Wicklow), Howth und Malahide, von der Heuston Station fährt die Vorortbahn nach Kildare. Die Fahrt entlang der Küste ist auch als Sightseeing-Tour zu empfehlen.

Mit dem Taxi

Ein Taxi ruft man beispielsweise unter den Nummern ☎ 01 676 1111, ☎ 01 677 2222 und ☎ 01 676 6666. Oder man hält es einfach vom Straßenrand aus an. Zur Grundgebühr von 4,10 € (20–8 Uhr 4,45 €) für den ersten Kilometer addieren sich 1,03 € (1,35 €) pro zusätzlichem Kilometer. Steht das Taxi im Stau oder an der Ampel, steuert die Uhr den Taxameter. Pro zusätzlichem Passagier zahlt man 1 €, die telefonische Buchung kostet 2 €. Immerhin: Gepäckzuschlag gibt es keinen.

Mit dem Fahrrad

Um das Radeln auf Dublins Straßen populärer zu machen, wurden im Stadtzentrum etwa 40 Fahrradleihstationen eingerichtet. Gedacht sind die blau-silbergrauen City Bikes des **Dublin**

Bike Scheme (www.dublinbikes.ie) vor allem für Kurzstreckenfahrten. Nach Anmeldung, die an einem Teil der Stationen per Kreditkarte möglich ist, kann man sich Räder ausleihen und an einer beliebigen anderen Station wieder zurückgeben. Die Grundgebühr kostet für drei Tage 5 € (Jahreskarte 20 €). Damit sind alle Fahrten bis zu jeweils einer halben Stunde abgedeckt. Geht die Ausleihe darüber hinaus, wird ein Aufschlag berechnet.

Führungen und Rundfahrten

Geführte Stadtrundgänge thematisieren außer Geschichte auch Literatur und Musik. Fußfaule können die Sehenswürdigkeiten im offenen Doppeldeckerbus abfahren.

Zu Fuß

Pat Liddy's Walking Tours of Dublin, bietet von Mai bis Okt. tägl. zu verschiedenen Zeiten und Themen geführte Rundgänge. Ausgangspunkt ist meist das Ticket Office an der Ecke Grafton St / College Green. ℡ 01 832 9406, www.walkingtours.ie.

Historical Walking Tours of Dublin, Historiker des Colleges verabreichen einen zweistündigen Schnellkurs zur Dubliner Alltagsgeschichte von anno dazumal bis heute. April–Sept. tägl. 1- bis 2-mal (11 und 15 Uhr), sonst nur Fr/Sa/So 11 Uhr, ab dem Eingang zum Trinity College. 12 €. ℡ 087 688 9412, www.historicaltours.ie.

1916 Rebellion Walking Tour, 2-stündige Tour zu den mit dem Osteraufstand verknüpften Stätten. März–Okt. Mo–Sa 11.30 sowie So 13 Uhr ab International Bar (23 Wicklow St). 12 €. ℡ 086 858 3847, www.1916 rising.com.

James Joyce Walking Tour, ein Nachmittag auf den Spuren von Leopold Bloom oder von *Dubliners*, geführt von Mitarbeitern des James Joyce Centre. Sa 11 Uhr, März–Sept. auch Di/Do 11, Sa 14 Uhr. 10 €. ℡ 01 878 8547, www.jamesjoyce.ie.

Literary Pub Crawl, zwei Schauspieler bringen die Gruppe zu (von Tour zu Tour wechselnden) Pubs, wo sich Dublins Geistesgrößen inspirieren ließen – und betranken. Dabei werden jeweils zum Ort passende Sketche aufgeführt und Werke

Mit dem Rad durch den Asphaltdschungel?

Oder mit der Bahn in die Berge?

rezitiert. Die „literarische Kneipenbekriechung" (Harry Rowohlt) ist originell und wärmstens empfohlen. Ostern–Okt. tägl. 19.30 Uhr, Nov.–März nur Do–So 19.30 Uhr. 12 € (Guinness nicht inbegriffen). Treffpunkt ist der Duke Pub, 9 Duke St, ✆ 01 670 5602, www.dublinpubcrawl.com.

Traditional Irish Musical Pub Crawl, geführt von zwei Musikern werden vier Singing Pubs mit Folk erkundet, als Souvenir gibt's ein Songbook. April–Okt. tägl. 19.30 Uhr, Nov.–März nur Do–Sa 19.30 Uhr. 12 €. Ab Oliver St John Gogarty's Pub, 58 Fleet St, ✆ 01 475 3313, www.discoverdublin.ie.

Mit dem Bus

Das größte Angebot an konventionellen Sightseeingtouren durch die Stadt und in die Umgebung hat **Dublin Bus**, ✆ 01 873 4222, www.dublinsightseeing.ie, zu buchen über das Büro in 59 O'Connell St Die **Dublin Bus Tour** (19 €), 9–18.30 Uhr ca. alle 15 Min., fährt beispielsweise in der Art eines Linienbusses verschiedene Sehenswürdigkeiten an: Man kann aussteigen und nach Besichtigung mit einem späteren Bus zur nächsten Station zu fahren. Auf streckenweise gleicher Route bieten auch private Unternehmen wie **City Sightseeing** (www.irishcitytours.com) sehr ähnliche Touren an.

Der **Ghost Bus** durch Dublins Geisterwelt startet Di 20 Uhr, Fr–Sa 19.30 Uhr am Busbüro 59 O'Connell St und kostet 28 €. Dauer 2:15 Std. www.dublinsightseeing.ie.

Zu Lande und zu Wasser

Viking Splash Tours, Stadtrundfahrten in Amphibienfahrzeugen, die auf Wasserstraßen Staus umgehen können. März–Okt. tägl. ab 10 Uhr alle 30–60 Min., Dauer 1:15 Std. Start ab Nordseite St Stephen's Green. 20 €. ✆ 01 707 6000, www.vikingsplash.ie.

Flussfahrten mit Liffey Voyage, März–Nov. tägl. mehrere Fahrten ab Bachelor's Walk. 14 €. Dauer ca. 45 Min. ✆ 01 473 0000, www.dublindiscovered.ie.

Dublin Bay Cruises, tägl. Bootstouren ab Ferryman Pub (Sir John Rogerson Quay) nach Howth oder Dun Laoghaire. 22 €. Dauer ca. 90 Min., auch Kombitickets mit Dublin Bus Tours erhältlich. ✆ 01 901 1757, www.dublinbaycruises.com.

Kutschfahrten, man muss nicht heiraten oder bereits im Sarg liegen, um stilvoll durch Dublin kutschiert zu werden. Einspännige Kaleschen für bis zu 5 Passagiere warten an der Nordseite von St Stephen's Green auf Kundschaft. Eine viertelstündige Kurztour kostet wenigstens 30 € – Preise unbedingt vorher aushandeln!

Übernachten am Flughafen – und morgens stressfrei zum Abflug

Übernachten

Trotz deutlicher Preisrückgänge infolge der Wirtschaftskrise ist Dublin weiterhin ein teures Pflaster. Wenigstens 200 € muss man für ein Zimmer in den Luxushotels hinlegen, Frühstück nicht inbegriffen. Und selbst ein Bed & Breakfast (B & B) am Stadtrand, also eine Privatunterkunft mit Frühstück, schlägt noch mit rund 80 € zu Buche.

Für alle Preiskategorien gilt: Je zentraler man wohnt und je kürzer damit die Wege sind, desto mehr muss man bezahlen. Saison ist das ganze Jahr. Besonders jedoch an den Sommerwochenenden und bei großen Konzertereignissen und Sportspektakeln ist auf die Schnelle kein Bett mehr zu bekommen – dann empfiehlt sich frühzeitiges Buchen!

Bei der Suche nach einer freien Unterkunft hilft vor Ort gegen geringe Gebühr das **Tourist Office** (www.visitdublin.com). Billiger ist oft die Buchung per Internet. Dabei helfen Holidaycheck oder McHotel, die in Echtzeit gleich mehrere **Buchungsportale** wie z. B. Booking.com, Hotels.com und Expedia. de abfragen und deren Angebote vergleichen.

> **Buchungsportale im Internet**
> www.hrs.de
> www.visitdublin.com
> www.holidaycheck.de
> www.McHotel.de
> www.hostelz.com

Luxushotels

Richtig viel Geld ausgeben kann man in Dublins Spitzenhotels. Und man hat die Wahl zwischen ultramodernem Design und der Eleganz aus den Tagen des Empire.

Shelbourne 🔟 → Karte S. 89. Martin Burke gründete das Shelbourne im Jahr 1824, indem er drei nebeneinanderliegende Stadthäuser mit Blick über St Stephen's Green erwarb. Heute gehört das ehrwürdigste Hotel der Stadt zur Marriott-Kette und wurde kürzlich rundum saniert. DZ ab 250 €. 27 St Stephen's Green, ✆ 01 663 4500, www.marriott.com.

≫ Mein Tipp: Merrion 🔟 → Karte S. 89. Das elegante Hotel im Regierungsviertel residiert in vier sorgfältig restaurierten georgianischen Häusern, die u. a. mit wertvollen Kunstwerken aus dem 19. und 20. Jh. ausgestattet sind – manches Museum wäre um solche Schätze froh. Zum Haus gehören ein hübscher Garten und das Wellnesszentrum Tethra Spa. DZ ab 250 €. Upper Merrion St, ✆ 01 603 6000, www.merrionhotel.com. ≪

The Marker 🔟 → Karte S. 211. Dublins jüngstes Luxushotel steht im hippen Docklandsviertel. Nach langem Leerstand, der unvollendete Bau blieb im Strudel der Finanzkrise stecken, signalisiert es das wiedergewonnene Vertrauen der Investoren in die Finanzkraft der Stadt und ihrer Besucher. DZ ab 200 €. Grand Canal Square, ✆ 01 687 5100, www.themarkerhoteldublin.com.

Morrison 🔟 → Karte S. 173. Boutique-Hotel am Fluss mit 140 Gästezimmern in ultracoolem Minimaldesign mit viel Schwarz und natürlichen Materialien. Restaurant mit Bioküche. Wer das Besondere sucht und nicht aufs Geld schauen muss, ist hier richtig. DZ ab 180 €. Lower Ormond Quay, ✆ 01 887 2400, www.morrisonhotel.ie.

Mittlere Preislage

Das Viertel um St Stephen's Green am Südufer der Liffey ist eine der besten Geschäftslagen Dublins. Die Grundstücke sind teuer, deshalb findet man hier auch nur Nachtquartiere der mittleren und höheren Kategorie. Vorsicht vor dem Nepp mancher Hotels in Temple Bar.

Im Zentrum

Brooks 🔟 → Karte S. 89. Schickes Designerhotel in bester Lage, das bei Geschäftsleuten sowie Hochzeitsreisenden gleichermaßen beliebt ist. Geräumige Zimmer mit unterschiedlichem Standard und Preis, Ei-

chenholzbar und Fitnessraum, perfekter Service. DZ ab 150 €. Drury St, ✆ 01 670 4000, www.sinnotthotels.com.

≫ Mein Tipp: Number 31 🔟 → Karte S. 89. Dublins umstrittener Stararchitekt Sam Stephenson (1933–2006), dem die Stadt Hässlichkeiten aus Beton wie das Rathaus (am Wood Quay) und die Zentralbank (Dame St) verdankt, baute sich hier in den 1950er-Jahren alte Stallungen zu seinem Wohnhaus um. Dieses ist nun zusammen mit dem georgianischen Gartenhaus ein Boutiquehotel und in der Einrichtung der klassischen Moderne verpflichtet. Das üppige Frühstück wird in einem grünen Wintergarten serviert. Deirdre und Noel Comer führen das preisgekrönte Haus mit Geschick und Charme. Über die Sicherheit wacht Labrador Homer, unterstützt von Videokameras und einer hohen Mauer. DZ 150–260 €. Leeson Close, Lower Leeson St, ✆ 01 676 5011, www.number31.ie. ≪

Staunton's on the Green 🔟 → Karte S. 89. Zentral im Geschäftsviertel am St Stephen's Green gelegen, doch zumindest abends findet man auch einen Parkplatz vor dem Haus. Älteres Gebäude mit sehr großen, etwas plüschig eingerichteten Zimmern, auf der Rückseite zu einem Garten hin und sehr ruhig gelegen. Die Bäder sind nicht mehr ganz auf der Höhe der Zeit. Das üppige Frühstück wird im ausgebauten Souterrain serviert – hier fehlt leider der Blick aus dem Fenster. DZ 100–180 €. 83 St Stephen's Green, ✆ 01 478 2300, www.thecastlehotelgroup.com.

Fitzwilliam Townhouse 🔟 → Karte S. 89. Zentral, aber nachts überraschend ruhig. 13 Zimmer, alle mit Bad und kürzlich neu ausgestattet, im 1. Stock schmiedeeiserne Balkone, innen mit Lüstern und viel Goldbronze eingerichtet. Leser beklagen den etwas drögen Service. Kein Frühstück. DZ 70–170 €. 41 Upper Fitzwilliam St, ✆ 01 662 5155, www.fitzwilliamtownhouse.com.

Kilronan Guesthouse 🔟 → Karte S. 218/219. Eingeführtes B & B in einem georgianischen Stadthaus mit Balkonen, Säulen und Erkern. Durchschnittlicher Komfort, wegen der guten, zentrumsnahen Lage stattliche Preise. Freundlicher Empfang und familiäre Atmosphäre. Auf der Minusseite stehen sehr kleine Zimmer und enge, steile Treppen. DZ 80–120 €. 70 Adelaide Rd, ✆ 01 475 5266, www.dublinn.com.

Übernachten im Himmelbett, in diesem Fall nur im Museum

Zwischen Zentrum und Airport

Bewley's Hotel Dublin Airport **1** → Karte vorderer Umschlag. Neues Hotel nur 3 km vom Flughafen entfernt, zu dem ein Shuttlebus pendelt. Mehr zweckmäßig als schön gebaut, doch unmittelbar vor oder nach einem Flug eine gute Wahl, denn rund um den Airport gibt's einige Hotels, die für viel mehr Geld viel weniger bieten. DZ 90–110 €. Baskin Lane, N 32, Santry, ✆ 01 871 1001, www.bewleyshotels.com.

Ardmore Hotel **4** → Karte vorderer Umschlag. Neueres Hotel mit gutem Preis-Leistungs-Verhältnis. Es liegt an einer Hauptstraße (ruhig sind jedoch die rückseitigen Zimmer) mit guter Busanbindung ins Stadtzentrum (nicht aber zum Flughafen). Saubere, doch etwas kleine Zimmer, Restaurant und Pub im Haus, Supermarkt in der ansonsten nicht sonderlich angesehenen Nachbarschaft. Kostenloser Hotelparkplatz. DZ ab 50 €, Frühstück 10 €/Pers. extra. Tolka Valley, Finglas Rd, ✆ 01 864 8300, www.ardmore-hotel.com.

Egan's Guesthouse **9** → Karte vorderer Umschlag. Die zweigeschossige Häuserzeile im Stil der Jahrhundertwende liegt nördlich des Zentrums in einem ruhigen Wohngebiet unweit des botanischen Gartens. Die etwa 20 Gästezimmer sind mit dem üblichen Komfort und DSL-Anschluss ausgestattet, aber recht klein. Für Autofahrer gibt es ausreichend Parkplätze, zur DART-Station Drumcondra läuft man 10 Min. DZ 60–90 €. 7/9 Iona Park, Glasnevin, ✆ 01 830 361, www.eganshouse.com.

Ballsbridge und Umgebung

Ariel House **6** → Karte S. 218/219. Luxuspension in einer dreigeschossigen Backsteinhäuserzeile. Die 37 Zimmer sind mit Stilmöbeln eingerichtet, unter der Woche relativ günstig zu haben. Über die DART-Station Lansdowne Road kommt man blitzschnell ins Zentrum. DZ 90–190 €. 50–54 Lansdowne Rd, ✆ 01 668 5512, www.ariel-house.net.

≫ Mein Tipp: Bewley's Ballsbridge Hotel **14** → Karte S. 218/219. Ein Kettenhotel mit Charme. 5 Gehminuten von der DART-Station Sandymount entfernt wurden in der früheren Mädchenschule der Freimaurer 220 geräumige und komfortable Zimmer eingerichtet. Über kleinere technische Mängel sieht man angesichts des günstigen Preises gern hinweg. EZ/DZ 90–150 €, Parken kostet extra. Merrion Rd, Ballsbridge, ✆ 01 668 1111, www.bewleyshotels.com. **≪**

Clondalkin

Ibis **15** → Karte vorderer Umschlag. Das preiswerte Ibis liegt verkehrsgünstig in einem Industriegebiet an der Kreuzung

N 7/M 50. Mit der Straßenbahn (Rote Linie) sind es ins Stadtzentrum etwa 20 Min. DZ ohne Frühstück 40–80 €. Monastery Rd, Red Cow Roundabout, Clondalkin, ☎ 01 464 1480, www.accorhotels.com.

≫ Mein Tipp: Aspect Hotel Park West 🔟 → Karte vorderer Umschlag. Das nicht leicht zu findende Hotel steht in einem neuen, abends ziemlich ausgestorbenen Business-Park nahe der Ringautobahn. Ein Bus in die Stadt hält direkt vor der Tür, die Bahnstation Park West ist nur wenige Gehminuten entfernt. Das Hotel bietet 3-Sterne-Komfort, die Zimmer sind geräumig, WLAN ist gratis, der Übernachtungspreis günstig. DZ 40–120 €, Frühstück extra. C Park West Business Campus, Nähe Nangor Road, ☎ 01 642 9100, www.aspecthotelparkwest.com. **≪**

Bed & Breakfast/ einfache Pensionen

Privatzimmer kosten rund 80 €. Zentrumsnahe Lagen, etwa die vielen B & Bs um den Busbahnhof, sind dabei teurer als vergleichbar ausgestattete Zimmer in den Vororten (z. B. in Clontarf auf dem Weg nach Howth). Wer weniger aufs Geld schaut, ist im Botschaftsviertel Ballsbridge an der richtigen Adresse.

Zentrum

Eliza Lodge 🔟 → Karte S. 123. Die beste Wahl in Temple Bar. 18 geräumige und hell eingerichtete Zimmer mit Ausblick über den Fluss, im Dachgeschoss mit Balkon. DZ 70–170 €. 23 Wellington Quay/Ecke Eustace Temple Bar, ☎ 01 671 7302, www.dublinlodge.com.

Nördlich der Liffey

Die B & Bs in der Lower Gardiner Street leben von der Nähe zur Connolly Station und zum Busbahnhof. Vorsicht ist bei den Pensionen und Hotels zwischen Parnell Square und der Upper Gardiner Street geboten. Empfehlen können wir:

Anchor Guesthouse 🔢 → Karte S. 189. Seriös, solide und mit freundlichen Besitzern, was in dieser Gegend nicht selbstverständlich ist. Etwa 20 Zimmer mit TV, Kaffeekocher, Internetanschluss und Bad. Straßen- und Bahnlärm muss man in Kauf nehmen. DZ 70–180 €. Joan and Gerry Coyne, 49 Lower Gardiner St, ☎ 01 876 6913, www.anchorguesthouse.com.

Charles Stewart 🔢 → Karte S. 189. Gute Lage (nur 3 Min. von der O'Connell St entfernt), freundlicher Chef, sauber, guter Preis. Die Zimmer mit Bad und TV, jedoch sehr unterschiedlich groß bzw. klein, schlicht eingerichtet und mit Instandhaltungsmängeln. Die besseren Zimmer befinden sich im Anbau. Der Dichter Oliver St John Gagarty wurde im Haus geboren. DZ 80–160 €. 5/6 Parnell Sq East, ☎ 01 878 0350, www.charlesstewart.ie.

Marian Guesthouse 🔢 → Karte S. 189. An einem Park gelegen und von den Besitzern persönlich geführt. Die Zimmer teilweise mit Etagenbad, sauber, hell, ansprechend eingerichtet, doch zur Straße hin laut. DZ 60–90 €. 21 Upper Gardiner St, ☎ 01 874 4129, www.marianguesthouse.ie.

Drumcondra und Beaumont

Tinode House 🔢 → Karte vorderer Umschlag. 4 Gästezimmer in einem Backsteinhaus der Jahrhundertwende, zwischen Flughafen und Zentrum gelegen, praktisch für Autofahrer. Familiäre Atmosphäre, Holzböden, Leseecke, Garten, kinderfreundlicher Hund, eigener Parkplatz. Da die Straße auch bei geschlossenem Fenster noch laut ist, sollte man besser ein rückseitiges Zimmer wählen. DZ 70–90 €. Maureen Dunne, 170 Upper Drumcondra Rd, ☎ 01 837 2277, www.tinodehouse.com.

≫ Mein Tipp: Applewood 🔢 → Karte vorderer Umschlag. Viel Lob spenden Leser diesem bezaubernden B & B, das vor allem von amerikanischen Urlaubern besucht wird. Der hauseigene Parkplatz trennt das Backsteinhaus von der vielbefahrenen Straße, an der die Busse zwischen Flughafen und Zentrum halten. Auf der Rückseite gedeiht ein gepflegter Garten. Die Zimmer sind sauber, das Frühstück ist super, Ann umsorgt ihre Gäste mit viel Einsatz. DZ 60–80 €. 144 Upper Drumcondra Rd, ☎ 01 837 8328, www.applewood.ie. **≪**

Avoca 🔢 → Karte vorderer Umschlag. Ruhig gelegen in einer Seitenstraße, prima Frühstück und sehr freundliche, nette Betreiber. Zimmer mit Bad, TV und Vollholzmöbeln. Das Zentrum ist in 20 Min. gut zu Fuß zu erreichen, Busse fahren natürlich auch. DZ 80/85 €. 110 Hollybank Rd, ☎ 01 830 2014, www.avoca-house.ie.

Shantalla Lodge ▊3 → Karte vorderer Umschlag. Das unauffällige Reihenhaus steht zwischen Flughafen und Stadt an einer mäßig befahrenen Straße mit Läden und Bushaltestelle vor dem Haus. Eigener Parkplatz, WLAN, prima Frühstück und sehr freundliche, nette Betreiberin. DZ 70–90 €. 95 Shantalla Rd, Beaumont, ✆ 01 862 0726, www.shantallalodge.com.

Clontarf und Umgebung

Die Clontarf Road (Bus Nr. 130) ist als Uferstraße (Meerblick, frische Luft) generell eine gute Adresse. Je höher die Hausnummer, desto weiter wohnt man vom Industriegebiet in der Bucht entfernt.

Strand House ▊10 → Karte vorderer Umschlag. „Das B & B gehört einer netten älteren Dame und ihrem Sohn – ein herzlicher Familienbetrieb. Positiv überrascht waren wir auch über den Preis." (Lesertipp von Susanne Nandelstädt) DZ 75–85 €. Vera Dinneen, 316 Clontarf Rd, ✆ 01 833 0569.

Autumn Leaf ▊7 → Karte vorderer Umschlag. Das viktorianische Erkerhaus mit 4 Gästezimmern liegt nur wenige Gehminuten von der DART-Station Clontarf Rd entfernt. DZ 70–90 €. Janice Conboy, 41 St Lawrence Rd, ✆ 01 833 7519.

Annally ▊5 → Karte vorderer Umschlag. Gemütliches Einfamilienhaus mit 3 Gästezimmern, die mit Bad und TV ausgestattet sind. Frühstück im Wintergarten, Parken auf dem Grundstück. Der Howth-Bus hält vor dem Haus, die DART-Station Raheny liegt wenige Minuten um die Ecke. DZ 80 €. Kathleen Phillips, 525 Howth Rd, Raheny, ✆ 01 832 7485, www.annally.ie.

Ballsbridge und Donnybrook

Donnybrook Hall ▊16 → Karte S. 218/219. Liebevoll gestaltetes, allerdings etwas hellhöriges Backsteinhaus, 5 km vom Zentrum gelegen, die Zimmer eingerichtet mit Teppich- und Laminatböden sowie Möbeln im Landhausstil. Hilfreicher Service, WLAN. Bushalt, Restaurant und Shops nahe beim Haus. DZ 75–100 €. 6 Belmont Av, ✆ 01 269 1633, www.donnybrookhall.com.

Hostels

Bei Preisen bis 80 € für sehr kleine Doppelzimmer mit meist nur symbolischem Frühstück sind alle, die eine Privatunterkunft wollen und denen die Kontaktmöglichkeiten eines Hostels nicht so wichtig sind, im B & B besser aufgehoben. Mit Mehrbettzimmern jedoch sind die Hostels, auch in Dublin, preislich unschlagbar. Bei allen Häusern ist im Sommer und am Wochenende eine Vorausbuchung dringend angeraten – bestehen Sie darüber hinaus auf einer schriftlichen Reservierungsbestätigung (Mail oder Fax), denn Leser berichteten wiederholt, dass ihre Reservierung verschlampt oder schlicht nicht berücksichtigt wurde.

Südlich der Liffey

Abigail's ▊1 → Karte S. 123. Hostel mit Flussblick am Rande des Ausgehviertels Temple Bar. Farbenfroh eingerichtet, gemütliche und geräumige Lounge, Fahrstuhl, die Bäder mit Fön und teils mit Badewanne. Schließfächer und Eingangskontrollen vermitteln Sicherheitsgefühl. Bett mit Frühstück ab 10 €, DZ 50–70 €. 7–9 Aston Quay, ✆ 01 677 9300, www.abigailshostel.com.

Kinlay House ▊23 → Karte S. 123. Die großen Schlafsäle sind in 4er-Nischen unterteilt, dazu Zimmer mit 6, 4 oder 2 Betten, auf der Straßenseite etwas laut. Große, gut ausgestattete Küche, gemütlicher Aufenthaltsraum, Cafeteria, Gepäckaufbewahrung und Fahrradverleih. Ungeachtet geringer Defizite in puncto Sauberkeit und Instandhaltung mit das beliebteste unter den großen Hostels und deshalb schnell ausgebucht. Bett mit Frühstück ab 15 €, DZ 50–70 €. 2–12 Lord Edwards St (neben der Christ Church Cathedral), ✆ 01 679 6644, ✉ 01 679 7437, www.kinlayhouse.ie.

Ashfield House ▊3 → Karte S. 89. „In einem früheren Priesterseminar, gemütliche Eingangshalle, in der noch der Tabernakelschrein auszumachen ist. Zwischen den zwei Häusern ein Innenhof mit Grillplatz, die Küche durchschnittlich sauber, alle Zimmer mit Bad." (Lesertipp von Steffen Watzek) Bett mit Frühstück ab 153 €, DZ 50–70 €. 19/20 D'Olier St, ✆ 01 679 7734, ✉ 01 679 0852, www.ashfieldhouse.ie.

Barnacle's Temple Bar House ▊8 → Karte S. 123. Die Zimmer des Hostels sind farbenfroh gestaltet, alle mit eigenem Bad, unter den Betten Metallkäfige zur Aufbewahrung der Habe. Aufenthaltsraum mit TV und gemütlichem Kamin. Guter Zustand. Im Haus herrscht Alkoholverbot. Auch dank der Lage zählt das Barnacle's zu den besten Hostels der Stadt. Bett mit Frühstück ab 15 €, DZ 60–70 €. 1 Cecilia St, Temple Bar, ☎ 01 671 6277, 🖷 01 671 6591, www.barnacles.ie.

Times Hostel Camden Place 4 → Karte S. 218/219. Nettes kleines Hostel in einer Seitenstraße. Gut ausgestattete Küche (mit Geschirrspüler!), freier Internetzugang, TV-Zimmer mit DVDs, freundliches Personal. Wären nur die Zimmer etwas geräumiger und die Gäste des benachbarten Pubs nachts etwas leiser, so wäre das Camden Place eines der besten Hostels in Dublin. Bett ab 15 €, DZ 55–70 €. 8/9 Camden Pl., ☎ 01 475 8588, www.timeshostels.com.

Four Courts 16 → Karte S. 123. Mit Charme managt jugendliches Personal ein Organisationschaos – da gehen Reservierungen schon mal verloren. Das in drei renovierten Altbauten eingerichtete Hostel hat relativ geräumige, teilweise hohe Räume mit Holzböden und Schiebefenstern (auf der Vorderfront laut mit Flussblick, auf der Rückseite leise mit Parkhausblick), saubere Sanitäranlagen – dass die Druckventile der Duschen nach gerade nur 20 Sekunden einen neuen Händedruck brauchen, ist etwas lästig. Großzügiger Aufenthaltsraum, kostenloser Internetzugang, Wäscheservice. Bett mit Frühstück ab 15 €, DZ 55–80 €. 15 Merchants Quay, ☎ 01 672 5839, 🖷 01 672 5862, www.fourcourtshostel.com.

Nördlich der Liffey

Abbey Court 23 → Karte S. 189. Ein gut ausgestattetes Hostel in zentraler Lage, teilweise mit Flussblick. Die 6-, 4- und 2-Bett-Zimmer sind mit Magnetkarten gesichert, das Gepäck zusätzlich mit abschließbaren Fächern unter den Betten. Geräumige Küche mit Aufenthaltsraum im Untergeschoss, zur Straße hin schöner Blumenschmuck an den Fenstern. Werfen Sie vor der Anmietung Ihres Bettes oder Zimmers einen Blick in die Dusche. Bett mit Frühstück ab 15 €, DZ 60–80 €. 29 Bachelors Walk, O'Connell Bridge, ☎ 01 878 0700, 🖷 01 878 0719, www.abbey-court.com.

Generator Hostel 5 → Karte S. 173. Das mit rund 500 Betten größte Hostel Dublins befindet sich in einem Neubau am Smithfield, also etwas abseits am Westrand des Stadtzentrums. Die Einrichtung ist tadellos, doch Selbstversorger werden die in den iri-

Geschäftsidee Retrohotel

schen Hostels sonst üblichen Küchen vermissen. Dafür gibt es unten im Haus eine große Bar. Bett ab 10 €, DZ 70–90 €. Smithfield Square, ☎ 01 901 0222, www.generator hostels.com.

Globetrotter's Tourist Hostel 24 → Karte S. 189. Heimelige Farben, neue, großzügige Küche mit Frühstücksraum. 6- bis 12-Bett-Zimmer, nettes Personal, vergleichsweise üppiges Frühstück, abgeschlossener Parkplatz. Die Zimmer im angeschlossenen B & B (mit Schuhputzautomat!) sind geräumig und ansprechend, aber relativ teuer. Bett ab 15 €, DZ 50–80 €. 46 Lower Gardiner St (zwischen Busbahnhof und O'Connell St), ☎ 01 873 5893, www.globetrottersdublin.com.

Isaac's 12 → Karte S. 189. Mit über 200 Betten eines der größten Hostels der Stadt, in einem stilvollen alten Lagerhaus. Straßen- und Bahnlärm ist der Preis für die zentrale Lage. Die Zimmer, von 12 Betten abwärts in allen Größen, sind mit verschließbaren Schränken ausgestattet. Tagsüber wird der gesamte Schlaftrakt abgeschlossen. Gemütlicher Aufenthaltsraum mit langen Holzbänken, Biergarten und Bar. Handtücher, Gepäckaufbewahrung, Sauna, Internet, Waschmaschine und die Multimedia-Spiele kosten natürlich extra. Im angeschlossenen Hotel gibt es 2er- und 3er-Zimmer mit etwas mehr Platz und eigener Du/WC. Leser berichten, ungeachtet vorheriger Reservierung abgewiesen worden zu sein. Bett ab 10 €, DZ 60–90 €. Frenchman Lane (neben dem Busterminal), ☎ 01 855 6215, www.isaacs.ie.

Dublin International Youth Hostel 12 → Karte vorderer Umschlag. Das in einem früheren Kloster eingerichtete Haus ist absolut in Ordnung, durch das etwas ärmliche Viertel sollte man sich nicht abschrecken lassen. Mit Restaurant (für Gruppen auch abends) in der früheren Kapelle, Zimmer mit 2 bis 10 Betten. TV-Lounge, gesicherter Parkplatz, Gepäckaufbewahrung, im Sommer mit Shop. Bett mit Frühstück 18–25 €, DZ 50–60 €. 61 Mountjoy St (off Upper Dorset St), ℡ 01 830 1766, www.anoige.ie.

Im Internet finden Sie meist recht stimmige **Hostelbewertungen** unter: www.hostelz.com. Auch www.hostelworld.com und www.hostelsclub.com geben Ratings, doch ohne diese weiter zu erläutern.

Studentenwohnheime

Während der sommerlichen Semesterferien (Ende Juni bis Mitte Sept.) ver-

Blick aufs Front Gate
des Trinity College

mieten einige Wohnheime die leer stehenden Zimmer an Reisende.

Trinity College ▇4 → Karte S. 89. Einige hundert Zimmer unterschiedlichen Standards, teils mit eigenem Bad und stets mit Zugang zu einer Gemeinschaftsküche. Untergebracht ist man auf dem historischen Campusgelände mitten in der Stadt, zentral und doch abgeschirmt vom Verkehrslärm. Grünflächen, Sportplätze und eine Cafeteria sind weitere Pluspunkte dieser nicht eben billigen Übernachtungsmöglichkeit. EZ 60–75 €, DZ 80–120 €. College Green, Trinity College Campus, ℡ 01 896 1177, 📠 01 671 1267, www.tcd.ie/accommodation.

Dublin City University Accommodation ▇2 → Karte vorderer Umschlag. Der Campus der Dublin City University liegt zwischen Flughafen und Stadtzentrum, das mit Bussen ganz gut zu erreichen ist. Die Zimmer reichen von „Standard" bis „Deluxe", leider sind die Küchen ohne Geschirr. Gegen Gebühr hat man Zugang zum Sportzentrum samt Hallenbad, gleich neben dem Campus lädt der Albert College Park zur Jogginrunde durchs Grüne ein. EZ 45–60 €, DZ 65–85 €. DCU Campus, Ballymun Rd, Glasnevin (Buslinien 4, 9, 13), ℡ 01 700 5736, 📠 01 700 5777, www.summeraccommodation.dcu.ie.

Camping

Die Campingplätze liegen außerhalb der Stadt. Von der Idee, seinen Schlafsack einfach im Phoenix Park auszurollen, nimmt man besser Abstand. Wen die Parkwächter nicht verscheuchen, den nehmen nachts die Hooligans aus.

Camac Valley Caravan Camping. „Platz war sauber und wurde regelmäßig geputzt." (Lesertipp von Ralph Zitzelsberger) 2 Pers. mit Zelt um 25 €, Dusche extra, ganzjährig geöffnet. Corkagh Demesne, Clondalkin (N 7 Kildare Rd, Bus 69), ℡ 01 464 0644, 📠 01 464 0643, www.camacvalley.com.

North Beach Caravan & Camping. Kleiner Platz direkt am Meer mit weitem Sandstrand, ausreichende Sanitärausstattung (Warmduschen kosten extra), Küche. 2 Pers. mit Zelt 20 €, April–Sept. geöffnet. Rush (N 1 nördlich der Stadt, Bus 33), ℡ 01 843 7131, www.northbeach.ie.

Crossover-Küche aus aller Welt?

Essen und Trinken

Fusion Food ist angesagt, also die kreative Kombination von Kochkünsten und Esskulturen aus aller Welt. Die auf die Insel zurückgekehrten Auslandsiren bahnten den Weg, Einwanderer vor allem aus Asien bereichern Dublins Gastroszene mit ihrer ethnisch geprägten Küche.

Aufstrebende irische Köchinnen und Köche emanzipierten sich vom schlechten Einfluss der früheren Kolonialmacht England und fanden mit dem **country-house style** einen Weg, die regionale Küche in die Restaurants zu holen und zu verfeinern. Auch das Angebot an Bio-Produkten (**organic food**) wächst. Selbst in den Läden der großen Supermarktketten findet man auch immer mehr regionale Erzeugnisse. Dabei hat Essen, zumal gutes, in Dublin seinen Preis – unter 10 € ist kaum etwas zu haben, abends sind 30 € für ein Gericht mit alkoholfreiem Getränk realistisch. Das Trinkgeld ist gewöhnlich im Preis inbegriffen *(service included)*. Mehr zu diesem Thema finden Sie auf S. 78.

Die Palette der **Lokalitäten** reicht vom Restaurant und Gastropub über die Sandwichbar und den Fastfoodimbiss bis zum Coffeeshop und Café. **Traditionelle irische Gerichte** wie Irish Stew (ein Eintopf mit Kartoffeln, Zwiebeln und Hammelfleisch), Coddle (Eintopf mit Würstchen, Schinken und Kartoffeln) oder Bangers & Mash (Würstchen und Kartoffelbrei) findet man eher im Pub als im vornehmen Restaurant.

Nothilfe für **Vegetarier**, die von Pizza Margerita und Garlic Mushrooms genug haben, leisten asiatische Imbissstände und Restaurants.

Im Restaurant – auf amerikanische Art

„Hi there, my name is Maggie, and I'm your server today." Huch, werden Sie denken, was will die von mir? Doch keine Angst und keine Hoffnung: Maggie ist kein Computer und kein Diener, sondern Kellnerin, die Ihnen jetzt gleich Ihren Platz anweisen wird. Und der wird niemals an einem Tisch mit Fremden sein, das wäre extrem unschicklich. Dafür wird sich niemand darüber wundern, wenn Sie später Ihr Fleisch in mundgerechte Stücke zerschneiden, dann das Messer weglegen und zum Essen die Gabel in die rechte Hand nehmen – auch das ist typisch amerikanisch und damit in Irland verbreitet und angesagt. Die Rechnung zahlt dann der Gastgeber („let me get this") – für alle. Oder die Tischgemeinschaft teilt sie Pi mal Daumen. Die deutsche Sitte, jeden das zahlen zu lassen, was er selbst konsumiert hat, gilt als ungesellig und völlig daneben.

Morgens

Das **full Irish breakfast** hat seinen Namen verdient. Kaum aufgestanden, wird der nüchterne Magen mit bis zu fünf Gängen traktiert: Angefangen wird mit einem eiskalten Fruchtsaft, oft Grapefruit oder Orange; dann folgen Porridge (Haferbrei), Cornflakes, Weetabix (Weizenkekse) oder andere Getreideflocken (cereals genannt). Den Hauptgang bilden Eier mit Schinkenspeck, mehr oder weniger scharfe Schweinswürstchen, eine Scheibe black pudding (eine Art Blutwurst), dazu vielleicht eine gebratene Tomate. Toast oder brown bread – das traditionelle Landbrot – mit gesalzener Butter und Bittermarmelade sowie ein Kännchen Tee oder Pulverkaffee runden das Frühstück ab.

Wer's der schlanken Linie wegen weniger deftig mag oder von der „fat platter" Pickel bekommt, dem wird auf Wunsch natürlich auch ein **continental breakfast** serviert, also Brötchen mit Konfitüre und Schmelzkäse.

Mittags

Das Mittagessen (lunch) darf jetzt bescheidener ausfallen. Viele begnügen sich mit einem **pub grub** (auch bar food genannt), einem schnellen Teller im Pub: Das können Sandwichs oder plastikverschweißte Fertiggerichte sein, die in der Mikrowelle aufgewärmt werden, vielleicht auch eine Suppe oder ein Salat. Hartnäckig hält sich in manchen Pubs auch die alte Gasthausküche englischen Stils, arm an Salz, reich an Fett und mit Fritten als obligatorischer Sättigungsbeilage, sogar zu Pizza und Nudelgerichten.

Die gehobene Gastronomie offeriert mit dem zwei- oder dreigängigen **lunch menu** eine noch einigermaßen preiswerte Alternative – die gleichen Gerichte kosten abends deutlich mehr.

Restauranttipps finden Sie ab S. 114 den einzelnen Rundgängen zugeordnet, ein **kulinarisches Lexikon** steht am Ende des Buchs.

Nachmittags

Die **teatime** (ab 16 Uhr) und der **high tea** (ab 17 Uhr), der wiederum zu einem mehrgängigen Mahl mit kaltem Braten, Huhn, Gemüse, Salaten, Kuchen und Früchten ausufern kann, werden in den irischen Tearooms und Coffeeshops weniger gepflegt als in Großbritannien. Zum Tee sollte man unbedingt die süßen Teebrötchen (scones) probieren.

Abends

Dem lunch menu vergleichbare Schnäppchen bieten viele gehobene Restaurants auch am frühen Abend. Meist bis gegen 19 Uhr wird ein **pre-theatremenu** oder **early bird menu** serviert. Teurer wird es dann zur anschließenden Hauptessenszeit – gegenüber vergleichbaren Lokalen in Deutschland fällt die Rechnung für das **dinner** um 30–50 % höher aus. Auch wenn die Wirtschaftskrise die Ausgehfreude der Iren etwas gedämpft hat, ist rechtzeitige Reservierung dringend angeraten.

Die Nobelgastronomie gibt sich auf amerikanische Art ungezwungen und niemand erwartet, dass Sie mit Krawatte oder im „kleinen Schwarzen" zum Abendessen aufkreuzen. Gleichwohl werden Sie sich etwas aufgepeppt wohler fühlen und weniger auffallen als mit T-Shirt und Turnschuhen.

Getrunken wird vor allem im Pub. In der Weltrangliste des Alkoholkonsums sind die Iren in den letzten Jahren von einem Spitzenplatz ins Mittelfeld abgefallen. Noch immer wird der öffentliche Genuss von Alkohol bis hin zum Rausch von der Gesellschaft als völlig normal akzeptiert. Der oder das Pub (der Name leitet sich von public house ab) ist für viele Iren ihr zweites Wohnzimmer. Man trifft sich dort in der Mittagspause oder nach dem Einkaufsbummel zum Essen, zischt nach der Arbeit noch schnell ein Bier, feiert abends mit Freunden und Nachbarn in gemütlicher Runde.

Wein

Trotz Klimawandel will der Wein in Irland noch nicht recht gedeihen. Und so trinken die Iren vielleicht zum Abendessen mal ein Gläschen spanischen oder französischen Roten, ansonsten aber vor allem Bier.

Pub-Tipps finden Sie ab S. 116 den einzelnen Rundgängen zugeordnet.

Bier

Neben dem Shamrock, dem dreiblättrigen Kleeblatt, ist das schaumgekrönte **Stout**, meist Marke *Guinness*, das zweite Nationalsymbol der Insel. Es läuft, mit wenig Kohlensäure gezapft, in jedem Pub aus einem der wenigstens drei Schankhähne und schäumt lange nach. Weltweit fließen jeden Tag 5 Millionen Gläser in durstige Kehlen, und mit einem gigantischen Werbeetat gibt sich der zum Diageo-Konzern gehörende Getränkemulti alle Mühe, dass das auch so bleibt. Dabei ist es weniger die Konkurrenz, die dem ehrwürdigen Guinness zu schaffen macht – die vergleichbaren Marken *Murphy's* und *Beamish* besitzen trotz günstigerem Preis nur einen geringen Marktanteil –, als vielmehr der Trend zum süffigen, alkoholarmen **Lagerbier**. Besonders bedenklich: Das helle, pilsähnliche Lager schmeckt vor allem der Jugend. Führende Marke ist *Harp*, das ebenfalls von Diageo kommt.

Biertrinkers Traum

Dann gibt es noch das **Ale**, in Irland obergärig und von leicht rötlich brauner Farbe, z B. von *Smithwicks*. Eine stärkere Variante wird in Deutschland unter dem Namen *Kilkenny* vermarktet. Das **Bitter**, ein weiches und relativ leichtes Dunkelbier, entspricht in etwa dem deutschen Alt.

Whiskey

Da seufzt der Whiskey-Fan. Nicht nur, dass die großen irischen Whiskeymarken inzwischen den beiden weltweit operierenden Unternehmensgruppen *Diageo* und *Pernod-Ricard* gehören, dass 95 % der irischen Produktion in nur noch zwei Brennereien (Bushmills im Norden und Jameson in Midleton, County Cork) entstehen und dass dem irischen Whiskey als Verschnitt („blend") – wie in Schottland schon lange üblich – Maisdestillate und andere Schnäpse beigefügt werden. Als wäre dies alles für den traditionsbewussten Whiskeygenießer nicht schon schlimm genug, bemüht sich eine Mannschaft von Lebensmittelchemikern auch noch, den Whiskey in seine wohl 800 natürlichen Substanzen zu zerlegen, um den bislang für unnachahmlich gehaltenen Geschmack chemisch-künstlich erzeugen zu können.

Den Chemikern in den Labors der Whiskeyproduzenten geht es bei ihren Experimenten (wie übrigens auch beim Cognac) darum, den Reifeprozess abzukürzen und vor allem auf die teuren Eichenfässer verzichten zu können. Zu denen gibt es bislang noch keine Alternative, denn erst die Wechselwirkung mit dem Eichenholz verleiht dem Malzdestillat sein typisches Aroma.

Ein Treffpunkt für Whiskey-Freunde ist beispielsweise die **Palace Bar** in der Fleet Street (→ S. 133).

Tea Time bei Bewley's

Dublins Ausgehmeile Temple Bar

Dublin am Abend

In der Hitliste der Party-Destinationen steht Dublin ganz oben. Besonders freitags und samstags drängen sich im Ausgehviertel Temple Bar die trinkfreudigen Gäste aus aller Welt. Für Kulturinteressierte empfiehlt sich ein Theaterbesuch oder, auch ohne Englischkenntnisse zu genießen, ein gutes Konzert.

Wo wann was los ist, entnimmt man der Stadtzeitung **In Dublin** (www.indublin.ie). Der schwergewichtigen **Irish Times**, Irlands führender Tageszeitung, liegt jeden Freitag der Veranstaltungsführer **The Ticket** bei.

Gut sortierte Terminkalender finden sich im Internet unter **www.dublinks.com** und **www.dublinevents.com**. Auch die Seiten der Tourist Information (**www.visitdublin.ie**) listen Veranstaltungen, ebenso das Eventportal **www.entertainment.ie**.

Pubs

Der Pub ist auch in Dublin das wahre, typisch irische Ausgehvergnügen. Knapp 800 „Public Houses" soll es geben – weniger als im 17. Jh., als eine Zählung in jedem fünften Haus der Stadt eine Schenke fand, doch noch immer genug für jeden Geschmack. Dabei leben in der Hauptstadt die verschiedenen Szenen und Milieus neben-, nicht miteinander und haben jeweils ihre eigenen Pubs der verschiedensten Stilrichtungen.

Vor allem auf Touristen zielt der Singing Pub, also ein Pub mit Darbietungen irischer Folkmusic. Andere Lokale ersetzen die Band durch einen CD-Player, sind aber eingerichtet wie zu Großvaters Zeiten. Wieder andere spielen lautstark die Charts rauf und runter, bringen die Gäste beim Pre-Clubbing in Stimmung für die weiteren Ereignisse der Nacht.

Im Pub

Geben wir's zu. Der Pub-Tresen ist eine Festung der Männerwelt, und Frauen sind allenfalls auf den Bänken der Lounge geduldet. Die Luft ist inzwischen rauchfrei, und wo es keinen Biergarten gibt, stehen Raucher draußen auf der Straße. Drinnen wie draußen lärmt es gewaltig, denn das Reden ist genauso wichtig wie das Trinken.

„This round's on me. What's yours?" Der Pubgänger, der die Bestellungen seiner Begleiter aufgenommen und sich (Selbstbedienung) in die vorderste Reihe der Tresensteher vorgekämpft hat, bestellt niemals „a beer", sondern „a pint of ..." Guinness, Harp oder welche Marke und Sorte er auch immer haben möchte. Theoretisch gäbe es statt des 0,57 l fassenden Pints auch „a glass" oder „a half" mit 0,28 l, doch das ist „Weiberzeugs" und eines Mannes nicht würdig! Für Männer die einzige gesellschaftlich voll akzeptierte Alternative zum pint ist der Whiskey. Und damit es über die Zeche keinen Streit gibt, wird stets gleich nach Erhalt bezahlt. Trinkgeld ist nicht üblich, allenfalls ein „have one on me", eine Einladung zum Mittrinken an das Barpersonal, welches diese besser ausschlägt, um nicht zu früh dem Alkoholismus zu verfallen. Wer sein Großgeld loswerden möchte, bestellt Runden für alle, und wer zu viel Kleingeld hat, wirft es in die auf der Theke stehende Sammelbüchse des Roten Kreuzes oder des örtlichen Sportvereins. Wenn Barmann oder -frau mit einem „last order, please" zur letzten Bestellung auffordert, bleibt noch eine halbe Stunde bis zur Sperrzeit. Über die wacht jetzt aber nicht mehr die Polizei – der Wirt muss selber schauen, wie er sein Lokal leer bekommt.

Vielleicht wegen der hohen Bierpreise füllen sich die Kneipen erst relativ spät. Oft schon um 23.30 Uhr (Fr und Sa eine Stunde später) heißt es dann: „Last order, please!" In Temple Bar jedoch haben viele Pubs eine Nachtlizenz und schließen später.

Pub-Empfehlungen finden Sie bei den Rundgängen ab S. 116.

Clubs und Discos

Wenn die meisten Pubs schließen, fängt das Leben in den Clubs und Discos erst richtig an. Viele findet man in Temple Bar oder in der Leeson Street an der Südostecke des St Stephen's Green. Einige Discos und Clubs nehmen keinen Eintritt (üblich sind sonst 5–20 €), langen aber bei den Drinks tief ins Portemonnaie. Üblich sind in jedem Fall gestrenge Türsteher, die darüber wachen, dass Angetrunkene, Leute mit falschem Outfit und oft auch solche mit falscher Nase und Hautfarbe draußen bleiben: „Not tonight, I'm afraid!", heißt es dann.

Notorious@TheButtonFactory, Temple Bar Music Centre **24** → Karte S. 123. Hiphopper treffen sich Do zur Clubnacht. Curved St, www.buttonfactory.ie.

Workman's Club 10 → Karte S. 123. Ein Labyrinth aus mehreren Bars, Bühnen und Dancefloors. Das Angebot des für die Willkür seiner Türsteher berüchtigten Hauses reicht von Clubbing über Comedy bis zum Singer-Songwriter-Auftritt. 10 Wellington Quay, www.theworkmasclub.com.

Mother 22 → Karte S. 123. Treff der Dubliner Queerszene. Bei der samstäglichen Elektropop-Disco sind Gäste jedweder sexuellen Orientierung willkommen. Exchange St Upper, Cooper Lane.

Vanilla 14 → Karte vorderer Umschlag. Klassisch elegant mit stylischen Retrolook.

Im Hampton-Hotel, Morehampton Rd, Donnybrook, www.vanillanightclub.com.

Club M 14 → Karte S. 123. Ein Hightech-Club auf fünf Ebenen, mit Lasershow und sogar einem Whirlpool in der VIP-Lounge. Bloom's Hotel, Anglesea St, Temple Bar, www.clubm.ie.

Rí-Rá 9 → Karte S. 89. Begann als ein Treffpunkt der Schönen und Reichen, etablierten und angehenden Stars, muss sich aber längst mit gewöhnlichem Publikum Typ Langzeitstudent begnügen. Kämpft mit freiem Eintritt gegen die Rezession. Central Hotel, 1 Exchequer St, www.rira.ie.

PoD 52 → Karte S. 89. Noch immer ein In-Spot, in dem sich der junge Geldadel präsentiert. Ziehen Sie Ihre Designerklamotten an und vergessen Sie die Kreditkarte nicht. Außer dem Flaggschiff PoD *(„Place of Dance")* gibt es in der früheren Harcourt Station noch Tripod und Crawdaddy als kleinere Dancefloors und mehrere Bars. Harcourt/Ecke Hatch St, www.pod.ie.

Lillie's Bordello 12 → Karte S. 89. „Einer der besten Nightclubs der Welt" (so Michael Flatley), ist nach der viktorianischen Skandalschauspielerin und Mätresse Lillie Langtry („Jersey Lily") benannt. Der Club für Träger dicker Brieftaschen, turbogestylte Stilettoabsatz-Schönheiten und jene, die sich Millionär oder Millionärin angeln wollen und dafür ein bisschen hochzustapeln bereit sind. Adam Court, Grafton St (neben McDonald's), www.lilliesbordello.ie.

Break for the Border 34 → Karte S. 89. Der Superpub mit Bar, Nightclub und Restaurant ist berühmt-berüchtigt für seine Stag- and Hen-Partys, den nach Geschlechtern getrennten vorhochzeitlichen Saufgelagen, bei denen v. a. britische Boys und Girls fernab der Heimat die Sau rauslassen. Gut also für Gruppen und Cliquen, weniger geeignet für Paare. 2 Johnstons Pl., Lower Stephens St, www.breakfortheborder.com.

Academy 21 → Karte S. 189. Mainstream-Club mit häufigen Konzerten, auch die samstäglichen DJ-Nächte werden von Livebands aufgelockert. Super Soundanlage. 57 Middle Abbey St, www.theacademydublin.com.

Turks Head 18 → Karte S. 123. Die gut besuchte Bar wird abends zum Dancefloor (bis nachts um 2 Uhr). Parliament St, Temple Bar, www.paramounthotel.ie.

Pygmalion 20 → Karte S. 89. Müsste eher Chamäleon heißen, denn die Tanzfläche der angesagten Location im Powerscourt Centre dient tagsüber als Café und Restaurant. In der zweiten Wochenhälfte abends oft Clubbing, manchmal Gigs mit Dubliner Newcomer-Bands. Die Bar im Gewölbekeller hat tägl. geöffnet, Events werden auf Facebook unter PygmalionDublin angekündigt. Powerscourt Centre, 59 South William St, www.pyg.ie.

Theater

Mit einem Auge nach London oder New York schielend, verachten manche Dubliner ihre Stadt als kulturelle Provinz – und tun ihr dabei Unrecht. Die ganz große Oper und die Bühne von Weltrang fehlen, doch Dublin hat eine lebendige Theaterszene. Höhepunkt der Saison ist das alljährlich im Herbst gefeierte Dublin Theatre Festival (www.dublintheatrefestival.com), zu dem Ensembles aus aller Welt in die Stadt kommen.

Theaterkarten

Mit einer Kreditkarte ist die Kartenvorbestellung einfach. Man ruft an, gibt seine Nummer durch und lässt das Ticket hinterlegen. Wer kein Plastikgeld hat, muss zur Vorbestellung selbst an die Kasse kommen und sich das Ticket dort kaufen. Im Internet werden die Karten zu den meisten Großveranstaltungen über das Portal Ticketmaster (www.ticketmaster.ie) verkauft.

Abbey Theatre 17 → Karte S. 189. 1904 gründeten W.B. Yeats und Lady Gregory das Haus mit dem Ziel, gleichermaßen modernes Theater wie die Erneuerung der irischen Kultur zu fördern. Heute ist das durchweg Mainstream-Produktionen zeigende Abbey-Theater eine beinahe heilige Ikone der „Irishness" und damit wie die Kirche und der literarische Kanon zunehmender Kritik ausgesetzt. Sein kürzlich drohender Konkurs löste ein mittleres Erdbeben in der kulturpolitischen Landschaft aus. Zum Haus gehört die künstlerisch etwas mutigere Studiobühne Peacock. Die Termine der Führungen durchs Theater erfährt man im Internet. Lower Abbey St, ✆ 01 878 7222, www.abbeytheatre.ie.

Civic Theatre **17** → Karte vorderer Umschlag. Das moderne Gastspielhaus, auf dessen Bühne auch Musik von Oper bis Pop aufgeführt wird, liegt weit außerhalb im Vorort Tallaght, ist aber mit der Luas-Straßenbahn ganz gut erreichbar. The Square, Tallaght, ✆ 01 462 7477, www.civictheatre.ie.

Gaiety Theatre **36** → Karte S. 89. In Dublins ältestem Theater (seit 1871) ist die Grand Opera Society zu Hause, die allerdings nur selten Operngastspiele auf die Bühne bringt. Meistens sind Komödien, Revuen und jüngst verstärkt TV-Produktionen zu sehen. South King St, ✆ 01 679 5622, www.gaietytheatre.ie.

Gate Theatre **6** → Karte S. 189. Irische und ausländische Klassiker, gern auch Komödien, aber keine „leichte Muse". 1 Cavendish Row (Parnell Sq), ✆ 01 874 4045, www.gate-theatre.ie.

New Theatre **17** → Karte S. 123. Das Kleintheater spielt exakt dort, wo früher Irlands Kommunisten tagten und debattierten. Diesem Geist verpflichtet, kommen vor allem vergessene Klassiker in sozialkritischer Interpretation auf die Bühne. 43 East Essex St, Temple Bar, ✆ 01 670 3361, www.thenewtheatre.com.

Bewley's Café Theatre **26** → Karte S. 89. Lunchtime-Theater, Kabarett und Comedy, aber auch mal abends Jazz, alles im *oriental room* des Cafés an der Grafton Street. 78 Grafton St, ✆ 01 878 4001, www.bewleyscafetheatre.com.

Helix **2** → Karte vorderer Umschlag. Das Theater der *Dublin City University* bietet ein gemischtes Programm: vom Experimentaltheater bis zum Ausscheidungswettbewerb für den European Song Contest. DCU Campus, Collins Av, Glasnevin, ✆ 01 700 7000, www.thehelix.ie.

Lambert Puppet Theatre **16** → Karte vorderer Umschlag. Ein Marionettentheater für Kinder, die Vorstellungen sind samstags- und sonntagsnachmittags. Clifton Terrace, Monkstown (DART), ✆ 01 280 0974, www.lambertpuppettheatre.com.

International Bar **8** → Karte S. 89. Der mittwochabendliche „Comedy Cellar" und andere Bühnenshows irischen Humors finden im ersten Stock statt. 23 Wicklow St (off Grafton St). www.international-bar.com.

Laughter Lounge **22** → Karte S. 189. Nach Eigenwerbung Irlands größtes Comedy-Theater, Vorstellungen Do–Sa. 4–8 Eden Quay, www.laughterlounge.com.

Konzerte

Was wäre Dublin ohne seine Musik? Von Händel (Klassik) bis U2 (Pop), von den Chieftains (Folk) bis Billy Scurry (Hip-Hop), nicht zu vergessen die vielen noch namenlosen Straßenkünstler, unter denen mancher Star von morgen sein mag. In dieser Stadt ist für jeden Musikgeschmack etwas dabei.

Konzertkarten

Die wichtigsten Vorverkaufsstellen sind: **HMV**, Henry St und 65 Grafton St, www.hmv.ie; **Golden Discs**, im St Stephen's Green Shopping Centre, www.goldendiscs.ie. Auch das **Tourist Office** in der Suffolk St hat einen Ticket-Schalter. Im **Internet** kauft man Tickets bei www.ticketmaster.ie.

National Concert Hall. Der Tempel der klassischen Musik und all jener Musiker, die sich das Prädikat „künstlerisch wertvoll" erspielt haben und auf ein großes Publikum zählen können. Relativ preiswert sind die gelegentlichen Matineevorstellungen zur Mittagszeit. Earl's Fort Terrace (off Stephen's Green), ✆ 01 417 0000, www.nch.ie.

Olympia Theatre. Seit den Tagen, als das Theater noch „Dan Lowry's Music Hall" hieß, hat sich am Interieur nicht viel geändert: viel Nostalgie bei bröckelndem Putz. Auf die Bühne kommt beinahe alles, was die Halle füllen könnte: vom Ballett über die Revue bis zum Rockkonzert. 72 Dame St, Temple Bar, ✆ 01 679 3323, www.olympia.ie.

Grand Canal Theatre. In Daniel Libeskinds schrägem Guckkasten gastieren internationale Ensembles und Showstars aller Sparten. Pop, Oper, Musical und Ballett spielen auf der Hauptbühne, in der Lobby inszeniert das Publikum sich selbst. Grand Canal Sq, ✆ 01 677 7999, www.bordgaisenergytheatre.ie.

Point Theatre/The O2. Der frühere Bahnhof ist die Arena für die ganz großen Musikevents mit bis zu 7000 Zuschauern. East Link Bridge, North Wall Quay, ✆ 01 819 8888, www.theO2.ie.

Vicar Street. Hier laufen die kleineren Acts mit „nur" 1000–1500 Zuschauern. 58 Thomas St, ✆ 01 775 5800, www.vicarstreet.com.

Dublins Indie-Labels setzen den Trend

Button Factory. Im Temple Bar Music Centre. Das Herz der irischen Rock-Pop-House-Techno-und-was-noch-Musikszene mit Aufnahmestudios und großem Saal für Live-Events. Curved St, ℰ 01 670 9202, www.tbmc.ie.

Project Arts Centre. Ausstellungen, Ballett und zeitgenössische Musik. 39 Essex St, Temple Bar, ℰ 01 881 9613, www.project artscentre.ie.

Kinos

Die großen kommerziellen Lichtspielhäuser mit Erstaufführungsrechten an den internationalen Kassenschlagern findet man vorwiegend auf der North Side um die O'Connell Street, während die künstlerisch anspruchsvolleren Produktionen und Retrospektiven eher auf der South Side gezeigt werden.

Irish Film Institute. Bislang hat das irische Filmschaffen vor allem durch einen Boom ausländischer Produktionen auf der Grünen Insel auf sich aufmerksam gemacht. Mit dem Film Centre hat das Land auch eine repräsentative nichtkommerzielle Spielstätte. In den Genuss der Vorstellungen kommen zwar lediglich „Members", doch kostet die Tagesmitgliedschaft nur einen Euro. Ein Bookshop offeriert Gedrucktes zum Thema Film. Eustace St, Temple Bar, ℰ 01 679 3477, www.irishfilm.ie.

Screen, D'Olier St, und **Savoy**, 19 Upper O'Connell St, beide www.imccinemas.ie, sind zwei Kinos, in denen man eher Kommerz als Kunst erwarten kann. Ein weiteres Mainstream-Kino in der Innenstadt ist **Cineworld**, Parnell Centre, Parnell St, ℰ 1520 880 444, www.cineworld.ie.

Folklore

Unter dem Stichwort „Irish Night" kann man ein Abendessen mit Folkloreprogramm buchen, also eine Show mit irischer Musik und Tanz im Stil von *River Dance*. Ein Leser empfiehlt die **Traditional Night** im **Merry Ploughboys Pub**. „Zwar etwas abseits gelegen, aber sehr gutes Essen und tolle Stimmung." Das Vergnügen kostet 55 € für Essen, Show und Transfer ab Stadtzentrum. Rockbrook, Edmondstown Rd, Rathfarnham, ℰ 01 493 1495, www.merryploughboys.com.

Weniger kommerziell geht es im **Cultúrlann nah Éireann** zu. Das Dubliner Zentrum des irischen Folklore-Dachverbands Comhaltas (www.comhaltas.ie) bietet im Sommer Mo–Do um 21 Uhr eine Bühnenshow mit Tanz und irischer Musik. 32 Belgrave Sq, Monkstown (DART-Station Seapoint), ℰ 01 280 0295.

Camogie: ein für Nicht-Gälen nur schwer zu durchschauendes Spiel

Dublin sportlich

Wer Dublin nur für wenige Tage besucht, wird kaum Zeit für ausgedehnte sportliche Aktivitäten haben, sondern sich weitgehend mit der Rolle des Zuschauers begnügen – wie die meisten Dubliner, deren Sportbegeisterung sich vor allem auf der Tribüne oder vor dem Bildschirm im Pub entfaltet.

Gälischer Fußball

Die mit Abstand populärste Sportart der Iren ist *gaelic football*, eine Mischung aus Rugby und American Football. Das Spiel ist hart; zur „Arbeit am Mann" gehören auch Würgegriffe und Tiefschläge. Zwei Teams mit je 15 Spielern streiten auf dem Rasen um ein Lederei, das längstens vier Schritte in der Hand gehalten und über Distanz nur getreten oder geschlagen, aber nicht geworfen werden darf. Während des Laufs wechselt der Spieler den Ball geschickt zwischen Händen und Fußspitzen. Ziel ist das Tor – zwei 6 m hohe und 7 m auseinanderstehende Seitenpfosten mit einer in 2,4 m Höhe befestigten Querstange.

Wer hat gepunktet?

Ein Tor erntet, wer den Ball unter der Querstange hindurch ins Tor bringt; mit einem Punkt wird der Wurf darüber belohnt. Ein Spielergebnis wie z. B. „Kerry 1-8 Tyrone 2-4" bedeutet, dass Kerry 1 Tor und 8 Punkte, Tyrone 2 Tore und 4 Punkte gemacht hat. Da ein Tor drei Punkte zählt, hat Kerry mit 11:10 gewonnen.

Wichtigstes Sportereignis ist die **All-Ireland Senior Football Championship**. Dabei treten die einzelnen Countys der Republik und Nordirlands, ergänzt um zwei Teams aus London und New York, im K.-o.-System gegeneinander an und ermitteln zunächst die Meister der vier historischen Provinzen Connacht, Munster, Leinster und Ulster. Wer ein Match verliert, hat über Qualifikationsrunden eine zweite Chance. Die Saison beginnt im Mai und endet mit dem Finale am dritten oder vierten Septembersonntag im Dubliner Croke Park (→ S. 203).

Hurling

Mit dem gälischen Fußball verwandt, aber ähnlich wie Hockey mit einem 4 cm kleinen Ball *(sliotar)* und hölzernen Schlägern *(hurley)* gespielt. Hurling soll so oder ähnlich schon zu heidnischen Zeiten auf Irland verbreitet gewesen sein: Der Sagenheld Cúchulain etwa war ein Meister dieses Sports, und in einer anderen Geschichte entflammt Gráinne für ihren irischen Romeo Diamuid, nachdem dieser sich beim Hurling etwas entblößte.

Als *Camogie* wird Hurling mit leicht veränderten Regeln auch von Frauen gespielt. Unter Fachleuten gilt Hurling gegenüber dem gälischen Fußball als sehr viel raffinierter und schwieriger. Gleichwohl ziehen die Dubliner den Fußball vor und halten den geregelten Stockkampf für einen Sport, der allenfalls Landeiern gut zu Gesicht steht. Dazu passt, dass Dublin letztmals 1938 die Landesmeisterschaft und damit den begehrten Liam-McCarthy-Cup gewann. Das Finale wird immer am ersten oder zweiten Septembersonntag im Croke Park (→ S. 203) gespielt.

Rugby

Wenn Rugby wie geplant 2016 wieder eine olympische Sportart wird, haben die Iren gute Chancen auf eine Medaille – im Rugby zählen sie mit zur Weltspitze!

Fußball und Rugby haben die gleichen Wurzeln. Erst vor rund 150 Jahren entwickelten sie sich auseinander. Seither gilt Fußball (Handspiel verboten) mit seinen einfachen Regeln als Mann-schaftssport der Proleten, während das komplizierte Rugby (Handspiel erlaubt) zu einem Sport der High Society wurde – die Lage des größten Dubliner Rugbystadions in einem der vornehmsten Wohnviertel ist nicht zufällig.

Für Nicht-Eingeweihte erscheint das mit vollem Körpereinsatz gespielte Rugby als ein Sport, bei dem sich kräftige Mannen um ein Lederei raufen, das dann in einem unerwarteten Moment aus dem Chaos heraus in eine Endzone an einer Schmalseite des Spielfelds gebracht wird – „Wie machen die das nur?" Dabei folgt die Rauferei einem anspruchsvollen Regelwerk (www.irishrugby.ie), das dem Zuschauer viel Konzentration abverlangt. Während das Aviva-Stadion den großen nationalen Events vorbehalten ist, spielen die Vereinsmannschaften und die Regionalauswahl von Leinster auf den Donnybrook Rugby Grounds.

Aviva Stadium, Lansdowne Rd, Ballsbridge, www.avivastadium.ie. DART-Station Lansdowne.

Donnybrook Rugby Grounds, Donnybrook Rd, Donnybrook, www.leinsterrugby.ie. Bus 46. Für ein Ticket zahlt man je nach Gegner und Platzkategorie 20–100 €.

Hunderennen

Das Gatter hebt sich vor sechs jaulenden Windhunden, die sich augenblicklich auf die Hatz nach einem Stoffhasen machen. Kaum vierzig Sekunden später ist das Spektakel vorbei, und die Leuchttafel zeigt den Gewinner. Das Volk strebt wieder an die Stände der Buchmacher und versucht sein Glück für den nächsten Lauf. Vor allem die kleinen Leute erfreuen sich auf den beiden Dubliner Rennplätzen an der Hundehatz und am Zocken.

Weniger begeistert sind die Tierschützer. Wenn die Hunde nach zwei oder drei Jahren den Zenit ihrer Rennkarriere überschritten haben, werden sie bedenkenlos „entsorgt". Der rasche Gnadentod, weiß Marion Fitzgibbon von der Tierschutzvereinigung ISPCA, ist dabei die Ausnahme. Vielmehr werden die Tiere ausgesetzt, müssen irgendwo angebunden verhungern oder werden ertränkt. Auch bei den Rennen geht nicht alles mit rechten Dingen zu. Absprachen und Doping gehören zum Geschäft.

Harold's Cross Stadion, Harold's Cross, Dublin 6, www.igb.ie. Bus 16, 49. Renntage sind Mo, Di, Fr. Eintritt 10 €.

Shelbourne Park, Ringsend Rd, Dublin 4, www.igb.ie. Bus 1. Renntage sind Mi, Do, Sa. Eintritt 10 €.

Pferderennen

Die Veranstaltung – häufig „der große Bruder des Hunderennens" genannt – verläuft eigentlich nicht anders als in Deutschland, aber die Atmosphäre ist noch um eine Nummer bizarrer. Das Publikum ist eine Mischung aus Halbwelt und High Society, im Mittelpunkt steht außer dem Pferd vor allem der Buchmacher. Ab drei Euro sind Sie dabei. Die Wettquoten stehen in den Abendzeitungen, aber besonderen Spaß macht es natürlich, zuvor im Pub oder mit den Kennern auf dem Platz den wahrscheinlichen Ausgang des Rennens zu diskutieren. Saison ist das ganze Jahr, Highlights sind die *Weihnachtsrennen* Ende Dezember und der *Hennessy Cup* im Februar.

Leopardstown Racecourse, Leopardstown, Dublin 18, www.leopardstown.com. Tramstation Sandyford. Eintritt ab 15 €. Kein Dresscode, aber den Regenschirm sollte man nicht vergessen.

Baden und Schwimmen

Dublin ist kein Ziel für einen Badeurlaub, doch man kann wie in wohl jeder anderen europäischen Großstadt in Schwimmhallen seine Runden drehen.

Im Zentrum Dublins empfiehlt sich das stadteigene Markievicz Leisure Centre, Townsend St, ☎ 01 672 9121. Mo–Do 7–22, Fr 7–21, Sa 9–18, So 10–16 Uhr. Schwimmen 6 €, mit Gym 7 €. Mit 25-Meter-Becken, Sauna und Fitnesszentrum.

In Sandycove (→ S. 241) wartet ein kinderfreundlicher Sandstrand, auf Bull Island gibt es einen lang gezogenen Dünenstrand. Wer das kalte Wasser nicht scheut und sich vor den Quallen in Acht nimmt, kann auch ins Meer springen. Hartgesottene Einheimische tun dies am Felsbadeplatz Forty Foot Pool (→ S. 241).

Golf

„Golfing around Dublin" heißt die Broschüre von Dublin Tourism, in der alles Wissenswerte über die zahlreichen Golfplätze in der Region steht. Fast alle Clubs heißen Gastspieler willkommen, die Green Fees reichen von 20 bis 200 €.

Auf Bull Island und damit besonders schön gelegen ist der traditionsreiche Royal Dublin Golf Club, ☎ 01 833 6346, www.theroyaldublingolfclub.com.

Preiswerter und volkstümlicher, doch mit gleich schönem Panorama golft sich's nebenan beim St Anne's Golf Club, ☎ 01 833 6471, www.stanneslinksgolf.com.

Joggen und Walking

Mit seinen vielen Grünanlagen bietet Dublin einladende und abgasfreie Laufstrecken. Am beliebtesten sind wohl der Phoenix Park (→ Tour 5) und die ehemaligen Treidelpfade entlang dem Grand Canal (→ Tour 9), auf denen man kreuzungsfrei unter den Brücken hindurch kommt. In Broadstone (→ Tour 6) wurde entlang der Royal Canal Bank ein längst verfüllter Seitenarm des Kanals zu einem Park umgestaltet. St Stephen's Green (→ Tour 1) taugt bei schönem Wetter nur in den Morgenstunden für Läufer, gegen Mittag füllt sich der Park mit Spaziergängern und anderen Im-Weg-Stehern. Ungestört kann man, unweit von St Stephen's Green, im Merrion Square (→ Tour 1) oder in den Iveagh Gardens (→ Tour 1) seine Runden drehen. Wer's etwas anstrengender mag, fährt mit dem Bus (Linie 130) nach Bull Island hinaus und übt sich am Strand als Sandläufer.

Dublin Horse Show

Ein Höhepunkt, noch dazu in der besten Reisezeit, ist die Anfang August veranstaltete Dublin Horse Show: keine sterilen Renn- und Springtage à la Baden-Baden oder Aachen, sondern eine wirkliche Show rund um das Pferd und andere irische Eigenheiten.

Wer den Massen auf das Festgelände im Dubliner Stadtteil Ballsbridge gefolgt ist, glaubt sich zuerst auf der falschen Veranstaltung. In der denkmalwürdigen Halle hinter dem Haupteingang findet eine Verkaufsmesse statt, auf der Badezimmereinrichtungen ebenso feilgeboten werden wie kluge Bücher sowie das neueste und sicherlich beste Waschmittel. In der nächsten Halle suchen Töpfer, Silberschmiede, Korbflechter und andere Kunsthandwerker mit ihrem Geschick das Publikum in Bann zu ziehen und zum Kaufen zu verleiten. Anderswo wiederum kündet betörender Duft von der *Flower Show*, auf der Blumenfreunde ihre gerade prämierten Kreationen präsentieren. Wir sind im Revier der „Royal Horticultural Society". Nutzpflanzen wie Kohlköpfe und Kürbisse stehen etwas am Rande, aber auch mit solchen Züchtungen lassen sich Preise gewinnen. Eine rauchgeschwärzte Halle mit glühenden Feuerstellen und ohrenbetäubendem Lärm könnte eine Replik der Vorhölle sein. Hier zeigen die Hufschmiede ihr Können und wetteifern gerade um das schnellste Hufeisen.

Erst nach diesem Vorspiel findet man sich unversehens auf dem eigentlichen Pferdeplatz. Die edlen Rösser werden gefüttert, geputzt und aus den Ställen auf die verschiedenen Reitplätze geführt. Ehrwürdige Herren mit Frack, Zylinder und schwarzem Regenschirm stolzieren geckenhaft umher, junge Mädchen striegeln und füttern die Pferde, interessierte Händler im Tweedanzug reißen den Gäulen die Mäuler auseinander und begutachten die Gebisse – verschenkt wird hier nichts.

Das für Laien eher langweilige *Judging* ist für Züchter und Käufer der wichtigste Teil des Spektakels. Die Bewertung ist eine Vorentscheidung für den Preis, den das Tier später beim Verkauf erzielen kann. 90 % aller auf die Horse Show gebrachten Tiere wechseln hier den Besitzer. Manche Käufer sind extra aus den Vereinigten Staaten oder vom Persischen Golf angereist. Millionen von Euro sind hier versammelt, denn bezahlt wird, nachdem das Geschäft per Handschlag besiegelt ist, wie eh und je in bar.

Ein Tag des eine ganze Woche dauernden Programms gehört der *Hunt Chase*, einer halsbrecherischen Hatz über künstliche Hecken und Gräben, die keine Sache für Tierfreunde ist. Emanzipierte Frauen meiden dagegen den *Ladies Day*, an dem die Aufmerksamkeit weniger den Pferden als den Damen gilt. Geputzt, gefönt und in exzentrischen Kleidern und Hutkreationen präsentieren sich pausbäckige Landschönheiten, rüstige Rentnerinnen und rothaarige Studentinnen mit Modelfigur. Wer etwa mit seiner Blumenzüchtung durchgefallen ist, bekommt hier leibhaftig noch eine zweite Chance. Gesucht wird der wahnwitzigste Hut oder das netteste Mutter-Tochter-Duo. Die Preise dieser irischen Glücksspirale reichen vom Einkaufsgutschein für die Trostplätze bis zum Auto und der Karibikreise.

Vinyl-Shop in der Fade Street – gar nicht fade

Einkaufen

Für Preisbewusste beginnt das Einkaufserlebnis Dublin mit einem Schreck: Fast alles ist deutlich teurer als in Deutschland. So wird, wer aufs Geld schaut, in Dublin vor allem Raritäten, Liebhaberstücke und Spezialitäten erstehen, die es zu Hause nicht gibt.

Am augenfälligsten und beliebtesten sind die herkömmlichen Souvenirs: Mützen, T-Shirts, Tassen, Schlüsselanhänger werden mit Kleeblatt oder Harfe, mit dem Guinness-Logo oder der Farbe Grün zu einem typisch irischen Produkt gemacht. Die Kette *Caroll's* ist sozusagen der Aldi unter den einschlägigen **Souvenirläden**, die sich in der Suffolk Street (bei der Touristeninformation) und in der Nassau Street konzentrieren, wo die Tourbusse ihre Reisegruppen zum Besuch des Book of Kells abladen (→ Tour 1).

Gute Einkaufsadressen für Mitbringsel mit Erinnerungswert sind auch die **Museumsshops**, etwa im Nationalmuseum (→ Tour 1) oder in der Chester Beatty Library (→ Tour 3). Passend zu den Ausstellungsschwerpunkten verkaufen sie Medien und Kunsthandwerk, dessen Qualität von „Edelkitsch" bis zu „künstlerisch wertvoll" reicht.

Bei **Strickwaren** made in Ireland denken manche sogleich an kratzige Pullover, die an langen Winterabenden von fleißigen Omas vor dem knisternden Torffeuer gefertigt wurden. Es gibt sie noch, diese klassischen Aran Sweater, und für 150 € und mehr sogar von Hand gestrickt, nur kratzen die Strickwaren dieser Preisklasse nicht mehr. Auch handgewebter **Tweed**, ein feinmaschiges Gewebe aus Wollgarnen, ist noch zu finden. Doch gibt es jenseits dieser althergebrachten Spezialitäten längst auch irische Strickwaren in modischem Design und nach aktuellen Trends.

Irische Modedesigner wie Louise Kennedy, Paul Costelloe und John Rocha haben längst Weltruhm erlangt, und Kleider nach ihren Entwürfen werden auch auf dem Kontinent verkauft. In Dublin kann man solche Edelklamotten etwa im Powerscourt Townhouse (→ Tour 1) bestaunen und erstehen.

Einkaufsviertel

Dublins Einkaufsviertel sind kompakt und fußgängerfreundlich. Die eleganteren Läden findet man auf der South Side rund um die **Grafton Street** (→ Tour 1). Diese selbst hat noch immer Irlands teuerste Ladenmieten, vielleicht gerade deshalb aber etwas an Charme verloren, denn die Geschäfte werden zunehmend von großen Filialketten übernommen, die hier wie anderswo mit Prada, Gucci, Versace und dergleichen Labeln aufwarten. Die beste Bummel- und Einkaufszeit ist der Vormittag. Meiden sollte man Grafton Street dagegen an den Wochenenden, wenn Massen von Shoppingausflüglern, Jugendcliquen, Straßenmusikanten und Taschendieben den geplanten Bummel zum Spießrutenlauf machen.

Das aktuelle In-Viertel für den Kauf von Kleidung und Accessoires liegt zwischen Grafton Street und **South Great George's Street** (→ Tour 1). Hier findet man in den Gässchen und Passagen rund um das Powerscourt Townhouse Schmuckläden und kleine Boutiquen mit oft unkonventionellen Angeboten, dazwischen genug Cafés und Restaurants für Pausen im Einkaufsstress. Die östlich der Grafton Street gelegene **Dawson Street** (→ Tour 1) ist mit dem Buchkaufhaus Hodges-Figgis das Mekka der Buchfans. Die Gassen von **Temple Bar** (→ Tour 2) sind mit ihren Galerien und freakigen Läden gute Adressen zum Kauf von Kunst und Ethnoartikeln aus aller Welt.

Shoppingtipps finden Sie ab S. 118 den einzelnen Rundgängen zugeordnet.

Auf der North Side ist die Achse **Henry Street** (→ Tour 7) die beliebteste Einkaufsmeile. Die Läden sind weniger aufgemotzt als in der Grafton Street und dafür preisgünstiger. Hier kaufen Paddy und Aoife Normalverbraucher bei den Kaufhäusern Arnotts und Dunnes, bei Penney's und Debenhams, im Jervis Centre oder ILAC Centre. In der **Moore Street** (→ Tour 7), einer Seitenstraße der Henry Street, befindet sich Dublins populärster Obst- und Gemüsemarkt.

Die **Earl Street**, also die östliche Verlängerung der Henry Street, wird gern von Schnäppchenjägern und notgedrungen von Dublins Armen aufgesucht. Hier gibt's, manchmal direkt vom Lastwagen, Alltagskleidung und Haushaltswaren aus Konkursmassen und Direktimporten.

Einkaufen ihn der Grafton Street

„Sphere within Sphere" von Arnaldo Pomodoro (1982/83), Trinity College

Wissenswertes von A bis Z

Ärztliche Versorgung

Um im Fall des Falles kostenlos behandelt zu werden, muss man sich vor der Reise bei der Krankenkasse die Europäische Krankenversicherungskarte (EHIC) besorgen. Manche Kassen haben die EHIC einfach auf die Rückseite der nationalen Versicherungskarte gedruckt. Gäste aus außereuropäischen Ländern müssen beim irischen Arzt oder im Krankenhaus Geld auf den Tisch legen. Wer eine Auslandskrankenversicherung abgeschlossen hat, bekommt die Kosten später erstattet.

Der Allgemeinmediziner heißt *surgeon,* der Zahnarzt *dentist,* Medikamente verkauft die *pharmacy* oder *medical hall,* und ein Rezept ist eine *prescription.* Die Apotheken halten sich unter der Woche an die normalen Geschäftszeiten, sonntags öffnen sie von 11 bis 13 Uhr.

Krankenhäuser mit Notfallambulanzen:

Beaumont Hospital, Beaumont Rd, Dublin 9, ✆ 01 809 3000, www.beaumont.ie.

Mater Misericordiae, Eccles St, Dublin 7, ✆ 01 803 2000, www.mater.ie.

St James's, James's St, Dublin 8, ✆ 01 410 3000, www.stjames.ie.

Zahnärztliche Notfälle: Dublin Dental School & Hospital, Lincoln Place, Dublin 2, ✆ 01 612 7200, www.dentalschool.ie.

Deutschsprachige Ärzte in Dublin (nach Angaben der Deutschen Botschaft):

Dr. Thomas W. Grimm, Allgemeinmediziner, Slievemore Clinic, Old Dublin Rd, Stillorgan, ✆ 01 283 1143.

Dr. Elisabeth Kronlage, Allgemeinmedizinerin, 6 Townyard House, Townyard Lane, Malahide, ✆ 01 845 3497, ✆ 087 240 1155.

Dr. David Casey, Zahnarzt, 9 Dunville Av, Ranelagh, Dublin 6, ✆ 01 496 7526, www.beechwooddental.ie.

Notrufnummern

Polizei (Garda), ✆ 999 oder ✆ 112
Tourism Victim Support der Polizei, ✆ 01 478 5295

Ausweispapiere

Für die Einreise nach Irland genügt bei EU-Bürgern und Schweizern der Reisepass oder Personalausweis. Für Kinder unter 12 Jahren genügt ein Kinderreisepass. Autofahrer benötigen neben dem nationalen Führerschein und dem Fahrzeugschein keine besonderen Papiere.

Behinderte

Eine kostenlose Broschüre der irischen Fremdenverkehrszentrale (→ S. 75) informiert über behindertengerechte Unterkünfte und Zugangsmöglichkeiten zu Sehenswürdigkeiten. Straßenbahnen und die neueren Omnibusse sind rollstuhlgerecht konzipiert, schwieriger ist der Zugang zu den DART-Bahnen. Mehr zum Thema auch bei der Irish Wheelchair Association (www.iwa.ie) sowie unter www.visitdublin.com, Stichwort „disabled access".

Diplomatische Vertretungen

Deutsche Botschaft, 31 Trimleston Av, Booterstown, ✆ 01 269 3011, www.dublin.diplo.de.

Österreichische Botschaft, 15 Ailesbury Court, 93 Ailesbury Rd, Dublin 4, ✆ 01 269 4577, www.bmeia.gv.at/botschaft/dublin.html.

Schweizer Botschaft, 6 Ailesbury Rd, Ballsbridge, Dublin 4, ✆ 01 218 6382, www.eda.admin.ch/dublin.

Eintrittspreise/Ermäßigungen

Mit der **Heritage Card** (21 €, Studenten/Kinder 8 €, www.heritageireland.ie) erkauft man sich für ein Jahr unbegrenzten Eintritt zu allen staatlichen Museen, Parks und anderen Sehenswürdigkeiten in der Republik Irland. Sie ist an den Kassen erhältlich.

Lohnenswert kann auch der **Dublin Pass** sein (www.dublinpass.ie). Neben freiem Eintritt zu rund 30 Sehenswürdigkeiten sind auch der Flughafentransfer mit dem Aircoach und allerlei Schnäppchenangebote inbegriffen. Der Dublin Pass kostet für 1–6 Tage 40–105 €, er ist u. a. bei der Touristeninformation am Flughafen erhältlich.

Bei den Rundgängen genannte Eintrittspreise sind immer Vollzahlerpreise. Natürlich gibt es immer auch ermäßigten Eintritt für Kinder, Studenten, z. T. für Senioren oder sogar Familientickets.

Feiertage

Zur Freude der Arbeitnehmer bleibt nach Feiertagen, die zufällig auf ein Wochenende fallen, auch der nächste Montag frei. Und als Ausgleich für die doch spärliche Zahl religiöser und nationaler Feiertage gibt es drei *bank holidays*, die keine andere Bedeutung haben, als dass nicht gearbeitet werden muss. Wer über Weihnachten nach Dublin reist, sollte wissen, dass am 25.12. der gesamte öffentliche Verkehr (Busse, Fähren etc.) ruht.

1. Januar: Neujahr

17. März: St Patrick's Day

Ostermontag

Erster Montag im Mai: Tag der Arbeit

Erster Montag im Juni: Bank Holiday

Erster Montag im August: Bank Holiday

Letzter Montag im Oktober: Bank Holiday

Weihnachten: (25./26. Dezember)

Schulferien: Sommerferien im Juli und August, für die höheren Klassen auch im Juni; dazu jeweils zwei Wochen zu Ostern und Weihnachten sowie einige Tage Ende Oktober.

Feste und Veranstaltungen

Six Nations Championship – Im Februar taumelt Dublin im Rugby-Fieber, denn dann spielen die europäischen Rugbynationen England, Frankreich, Schottland, Wales, Italien und Irland um die Meisterschaft. www.rbs6nations.com.

Dublin International Filmfestival – Ende Februar mit Filmen aus Irland und aller Welt, dazu Diskussionen mit Filmschaffenden. www.jdiff.com.

St Patrick's Festival – Karnevalsstimmung rund um den Nationalfeiertag mit

Märkten, Musik und Tanz. Höhepunkt ist die St Patrick's Parade am 17. März. www.stpatricksday.ie.

Dublin Writers Festival – Anfang Juni lesen und diskutieren Starautoren und Nachwuchspoeten auf zahlreichen Veranstaltungen. www.dublinwritersfestival.com.

Forbidden Fruit – ein Festival der Indie-, Rock-, Electronic- und Alternative-Musik, Ende Mai auf dem Gelände des Kilmainham Hospital. www.forbiddenfruit.ie.

Bloomsday – An einem 16. Juni spielt James Joyces Roman *Ulysses*. So begeben sich an diesem Tag zigtausende Joyce-Fans in historischen Kostümen auf die Spuren des Romanhelden Leopold Bloom. Dass Bloom während seines achtzehnstündigen Dublin-Marathons kein einziges Bier trank, betrauern manche Teilnehmer mit ausgiebigen Konsum von Gerstensaft. www.jamesjoyce.ie.

Dublin Horse Show – Die Iren sind Pferdenarren, doch Mitte August geht es auf dem Gelände der Royal Dublin Society im Stadtteil Ballsbridge nicht nur ums Rennen und Springen edler Rösser. Ein großer Jahrmarkt mit volksfestartigem Rahmenprogramm begleitet das Event, Höhepunkt ist am Ladies' Day die Wahl der schicksten Kopfbedeckung. www.dublinhorseshow.com.

Liffey Swim – Freunde skurriler Sportarten treibt es am 1. Samstag im September zum Liffey Swim. Was wie ein Volksschwimmen aussieht, folgt strengen Regeln: Nur Mitglieder von Schwimmclubs, die sich zudem in Vorrennen qualifizieren mussten, dürfen an der Watling Street Bridge in die trüben Fluten eintauchen und zum Custom House schwimmen.

All Ireland Finals – Am 1. oder 2. Sonntag (Hurling) und 3. oder 4. Sonntag (Gälischer Fußball) im September sieht das Croke Park Stadion die nationalen Endspiele der gälischen Leibesübungen. www.gaa.ie.

Hard Working Class Heroes (HWCH), Musikfestival der irischen Newcomer-Bands, Mitte September. www.hwch.net.

Dublin Theatre Festival – Ende September/Anfang Oktober zeigen Ensembles aus der gesamten englischsprachigen Welt auf den Bühnen der Stadt zeitgenössische Theaterstücke. www.dublintheatrefestival.com.

Dublin Fringe – Während das altehrwürdige Theaterfestival eher herkömmliche Theaterkunst zeigt, bietet das ebenfalls im September laufende Fringe-Festival ungewöhnliche Räume für unkonventionelle Produktionen und Performancekünste. www.fringefest.com.

Dublin City Marathon – Am letzten Montag im Oktober quälen sich mehr als 10.000 Menschen rennend, gehend oder im Rollstuhl rollend über 42 km durch die Straßen Dublins. Jeder darf mitmachen, abends steigen diverse Partys. http://dublinmarathon.ie.

Samhain/Halloween – Das Gruselfest am Beginn des keltischen Winters (31. Oktober) feiern kostümierte Dubliner mit einer Parade und einem spektakulären Feuerwerk.

Geld

Irland gehört zur Eurozone. Hotels und auch die meisten Restaurants akzeptieren die üblichen Kreditkarten,

Straßenkunst bei Nacht

und mit den Debitkarten Maestro und Cirrus kann man sich an den Bankautomaten mit Bargeld eindecken. Bei Verlust können die Karten über die zentrale Rufnummer ✆ 0049 116 116 (Österreich ✆ 0043 1 204 8800, Schweiz ✆ 0041 44 271 22 30 für Maestro-Karten oder ✆ 0041 958 83 83 für Kreditkarten) gesperrt werden.

Nach spürbaren Preisrückgängen besonders bei Spitzenhotellerie und -gastronomie rangiert Dublin in der Rangliste der für Urlauber teuersten europäischen Städte auf einem Mittelplatz. Die nach wie vor hohen Mieten und vergleichsweise teuren Lebensmittel belasten jedoch weiter den Lebensstandard der Einheimischen.

Information

Die Auslandsbüros von **Tourism Ireland** halten für Interessenten eine Fülle von Material bereit. Neben Broschüren mit Basisinformationen gibt es Faltblätter zu speziellen Themen. Im Internet präsentiert sich Irland unter www.ireland.ie.

Deutschland: Irland Information/Tourism Ireland, Gutleutstr. 32, D-60329 Frankfurt, ✆ 004969 6680 0950.

Österreich: **Tourism Ireland**, Libellenweg 1, A-1140 Wien, ✆ 00431 5015 96000.

Schweiz: **Tourism Ireland**, Hindergartenstr. 36, CH-8447 Dachsen. ✆ 004144 210 4153.

Das Büro von **Dublin Tourism** ist samt Buchhandlung, Tea Room, Verkaufsschalter für Tickets, Ausflugsfahrten und Mietwagen in einer früheren Kirche untergebracht. Im Sommer und besonders sonntags muss mit Wartezeiten und gestresstem Personal gerechnet werden.

Dublin Tourism Office, St Andrew's Church, Suffolk St, ✆ 01 605 7700, www. visitdublin.com. Mo–Sa 9–17.30 (Juni–Sept. bis 19 Uhr), So 10.30–15 Uhr. Reservierungen nur bis eine Stunde vor Schließung.

Filialen mit gewöhnlich weniger Andrang sind am Flughafen (tägl. 8–22 Uhr), am Ha-

Dublins Tourist Information
in der St Andrew's Church

fen Dun Laoghaire (Mo–Sa 9.30–13, 14.30– 17.30 Uhr) sowie 14 Upper O'Connell St (Mo–Sa 9–17 Uhr).

Kinder

Dublins Bevölkerung ist jung, doch ganz so willkommen wie in vielen südlichen Ländern sind die kleinen Urlauber nicht.

Spielplätze sind in der Innenstadt rar. Als Ersatz kommen die Parks in Frage, auch manches Einkaufszentrum hat eine Spielecke. Hier wird man auch am ehesten **Wickeltische** finden.

In vielen gehobenen **Restaurants** sind Kinder abends unerwünscht. Natürlich gibt es auch familienfreundliche

Restaurants, die Kinderstühle, Kinderportionen oder sogar Kinderanimation anbieten, wie z. B. sonntagnachmittags das Milano in der Dawson Street.

Veranstaltungen für Kinder sind mittwochs in der *Irish Times* und im Web unter www.visitdublin.ie (hier unter see & do – child friendly activities) gelistet.

Speziell an Kinder richten sich die Angebote des **Kinderkulturzentrums Ark** (S. 128) in Temple Bar und von **Lamberts Puppentheater** (S. 64) in Monkstown. Dublin hat auch einen **Zoo** (S. 166). Kinderfreundlich sind das **Visitor Centre** im **Phoenix Park** (S. 168) und die Mittelaltershow **Dublinia** (S. 129). Die Mumien in **St Michan's** (S. 180) hinterlassen sicher einen bleibenden Eindruck. In **Malahide** (s. Ausflugsziele rund um Dublin, S. 248) können Sie das **Schloss** mit dem historischen Spielzimmer der Talbot-Kinder und demnächst hoffentlich auch wieder das **Modelleisenbahn-Museum** besichtigen.

Klima und Reisezeit

Das feuchte Meeresklima sorgt für milde Temperaturen. Die durchschnittliche Tageshöchsttemperatur im Januar beträgt 8°C und im Juli 19°C. Dublin hat im Durchschnitt die gleiche Anzahl Regentage wie London. Februar bis Juli sind die trockeneren Monate, danach nehmen die Niederschläge zu, um im Dezember ihr Maximum zu erreichen. Dabei wechselt das Wetter schneller als in Kontinentaleuropa: Eben noch öffnet der Himmel alle Schleusen, doch zwei Stunden später lacht wieder die Sonne. Die sonnigsten Monate sind Mai und Juni, die damit auch die besten Reisemonate sind. Im Winter steht die Sonne, wenn sie denn scheint, nur wenige Stunden über dem Horizont.

Notruf

Polizei (Garda) ℡ 999 oder ℡ 112 – die Leitstelle alarmiert bei Bedarf auch Feuerwehr und Krankenwagen. Touristen, die Opfer eines Verbrechens werden, bekommen Unterstützung vom Irish Tourist Assistance Support, ℡ 01 661 0562.

Dublin für Kinder

Dublin für Senioren

Öffnungszeiten

Morgenstund hat in Irland kein Gold im Mund – wenigstens nicht dort, wo die Onkel-Paddy-Läden sich noch gegen die großen Supermärkte behaupten.

Geschäfte: Kernzeit ist Mo–Sa 10–12.30 und 13.30–17.30 Uhr, Do oder Fr auch länger. Kleine Lebensmittelläden haben bis spät am Abend und auch sonntags geöffnet. Große Supermärkte und viele Einkaufszentren öffnen auch am Sonntagnachmittag.

Büros: Mo–Fr 9–17 Uhr.

Pubs: Es gibt keine festen Sperrzeiten mehr. In der Regel schließen die Kneipen um Mitternacht.

Post

Porto: Ansichtskarten und Briefe bis 50 g ins Inland 0,60 €, nach Europa bis 100 g 0,90 €.

Das **Hauptpostamt** (GPO) an der O'Connell St hat Mo–Sa 8.30–18 Uhr geöffnet. Die anderen Postämter schließen Mo–Fr um 17.30 Uhr und samstags um die Mittagszeit.

Rauchen

Rauchen ist in allen öffentlichen Gebäuden, Verkehrsmitteln, Restaurants, Clubs und Kneipen verboten. Viele Gastwirtschaften haben im Freien Raucherecken eingerichtet, die oft sogar mit Wärme-lampen beheizt sind – ein Zugeständnis an Urlauber und Weicheier, denn der Durchschnittsire ist erstaunlich kältefest und trotzt gerne Wind und Wetter.

Schwule und Lesben

Mit zunehmender Emanzipation vom katholischen Erbe wird Dublin auch toleranter gegenüber Homosexuellen. Schwule Touristen lieben die bunte und kontaktfreudige Szene der Stadt, und Dublin Tourism (www.visitdublin.com) heißt diese besonders ausgabefreudigen Reisenden auf einer eigenen Webseite unter dem Stichwort „gay" willkommen.

GCN (Gay Community News), www.theout most.com, informiert über die schnell wechselnden Szeneadressen und die aktuellen Events. Die im Monatsrhythmus erscheinende Printausgabe bekommt man etwa bei Book Upstairs, 36 College Green.

Outhouse, 105 Capel St, www.outhouse.ie, ist ein öffentlich gefördertes Zentrum für Queers und ihre Belange. Es gibt ein Café (Mo–Sa 13–21.30 Uhr), Räume für Gruppen und Veranstaltungen, dazu eine Bibliothek.

Stadtpläne

Für die Innenstadt sollte die diesem Buch beigelegte Karte genügen. Nonplusultra für die Außenbezirke ist die **Dublin Street Map** 1:20.000 von Ordnance Survey, die auch ein umfangreiches Straßenregister einschließt. Leider erreicht die aufgefaltete Karte Postergröße und ist bei etwas Wind auf der Straße nur schwer zu bändigen. Besser zu handhaben, doch weniger übersichtlich, ist der **Dublin Street Guide** 1:15.000, ein 150-seitiger Straßenatlas. Links zu **Online-Karten** findet man unter www.visitdublin.com/downloads.

Strom

Die elektrische Spannung beträgt 220 Volt. Die Steckdosen entsprechen angelsächsischer Norm: Für den Anschluss unserer Geräte ist ein dreipoliger Adapter nötig, zu kaufen in Elektroläden bzw. in besseren Hotels zu leihen.

Telefon

Vorwahlen und wichtige Rufnummern	
Irland	00353
Deutschland	0049
Niederlande	0031
Österreich	0043
Schweiz	0041
Notruf	999
Auskunft: www.eircom.ie	1901

Trinkgeld

Bei den meisten Restaurants ist das Trinkgeld im Preis inbegriffen *(service included)*. Trotzdem wird noch ein Trinkgeld *(tip)* von bis zu 10 % der Rechnungssumme erwartet, das man beim Gehen auf dem Tisch liegen lässt. Unüblich ist Trinkgeld ausgerechnet dort, wo viel getrunken wird, nämlich im Pub. Im Taxi rundet man auf, im Hotel freut sich das Zimmermädchen über eine kleine Anerkennung.

Zeit

In Irland gehen die Uhren das ganze Jahr gegenüber denen Mitteleuropas eine Stunde nach. Es gilt, wie auf der Britischen Insel, die Greenwich Mean Time (GMT) oder Weltzeit (UTC), wie sie neuerdings heißt. Die Sommerzeit beginnt und endet am gleichen Wochenende wie in Mitteleuropa.

Zeitungen/Zeitschriften

Die mit Abstand beste irische Tageszeitung ist die *Irish Times,* ein liberales Blatt, dessen mutige Journalisten auch innenpolitisch heiße Eisen anpacken – als Lektüre während des Irlandaufenthalts unbedingt zu empfehlen. Die besten Verkaufszahlen hat der *Irish Independent,* leichter an Gewicht und Inhalt als die Irish Times, von seiner politischen Linie eher konservativ.

Zeitungen und Zeitschriften aus dem deutschen Sprachraum bekommt man zum Beispiel bei Eason's an der O'Connell Street.

Zollbestimmungen

Richtwerte im Reiseverkehr innerhalb der EU: 800 Zigaretten; 400 Zigarillos; 200 Zigarren; 1 kg Tabak; 10 l Schnaps; 20 l Aperitif; 90 l Wein, davon höchstens 60 l Sekt; 110 l Bier.

Reiseverkehr Irland – Schweiz: Aus der Schweiz und aus **Duty-Free-Shops** dürfen nach Irland eingeführt werden: 2 l Wein; 2 l andere alkoholische Getränke unter 22 % oder 1 l mit mehr als 22 % Alkohol; 200 g Nescafé oder 500 g Bohnenkaffee; 100 g Tee; 200 Zigaretten oder 100 Zigarillos oder 50 Zigarren oder 250 g Tabak; 50 ml Parfüm; ¼ l Eau de Toilette.

Großzügigere **Freimengen** gelten bei der Rückreise in die Schweiz. Dann sind 250 Zigaretten oder Zigarren oder 250 g Tabak erlaubt, dazu 5 l alkoholische Getränke (einschl. Wein) bis 18 % und 1 l mit höherem Alkoholgehalt.

Geschenke dürfen nach Irland zollfrei bis zum Gesamtwert von 580 € mitgebracht werden, wobei das Einzelstück nicht mehr als 145 € wert sein darf. Die entsprechende Freigrenze für die Schweiz sind 300 SFr.

Rennbahn Grafton Street

Auswandererschiff Jeanie Johnston vor Dublins Bankpalästen

Stadttouren

Die Sonnenseite der Liffey

Stadttouren

Verglichen mit anderen Hauptstädten ist Dublins Innenstadt eine kompakte, überschaubare Angelegenheit. Die meisten öffentlichen Einrichtungen und Sehenswürdigkeiten sind vom Castle zu Fuß in längstens einer halben Stunde zu erreichen. Dabei ist die **Southside,** also die Viertel südlich des Flusses, die bessere Adresse. Hier amten Regierung, Ministerien und Botschaften, stehen das angesehene Trinity College und andere nationale Institutionen. Unmittelbar am Fluss liegt das Vergnügungsviertel *Temple Bar,* südöstlich schließen sich die georgianischen Ensembles mit der Einkaufszone um die *Grafton Street* an, die in der Weltliga der Ladenmieten weit oben rangiert. Weiter flussabwärts werden die früheren Docklands gerade zu einem edlen Büroquartier umgebaut.

Der mittelalterliche Stadtkern lag auf dem Hügel südwestlich von Temple Bar. Da die meisten Häuser aus Holz waren, sind aber nur noch wenige Spuren dieser Zeit erhalten geblieben. Die lange vernachlässigte, von den Arbeitervierteln in Hafennähe bestimmte **Northside** hat in den letzten Jahren aufgeholt. Dort kann sich die im 18. Jh. als Prachtboulevard angelegte O'Connell Street nach langem Verfall wieder sehen lassen, dort entstehen quasi über Nacht neue Szeneadressen.

Programmvorschläge

Was tun in Dublin? Die Antwort ist natürlich subjektiv und wird je nach Geschmack und Wetter anders ausfallen. Hier trotzdem ein Vorschlag, wie Sie

3. Tag: Tour 4 mit Museum für moderne Kunst **IMMA** (S. 157), mit Gefängnis **Kilmainham Gaol** (S. 159), dann ins **Guinness Storehouse** samt Bierprobe in der Gravity Bar (S. 149).

4. Tag: Führung im **Marino Casino** (S. 204) und Ausflug auf die Halbinsel **Howth** mit Klippenwanderung (S. 247). Schlechtwetteralternative: Malahide Castle (S. 249). Abends je nach Geschmack Musical oder **Literary Pub Crawl** (S. 48).

Die Touren

Die Touren sind, beginnend mit dem Stadtzentrum südlich der Liffey, einfach im Uhrzeigersinn durchnummeriert. Wenn Sie nur wenige Tage in Dublin sind, empfehlen sich vor allem **Tour 1 und 7** – sie führen zu den wichtigsten Baudenkmälern, Museen und Einkaufsstraßen im Herzen der Innenstadt. **Tour 2** leitet Sie durch das Ausgehviertel Temple Bar und sucht die letzten Spuren des mittelalterlichen Dublin. **Tour 3,** ein längerer Weg vom Rathaus durch eher unauffällige Wohnviertel hin zur Guinness-Brauerei, belohnt Sie zum Schluss mit einem Rundum-Panoramablick über die Stadt und mit dem angeblich besten Bier der Welt. **Tour 4** stellt Ihnen die Vorstadt Kilmainham vor, in der mächtige Repräsentationsbauten und Gärten von Glanz und Gloria des Britischen Empire erzählen.

Tour 5 erschließt mit dem Phoenix Park das beliebteste Naherholungsgebiet der Dubliner. Bei schönem Wetter lässt sich hier gut und gern ein ganzer Tag zubringen, fürs Rumkommen werden Fahrräder vermietet, und man besucht selbstverständlich auch den Dubliner Zoo. Auf **Tour 6** treffen Sie leibhaftige Mumien und Dublins älteste georgianische Häuserzeile, erfahren etwas über die Kunst der Whiskeybrennerei und lernen die Sonnenseite der Liffey kennen. **Tour 8** führt durch das frühere Hafenviertel, das sich mit reichlichem Einsatz

vier Tage in Dublin verbringen und dabei viel sehen und erleben können, sowie Anregungen für einen Besuch Dublins mit Kindern.

4 Tage Dublin

1. Tag: Trinity College mit **Book of Kells** (S. 101); **Tour 1** entlang der georgianischen Ensembles am **St Stephen's Green** (S. 92) und **Merrion Square** (S. 91) und auf der Shoppingmeile **Grafton Street**. Schlechtwetteralternative: Kunst in der Nationalgalerie (S. 107) oder Chester Beatty Library (S. 145) und überdachte Shoppingmalls (S. 94f.). Abends in einen **Pub**.

2. Tag: Tour 7 über die **O'Connell Street** (S. 186), Flussfahrt auf der **Liffey** (S. 49), Ausflug mit der DART entlang der Küste zum **Joyce Tower** nach Dun Laoghaire (S. 244). Abends nach **Harold's Cross** zum Greyhound-Rennen (S. 67).

von Stahl, Glas und Beton zum Dublin des keltischen Tigers entwickelt hat und ambitionierte Architektur zur Schau stellt.

Tour 9 gibt sich dann wieder bescheiden bis bieder: ein Spaziergang am Kanal mit Gelegenheit zum Entenfüttern und zum Parkbank-Picknick. **Tour 10** durch den Vorort Rathfarnham eröffnet auch Dublin-Kennern noch neue Perspektiven.

Wie sind die Kapitel aufgebaut?

Die einzelnen Stadtspaziergänge sind alle nach dem gleichen Schema aufgebaut. Die **Einleitung** soll Ihnen einen kleinen Eindruck davon geben, was Sie auf der Tour erwartet. Der Abschnitt **Rundgang** beschreibt die Route en detail. Sehenswürdigkeiten, in die man hineingehen kann (und dafür oftmals auch Eintritt bezahlen muss) sind dann im Abschnitt **Stationen** noch einmal ausführlicher beschrieben – aufgereiht in der Reihenfolge des Rundgangs. **Abstecher** versammelt jene Sights, die für den einen oder anderen Besucher von Interesse sein mögen, aber abseits der Route liegen. Der Block **Praktische Informationen** beschließt jede Tour: Wo kann ich unterwegs einkehren, welche Pubs und Restaurants lohnen im Viertel, welcher Laden verspricht Schnäppchen oder außergewöhnliche Souvenirs.

Politik und Verwaltung: Von der Corpo zum City Manager

Das frühere County Dublin war eine der 32 historischen Grafschaften Irlands. In den 1990er-Jahren wurde es in vier Verwaltungsbezirke aufgeteilt: Neben der rund 500.000 Einwohner zählenden Kernstadt Dublin gibt es seither noch die Countys Fingal (im Norden), Dun Laoghaire Rathdown (im Süden) und South Dublin (im Südwesten). Jeder Bezirk hat sein alle fünf Jahre vom Volk gewähltes Parlament (council).

Alte Dubliner nennen ihre Stadtverwaltung und -regierung bis heute „Corpo", die Kurzform von *Dublin Corporation.* Seit einer nicht nur für Außenstehende verwirrenden Reform heißt inzwischen aber neben der Ratsversammlung auch die gesamte Stadtverwaltung *City Council.* Das Stadtparlament bestimmt im jährlichen Wechsel eines seiner Mitglieder zum (ehrenamtlichen) Bürgermeister *(lord mayor).* Deutlich mehr Einfluss hat der *City Manager,* ein von der Regierung bestellter Spitzenbeamter und Chef der Verwaltung mit ihren rund 6000 Beschäftigten.

Ob nun City oder County, die Aufgaben beschränken sich weitgehend auf die Bauleitplanung, auf den Unterhalt von Orts- und Nebenstraßen, auf Wasserversorgung, Abwasser und Müllabfuhr. Soweit diese Leistungen nicht durch Gebühren abgedeckt sind, brauchen Dublin und die Countys Zuwendungen aus dem Staatshaushalt und sind so von der Zentralregierung abhängig. Eigene Steuern dürfen sie nicht erheben.

Da Dublin längst über seine Stadtgrenzen hinausgewachsen und eng mit den angrenzenden Bezirken verflochten ist, kümmert sich die *Dublin Regional Authority* um übergreifende Belange wie Regionalplanung und Verkehr. Pläne, die Autorität dieser Behörde durch einen vom Volk gewählten Regionalbürgermeister zu stärken, scheitern bislang am Widerstand der Countys.

Molly Malone und ein Leprechaun, rechts die Nationalbibliothek

Tour 1: Die georgianische Southside

Dieser Spaziergang führt durch die reichsten und attraktivsten Straßenzüge des Zentrums. Prunkbauten aus den Glanzzeiten der Stadt wechseln sich ab mit schlichten georgianischen Häuserzeilen und großzügigen Parks.

Hier wird Irland regiert und verwaltet, hier besucht die künftige Elite die angesehenste Universität, hüten Nationalmuseum und Nationalgalerie die kulturellen Schätze der Nation. Manche Straßen sind noch von den georgianischen Häuserzeilen mit ihren farbenfrohen Eingangstüren geprägt. Das Trinity College verwahrt mit dem Book of Kells die größte Touristenattraktion der Stadt. Bücherwürmer stöbern in den Buchhandlungen der Dawson Street nach Raritäten, Fashionistas können in-nen. Grüne Oasen wie St Stephen's Green und Merrion Square laden zu Verschnaufpausen ein, McDonald's und Kollegen, Sandwich-Shops, Bistros und Cafés laden zur Stärkung.

Tour-Info

Länge: 4 km

Dauer: 2 Std. ohne Innenbesichtigungen und Pausen

Anschluss: Sie können mit Tour 2 oder Tour 3 fortsetzen.

Rundgang

Suffolk Street bis Trinity College

Ausgangspunkt dieses Stadtspaziergangs ist das Tourist Office in der neugotischen **St Andrew's Church** in der Suffolk Street. Auf der kleinen Anhöhe hielten einst die Dubliner Wikinger ihre Things ab. An dieser Stelle standen bereits mehrere Pfarrkirchen, zwei hatten einen ganz ungewöhnlichen, nämlich ovalen Grundriss. Das letzte, 1862 vollendete, in den 1990er-

Jahren mit dem Schrumpfen der anglikanischen Gemeinde überflüssig gewordene Gotteshaus hat als Touristeninformation eine neue Verwendung gefunden.

Gehen Sie ans andere Ende der von Souvenirläden gesäumten Suffolk Street und dort ein paar Schritte nach links in die Grafton Street. Hier treffen Sie auf **Molly Malone.** Die 1987 zur 1000-Jahr-Feier der Stadtgründung aufgestellte Bronzestatue, eines der Wahrzeichen der Stadt, feiert die durch ein Volkslied berühmt gewordene Fischverkäuferin, deren Existenz historisch freilich nicht belegt ist. Ihre aus dem knappen Dekolleté quellenden Brüste und der Spitzname „tart with a cart" („Flittchen mit dem Karren") spielen auf Mollys zweiten Broterwerb an.

Folgen Sie der Grafton Street weiter in nördlicher Richtung. Sie mündet aufs **College Green,** einen viel befahrenen Platz zwischen Trinity College und Bank of Ireland. Es bedarf einiger Fantasie, um sich vorstellen zu können, dass hier bis ins 17. Jh. auf einer grünen Wiese die Bürger Dublins ihre Kühe

und Schafe grasen ließen. Das einem antiken Tempel nachempfundene Gebäude der **Bank of Ireland** (→ S. 96) wurde einst für das irische Parlament gebaut. Die Sackgasse auf der linken Seite des Gebäudes führt zu einem früheren Zeughaus von einschüchternder Wucht, im dem nun das **National Wax Museum** (→ S. 96) zu Hause ist.

Auf der anderen Seite des College Green strömen Studenten, Dozenten und Touristen durch das Front Gate ins **Trinity College** (→ S. 98). Hier ist mit dem **Book of Kells** (→ S. 101), einem im Mittelalter herrlich gestalteten Evangeliar, eine der berühmtesten und meistbesuchten Sehenswürdigkeiten Irlands ausgestellt.

Dawson Street

Die Straße trägt den Namen des Immobilienspekulanten Joshua Dawson. Der kaufte 1705 das Gelände östlich der Grafton Street, damals noch ein sumpfiger Morast ohne Weg und Steg, entwässerte es und legte eine neue Straße an, die er in aller Bescheidenheit nach sich selbst benannte. Die meisten der so erschlossenen Parzellen verpachtete Dawson an Bauwillige.

Gleich am Anfang der Dawson Street passieren Sie mit Hodges Figgis und der bestsortierten Filiale von Waterstones zwei führende Buchhandlungen der Stadt. **St Ann's Parish Church** (→ S. 103) wird außer zum Gebet auch gern wegen der hochkarätigen Konzerte besucht, zu denen die anglikanische Gemeinde einlädt.

Neben der Kirche residiert die *Royal Irish Academy*, eine traditionsreiche Vereinigung der angesehensten irischen Wissenschaftler aus allen Bereichen. Ursprünglich für Viscount Northland gebaut, wurde das **Academy House** (www.ria.ie) um die Mitte des 19. Jh. erweitert und zum Sitz der Akademie. Einige Sitzmöbel und ein Leuchter stammen aus dem Nachlass des 1803 aufgelösten Parlaments. Die für ihre Handschriftensammlung berühmte Bibliothek bleibt Gelehrten und Studierenden vorbehalten, doch vom Eingang kann man einen Blick auf die wertvolle Stuckdecke des Treppenhauses werfen.

Für sich selbst und sozusagen als Krönung seiner Straße ließ Joshua Dawson **Mansion House** (1710) errichten. Der Prachtbau, dessen Ziegelmauerwerk hinter einer Putzschicht verborgen ist, beeindruckte die Stadtväter derart, dass sie ihn alsbald erwarben und zum Amtssitz des Bürgermeisters machten. Dawson erhielt eine beachtliche Kaufsumme und eine Leibrente. Seinen Verzicht ließ er sich zudem durch einen sechs Pfund schweren und doppelt raffinierten Zuckerhut, den die Stadtverwaltung jedes Jahr an Weihnachten zu zahlen hatte, versüßen.

Kildare Street

Die Dawson Street mündet direkt auf St Stephen's Green. Wir werden den Park erst später erkunden und biegen jetzt zunächst nach links ab und dann ebenfalls nach links in die Kildare Street ein.

Auf der linken Seite überragt das graue Gebäude des **Department of Arts, Sport and Tourism** seine Nachbarn. Dies war der erste Bürobau, den sich der junge irische Staat in den 1930ern leistete. Über dem Eingang zieht sich ein schlankes Fensterband die Fassade hoch. Oben abgerundet, wird es von dem Relief eines Frauenhauptes gekrönt: Ériu, sozusagen die irische Germania und Muttergöttin des Landes. Über dem Portal mit seinen tonnenschweren Türflügeln vermählt der keltische Lichtgott Lugh die Mythologie mit der Technik, indem er Flugzeuge gen Himmel schleudert.

Biegen Sie nun neben dem Eingang in die **Schoolhouse Lane** ein, die zur Gründerzeit eine typische Zufahrt zu den Hinterhöfen und Stallungen war. Fensterband und Schlussstein wiederholen sich auf dieser Seite des Ministeriums, nur dass hier der heilige Brendan aus der Fassade ragt. Die Gasse mündet auf die **Molesworth Street,** die ihrerseits nach rechts genau auf Leinster House, den Sitz des irischen Parlaments, zielt.

Doch vor diesem verdient auf der linken Straßenseite noch die 1866 vollendete **Freemasons' Hall** (→ S. 105) mit ihrem Fassaden-Potpourri aus dorischen, ionischen und korinthischen Säulen Beachtung. Hier residiert die Großloge der irischen Freimaurer.

Im 1745 als Palais des Herzogs von Leinster errichteten **Leinster House** (→ S. 103) tagen seit 1925 die beiden Kammern des irischen Parlaments. Seit 1890 wird das Schloss an der Kildare-Street-Seite von den Rundbauten des **National Museum** (rechts, → S. 104) und der **National Library** (links, → S. 106) flankiert – ob das Ensemble harmonisch wirkt, sei dahingestellt. Im Lesesaal der Bibliothek, wo James Joyce oft arbeitete, siedelte er die große literarische Debatte des *Ulysses* an.

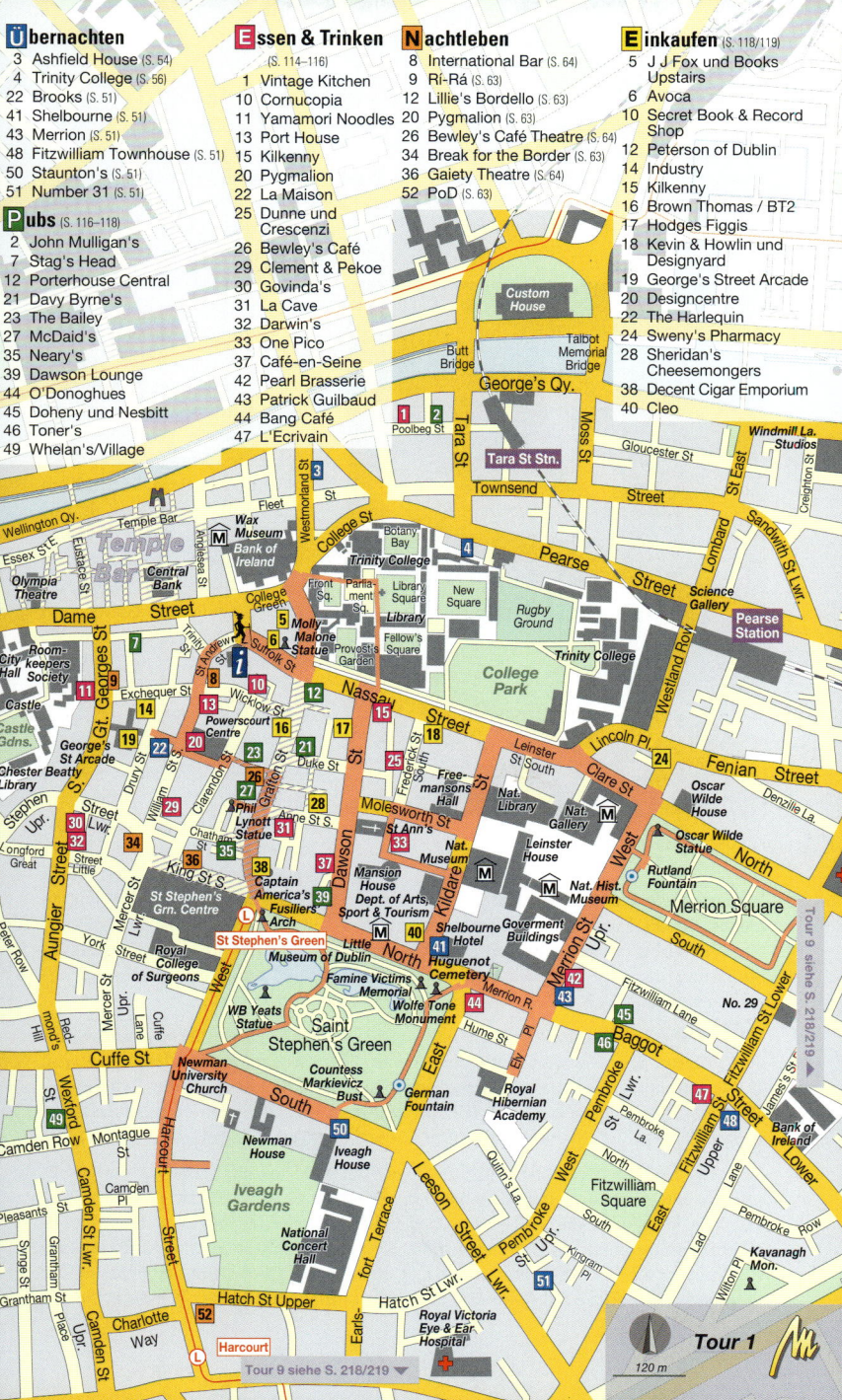

Übernachten
3 Ashfield House (S. 54)
4 Trinity College (S. 56)
22 Brooks (S. 51)
41 Shelbourne (S. 51)
43 Merrion (S. 51)
48 Fitzwilliam Townhouse (S. 51)
50 Staunton's (S. 51)
51 Number 31 (S. 51)

Pubs (S. 116–118)
2 John Mulligan's
7 Stag's Head
12 Porterhouse Central
21 Davy Byrne's
23 The Bailey
27 McDaid's
39 Neary's
39 Dawson Lounge
44 O'Donoghues
46 Doheny und Nesbitt
46 Toner's
49 Whelan's/Village

Essen & Trinken
(S. 114–116)
1 Vintage Kitchen
6 Cornucopia
11 Yamamori Noodles
14 Port House
15 Kilkenny
20 Pygmalion
22 La Maison
25 Dunne und Crescenzi
26 Bewley's Café
29 Clement & Pekoe
30 Govinda's
31 La Cave
32 Darwin's
33 One Pico
37 Café-en-Seine
42 Pearl Brasserie
42 Patrick Guilbaud
44 Bang Café
47 L'Ecrivain

Nachtleben
8 International Bar (S. 64)
9 Rí-Rá (S. 63)
12 Lillie's Bordello (S. 63)
20 Pygmalion (S. 63)
26 Bewley's Café Theatre (S. 64)
34 Break for the Border (S. 63)
36 Gaiety Theatre (S. 64)
52 PoD (S. 63)

Einkaufen (S. 118/119)
5 J J Fox und Books Upstairs
6 Avoca
10 Secret Book & Record Shop
12 Peterson of Dublin
13 Industry
15 Kilkenny
16 Brown Thomas / BT2
17 Hodges Figgis
18 Kevin & Howlin und Designyard
19 George's Street Arcade
20 Designcentre
22 The Harlequin
24 Sweny's Pharmacy
28 Sheridan's Cheesemongers
38 Decent Cigar Emporium
40 Cleo

Tour 1

120 m

Oscar Wilde

„Nur eins ist schlimmer, als in aller Munde zu sein: nicht in aller Munde zu sein" *(There is only one thing in the world worse than being talked about, and that is not being talked about)*, lässt der junge Oscar Wilde den dandyhaften Lord Henry in *Das Bildnis des Dorian Gray* anmerken. Dass das eine aber zum anderen führen, nämlich ein zu sehr strahlender Held ganz schnell zur geächteten Unperson werden kann, sollte sich an Wildes eigener Lebensgeschichte zeigen.

Oscar Wilde am Merrion Square

Oscar Fingal O'Flaherty Wilde wurde am 16. Oktober 1854 in Dublin als Sohn eines wohlhabenden Augen- und Ohrenchirurgen und einer Übersetzerin und Lyrikerin geboren. Seine glänzende Karriere (Studium am Trinity College, Stipendium in Oxford), sein Ruhm als Autor gesellschaftskritischer Komödien, sein wortgewandtes Auftreten, sein modisches Outfit und ein steter Hauch von Skandal machten Oscar Wilde zu einem beliebten Gast auf den Partys und Empfängen der feinen Gesellschaft.

Seine sexuellen Vorlieben wurden dem Enfant terrible schließlich zum Verhängnis. Bald nach der Heirat mit Constance Lloyd (1884) ging der Vater von zwei Kindern auch homosexuelle Partnerschaften ein, darunter langjährige Verhältnisse mit seinem Lektor Robert Ross und mit dem jungen Lord Alfred Douglas, Sohn des Marquis von Queensberry. Der Zorn des alten Queensberry über den Lebenswandel seines Sprösslings richtete sich bald auch gegen Wilde, den er als Verführer sah und öffentlich bloßstellte.

Wilde wehrte sich mit einer Verleumdungsklage gegen Queensberry – und verlor den Prozess. Der Marquis und sein Anwalt Edward Carson, Studienkollege von Wilde und späterer Premierminister von Nordirland, konnten Wildes homosexuelle Beziehungen beweisen. Der Dichter wurde in einem folgenden Strafverfahren zu zwei Jahren Zuchthaus mit schwerer körperlicher Arbeit verurteilt.

Über der Haft zerbrach Oscar Wilde körperlich wie seelisch. Seine vor der gesellschaftlichen Ächtung nach Mitteleuropa geflohene Frau war inzwischen verstorben, das Verhältnis mit Alfred Douglas gescheitert. Wilde begab sich unter falschem Namen nach Paris, wo er am 30. November 1900 in Armut und Isolation starb – auf dem Totenbett konvertierte er noch zum Katholizismus. „Nichts macht so alt wie das Glück" *(Nothing ages like happiness)*, heißt es bei Wilde. Er wurde nur 46 Jahre alt.

Weitere Räume hat die Bibliothek im **Kildare Street Club Building** (→ S. 106), einem schmucken viktorianischen Backsteinbau am nördlichen Ende der Kildare Street. Hier gehen Sie rechts und passieren in der **Clare Street** den Millennium Wing der **National Gallery** (→ S. 107). Wie wär's mit einer Kaffeepause in der Cafeteria der Galerie?

Merrion Square

Die Clare Street führt Sie direkt zum Merrion Square, einer großen umbauten Parkanlage. Merrion Square wurde ab 1762 von Richard Fitzwilliam (6. Viscount Fitzwilliam) erschlossen und an Bauwillige verpachtet. Viele der farbenprächtigen Haustüren, die eines der erfolgreichsten Poster der Irlandwerbung zieren, findet man hier im Original; auch noch manchen schmiedeeisernen Balkon, wie er im späten 18. Jh. Mode war. Die strengen Bauvorschriften ließen den Bauherren wenig Freiraum für individuelle Gestaltung, und so versuchte man, sich durch Details wie eben Türen, Oberlichter und kunstvoll geschmiedete Fußabstreifer vom Nachbarn zu unterscheiden.

Sie erreichen den Square an der Nordwestecke. Im **Haus Nr. 1** am North Merrion Square, dem ältesten Gebäude am Platz, wohnten von 1855 bis 1876 der angesehene Augen- und Ohrenchirurg William Wilde und seine unter dem Künstlernamen Speranza dichtende Gattin Jane mit ihren Kindern, darunter auch der später so berühmte Sohn Oscar. Das restaurierte und mit georgianischen Möbeln ausgestattete Haus gehört heute dem American College Dublin (www.amcd.edu). Oben wohnen Studierende, doch die beiden unteren Etagen sind gelegentlich zu Kunstausstellungen geöffnet.

Gegenüber im Park stiftete die Guinness-Brauerei **Oscar Wilde** ein Denkmal. Er fläzt unbekümmert und unbe-
teilt auf einem Felsen, ihm gegenüber stehen seine schwangere Frau Constance und ein männlicher Torso.

Der **Park** war anfangs den Anwohnern vorbehalten, nur sie hatten einen Schlüssel. Während der Großen Hungersnot der 1840er war das Gelände Standort einer Suppenküche und damit auch Lagerplatz für Massen von obdachlosen Landflüchtlingen. Später wäre die Fläche beinahe unter einer riesigen Kathedrale überbaut worden, doch Gott sei Dank verzichtete Irlands katholische Kirche schließlich auf dieses Projekt. Erst seit 1974 sind die Grünanlagen für jedermann geöffnet.

Im Sommer ist der Park zugleich eine **Freiluft-Kunstgalerie** (www.merrion squareart.com). Besonders am Wochenende und bei schönem Wetter stellen Künstler ihre Arbeiten aus. Wenigstens in die Kategorie Kunsthandwerk gehört auch die in den Anlagen aufgestellte Sammlung alter **Gaslaternen** aus Dublins Straßen.

Von der Südostecke des Parks blickt man in die **Fitzwilliam Street,** wo die Elektrizitätsgesellschaft ESB 1965 Dublins längste georgianische Häuserzeile abreißen und durch ein Bürogebäude ersetzen ließ. Wohl als einen Akt bescheidener Wiedergutmachung hat die ESB mit der **Nummer 29** (Number Twenty Nine → S. 107) ein noch originales Haus am Platz renoviert und im Stil von 1800 eingerichtet.

Die Nordseite des Merrion Square mag die schickere Adresse gewesen sein, doch die **Südseite** kann auf ein Mehr an prominenten Anwohnern stolz sein, z. B. „The Liberator" Daniel O'Connell (Haus Nr. 58), der Schriftsteller William Butler Yeats (Haus Nr. 52 und 82) und Erwin Schrödinger (Haus Nr. 65), ein Physiker, dessen geniale Wellengleichung dem diesbezüglich minder genialen Autor aus Schulzeiten noch in unliebsamer Erinnerung ist.

Tour 1 → Karte S. 89

Auf der Westseite des Parks ist die restaurierte **Rutland Fountain** sehenswert, eine der wenigen noch erhaltenen öffentlichen Wasserstellen aus den Gründungsjahren des georgianischen Dublin. Neben ihr erinnert seit 2008 ein Kriegerdenkmal an die Gefallenen der irischen Armee.

Auf der anderen Straßenseite des West Merrion Square erblickt man wieder die **National Gallery** (→ S. 107), **Leinster House** (→ S. 103) und das **Natural History Museum** (→ S. 108). In den ausgedehnten **Government Buildings** (→ S. 109) amtieren Irlands Premier und sein Finanzminister. Noch für die britische Verwaltung gebaut, wurde das um einen Innenhof angelegte Gebäude 1921 zur Gründung des irischen Freistaats gerade rechtzeitig fertig.

Ely Place/Merrion Row

Vom Merrion Square gehen Sie nun die Upper Merrion Street Richtung Süden. Auf Kunstfreunde wartet am Ely Place die **Royal Hibernian Academy** (→ S. 110) mit Irlands führenden Ausstellungen zu bildender Kunst der Gegenwart. In der Merrion Row, in die Sie rechts einbiegen, genauer gesagt in **O'Donoghue's Pub,** begann die Karriere der legendären Band „The Dubliners". Kurz vor der Ecke zum St Stephen's Green erinnert der **Hugenottenfriedhof** an die französischen Protestanten, die in den 1690er-Jahren als Flüchtlinge nach Dublin kamen und als Weber gern gesehen waren. Links vom Eingang listet eine Gedenktafel die hier bestatteten Familien auf.

Rund um St Stephen's Green

Sie erreichen **St Stephen's Green** an der Nordostecke. Statuen nubischer Prinzessinnen schmücken den Zaun des **Shelbourne Hotel** (gebaut 1866/67). Hier wurde die irische Verfassung entworfen, gingen Schriftsteller aus und ein, darunter William Thackeray, Oscar Wilde oder George Moore, der das Hotel gleich zum Schauplatz seines Romans *Ein Drama in Musselin* machte.

Auf der **Nordseite** von St Stephen's Green (→ S. 110) pflegten die Dandys und Beaus zu promenieren, bevor der unablässige Autostrom dieses Vergnügen verdarb. Dieser größte Park der Southside wird gern mit dem georgianischen Dublin in Verbindung gebracht, ist aber eine Schöpfung viktorianischer Landschaftsarchitektur und Gartenbaukunst.

Allerdings haben rings um den Park noch einige georgianische Gebäude

Goverment Buildings – hier wird Irland regiert

Fröhliche Bühne – das Gaiety Theatre

Blicken sie nun traurig, komisch oder völlig abgedriftet? Jedenfalls weisen die an ein schmiedeeisernes Vordach montierten Masken den Besucher darauf hin, dass er vor einem Theater steht: dem Gaiety, Dublins ältester Bühne, die der Volksmund respektvoll als „Grand Old Lady of South King Street" betitelt. Das Abbey Theatre auf der Northside mag als Nationaltheater die für die irische Kultur bedeutendere Stätte sein, doch das Gaiety Theatre, zu übersetzen als Theater des Frohsinns, ist die erfolgreichere Spielstätte. Weltklasseschauspieler wie Sara Bernhardt, Peter O'Toole und Vanessa Redgrave, Opernstars wie Luciano Pavarotti und Joan Sutherland oder die Tänzerin Anna Pawlowa traten hier auf, Christy Moore und Sinéad O'Connor begeistern die Zuschauer. 1971 wurde das Gaiety als Schauplatz des Eurovision Song Contest auch einem Millionenpublikum deutscher Fernsehzuschauer bekannt. Katja Ebstein sang sich mit „Diese Welt", dem wohl ersten Ökoschlager, immerhin auf Platz drei – acht Jahre vor Gründung der Grünen.

Nach einer erstaunlich kurzen Bauzeit von gerade einem halben Jahr eröffnete das von den geschäftstüchtigen Brüdern Gunn finanzierte Theater am 27. November 1871 mit Oliver Goldsmith's Komödie *She Stoops to Conquer*, in welcher der Held den edelblütigen Vater seiner Angebeteten versehentlich für einen Gastwirt hält und auch als solchen behandelt – und damit ziemlich ins Fettnäpfchen tritt. Der Zuschauerraum mit seinen geschwungenen Galerien und den purpurroten Samtsesseln orientiert sich an den großen Opernhäusern des 19. Jh., die Fassade imitiert einen venezianischen Palazzo.

Die heutigen Besitzer, der steinreiche Konzertveranstalter Denis Desmond und Gattin Caroline, ließen sich die Restaurierung des Gaiety einiges kosten. Die alte Dame bekam sogar eine Klimaanlage. Leider bietet das Theater keine Führungen an.

King Street S., www.gaietytheatre.com. Wenn Sie von West St Stephen's Green kommen, gelangen Sie zum Theater, indem Sie nach links in die South King Street einbiegen.

überdauert. So auf der Nordseite Haus Nr. 15, in dem nun das **Little Museum of Dublin** (→ S. 110) die letzten hundert Jahre Stadtgeschichte nachzeichnet. Auf der **Südseite** wurde das Haus Nr. 80 anno 1736 nach Plänen von Richard Cassels gebaut. Zusammen mit der angrenzenden Nr. 81 kam es später in den Besitz von Benjamin Lee Guinness (1798–1868), dem Enkel des Brauereigründers Arthur, der beide Häuser zu einem repräsentativen Stadtpalais umbaute und dieses mit allerlei Kunst ausstattete. Heute ist im **Iveagh House** das irische Außenministerium zu Hause (http://foreignaffairs. gov.ie).

Die **Iveagh Gardens** auf der Rückseite sind nun Teil eines öffentlichen Parks (Zugang via Harcourt und Clonmel Sts).

Auch Nr. 85, der linke Flügel des **Newman House** (→ S. 111) mit seiner trutzigen Granitfassade, wurde von Richard Cassels geplant. Zusammen mit der später angefügten Nr. 86 kann es im Sommer im Rahmen von Führungen besichtigt werden und gibt einen guten Eindruck von der georgianischen Wohnkultur. Nebenan steht mit der neobyzantinischen **Newman University Church** (1854–1856) Dublins beliebteste Hochzeitskirche.

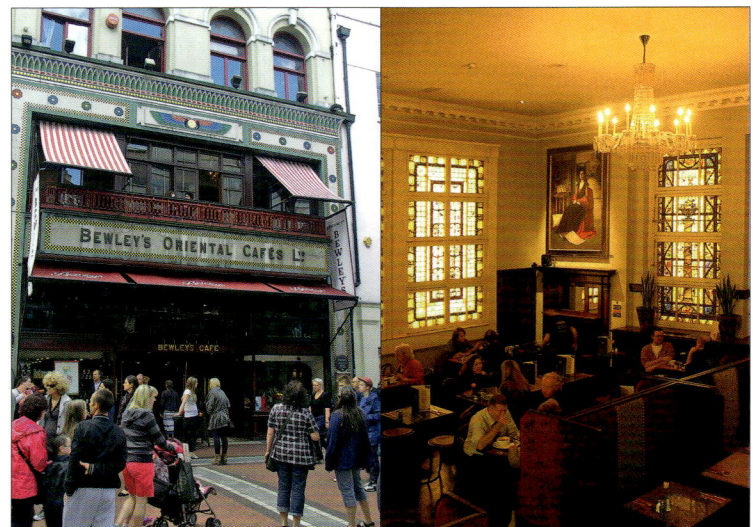

Bewley's Café, der Treffpunkt schlechthin in der Grafton Street

Die Umrundung von St Stephen's Green endet an der Nordwestecke. Dort erinnert **Fusiliers' Arch** an die im Burenkrieg als Soldaten Ihrer Majestät gefallenen Iren – für irische Nationalisten ist der 1907 aufgestellte Triumphbogen deshalb ein „Tor der Verräter". Etwa hier wollen die Verkehrsplaner einen unterirdischen Umsteigebahnhof zwischen Straßenbahn und DART-Bahn anlegen, die in einem neuen Tunnel St Stephen's Green unterqueren soll.

Von der Grafton Street zur George's Street Arcade

Das mit seiner kühnen Metallkonstruktion an eine viktorianische Bahnhofshalle erinnernde **St Stephen's Green Shopping Centre** war bei seiner Eröffnung 1988 Irlands größtes Einkaufszentrum. Mit ihm beginnt die verkehrsberuhigte **Grafton Street,** Dublins schickste Einkaufsstraße mit den höchsten Ladenmieten.

Gleich am Beginn der Straße beansprucht das Restaurant **Captain America's** (44 Grafton St) den zweifelhaften Ruhm, 1971 als erstes Dubliner Lokal amerikanisches Fastfood wie Hamburger, Cheeseburger und Konsorten angeboten zu haben. Rocklegende Chris de Burgh begann hier seine Karriere, ein kleines Museum zeigt Gitarren und andere Devotionalien irischer Rockmusiker.

Ein paar Schritte weiter trifft man in der Harry Street eine Statue der wohl einflussreichsten Persönlichkeit der Dubliner Rockszene: **Phil Lynott,** Songwriter und Sänger von Thin Lizzy, der als einer der ersten Poesie und Rockmusik zusammenbrachte. Sein ungesunder, drogenreicher Lebensstil kostete den Star 1986 das Leben.

Für Generationen von Dublinern war **Bewley's Oriental Café** ein beliebter Treffpunkt in der Grafton Street. Der junge und noch namenlose Bob Geldof soll hier irgendwann in den 1970ern bei

Tour 1 → Karte S. 89

einer Kaffeepause den Hit *Rat Trap* kreiert haben, mit dem die Boom Town Rats als erste irische Band den Spitzenplatz der englischen Charts erstürmten. Sehenswert sind neben Bewley's orientalischer Fassade auch die von Henry Clarke geschaffenen Glasfenster im hinteren Raum des Cafés.

Gleich nach Bewley's geht es links durch eine schmale Gasse zum **Powerscourt Townhouse.** Die aus Granitsteinen gefügten Außenmauern und das stuckverzierte Treppenhaus des 1774 für Lord Powerscourt gebauten Palais bilden nun die Hülle für ein nobles Einkaufszentrum, dessen Bars und Restaurants bis in den Abend geöffnet sind.

In der näheren Umgebung des **Powerscourt Centre** haben sich viele Läden mit Designerklamotten und anderen hochpreisigen Outfits niedergelassen. Günstiger kauft man in der **George's Street Arcade,** einem Einkaufszentrum seit Queen Victorias Zeiten (www.georgesstreetarcade.ie). Über die Drury Street Richtung Norden kommen Sie wieder zurück zum Tourist Office, dem Ausgangspunkt unseres Rundgangs.

Das Pembroke-Imperium – Dublins goldener Boden

Pembroke Street, Fitzwilliam Square, Herbert Street und noch ein halbes Dutzend Lanes verweisen allesamt auf den riesigen Grundbesitz, den die Fitzwilliam-Familie und deren Erben, die Grafen von Pembroke, seit dem 13. Jh. im Südwesten Dublins erworben hatten. Das Imperium, auf dessen Grund die meisten georgianischen Häuser der Southside gebaut wurden, reicht vom Stadtzentrum bis nach Blackrock und Dundrum.

Dank der geschickten Geschäftspolitik seiner Vorfahren redet der gegenwärtige Chef des Grafengeschlechts, William Herbert, 18. Earl of Pembroke, 15. Earl of Montgomery, Baron von Cardiff, Shurland, Lea und was noch alles, noch immer ein Wörtchen mit, wenn irgendwo an Dublins besten Adressen gebaut wird. Als die Stadt sich im 18. und 19. Jh. nach Südwesten ausdehnte, verkauften die Fitzwilliams und Pembrokes ihre Grundstücke nicht, sondern gaben sie in Erbpacht an die Bauwilligen – nicht für 40 oder 50 Jahre, wie die Gardiners auf dem Nordufer, sondern für Jahrhunderte, ja in machen Fällen für alle Ewigkeit.

Zwar ist die Grundrente, die die Hausbesitzer alljährlich an die pembrokesche Liegenschaftsverwaltung zahlen müssen, dank der Inflation heute nur noch ein symbolischer Betrag. Wer aber an seinem Gebäude etwas verändern will, ein Stockwerk aufsetzen oder vielleicht komplett neu bauen möchte, braucht die Zustimmung des Grundherren oder muss diesem das Land abkaufen. Das macht den pembrokeschen Besitz zu einer Goldgrube.

Selbst jene Hausbesitzer, deren einst über 200 Jahre geschlossenen Erbpachtverträge heutzutage auslaufen und deren Grundstücke damit in ihren vollen Besitz übergehen, bringen Geld in die Kasse Ihrer Lordschaft. Denn die Verträge sehen eine Schlusszahlung des Pächters über ein Achtel des aktuellen Grundstückswerts vor. So können auch künftige Pembrokes noch auf ein Einkommen aus Dublin zählen.

Stationen

Bank of Ireland

Das massive klassizistische Gebäude entstand 1729–1739 nach einem Entwurf von Edward Pearce als Parlament der irisch-anglikanischen Landlords, die sich als eine eigene „Nation" unter Schirmherrschaft der britischen Krone verstanden, lange bevor es das Commonwealth gab. Der rebellische Geist war jedoch nicht von Dauer. Mit dem Act of Union von 1801 löste sich das Parlament selbst auf, 1803 wurde das Gebäude mit der Maßgabe an die Bank of Ireland verkauft, es so umzubauen, dass es für große Versammlungen und Debatten nicht mehr zu gebrauchen wäre. Konsequenterweise machte das neue Parlament nach dem Ersten Weltkrieg der Bank ihren Besitz nicht mehr streitig, sondern zog in das Leinster House.

Von Pearce stammt der nach Süden gerichtete **Haupteingang** mit seinen imposanten Säulen. Schon seinerzeit viel bewundert, soll er Vorbild für die Fassade des British Museum gewesen sein. Der **Eingang auf der Ostseite** wurde erst 1785–1789 nach Plänen von James Gandon angefügt. Es heißt, die adeligen Herren des Oberhauses seien es leid gewesen, den selben Eingang wie die Parlamentarier des Unterhauses benutzen zu müssen.

Den Umbau zur Bank (1803) überwachte Francis Johnston. Auf ihn gehen die halbrunden Mauern beiderseits des Haupteingangs zurück. Nur aus der Vogelperspektive erkennt man sie als reines Blendwerk – dahinter sind keine Räume, sondern zwei Innenhöfe. Sanftes Gemurmel raunt durch Johnston's **Schalterhalle**; nichts erinnert daran, dass an dieser Stelle einst die Redeschlachten der Abgeordneten tobten. Erhalten blieb jedoch der **Saal des Oberhauses** mit seiner Holztäfelung aus dunkler Eiche, einem

kostbaren Kristallleuchter aus der Manufaktur von Waterford und zwei monumentalen, 1733 vollendeten **Wandteppichen**. Diese vermutlich von einem flämischen Weber gefertigten Tapisserien gelten als Meisterwerke und zeigen vor dem Hintergrund einer naturgetreuen Landschaft Szenen der Schlacht am Boyne und der Verteidigung Derrys.

Diskret, wie Geldinstitute sind, macht auch die Bank of Ireland um das Juwel House of Lords nicht viel Aufhebens. Doch während der üblichen Geschäftszeiten (Mo–Fr 10–16, Do 10–17 Uhr) kann man einen Blick ins House of Lords werfen – vom Hof aus gesehen rechter Eingang, Anmeldung beim Portier. Führungen Di 10.30 und 12.30 Uhr.

National Wax Museum

Hier treffen sich Politiker, Popstars und Päpste mit Monstern und Sagengestalten, hier mischt sich Kult mit Kitsch. Endlich hat Dublin wieder ein Wachsfigurenmuseum! Sein Vorgänger musste 2005 schließen, doch einige Figuren überlebten in einem Lagerhaus. Andere wie der fiese Gollum aus *Herr der Ringe* oder das mörderische Genie Hannibal Lecter verschwanden bei einem spektakulären Einbruch auf (hoffentlich!) Nimmerwiedersehen.

Hannibal wurde durch ein Double ersetzt und ist nun zusammen mit dem Monster Frankenstein, das sich, von Sensoren gesteuert, sogar bewegen kann, Star in der **Chamber of Horrors** (Kammer des Schreckens). Die befindet sich hinter schweren Eisentüren – sie stammen noch aus der Zeit, als die Bank of Ireland das Haus nutzte – in den Kellergewölben des Museums.

An eher zart besaitete Gemüter und kleine Kinder richtet sich die **World of Fairytales** (Welt der Märchen), wo wir etwa Aladins Wunderlampe sehen. Im Raum der keltischen Mythen treffen wir

BANK
OF
IRELAND

→ WAY OUT

Bank of Ireland, der Tempel
von Gott Mammon

den Krieger Cuchulain und den künftigen Helden Fionn mac Cumhaill, wie er gerade nach dem riesenhaften Lachs der Weisheit *(salmon of wisdom)* greift, der ihn zum Anführer der Heroen machen wird.

Im **Karaoke-Studio** kann man sich als Popstar versuchen und dabei filmen lassen. Vorbilder liefert die **Hall of Megastars**: Etwa Phil Lynott, wie wir ihn schon in der Harry Street trafen, oder Madonna, die einmal mehr mit ewiger Jugend glänzt – ihre Figur stand schon im alten Museum und könnte der Kleidung nach aus den 1980ern stammen. Der King of Pop Michael Jackson, zu Lebzeiten häufiger Gast in den Studios des Musikproduzenten und Museumschefs Paddy Dunning, begrüßt die Besucher mit ausgebreiteten Armen.

Im katholischen Irland dürfen auch religiöse Themen nicht fehlen. Leonardo da Vincis *Letztes Abendmahl* wurde mit lebensgroßen Figuren in Szene gesetzt. Papst Benedikt XVI. und sein Vorgänger winken uns fröhlich zu. Keine Wachsreplik, sondern ein Original ist das Papamobil, mit dem Johannes Paul II. bei seinem Besuch 1979 durch Dublin fuhr. Künftig soll das päpstliche Fahrzeug auf Werbetour für das Museum gehen.

Foster Place (off College Green), www.wax museumplus.ie. Tägl. 10–19 Uhr, Einlass bis 18.15 Uhr. Eintritt 12 €.

Trinity College

Das auf einer Fläche von zwei Quadratkilometern angelegte College ist mit seinen stattlichen Gebäuden, den kopfsteingepflasterten Höfen und den Sportflächen ein Musterbeispiel für einen englischen Campus, wie man ihn auch in Oxford oder Cambridge findet.

Irlands angesehenste Hochschule wurde 1592 von Königin Elisabeth I. auf dem Gelände des schon seit geraumer Zeit geschlossenen Klosters Allerheiligen gegründet, das wiederum an der Stelle des städtischen Friedhofs der Wikingerzeit stand. Der erste Rektor war Erzbischof Ussher, als dessen herausragende „wissenschaftliche" Leistung die Datierung des Weltanfangs auf das Jahr 4004 v. Chr. überliefert ist. Die Hochschule war lange eine Bastion des anglo-irischen Protestantismus, die verhindern sollte, dass junge Iren zum Studieren auf den Kontinent gingen und dort vom „Papismus" und dessen falschen Lehren infiziert würden. Erst seit 1793 nimmt die University of Dublin, wie das Trinity College heute offiziell heißt, auch Nichtprotestanten auf. Und noch bis 1966 bedurfte jeder Katholik, um am Trinity College studieren zu dürfen, einer Ausnahmegenehmigung seines Bischofs – ohne den Dispens hätte ihn der Bannstrahl der Exkommunikation getroffen.

Trinity College ...

Das **Front Gate,** den 1752–1759 errichteten Haupteingang, zieren die Statuen des Philosophen Edmund Burke (1729–1797) und des Dichters Oliver Goldsmith (1730–1774). Sie stehen stellvertretend für viele andere Geistesgrößen, die am Trinity College studierten oder lehrten, beispielsweise Jonathan Swift *(Gullivers Reisen),* Bram Stoker (Erfinder des Grafen Dracula), Wolfe Tone (irischer Politiker und Freiheitsheld) und Samuel Beckett *(Warten auf Godot).*

Parliament Square

Der von der **Chapel** (links) und der **Examination Hall** (rechts) flankierte Parliament Square ist der Hauptplatz der Universität. Der **Campanile** (1853) im Zentrum markiert in etwa die Stelle, wo das alte Kloster stand. Links vom Turm sitzt der Mathematiker und Theologe George Salmon (1819–1904), rechts der Historiker William Edward Hartpole Lecky (1838–1903), und dahinter steht eine Skulptur von Henry Moore.

Nördlich des Turms und neben der Kapelle befindet sich die **Dining Hall** (1743), ursprünglich ein Werk des deutschstämmigen Richard Cassels, der sich vor allem als Architekt der prächtigen Landsitze im Umland Dublins einen Namen gemacht hat. Hier am College müssen ihm allerdings grobe Schnitzer passiert sein, denn das Gebäude war unzureichend fundamentiert und musste schon 1758 abgetragen und neu aufgebaut werden. Inwieweit es noch Cassels' Entwurf entspricht, ist ungewiss.

Rechts neben der Dining Hall liegt der Eingang zur **Buttery,** dem universitätseigenen Pub und Restaurant. Im Uhrzeigersinn schließt sich das **Graduates' Memorial Building** an. Der Name des dahinterliegenden Sportplatzes **Botany Bay** spielt darauf an, dass unbotmäßigen Studenten früher nicht nur der Verweis von der Hochschule, sondern sogar die Deportation in die gleichnamige australische Sträflingskolonie drohte. Weiter im Uhrzeigersinn gibt der rote Ziegelbau des Wohnheimes **Rubrics** (um 1690, umgebaut 1894 und 1978) dem sonst grauen Campus etwas Farbe. Die **Old Library** (siehe unten) auf der Südseite der Grünanlage wurde 1712–1732 in einer strengeren Formensprache gebaut, beide sind damit die ältesten noch erhaltenen Gebäude der Universität.

New Square

Bevor Sie sich nun um Einlass zum *Book of Kells* bemühen, gehen Sie noch zum New Square mit dem viktorianischen **Museum Building,** welches das Department für Geologie mit Museum beherbergt. Aufwendige Steinmetzarbeiten zieren die Fassade, die von einen als „venezianisch", von anderen als „neobyzantinisch" klassifiziert wird, und die mit ihren Rundbögen, Halbsäulen und Zierrosetten auf jeden Fall ein Blickfang ist.

Tour 1 → Karte S. 89

... ein Stadtteil für sich

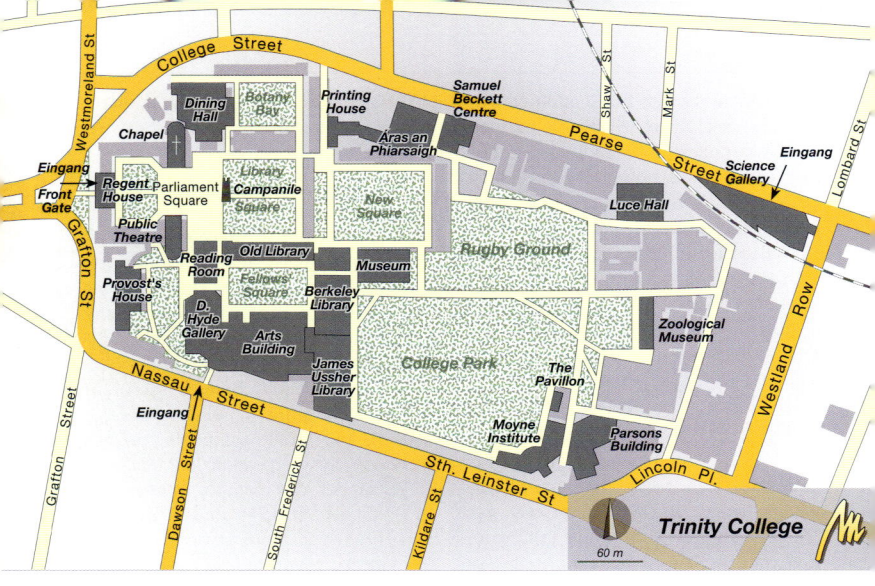

Die Skelette zweier Hirsche bewachen die mit Naturstein ausgekleidete Eingangshalle. Auf der Südseite des Hauses glänzt *Sphere within Sphere*, eine aufgerissene, mit Zahnrädern gefüllte Riesenkugel. Ihr Schöpfer, der italienische Künstler Arnaldo Pomodoro, schenkte die 1982 geschaffene Skulptur dem College.

Zoological Museum

In einem Gebäude auf der Ostseite des als Sportfeld genutzten College Parks ist das Zoologische Institut zu Hause. Nur in den Sommermonaten öffnet es sein kleines Museum für das Publikum. Zu den Highlights der Sammlung zählt ein präparierter Riesenalk; dieser wie die Pinguine flugunfähige und zu Lande ziemlich unbeholfene Seevogel lebte einst an den Gestaden des Nordatlantiks. Im 19. Jahrhundert wurde er durch menschlichen Jagdeifer und Sammelwut ausgerottet. Als weitere Kuriosität sei das Skelett von „Prince Tommy" erwähnt. Der König von Nepal hatte diesen Elefanten einst Prinz Alfred, dem zweitgeborenen Sohn von Königin Viktoria, geschenkt. Doch nachdem das Tier auf einer Zug-

fahrt in England seinen Wärter totgetrampelt hatte, wahrte Prinz Alfred Abstand und vermachte seinen Elefanten dem Dubliner Zoo. Liebhaber schöner Dinge werden Gefallen an den filigranen Modellen von Meerestieren und -pflanzen finden, die von der Glasbläserfamilie Blaschka für geschaffen wurden – ihr Geschick gilt bis heute als unerreicht. Zum Abschluss des Besuchs kann man sich im Schlund eines Weißen Hais fotografieren lassen.

Fellows Square

Auf der Südseite der Old Library stehen am Fellows Square Touristen und andere Neugierige, die das *Book of Kells* sehen wollen, in der Warteschlange – Zeit genug, um über die **Berkeley Library** auf der Ostseite des Platzes zu sinnieren. Paul Koraleks 1967 gebauter Betonklotz mit seinen gewölbten Fenstern und Pechnasen gilt nämlich als ein Meisterstück moderner Architektur.

Für den neueren Stand der Baukunst steht die 2002 eröffnete **Ussher Library.** Trist und kalt wirkt die mit einer Glaspyramide und einem einsamen Baum akzentuierte Freifläche zur Berkeley Library hin.

Zur Nassau Street hin begrenzt das von Koraleks Büro 1979 entworfene **Arts Building** den Fellows Square. In ihm ist u. a. die **Douglas Hyde Gallery** zu Hause. Sie zeigt wechselnde Ausstellungen moderner Kunst. Durch eine Passage im Arts Building kann man das College-Gelände zur Nassau Street hin verlassen.

Old Library

Seit 1801, so will es ein auch nach der irischen Unabhängigkeit weiter gültiges Gesetz, hat die Bibliothek des Trinity College Anspruch auf ein kostenloses Exemplar von jedem in Großbritannien oder Irland verlegten Buch. Der Bestand umfasst etwa vier Millionen Bände, und jedes Jahr kommt ein weiterer Regalkilometer hinzu. Der 65 m lange **Long Room,** der historische Hauptlesesaal der Bibliothek, verwahrt die 200.000 wertvollsten Werke, also vor allem die handgeschriebenen Manuskripte und Frühdrucke. Um mehr Platz zu schaffen, wurde 1853 ein weiteres Geschoss aufgesetzt. Später wurden auch die zuvor offenen Arkaden zugemauert und ins Gebäude einbezogen. Auch mit den Neubauten rund um den Fellows Square reichen die Lagermöglichkeiten der Bibliothek nicht aus, um das gesammelte Wissen auf dem Trinity-Gelände aufzubewahren – ein Teil der Bücher ruht in überall in der Stadt verstreuten Depots.

Der Long Room selbst ist schon wegen seines herrlichen Deckengewölbes sehenswert. Ausgestellt ist dort neben alten Manuskripten eine der ältesten *Harfen* (um 1400), die fälschlicherweise Brian Boru zugeschrieben wird; auch eine Kopie der *Proclamation of the Irish Republic,* die Patrick Pearse beim Osteraufstand 1916 verlas, ist zu sehen.

Book of Kells

Highlight der Bibliothek ist das um 800 entstandene *Book of Kells*. Von fleißigen Mönchen auf der schottischen Insel

Long Room, der historische Lesesaal des Trinity College

Iona handgeschrieben und illustriert, kam es nach der Zerstörung des dortigen Klosters durch die Wikinger nach Irland und fand samt den Mönchen in Kells eine neue Heimat. Seit dem 17. Jahrhundert befindet es sich im Besitz des Trinity College. Die 340 prächtig illuminierten Blätter mit dem Text der Evangelien wurden in den 1950er-Jahren restauriert und in vier Bänden neu gebunden, von denen zwei in Vitrinen zu bewundern sind. Jeden Monat werden eine neue Text- und eine neue Bildseite aufgeschlagen.

Da sich an diesen Vitrinen im Jahr etwa eine halbe Million Neugierige die Nase plattdrücken und einander kaum Zeit lassen, die Buchseiten en détail zu betrachten, werden noch wechselnde Seiten aus weiteren, weniger berühmten, aber kaum weniger prächtigen Handschriften ausgestellt, z. B. aus dem *Book of Armagh* (9. Jh.), dem *Book of Dimma* (8. Jh.) oder dem *Book of Durrow* (um 670), Irlands ältestem Manuskript mit schönen geometrischen Motiven.

Irlands größter Schatz – das Book of Kells

Kein Mensch, nur ein Engel könne dieses Werk geschaffen haben, hieß es im Mittelalter über das Ende des 8. Jahrhunderts entstandene Meisterwerk abendländischer Buchmalerei, zu dessen gebührender Würdigung jedes Jahr drei Millionen Menschen in das Trinity College strömen. Ein kompliziertes Design ineinander verwobener Bänder und Spiralen, von Menschen, Pflanzen, Fabelwesen und Tieren schmückt die 340 Pergamentblätter. Die Anfangsbuchstaben jeder Seite und wichtige Textstellen sind farbig hervorgehoben. Die Grundstoffe für manche dieser Farben, die nach der Restaurierung des Buches wieder so intensiv leuchten wie vor 1200 Jahren, kamen vom Rand des damals bekannten Erdkreises. So brauchte man für das Ultramarin Lapislazuli aus dem Hindukusch. Violett und Karminrot wurden aus getrockneten Cochinelle-Läusen gewonnen.

Das bei weitem häufigste Tier in den Illustrationen ist die Katze, die den Manuskriptmalern während der Arbeit im Skriptorium wohl öfter um die Beine strich und sich so in die Zeilen und Bilder einschlich: mit einem Blumenstrauß im Maul, im spielerischen Sprung auf ein Wort, einmal sogar an der Hostie knabbernd. Die Künstler selbst müssen jung gewesen sein, denn damals war das Augenlicht nur in jungen Jahren noch gut genug, um die Bruchteile von Millimetern feinen Linien so exakt zeichnen zu können. An den unterschiedlichen Stilen hat man zwei Gruppen ausgemacht. Die einen stehen ganz in der keltischen Tradition, bevorzugen das Blau und Grün der „nordischen" Natur und arbeiten mit den labyrinthischen Mustern, wie sie von ihren Vorfahren beim Metallschmuck entwickelt wurden. Die anderen kommen aus der mediterranen Welt oder gar aus Armenien, arbeiten lieber mit Purpur, Goldgelb und Schwarz und sind in der byzantinischen Ikonenmalerei versiert.

Niemand weiß mit Sicherheit, wo und von wem das Evangeliar mit einer lateinischen Fassung der Evangelien, dazu Einleitungen, Zusammenfassungen und sogar einem Glossar geschrieben wurde. Ein Bild des Evangelisten Lukas, dessen Hand das Wort „Ionas" hält, spricht für das berühmte Kloster auf der schottischen Insel Iona, von dem aus 200 Jahre zuvor Columban der Jüngere zur Missionierung Süddeutschlands aufgebrochen war. Das Buch von Kells dürfte eines der letzten Werke gewesen sein, an denen im Skriptorium von Iona gearbeitet wurde – 806 zerstörten die Wikinger das Kloster und töteten 86 Mönche. Nur durch ein Wunder wurde das Buch gerettet und ins irische Kells gebracht.

Als DVD kostet das *Book of Kells* im Museumsshop (www.tcd.ie/Library/Shop) 25 €. Eine Faksimileausgabe in Originalgröße schlägt mit rund 10.000 Euro zu Buche.

Leinster House mit Parlamentarier-Parkplatz (statt Vorgarten)

Vor dem Besuch der Originale steht die Dauerausstellung *Turning Darkness into Light*. Sie erklärt Technik und Tradition von Schriftkunst und Buchmalerei und erläutert das historische und religiöse Umfeld, in dem die Handschriften entstanden.

Trinity College, www.tcd.ie. Der Campus ist tägl. zugänglich von 8 bis 22 Uhr. **Führungen** durch das Universitätsgelände gibt's Mitte Mai–Sept. tägl. von 10.15 bis 15 Uhr alle 40 Min. ab dem Informationsschalter im Haupteingang. Preis pro Person 5 €, mit Eintritt zum *Book of Kells* 10 €.

Zoological Museum, www.tcd.ie/zoology/museum. Juni–Aug. Mo–Fr 10.30–16 Uhr. Eintritt 3 €.

Douglas Hyde Gallery, www.douglashyde gallery.com. Mo–Fr 11–18, Do bis 19, Sa 11–16.45 Uhr. Eintritt frei.

Book of Kells und **Long Room**, www.book ofkells.ie. Ganzjährig Mo–Sa 9.30–17 Uhr, Okt.–April auch So 12–16.30 Uhr, Mai–Sept. auch So 9.30–16.30 Uhr. Eintritt 9 €.

St Ann's Parish Church

Die anglikanische Pfarrkirche in der Dawson Street bekam 1868 eine bis heute nicht ganz vollendete neoromanische Fassade vorgesetzt – noch immer fehlt der Aufbau des rechten Turms. In der Kirche ruhen die Gebeine der im 19. Jh. gefeierten, heute aber vergessenen Dichterin Felicia Hemans (1793–1835). Eines der bemerkenswerten Glasfenster (über dem Altar) ist ihr gewidmet – leider allzu oft im Schatten der angrenzenden Bürobauten. Am 4. Dezember 1878 heiratete der Dracula-Autor Bram Stoker in St Ann's Florence Balcombe und schnappte damit Oscar Wilde dessen Jugendliebe weg. Der tief gekränkte Wilde, so wird überliefert, forderte darauf von Florrie den goldenen Anhänger zurück, den er ihr geschenkt hatte.

Dawson St, www.stannschurch.ie. Mo–Fr 10–16 Uhr. Eintritt frei.

Leinster House

Im 1745–1748 nach Plänen von Richard Cassels gebauten Leinster House arbeiten heute die beiden Kammern des irischen Parlaments.

„Wo ich auch hinziehe, sie werden mir folgen", soll James Fitzgerald Herzog von Kildare gesagt haben – und er behielt recht, denn sein zunächst auf einem freien Feld weit vor der Stadt platziertes Schloss machte auf einen Schlag die Southside zum begehrtesten Viertel. Wer es sich leisten konnte, wollte nun in der Nachbarschaft des zunächst noch Kildare House genannten Schlosses wohnen. Seinen heutigen Namen – Leinster House – erhielt es erst, als James Fitzgerald 1766 zum Grafen von Leinster erhoben wurde. James Hoban, der aus Dublin stammende Architekt des Weißen Hauses in Washington, soll die vor dem Anbau der Nationalbibliothek gerundete Nordfront von Leinster House zum Vorbild für den Amtssitz des amerikanischen Präsidenten genommen haben. 1814 verkauften die Fitzgeralds das Haus an die Royal Dublin Society, die den Park auch für Gewerbeausstellungen und die Dublin Horse Show nutzte, 1924 erwarb der junge irische Staat Leinster House.

Auf der Merrion-Square-Seite erinnert Leinster House an ein Landschloss, während es sich zur Kildare Street hin als typisches Stadtpalais zeigt. Der frühere Vorgarten auf dieser Seite ist nun ein schnöder Parkplatz, von dem aus die Damen und Herren Parlamentarier auch außerhalb der 90 Tage im Jahr dauernden Sitzungsperioden gern ihre Besorgungen in der Stadt erledigen.

In der Eingangshalle des Leinster House hängt neben Porträts von Michael Collins und Cathal Brugha, zwei einander zu Lebzeiten alles andere als wohl gesonnenen Unabhängigkeitskämpfern, eine Proklamation vom Osterputsch 1916. Der Senat versammelt sich im Salon des Obergeschosses, das Unterhaus (Dáil) im früheren Vortragssaal der Dublin Society.

Die **Besuchergalerie** des Unterhauses ist zu den Sitzungen zugänglich, d. h. gewöhnlich Nov.–Mai Di 14.30–22, Mi 10.30–20.30, Do 10.30–17.30 Uhr. Die aktuellen Termine findet man unter www.oireachtas.ie. **Führungen** durch das Haus gibt es Mo und Fr 11.30 und 15.30 Uhr.

National Museum – Archaeology

Zum Ärger der Provinz versammelt das Nationalmuseum von der Steinzeit bis ins Mittelalter nahezu alle bedeutsamen archäologischen Funde der Insel. Ja, noch mehr, denn es gibt auch eine altägyptische Sammlung und einen Saal mit zyprischer Keramik. Das Arrangement ist etwas verwirrend, umso schmerzlicher vermisst der Besucher einen Katalog. Höhepunkte des Museums sind die Sammlung alten Goldschmucks und die Moorleichen.

Jüngst eingerichtet und am besten präsentiert ist die Ausstellung **Königtum und Opfer** im linken Quersaal. Sie ist um mehrere bronzezeitliche **Moorleichen** arrangiert. Ahnherr ist der bereits 1821 entdeckte „Gallagh Bogman", ein 2500 Jahre alter und bemerkenswert intakter Kollege des „Ötzi", der schon lange im Museum zu Hause ist. Zu ihm gesellte man nun den „Clonycavan Man", einen Dandy mit schicker Zopffrisur. Außerdem den „Oldcrohan Man", auch er einstmals ein feiner Herr mit manikürten Fingernägeln. 1,98 m groß soll er einmal gewesen sein, so sagen die Wissenschaftler, ein wahrer Riese also, doch geblieben ist nur sein Torso. Den Unterleib verlor er wohl durch einen Torfbagger, den Kopf durch Enthauptung. Wie andere europäische Moorleichen ihrer Epoche wurden auch diese frühen Bewohner der irischen Insel grausam gefoltert und mehrfach hingerichtet – es deutet alles darauf hin, dass die vorchristlichen Kelten Menschen opferten.

Die **Vorgeschichte** wird im Umgang der zentralen Halle präsentiert. Wir erfahren, dass vor etwa 5700 Jahren anonyme Abenteurer die neolithische Revolution in Form von Schafen und Ziegen auf die Insel brachten, außerdem

Tour 1 → Karte S. 89

kann man einen riesigen Einbaum und alte Musikinstrumente bewundern. Die Mitte der Halle gehört mit **Irlands Gold** den Geschmeiden der Bronzezeit: meist Colliers, Arm- und Fußringe, manchmal mit feinen Gravuren, als Kuriosa auch goldene Ohrspulen, die der Laie so wohl eher bei afrikanischen Stämmen vermutet hätte.

Im rechten Querraum weitet die **Schatzkammer** das Thema aus: Kunst und Kunsthandwerk von den Kelten bis ins Mittelalter, darunter als Glanzstücke die *Brosche von Tara* und der *Kelch von Ardagh*. Nicht ganz hierher passen die Vitrinen mit mittelalterlicher Kleidung.

Die Ausstellung im Obergeschoss beginnt im rechten Quersaal mit Irlands **Wikingerzeit,** also der Epoche von der Ankunft der Wikinger (anno 795) bis zur Landung der Normannen (1170): Es geht um Waffen, Ackerbau, Sklaverei und die durch zahlreiche Kleinfunde dokumentierten Anfänge Dublins. Zuletzt wird die Sakralkunst mit dem *Kreuz von Cong* geschickt in Szene gesetzt.

Chronologisch und im Uhrzeigersinn schließt sich das **mittelalterliche Irland** an, aufgeteilt in die Bereiche „König und Adel", „Kirche und Gläubige", „Bauern – Händler – Handwerker".

Haben Sie bis jetzt durchgehalten? Dann wartet im **Ägyptenraum** noch ein kleines Highlight: auf der Wandseite links zwei sogenannte Fajumporträts aus römischer Zeit, Abbilder Verstorbener auf ihren Totenmasken und vermutlich die ältesten individuellen Menschenbilder, die Sie je gesehen haben.

Kildare St, www.museum.ie. Di–Sa 10–17, So 14–17 Uhr. Eintritt frei. Preiswerter Lunch im Coffeeshop des Museums.

Freemasons' Hall

Eine Führung durch das Hauptquartier der irischen Freimaurer gibt dem Nicht-Eingeweihten interessante Einblicke in eine geheimnisvolle und

In der Schatzkammer des National Museum

fremdartige Gedankenwelt sowie in ein Kabinett architektonischer und dekorativer Kuriositäten. Lassen Sie sich überraschen von Räumen im Neotudor, im ägyptischen Stil des 19. Jh. oder nach Art einer Kirche der viktorianischen Zeit. Muss man als Freimaurer an Gott glauben? Warum nehmen die Logen keine Frauen auf? Was haben die Templer mit den Freimaurern zu tun? Warum brauchen die Herren vom Royal Arch für ihre Zeremonien eine Geheimtür à la Indiana Jones? Antworten darauf gibt Ihnen ein rhetorisch versierter Logenbruder. Kleinreden wird er den Einfluss der Freimaurer in Nordirland und die Nähe zum Unionismus. Diese verwundert aber nicht weiter, denn im Gegensatz zu Anglikanern und Protestanten ächtet die katholische Kirche die Freimaurerei und untersagt sie ihren Schäflein.

Molesworth St, www.irish-freemasons.org. Juni–Aug. Mo–Fr 14.30 Uhr, sonst nach Anmeldung. ✆ 01 676 1337.

Im Lesesaal der Nationalbibliothek

National Library

Zu den Schätzen von Irlands Nationalbibliothek gehören neben den Büchern
auch die künstlerischen Nachlässe von
Schriftstellern wie James Joyce und
William Butler Yeats. Für den Zugang
zum Lesesaal braucht man einen Be-
nutzerausweis, doch die wechselnden
Ausstellungen im Nebenraum des Foy-
ers, das Café, die Buchhandlung und die
durchaus sehenswerten Toiletten sind
frei zugänglich. Vor allem aber lohnt
sich ein Besuch der abwechslungsreichen **Yeats-Ausstellung** im Untergeschoss. Wandtafeln, Touchscreens,
Bild- und Tonbeispiele, Manuskripte
und andere Stücke aus dem Nachlass
erzählen vom literarischen Schaffen
und vom bewegten Leben des Dichters
vor dem Hintergrund seiner Zeit. Auch
sein kompliziertes Liebesleben bleibt
nicht ausgespart.
Kildare St, www.nli.ie. Ausstellungen Mo–
Mi 9.30–19.45, Do/Fr bis 16.45, Sa bis 16.45,
So 13–16.45 Uhr. Eintritt frei.

Kildare Street Club Building

Der viktorianische Backsteinbau Nr.
2/3 Kildare Street war die Heimat des
Kildare Street Club, einer Bastion des
anglo-irischen Konservatismus. Beim
Zensus 1911 trafen die Volkszähler im
Club einen Grundbesitzer, einen Immo-
bilienmakler, einen Obristen a. D., einen amtlich bestallten Startschützen
von Pferderennen und einen Lord. Um
das Wohl dieser sechs Gäste kümmerten
sich an diesem Abend 32 Bedienstete.

Benjamin Woodward und Thomas Ne-
wenham Deane, die Architekten des
Clubhauses, arbeiteten schon beim
Bau des Trinity College Museums mit
den Bildhauern James und John
O'Shea zusammen. Die aus dem Stein
der Säulenbasen an Fenstern und Portal gearbeiteten Skulpturen lassen sich
als Parodie auf das Clubleben lesen:
Hier spielen drei Affen Billard, dort
ein Maulwurf Laute.

Nach dem Auszug des Clubs (1967) wurde die prächtige Ausstattung der Innenräume beim Umbau zu Büros weitgehend zerstört. Heute gehören Teile des Gebäudes zur Nationalbibliothek. Im früheren Salon ist nun der Handschriftenlesesaal, der Tearoom wurde zum **Heraldic Museum** mit Wappentafeln, Abzeichen und Uniformen und allerlei Kuriositäten. Auch kleinere Wechselausstellungen der Bibliothek haben hier ihren Platz.

Kildare St, www.nli.ie. Mo–Mi 9.30–19.45, Do–Fr bis 16.45, Sa bis 12.45 Uhr. Eintritt frei.

National Gallery

Eine Statue ehrt vor dem alten Haupteingang der Nationalgalerie am Merrion Square den Eisenbahnmagnaten *William Dargan*. Er organisierte 1853 die Industrial Exhibition, eine Messe, aus deren Erlösen damals der Grundstock der heute 2400 Gemälde erworben wurde. Ein anderer Wohltäter der Schönen Künste war *George Bernard Shaw*. Auch er grüßt als Standbild die Besucher des Kunstmuseums. Die Sammlung umfasst das für Nationalgalerien übliche Repertoire, ist wegen Renovierungsarbeitern aber die nächsten Jahre nicht zugänglich. Man behilft sich mit einer Auswahl von irischen (Saal 1– 5) und europäischen (Saal 6–10) Meisterwerken aus dem Fundus. Gut vertreten ist Jack Butler Yeats (1871–1957), ein jüngerer Bruder des berühmten Dichters. Er bannte bevorzugt irische Menschen und Landschaften sowie Themen aus der keltischen Mythologie auf die Leinwand.

Star der Sammlung europäischer Meister ist Caravaggios *Gefangennahme Christi* (engl. *The Taking of Christ*) von 1602. Lange verschollen und dann für eine Kopie des Originals gehalten, kam es über Umwege zum Dubliner Jesuitenorden, wo es ab 1930 den Speisesaal der Kongregation zierte. Erst die Fleißarbeit zweier Kunststudenten brachte die wahre Identität des Bildes ans Licht.

Eingang derzeit nur von der Clare St, www. nationalgallery.ie. Mo–Mi, Fr/Sa 9.30–17.30, Do 9.30–20.30, So 12–17.30 Uhr. Eintritt frei. Am Wochenende nachmittags Führungen.

Lesetipp: Jonathan Harr, *Der verschollene Caravaggio*, dtv.

Number Twenty Nine

Vielleicht auch als späte Wiedergutmachung für ihre Zerstörung der georgianischen Häuserzeile gleich nebenan und um ihre Kritiker zu besänftigen, restaurierte die Elektrizitätsgesellschaft ESB das Haus Nr. 29 Fitzwilliam Street und machte es zu einem Museum für die bürgerliche Wohnkultur des frühen 19. Jahrhunderts. Kritiker bemängeln, die Ausstellung pflege gängige Klischees und gebe ein etwas verzerrtes Bild der Zeit.

Beachten Sie zunächst die herrlichen Blickachsen von der Ecke des Hauses.

Tour 1 → Karte S. 89

Affen beim Billard im Kildare Street Club

Mount Street mit St Stephen's Church, Fitzwilliam Street mit den Wicklow-Bergen am Horizont und die Schmalseite des Parks mit dem Krankenhaus am Ende. Früher wäre auch Leinster House zu sehen gewesen.

Die Einführung ins Haus übernimmt per Videoshow der Geist von Olivia Beatty, Weinhändlerswitwe, siebenfache Mutter und ab 1794 erste Bewohnerin von Number 29. Die anschließende Führung beginnt dann mit der Welt der Bediensteten im Keller. In der Küche schützte ein frei hängendes Regal die Vorräte vor hungrigen Ratten. Offenbar hatte Mrs. Beatty kein großes Vertrauen in ihr Personal: Die Vorratskammer konnte durch ein geheimes Fenster überwacht werden, Teedose und Weinkiste waren mit Schlössern gesichert.

Die beiden Salons des Hauses sind mit großformatigen Ölbildern und Kronleuchtern ausgestattet, wir sehen Instrumente für die Hausmusik und Karten für den Spieltisch. Im Boudoir tritt uns Mrs. Beatty als lebensgroße Puppe

entgegen. Zwar stammen die Exponate nicht mehr aus ihrem Besitz, viele sind aber Originale aus ihrer Zeit, die das Nationalmuseum zur Verfügung stellte. Tapeten und Teppiche sind nach alten Vorlagen gefertigte Repliken.

Im obersten Stockwerk wohnten die Kinder und die Gouvernante. An den Wänden ihres Zimmers hängen Beispiele der Schulaufgaben, die sie mit den Kindern übte, der Boden des Raums ist mit Schablonen bemalt. Im Kinderzimmer lernen wir historische Puppenhäuser und altes Spielzeug kennen. Nach der etwa 40-minütigen Führung bleibt Zeit zum Besuch von Tearoom und Gift Shop.

29 Fitzwilliam St Lower (Südostecke des Merrion Square), www.esb.ie/no29. Di–Sa 10–17, So 12–17 Uhr. Eintritt 6 €.

Natural History Museum

Das Museum für Naturgeschichte ist dem Leinster House auf der Merrion-Seite vorgelagert. Seit der Einweihung anno 1857 – der Missionar und Entdecker David Livingstone hielt die Eröff-

29 Fitzwilliam St: hier wohnte Olivia Beatty

nungsrede – hat der „tote Zoo" seine Ausstellung kaum verändert, und das Sammelsurium ausgestopfter und konservierter Tiere ist nicht jedermanns Sache. Zehntausend Exponate sollen es sein, die Hälfte davon Insekten. Weitere zwei Millionen (!) Objekte ruhen in den Magazinen und Kellergewölben des Hauses. Prunkstück der Skelettsammlung sind die aus dem Moor geborgenen Knochengerüste von Elchen, die vor 10.000 Jahren auf der Insel lebten.

Der Eingang des Hauses war zunächst auf der Westseite und wurde erst 1909 auf die Ostseite verlegt. Damit änderte sich im Erdgeschoss, das die Tierwelt Irlands vorstellt, die Richtung des Rundgangs.

Die Stars der Sammlung, die erwähnten Elchskelette, hat man gedreht. Weniger prominente Exponate drehen dem Besucher dagegen den Rücken zu.

Der 1. Stock zeigt die Welt der Säugetiere und endet mit Menschenaffen und dem Homo sapiens. Dann ist Schluss. Die oberen Etagen mit den Ausstellungen zu den niederen Tierarten sind gesperrt, weil das Geld fehlt, um die nach heutigen Standards erforderlichen Fluchtwege zu bauen.

Merrion St, www.museum.ie. Di–Sa 10–17, So 14–17, Einlass bis 16.30 Uhr. Eintritt frei.

Government Buildings

In den schlossartig um einen Hof gebauten Government Buildings regieren Irlands Premier *(Taoiseach)* und sein Kabinett, walten Finanzministerium und die oberste Anklagebehörde. Gedacht war das Gebäude im edwardianischen Barockstil – König Edward VII. legte 1904 den Grundstein für das Royal College of Science. Dem blieb, nachdem die Exekutive des irischen Freistaats 1921 das Haus in Beschlag genommen hatte, zunächst noch der mittlere Flügel, bis die Regierung 1989 das ganze Haus übernahm. Herzstück des Hauses ist die Prachttreppe vor Evie Hone's Buntglasfenster *My Four Green*

Zoo der toten Tiere

Fields. Das für die Weltausstellung 1939 geschaffene Fenster vereint die Symbole der vier irischen Provinzen, nämlich die Kronen von Munster, die rote Hand von Ulster, die Harfe von Leinster sowie Adler und Schwert von Connaught. Auf geführten Rundgängen darf man sich als Staatsgast fühlen und auch das Büro des Premierministers und den Kabinettssaal besichtigen.

Eingang Upper Merrion St, www.taoiseach.gov.ie. Führungen Sa 10.30, 11.30, 12.30, Uhr. Anmeldung am Tag der Führung ab 10 Uhr an der Kasse der National Gallery.

Royal Hibernian Academy

Wer von der RHA einmal aufgefordert wurde, an der Jahresausstellung *(Annual Exhibition)* mitzuwirken, hat in Irland den Durchbruch als bildender Künstler geschafft. In gleich vier Galerien zeigt die Akademie Wechselausstellungen mit Arbeiten irischer Künstler, denen sie auch Arbeitsräume zur Verfügung stellt und Kunstwerke abkauft (die dann meist auf Nimmerwiedersehen in den Magazinen der Akademie abtauchen). 2008 setzte die RHA ihre Gebäude außen wie innen völlig neu in Szene und ergänzte die Galerien um Buchladen und Café.

Ely Place, www.royalhibernianacademy.ie. Mo/Di & Do–Sa 11–17, Mi 11–20, So 12–17 Uhr. Eintritt frei.

Mehr über die Kunstszene und aktuelle Ausstellungen erfahren Sie unter www.acw.ie.

Little Museum of Dublin

Das kleine, feine Museum residiert in einem georgianischen Stadthaus auf der Nordseite von St Stephen's Green. Auf zwei Etagen zeichnet es mit Alltagsgegenständen, Dokumenten und Fotos die Stadtgeschichte des letzten Jahrhunderts nach. Auf einem Sofa darf man sich's bequem machen und im ausgelegten Lesestoff blättern. Für Kinder gibt es historisches Spielzeug – nicht nur zum Anschauen, sondern zum Anfassen und Spielen. Highlight sind die unterhaltsamen Führungen, die mit Witz und Charme die Ausstellung lebendig werden lassen.

Tägl. 9.30–17, Do bis 20 Uhr. Eintritt 7 €, mit Führung 12 €. 15 St Stephen's Green North, www.littlemuseum.ie.

St Stephen's Green

„Wholie kept for the use of the citizens and others to walk and take the open air", bestimmten die Stadtväter schon 1635 für den neun Hektar großen Stadtpark und schützten die grüne Insel so vor der Bauspekulation.

Nach einem Zwischenspiel als Arbeitsplatz des Henkers und als ein von einer hohen Mauer geschützter Privatgarten der reichen Anlieger wurde das alte Vermächtnis um 1880 von Arthur Guinness neu belebt, der Stephen's Green frisch bepflanzte und wieder dem Volk öffnete. Mit einem Teich, schwungvollen Brückchen, Springbrunnen, Schwänen, Aussichtsterrassen, Blumenrabatten und großzügigen Rasenflächen ist der Park an sonnigen Tagen ein beliebter Treffpunkt. Gärtnerisch und bezüglich seiner Architektur mag Stephen's Green wenig aufregend sein, seinen Reiz verleihen dem Park die Menschen: Rentner auf den sprichwörtlichen Bänken, mal mehr, mal weniger entblößte Jugendliche auf dem Rasen; die mittlere Generation, männlich, vormittags im Geschäftsschritt mit gebundener Krawatte, Jackett und Aktenkoffer, mittags mit gelockertem Schlips und ohne Jackett, in Dokumente oder das Smartphone vertieft; die gleiche Altersgruppe, weiblich, morgens im Kostüm gekonnt auf hohen Absätzen über den Kies stöckelnd, mittags weniger sichtbar – die gleichberechtigte Nutzung des öffentlichen Geländes wird erst von den Ladies im reiferen Alter erreicht, die ihre Hunde ausführen oder ersatzweise Schwäne füttern.

Den Haupteingang an der Ecke zur Grafton Street überspannt der **Fusiliers' Arch,** ein dem römischen Titusbogen nachempfundener Triumphbogen, der an die irischen Gefallenen des Burenkriegs erinnert. Am anderen Ende, dem Eingang von der Leeson Street, plätschert seit 1957 ein **Brunnen** „in Dankbarkeit für die Hilfe, die das irische Volk deutschen Kindern nach dem Zweiten Weltkrieg gewährte", wie der seinerzeitige Bundespräsident Roman Herzog am 23. 03. 1997 nachträglich auf die Gedenkplakette schreiben ließ. Während der deutschen Hungerjahre 1945–1948 schickten die Iren Care-Pakete und holten mit der *Operation Shamrock* einige tausend Kinder für Wochen und Monate auf die Grüne Insel.

Wie wär's mit dem Spiel „Statuen-Suchen im Park"? Da wäre die etwas abstrakt geratene **Büste von William Butler Yeats** zu entdecken, ein Werk von Henry Moore. Zwischen Musikpavillon und Spielplatz steht **Constance Markievicz,** die beim Osterputsch 1916 zeitweise die Stellungen der Revolutionäre im Park kommandierte. Dann wäre da noch der zum Baron Ardilaun geadelte **Arthur Guinness,** dem die Öffentlichkeit den Park verdankt. Den Eingang von der Merrion Row bewachen der Nationalheld **Wolfe Tone** und die vier Figuren des an die Große Hungersnot gemahnenden **Famine Memorial.**

Führungen durch den Park organisiert am Sa/So um 11.30 Uhr das Little Museum of Dublin, 15 St Stephen's Green North, www.littlemuseum.ie.

Newman House

Das Doppelhaus war ab 1853 Sitz der *Catholic University of Ireland,* also der katholischen Konkurrenz des Trinity College. Benannt ist es nach dem von Rom selig gesprochenen Theologen und Gründungsrektor John Henry Kar-

Sommer am Fusiliers' Arch

dinal Newman. Im Newman House studierten unter anderen James Joyce und der spätere Präsident Eamon de Valera. Inzwischen hat die in University College Dublin (UCD) umbenannte Hochschule ihren Campus an den Stadtrand nach Belfield verlegt. Newman House dient nur noch für repräsentative Anlässe und kann im Sommer im Rahmen von Führungen besichtigt werden.

Clanwilliam-Flügel (Nr. 85)

Das kleinere der beiden Gebäude wurde 1738 für Hugh Montgomery, einen Landbesitzer und Abgeordneten aus Fermanagh, von Richard Cassels geplant und mit Stuckarbeiten der Francini-Brüder verziert, den Stargipsern ihrer Zeit. Nach einem späteren Hausherrn, dem ersten Lord Clanwilliam, hieß es auch Clanwilliam House.

Besonders sehenswert ist der **Apollo-Raum,** so genannt nach der über dem Kamin platzierten Statue des Gottes der Künste. Aus Wandnischen blicken die neun Musen, über der Tür spielen zwei Putten und ein Kaninchen. Die Francinis hielten ihre Formen für so gut, dass sie auf Farbe verzichteten und die Stukkos stets nur in strahlendes Weiß kleideten.

Im Deckenbild des **Salons** wurden bei der letzten Restaurierung die keuschen Übermalungen der nackten Frauenkörper wieder entfernt. Nur der Demonstration halber durfte eine der Schönen ihren kuriosen Badeanzug behalten, den sie beim Einzug der Catholic University bekommen hatte.

Whaley-Flügel (Nr. 86)

Das größere der Häuser ließ sich 1765 Richard Chapell Whaley bauen, auch er

Salon im Newman House

ein Grundherr und Abgeordneter aus dem protestantischen Adel und zudem Vorsteher des berüchtigten Hellfire Club (→ S. 131). Whaley war für seine Feldzüge gegen die „Papisten" gefürchtet. Die führte er nicht nur mit Worten, sondern mehr noch im Wortsinn, denn er pflegte wochenends durch die Lande zu reiten und dabei die strohgedeckten Kapellen anzuzünden, was ihm den Beinamen „Burn-Chapel" eintrug. Whaley, so heißt es, habe das Haus seines Nachbarn übertrumpfen wollen, so dass es im Vergleich nur noch als schäbiger Schweinestall erscheinen würde.

Auch dieses Haus prunkt mit Stuckarbeiten, etwa im **Treppenhaus** aus der Hand von Robert West, der die Formen und Muster des französischen Rokoko in Dublin populär machte. Im viktorianischen **Bishop's Room** tagte früher die Universitätsleitung. Im **Bedroom** verbrachte der Jesuit, Lyriker und Altphilologe Gerard Manley Hopkins (1844–1889) seine letzten Lebensjahre und dichtete in tiefer Depression seine *Terrible Sonnets*.

St. Stephen's Green South. Eintritt (5 €) nur mit Führung, Juni–Sept. Di–Fr 12, 15, 16 Uhr.

Aus dem Leben eines Taugenichts

Richard Chapell Whaleys Sohn Thomas „Buck" trat in die Fußstapfen des Vaters, ja versuchte, diesen an Dekadenz und Exzentrik noch zu übertreffen. Das Erbe hatte er schnell verspielt und doch am Spieltisch wieder reichlich gewonnen. Gerade 18-jährig, erkaufte er sich einen Platz im Dubliner Parlament. In einer legendären Wette setzte Thomas 25.000 Pfund darauf, binnen eines Jahres nach Jerusalem reisen und wieder zurückkehren zu können. Ebenfalls durch eine Wette veranlasst war ein Sprung aus dem zweiten Stock des Vaterhauses, mit Pferd wohlgemerkt, das diesen Unfug nicht überlebte.

Bedrängt von Gläubigern und dem Leibhaftigen, der ihm ausgerechnet in der Kirche St. Audoen's erschien, flüchtete der reumütige Whaley mit Freundin und Kindern auf die Isle of Man, wo er ein unauffälliges Leben führte, seine Memoiren schrieb und schließlich, 34 Jahre jung, verstarb: Die vielen Besäufnisse hatten die Leber ruiniert.

Mythos Orient vor dem
Shelbourne Hotel

Praktische Infos

→ Karte S. 89

Essen

Teuer

≫ Mein Tipp: Patrick Guilbaud 43 Seit 25 Jahren hat Patrick Guilbaud Maßstäbe und Trends gesetzt. Sein Restaurant ist unbestritten das beste der irischen Insel. Küchenchef Guillaume Lebrun zaubert französische Haute Cuisine. Lunchmenü 40 €, Dinner 90–130 €. So/Mo Ruhetag. 21 Upper Merrion St, ✆ 01 676 4192, www.restaurant patrickguilbaud.ie. ≪

L'Ecrivain 47 Gehört zum kleinen Club irischer Restaurants, die sich mit Michelin-Sternen schmücken dürfen. Das Ambiente auf zwei Etagen ist mit Holz und Spiegeln eher schlicht, das Publikum schick, die Küche französisch. Do–Fr Lunch (Menü 35 €), Mo–Sa Dinner (55–65 €). 109 a Lower Baggot St, ✆ 01 661 1919, www.lecrivain.com.

One Pico 33 Elegantes Lokal in einer ruhigen Gasse, man speist an blütenweiß gedeckten Tischen von feinem Porzellan. Klassisch französische Küche mit irischem Touch, besonders gelobt werden die kreativen Seafood-Zubereitungen. Lunch 25 €, Dinner 45 €. Kein Ruhetag. 5–6 Molesworth Lane, ✆ 01 676 0300, www.onepico.com.

Pearl Brasserie 42 Kaminfeuer, Sofas und moderne Kunst sorgen für Gemütlichkeit, ohne altbacken, überladen oder kitschig zu wirken. Französische Küche mit Einflüssen aus aller Welt, gute Auswahl auch an vegetarischen Gerichten. Mo–Fr Lunch, Mo–Sa Dinner, Hauptgericht 20–30 €. 20 Merrion St, ✆ 01 661 3572, www.pearl-brasserie.com.

Bang Café 44 Ein hipper Treffpunkt zwischen Banken und Ministerien. Im Souterrain die Cocktailbar mit langem Tresen und großer Spiegelwand, im Parterre das eigentliche Restaurant mit minimalistischem Dekor, dunklem Holz und Beigetönen. Die Küchen sind einsehbar und man kann den bemerkenswert ruhigen Köchen bei der Arbeit zuschauen. Gekocht wird würzig und international, doch Chef Phil Yeung legt Wert auf Zutaten aus der Region. Lunch 20/25 €, Dinner Hauptgericht 25–35 €. Kein Ruhetag. 11 Merrion Row, ✆ 01 676 0898, www.bangrestaurant.com.

Mittelteuer

Café-en-Seine 37 Das Bistro revolutionierte die Dubliner Pubszene: Die elegante Bar im Design der vorletzten Jahrhundertwende serviert Kaffee und Kuchen sowie warme Küche von 11 bis 20 Uhr. Am Wochenende wird gegen spät die Musik etwas lauter und das Erdgeschoss zur Tanzfläche. Zum sonntäglichen Brunch spielen Jazzbands. 40 Dawson St, ✆ 01 677 4567, www.cafeen seine.ie.

La Cave 31 Französisches Ambiente und traditionelle französische Küche. Im Sommer abends manchmal Kulturprogramm (Musik, Lesung o. Ä.). Lunch 15 €, Dinner um 30 €. Tägl. bis 2 Uhr. 28 South Anne St (off Grafton St), ✆ 01 679 4409, www.lacave winebar.com.

La Maison 22 Das winzige Restaurant – ein paar Tische stehen auch davor auf der Straße – ist Treffpunkt der Franzosen und Frankophilen. Zu essen gibt's Klassiker und französische Spezialitäten wie Coq au Vin oder die scharfen Würstchen Andouillete. Hauptgericht 15–35 €. Tägl. ab 12.30 Uhr. 15 Castle Market, ✆ 01 672 7258, www.la maisonrestaurant.ie.

Darwin's 32 Inhaber Michael Smith besitzt auch eine Metzgerei und beliefert sich selbst mit Biofleisch erster Güte. Kein Wunder, dass Darwin's für seine zarten Steaks berühmt ist; auch ungewöhnliche Zubereitungen wie das schottische Nationalgericht Haggis (mit Innereien gefüllter Schafsmagen) werden serviert. Indes sind Metzgersgattin Dolores und Tochter Amy, die das Lokal gemeinsam führen, strikte Vegetarier – so werden auch solche hier gut bedient, etwa mit einem Pilz-Tomaten-Risotto. Mo–Sa ab 17 Uhr. 80 Aungier St, ✆ 01 475 7511, www.darwins.ie.

Pygmalion 20 Angesagte Location im Erdgeschoss des Powerscourt Centre. Trotz grimmiger Security und Mängeln im Service ist das Bistrocafé mittags rappelvoll, denn es gibt gutes Essen zu maßvollen Preisen (mittags Hauptgericht bis 15 €). Die Küche des „Pyg" versucht möglichst viele Geschmäcker zu befriedigen und bietet etwa Tapas, Steaks und üppige Salatteller. Tägl. 11–17 Uhr, Mo–Sa auch Abendessen.

Ordnungswidrigkeiten vor dem Rasen des Trinity College

Powerscourt Centre, 59 South William St, ✆ 01 677 9490, www.pygrestaurantdublin.ie.

Kilkenny 🄭 Im 1. Stock von Dublins größtem Souvenirladen residieren ein solides Tagesrestaurant und ein Café, die auch von Einheimischen in der Mittagspause oder nach dem Shoppingtrip gerne besucht werden. Auch gut zum Frühstücken. Mo–Sa 8.30–17.30 Uhr (Do bis 19 Uhr), So 10–17 Uhr. 5–6 Nassau St, ✆ 01 677 7075, www.kilkennyshop.com.

Yamamori Noodles 🄫 Mit Sushi, Sashimi, Teryaki-Marinaden und Wok-Gerichten mag der welterfahrene Gourmet inzwischen vertraut sein. Doch die japanische Küche hat noch viel mehr angenehme Überraschungen auf Lager. Hier kann man sie kosten. Lunchgerichte bis 15 €, abends bis 20 €. Tägl. 12–23 Uhr. 71 South Great George's St, ✆ 01 475 5001, www.yamamorinoodles.ie.

»> Mein Tipp: Vintage Kitchen 🄫. Klein und intim, eingerichtet mit Gebrauchtmöbeln und Trödel, der auch verkauft wird. Die Musik spielt stilgerecht ein Plattenspieler. Je nach Saison wechselnde Gerichte, zu denen man seinen mitgebrachten Wein oder ein frisch gezapftes Pint von Mulligans (nebenan) trinken darf. Di–Fr Lunch (10–15 €), Di–Sa Dinner (25 €). 7 Poolbeg St, ✆ 01 6798705, www.thevintage kitchen.ie. **«<**

Günstig

🌿 **Cornucopia** 🄰 Das mit den Jahren deutlich gediegener gewordene Naturkostlokal bietet jenen eine Alternative, die die irische Vorliebe für Cholesterin und Kalorien nicht teilen. Als Abwechslung zum Müsli gibt es auch ein warmes vegetarisches Frühstück. So–Di bis 21, Mi–Sa bis 22, So bis 19 Uhr. 19 Wicklow St, ✆ 01 677 7583, www.cornucopia.ie. ∎

Port House 🄳 Romantische Wein- und Tapasbar mit Kerzenlicht, rustikalen Backsteinwänden und unzähligen Weinflaschen (Glas Wein ab 3,50 €, Flasche ab 20 €). Zum Essen gibt es eine Auswahl verschiedener Häppchenteller (bis 15 €), andere spanische Vorspeisen und Käse. Hauptgerichte werden nur mittags aufgetischt. Tägl. ab 11 Uhr, keine Reservierung. 64 a South William St, ✆ 01 677 0298, www.porthouse.ie.

Dunne & Crescenzi 🄻 Das irisch-italienische Familienunternehmen D&C begann als Weinbar und ist inzwischen ein Bistro mit Verkauf italienischer Lebensmittel. Stefano Crescenzi serviert Sandwichs, Panini, Vorspeisen und leckere Desserts. An sonnigen Tagen kann man auch draußen sitzen. Mo–Sa 8–23, So 9.30–21 Uhr. 14 South Frederick St, ✆ 01 677 3815, www.dunneand crescenzi.com.

Kaffeepause im Powerscourt Centre

🌿 **Govinda's** 🔟 Vegetarische Küche nicht nur im indischen Stil, auch Pizza und Vegiburger, Obstsäfte und Lassi. Selbstbedienung, Wasser gibt's umsonst. Die Restaurants sind Teil einer weltweiten Kette der Hare-Krishna-Bewegung – deshalb wird ohne Knoblauch und Pilze gekocht. Hauptgericht bis 11 €. Mo–Sa 12–21 Uhr. 4 Aungier St, ✆ 01 475 0309, www.govindas.ie. ▪

🌿 **Bewley's** 🔟 Nach einer Beinahe-Pleite gehört die traditionsreiche Kaffeehandelsfirma und damit auch Bewley's Grafton Street Café heute dem Bildhauer Patrick Campbell und seiner Familie. Serviert werden perfekter Cappuccino, die fair gehandelten Bohnen werden vor Ort frisch geröstet. Neben Kuchen, Torten und Gebäck gibt es auch Suppen, Pizza, Pasta und kreative Salate. Den hinteren Raum des denkmalgeschützten Cafés schmücken Glasfenster von Harry Clarke Im Obergeschoss zeigt **Bewley's Café Theatre** mittags und abends Kleintheater und Comedy (bewleyscafe theatre. com. Tägl. mittags bis abends geöffnet. 78 Grafton St, www.bewleys.com. ▪

Clement & Pekoe 🔟 Ein rustikaler Tearoom, dekoriert mit Schwarz-Weiß-Fotos und einem wuchtigen Art-déco-Leuchter. Kaffee ist eher Nebensache, hier steht wirklich der Tee im Mittelpunkt: Schwarztee, Grüntee, Kräutertee, natur oder aromatisiert, alle von losen Blättern und frisch aufgegossen. Tägl. tagsüber geöffnet. 50 South William St, www.clementandpekoe.com.

Pubs

„trendy"

The Bailey 🔟 Manche nennen den in einen Neubau integrierten historischen Pub „das wichtigste Museum Dublins". Charlie Chaplin, Brendan Behan und andere Berühmtheiten tranken hier ihr Guinness. Der heutige Afterworkbusinesspeopletreff hat mit der alten Kneipe – im *Ulysses* taucht sie unter dem Namen „Burton's" auf – nur noch den Mythos gemein. 2 Duke St (off Grafton St), www.baileybarcafe.com.

Davy Byrne's 🔟 „Nice quiet bar. Nice piece of wood in that counter. Nicely planned. Like the way it curves here", meinte Leopold Bloom über das „moral pub", in dem er bei einem Glas Burgunder sein mit Senf bestrichenes Gorgonzola-Sandwich

Um den Charme der alten Zeit zu wahren, gilt ein striktes Handyverbot! 8 Poolbeg St, www.mulligans.ie. **≪**

Dawson Lounge 39 „Trink' so viel du kannst, denn es gibt keinen Platz zum Hinfallen", heißt es über Dublins kleinsten Pub. Eine unscheinbare Tür, ein schmaler Gang und eine Wendeltreppe führen hinunter in die Kellerbar – kein Ort für Klaustrophobe, zumal sich hier oft deutlich mehr als die amtlich zugelassenen 24 Gäste drängen. Dann gibt's Körperkontakt wie zur Rushhour in der Tokioter U-Bahn. Tägl. ab 12 Uhr (warme Küche bis 16.30 Uhr). Dawson St, gegenüber Mansion House.

Stag's Head 7 Ein schöner viktorianischer Pub (1895 eingerichtet) mit Spiegeln, Buntglas und Mahagoniholz, der sogar einmal eine Briefmarke zierte. Beliebt für Filmaufnahmen. Damen werden in der Lounge (im Obergeschoss) gewarnt: „Take care of your handbags". Am Wochenende Folk in der Kellerbar. 1 Dame Court, www.louis fitzgerald.com/stagshead.

Neary's 35 Das Logo des Pubs zeigt Komödianten, die mit wehenden Ärmeln das Glas halten. Wie passend. Das Neary's ist die zweite Bühne der Akteure und Schaulustigen aus dem benachbarten Gaiety Theatre, die hier ihre Gläser leeren, um den tieferen Wahrheiten des Lebens auf den Grund zu gehen. 1 Chatham St (off Grafton St).

McDaid's 27 Ein Literatenpub, aus dem einst lallende Nobelpreisträger zur Sperrstunde hinauskomplimentiert wurden. Besonders Brendan Behan brachte hier oft seine Gedanken zu Papier. Ein verblichenes Foto zeigt ihn vor seiner von zwei Biergläsern eingerahmten Reiseschreibmaschine. 3 Harry St (off Grafton St), www.mcdaids irishpub.com.

Doheny & Nesbitt 45 Ein alter Pub mit Snugs, den Nischen fürs tête-à-tête, in denen sich mittags Politiker und Banker treffen. Gelobt wird das Roastbeefsandwich (nur zum Lunch). 5 Lower Baggot St, www. dohenyandnesbitts.ie.

Toner's 46 Ein Stück Dorf im Herzen der Großstadt, die Regale erinnern noch an die Zeit, als der Pub zugleich Laden war. Yeats, der sonst nie einen Pub besuchte, soll sogar einmal hier gewesen sein. 139 Lower Baggot St, www.tonerspub.ie.

verspeiste. Eine zu gründliche Renovierung hat dem Pub allerdings viel von seinem Charme genommen. Außer Sandwichs gibt es heute Austern und anderes Pubfood. 21 Duke St (off Grafton St), www.davybyrnes.com.

Porterhouse Central 12 Schankstube der Kleinbrauerei Porterhouse, die ehrlich angibt, aus welchen Zutaten sie ihre Biere braut. Die eigenen Gebräue kommen aus dem Fass, nach deutschem Geschmack zum Beispiel „Hersbrucker" (Pils), dazu über hundert Flaschenbiere aus aller Welt. Die Einrichtung aus Holz, die Deko passend mit leeren Bierflaschen aus allen Winkeln des Planeten. 45 Nassau St, www.porter housebrewco.com.

„traditional"

≫ Mein Tipp: John Mulligan's 2 Im Stil ähnlich wie die viktorianische Palace Bar (→ S. 133), steht das 1782 gegründete Mulligan's im Ruf, nach der Brauerei selbst das beste Guinness in Dublin auszuschenken. Der Pub war ein Drehort von *My Left Foot*, einem Film über das Leben des behinderten Künstlers Christy Brown.

Mit Livemusik

Whelan's 🔟 Bietet regelmäßig Rock, Blues und Country. Die gelungene Mischung aus Alt und Neu macht Whelan's nun schon viele Jahre zu einem beliebten Musikpub. 25 Wexford St, www.whelanslive.com.

》》 Mein Tipp: Village 🔟 Unter gleicher Leitung und gleich nebenan, doch neuer und größer als das Whelan's. Hat eine Bar und einen separaten, am Wochenende für Discos und Livegigs geöffneten Nightclub. 26 Wexford St, www.thevillage venue.com. 《《

O'Donoghues 🔟 Häufig gibt's Folksessions in Dublins populärster Musikkneipe, wo die Dubliners ihre Karriere begannen. Plakate der hier aufgetretenen Stars zieren die Wände des Hinterzimmers. Am Boden noch Sägespäne, viele US-amerikanische Gäste, für wärmere Tage ein überdachter Hof. 15 Merrion Row, www. odonoghues.ie.

Einkaufen

Souvenirs und Einkaufszentren

George's Street Arcade 🔟 Die alte Markthalle ist heute mit festen Ständen belegt, verkauft werden Trödel, Kitsch, Kunsthandwerk und alte Möbel. South Great George's St, www.georgesstreetarcade.ie.

Avoca 🔟 Von den Anfängen als factory shop der firmeneigenen Teppichweberei hat sich diese größte Avoca-Filiale längst zu einem Kaufhaus entwickelt. Es gibt Klamotten mit eigenem Label, Kinderspielzeug, Haushaltswaren und Geschenkartikel – „alles irisch", wenn man's glauben mag. Ein Café und der Dachgarten laden zur Pause im Einkaufsstress. Mo–Sa 9.30–19, So 11–18 Uhr. 11 Suffolk St, www.avoca.ie.

Mode und Design

🌿 **Designyard** 🔟 Ausstellung und Verkauf der Vorzeigestücke irischen Kunsthandwerks (Designermöbel und Accessoires zur Inneneinrichtung wie Lampen und Glaskunst, auch Schmuck). Mo–Sa 10–18.30, Do bis 20 Uhr. 25 South Frederick St (über der Doorway-Galerie), www.designyard.ie. ■

Kilkenny 🔟 Ebenfalls ein guter Laden für irische Wohnaccessoires nebst Schmuck und Kleidung. Mo–Sa 9–19, Do bis 20, So 11–17 Uhr. 6–15 Nassau St, www.kilkenn yshop.com.

Brown Thomas / BT2 🔟 Seit mehr als 150 Jahren verkauft Brown Thomas als Irlands edelstes Textilkaufhaus Schönheit und Stil – edle Ware zu stolzen Preisen. Für die modebewusste Jugend gibt's gleich auf der anderen Straßenseite das trendigere BT2. Mo–Sa 9.30–20, Do bis 21, So 11–19 Uhr. 88–95 Grafton St, www.brownthomas.com.

Designcentre 🔟 Das Schaufenster der Haute Couture verkauft traumhafte Roben und Accessoires nach den Entwürfen von John Rocha, Philip Treacy und anderen irischen Modesignern – manche Stücke sind eher Kunstwerke als zum Tragen geeignet. Mo–Sa 10–18, Do bis 20 Uhr. Powerscourt Centre, www.designcentre.ie.

Industry 🔟 Möbel und Einrichtungsgegenstände im Industriedesign der 1930er- und 40er-Jahre laden zum Stöbern ein. Viel Metall, manches kennt man aus dem Manufactum-Katalog. Di–Fr 10–18, Do bis 19, Sa ab 11, So 12–18 Uhr. 41 Drury St. www. industrydesign.ie.

The Harlequin 🔟 Schon Naomi Campbell und Brad Pitt haben sich hier eingekleidet. Trotzdem bleiben die Preise auf Boutique-Augenhöhe. Mo–Sa 11–18, Do bis 19 Uhr. 13 Castle Market, www.theharlequin vitage.com.

Kevin & Howlin 🔟 Tweed und nichts als Tweed – wetterfeste Umhänge, Jacken und Kopfbedeckungen aus irischer Wolle, von Hand gewebt und geschneidert in Donegal. Auch Maßanfertigungen. 31 Nassau St, www.kevinandhowlin.com.

Cleo 🔟 Seit 80 Jahren verkauft Familie Ryan Kleidung, vorzugsweise aus Wolle und Leinen. Hier gibt's die berühmten Pullover von den Aran-Inseln, schräge Mützen, warme Socken und wohlige Pulswärmer. Mo–Sa 9–17 Uhr. 18 Kildare St, www. cleo-ltd.com.

Pfeifen und Zigarren

Peterson of Dublin 🔟 „The thinking man smokes a Peterson Pipe", heißt es im Ladenschild. Der 1865 von den aus Nürnberg stammenden Gebrüdern Kapp gegründete Laden ist Dublins erste Adresse für Pfeifenraucher. Mo–Sa 9–18, Do bis 19, So 11–17 Uhr. 48/49 Nassau St, www.peterson.ie.

Bei Harlequin kaufen die Promis

J. J. Fox  Fred Fox, Enkel des Firmengründers, gilt als der Erfinder der Duty Free Shops – 1947 eröffnete er den ersten in Shannon. Das Dubliner Stammhaus verkauft hauseigene Tabakmischungen, Zigarren, Whiskey und allerlei Mitbringsel. Mo–Sa 9.30–18, So 12.30–17.30 Uhr. 119 Grafton St, www.jjfox.ie.

The Decent Cigar Emporium 38 Noch mehr Rauch. Hier schmaucht der Stammkunde seine Zigarre aus dem eigenen Schließfach im Humidor! Dazu gibt's koloniales Ambiente, ein Tässchen kubanischen Kaffee und Zigarrenbücher zum Schmökern. Mo–Sa 10–18, Do bis 20, So 12–17 Uhr. 46 Grafton St, www.decent-cigar.com.

Bücher

Hodges Figgis 17 Dublins einst größter unabhängiger Buchhändler gehört inzwischen zum Medienkonzern Waterstones. Mit Büchern auf vier Etagen und vergleichsweise guter Beratung. 56 Dawson St, www.waterstones.com.

Books Upstairs 5 Ungeeignet für Klaustrophobe, doch eine gute Adresse für irische Literatur und Gesellschaft. Auch ein Regal mit Titeln für Schwule und Lesben, dazu ein paar linke Zeitschriften. Mo–Fr 10–19, Sa bis 18, So 14–18 Uhr. 36 College Green.

The Secret Book & Record Shop 10 Secondhand-Bücher, neue und gebrauchte CDs und DVDs, dazu eine Auswahl an Vinyl-Scheiben – hier kann man sich auch für lange Schlechtwetterperioden ausstatten. Tägl. 11–18.30 Uhr. 15 a Wicklow St.

Sweny's Pharmacy 24 Hier kaufte Leopold Bloom seine Zitronenseife – und die gibt es bei Sweny's noch immer. Ansonsten verkauft die frühere Apotheke heute Bücher. In der Mittagspause wird aus dem Joyce'schen Œvre vorgelesen. Mo–Sa 11–17 Uhr. 1 Lincoln Pl, www.sweny.ie

Käse

Sheridan's Cheesemongers 28 Wer genug hat von Cheddar und nochmals Cheddar, der findet hier wohl hundert Sorten irischen und europäischen Käse – besser und frischer als in jedem Dubliner Supermarkt. Die Angestellten kompetent und geduldig, selbstverständlich darf man auch probieren. Gute Olivenöle, Honig und edle Schinken ergänzen das Käsesortiment. 1 South Anne St, www.sheridanscheesemongers.com.

In der Christ Church Cathedral

Tour 2: Temple Bar und „Alt-Dublin"

Mit seinen autofreien, kopfsteingepflasterten Gassen ist das Ausgeh- und Künstlerviertel Temple Bar der gemütliche Teil Dublins. Dank der enormen Kneipendichte ist hier bis in die späte Nacht einiges geboten. Rund um das Rathaus und die Christ Church Cathedral suchen wir die letzten Spuren des mittelalterlichen Dublin.

Liffey, Parliament Street, Christ Church Place, High Street und Bridge Street umschreiben in etwa das Gebiet der Wikingersiedlung, aus der sich Dublin entwickelt hat (→ S. 16). Eine Altstadt im herkömmlichen Sinn erwarte man aber nicht. Die Holzbauten sind längst vermodert, was noch an Fundamenten im Boden erhalten war, wurde beim Bau des Rathauses zerstört. Nur hier und da blieben außer den Kirchen auch noch ein paar weltliche Mauern aus alten Zeiten.

Ab dem 17. Jh. wuchs die Stadt über ihre Mauern hinaus. In Temple Bar, das ganze Viertel zwischen Parliament Street, Dame Street und dem früheren Parlamentsgebäude heißt heute nach seiner Hauptstraße, wohnten zunächst Handwerker und Kleinhändler. Nach

der Schließung des Parlaments wurde besonders der Westteil des Areals zu einem eher anrüchigen Viertel der Pubs und Bordelle.

Der Name erinnert an Sir William Temple, ab 1609 Dekan des Trinity College, der hier Haus und Garten hatte. Zugleich zitiert Temple Bar (Dublin) auch Temple Bar (London), dessen Name wiederum auf die Templer verweist. Auch einzelne Straßennamen wie etwa die Fleet Street haben ihr Londoner Pendant zum Vorbild.

In den 1960er-Jahren sollte der heruntergekommene Stadtteil abgerissen und durch einen Busbahnhof ersetzt werden (→ S. 197). Doch die Planung verzögerte sich und Temple Bar überstand so die Zeit der Kahlschlagsanierungen, bis es in den Achtzigern „entdeckt" und seine

Temple Bar und „Alt-Dublin"

nicht immer behutsame Modernisierung eingeleitet wurde. Von einem Viertel der Randgruppen und Subkultur mauserte es sich zu einem beliebten Quartier mit allerlei Galerien und Kunstzentren, zu einem Schaufenster moderner, manchmal preisgekrönter Architektur sowie mit seinen Restaurants, Pubs, Kinos und Bühnen zum Mittelpunkt des Dubliner Nachtlebens, wo Videoüberwachung und Polizeistreifen Kleinkriminalität und Rowdytum in Grenzen halten.

Die so verschiedenartigen Nutzungen des Quartiers stehen in einer fragilen Balance. So wehren sich die etwa tausend ständigen Bewohner gegen weitere Lärmquellen, klagen über den Lieferverkehr und mangelnde Straßenreinigung. Künstler und Intellektuelle bedauern die Kommerzialisierung ihres Viertels.

Tour-Info

Länge: 2 km
Dauer: 1 Std. ohne Innenbesichtigungen
Anschluss: Tour 3

Rundgang

Dame Street

Ausgangspunkt ist die **City Hall** (→ Tour 3, S. 140), also das mit einer Kuppel gekrönte Rathaus gleich neben dem Eingang zum Gelände des Castle. Überqueren Sie die **Dame Street** und wenden Sie sich nach rechts. Die viel befahrene Verkehrsachse zwischen Dublin Castle und Trinity College wurde 1757 von der *Wide Streets Commission* geschaffen. Die von Eigentümern wie Mietern gefürchtete Kommission hatte

die Vollmacht, Grundstücke zu enteignen und Häuser abzureißen, die ihren Straßenbauplänen im Wege standen. Vordergründig ging es um Stadtverschönerung, Repräsentation und Verkehrslenkung. Hintergründig sollte die Dame Street den im Dublin Castle stationierten Truppen erlauben, bei Bedarf möglichst schnell zum Parlament und zum Trinity College zu marschieren.

Blickfang auf der linken Straßenseite ist der Eingang zum **Olympia Theatre**. Seit dieses 1897 als Empire Palace Theatre eröffnet wurde, hat sich am Interieur nicht viel geändert: viel Nostalgie bei bröckelndem Putz, sogar ein Hausgeist soll sein Unwesen treiben. Auf die Bühne kommt beinahe alles, was die Halle füllen könnte: vom Ballett über die Revue bis zum Rockkonzert.

Central Bank Plaza

Auf einer mit Bäumen und Sitzgelegenheiten möblierten Freifläche erhebt sich die an einen Stapel Eierkartons erinnernde **Central Bank.** Das von Sam Stephenson entworfene und wegen seiner Dimensionen sehr umstrittene Hochhaus wurde 1976 auf ganz ungewöhnliche Art, nämlich von oben nach unten gebaut. Jede Etage hat man um zwei zuvor errichtete Versorgungskerne herum auf ebener Erde fertig montiert und dann in die Höhe gehievt, wo sie mittels zwölf von außen sichtbarer Stahltrossen an den Versorgungskernen hängen.

Wo man heute rechts an der Zentralbank vorbei von der Dame Street in die Crown Alley geht, standen früher die **Commercial Buildings** und die Passage

führte mitten durch das Gebäude hindurch. Um Platz für die Zentralbank zu schaffen, wollte man dieses georgianische Kleinod um 90 Grad drehen. Stein für Stein wurde das Gebäude abgetragen und jeder Stein wurde sorgfältig nummeriert. Doch irgendwas ging schief, und so residiert die Handelskammer heute in einer Replik der ehemaligen Commercial Buildings.

Auf der Rückseite der Zentralbank eröffnet in der Cope Street die **Graphic Studio Gallery** den Reigen der in Temple Bar beheimateten Kunstgalerien (→ S. 128). In der Crown Alley weiter nordwärts kellnerte einst im **Bad Ass Café** Sinéad O'Connor. **Temple Bar Square,** der sich anschließt, ist jedes Wochenende Schauplatz eines Secondhand-Buchmarkts.

Wellington Quay

Gehen Sie weiter Richtung Fluss. Die schmale, dunkle Gasse unter dem **Merchant's Arch** hindurch vermittelt noch einen Eindruck von den Gassen des alten Dublin. Diese hier mündet auf die

Lichterspiel an der Ha'penny Bridge

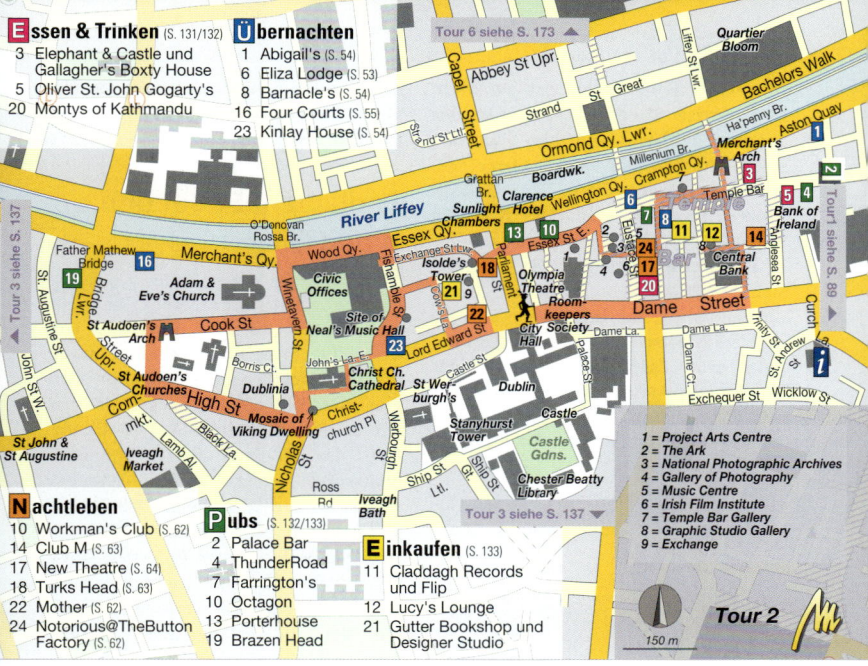

Ha'penny Bridge, so genannt, weil jeder Passant früher einen halben Penny Brückenzoll zahlen musste. Die gusseisernen Teile der eleganten Konstruktion wurden 1816 in England gegossen und hier an der Liffey zusammengenietet. Vor dem Bau der Millennium Bridge (2000) weiter flussaufwärts war dies die einzige Fußgängerbrücke über den Fluss.

Früher reichte die **Liffey** bis an die Achse Essex Street – Temple Bar – Fleet Street. Die Häuser standen mit der Rückseite zum Fluss, Abwässer und Abfälle wurden direkt ins Wasser entsorgt. Erst James Butler, Herzog von Ormond und über lange Jahre irischer Statthalter *(Lord Lieutenant)* der Krone, leitete hier ein Umdenken ein und überzeugte 1674 einen Investor, die Häuser mit der repräsentativen Frontseite zum Fluss zu stellen und ihnen eine Straße vorzulagern. **Wellington Quay,** die Uferpartie zwischen Ha'penny und Grattan Bridge, war 1812 der letzte Abschnitt, der so zur Straße wurde.

Temple Bar

Heute mag man als Fußgänger die Weisheit dieser Entscheidung wieder in Zweifel ziehen. Anstatt sich dem Autoverkehr entlang der Liffey auszusetzen, gehen Sie durch die Passage zurück zur Temple Bar Street und diese nach rechts. Hier befindet sich mit den **Temple Bar Gallery & Studios** (→ S. 128) eine weitere Perle in der Kette der Kultureinrichtungen in Temple Bar.

In der Curved Street bietet das **Temple Bar Music Centre** (www.tbmc.ie) aufstrebenden Bands Tonstudios und einen Konzertsaal.

In der Eustace Street arbeiten das Kinderkulturzentrum **The Ark** (→ S. 128) und das **Irish Film Institute.** Eine Plakette erinnert an die legendäre **Eagle Tavern,** wo sich 1791 die United Irishmen gründeten und die Irish Volunteers ebenso aus- und eingingen wie der Hellfire Club (→ S. 131).

Mit seiner Freiluftbühne ist der **Meeting House Square** Mittelpunkt des Viertels. Früher stand hier ein Versammlungshaus der Quäker-Gemeinde. Samstags findet auf dem Platz Dublins größter Biomarkt statt. Das **National Photographic Archive** und die **Gallery of Photography** (→ S. 128) widmen sich den Bildern vom alten Irland und der Fotokunst, auf der Westseite ist eine Schauspielschule zu Hause. Um die Ecke in der Essex Street East beendet das **Project Arts Centre** (www.project artscentre.ie) mit Bühne und Ausstellungsräumen den Reigen der kulturellen Einrichtungen.

Das lange vernachlässigte **Clarence-Hotel** in der Essex Street kauften Bono

Am Central Bank Plaza

und Band und verwandelten es mit viel Geld in eine der coolsten und teuersten Hoteladressen der Stadt.

Parliament Street und Wood Quay

Machen Sie an der nächsten Kreuzung einen Abstecher nach rechts. Die Parliament Street war eine der ersten von der Wide Streets Commission durch die Stadt geschlagenen Schneisen. Am Flussufer erreichen Sie das italienisch anmutende Eckhaus **Sunlight Chambers**, das auf dem unteren von zwei blaugrünen Terrakottafriesen Wäscherinnen bei der Arbeit zeigt. Das Gebäude wurde zur Jahrhundertwende als irische Niederlassung der Gebrüder Lever erbaut, die mit dem Waschmittel Sunlight ("Sunlicht") ein Vermögen machten. Noch immer wird der seit 1885 produzierte Markenartikel von der zwischenzeitlich zum Weltkonzern Unilever fusionierten Firma hergestellt.

Gehen Sie nun wieder zurück und wenden Sie sich auf Höhe der Essex Street nach rechts. **Essex Gate,** der Name der folgenden Straße, erinnert an ein altes Stadttor an dieser Stelle. An der nächsten Ecke führt eine Gruppe junger Künstler den experimentellen Kunstraum **Exchange** (www.exchangedublin.ie) als Treffpunkt der Generation Bailout mit Ausstellungen und Events. Nehmen Sie die nächste Gasse rechts. Dort finden Sie auf der Flussseite hinter einem Eisengitter mit künstlerischem Anspruch die bescheidenen Fundamente von **Isolde's Tower,** einem Turm der mittelalterlichen Stadtbefestigung. Das darübergebaute Haus greift im Dachgeschoss das Thema Turm wieder auf. Das für Bühnenevents, aber auch für Tagungen und Seminare genutzte **Smock Alley Theatre** rühmt sich, Dublins ältestes Theater zu sein. Tatsächlich wurde an dieser Stelle von 1662 bis 1787 Theater gespielt, doch danach diente das Gemäuer als Schnapslager und Kirche und beherbergte zuletzt eine Mittelalter-Show.

Vor den bunkerartigen **Civic Offices** mit den Büros der Stadtverwaltung verweist ein Picknicktisch in der Form eines Wikingerschiffs auf die Wikingersiedlung, aus der Dublin entstand. Was immer davon noch im Boden war, wurde beim Bau der Civic Offices zerstört – diese hätten übrigens, so der ursprüngliche Plan von Sam Stephenson, noch deutlich größer ausfallen und vier statt der gebauten zwei Türme umfassen sollen. Zur Halbzeit knickten die Stadtväter jedoch gegenüber den Protesten ein und so stehen auf der Flussseite nun zwei bescheidenere Längsbauten von Scott Tallon Walker, die ein als Warte- und Grünzone konzipiertes Atrium miteinander verbindet. In einer Ecke des Atriums können Sie anhand von Modellen sehen, was Investoren und Architekten in Dublin so alles vorhaben.

Rund um St Audoen's

Jenseits der Winetavern Street, von den Civic Offices aus gesehen, beherrscht das **Franziskanerkloster** St Audoen's die Uferstraße, ein mehr abweisendes als einladendes Ensemble, dem man nicht ansieht, dass die Mönche eine offene Tür für Süchtige, Obdachlose und Flüchtlinge haben. Der neobarocke, an italienischen Vorbildern orientierte Stil ist typisch für die Krankenhäuser, Heime und anderen Einrichtungen, die die katholische Kirche Irlands im 19. Jh. bauen ließ. Die **Klosterkirche** der Unbefleckten Empfängnis heißt im Volksmund noch immer „Adam and Eve", so wie der Pub, durch den die Gläubigen zu Zeiten der Penal Laws zu den damals heimlichen Gottesdiensten gelangten.

Gehen Sie links in die Winetavern Street und dann rechts in die Cook Street, wo Sie noch einmal die Klosterkirche sehen. Die Mauer auf der linken Straßenseite ist noch ein Abschnitt der mittelalterlichen Stadtbefestigung, **St Audoen's Arch** das letzte erhaltene Stadttor.

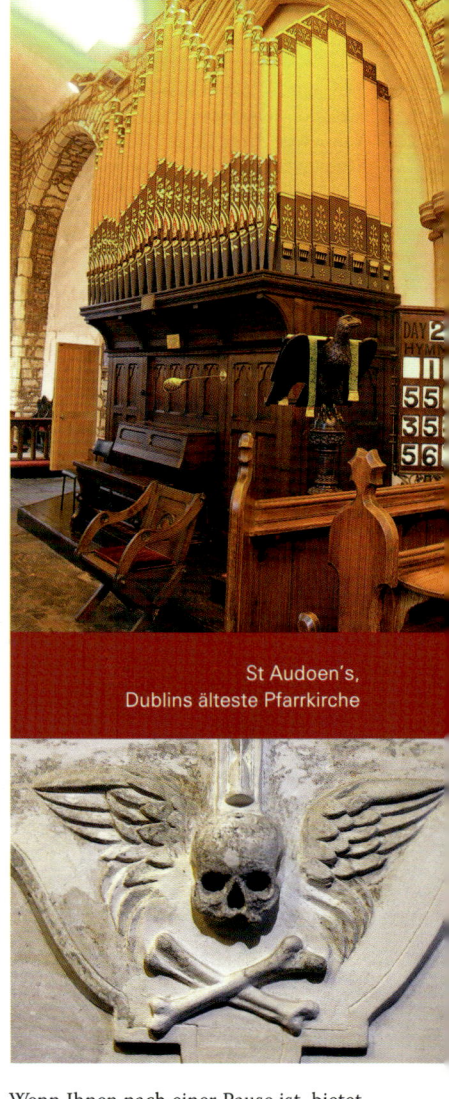

St Audoen's,
Dublins älteste Pfarrkirche

Wenn Ihnen nach einer Pause ist, bietet sich das nahe **Brazen Head** an, Dublins ältester Pub. James Joyce empfiehlt im *Ulysses* das Essen des Lokals.

Ansonsten gehen Sie durch das Tor die Treppe hinauf um **St Audoen's** herum. Dank der Kirchenspaltung sind dem Normannenheiligen aus Rouen in Dublin gleich zwei Kirchen nebeneinander geweiht.

Die ältere (12./14. Jh.) und zugleich kleinere **St Audoen's** gehört der anglikanischen Church of Ireland und ist Dublins einzige erhaltene mittelalterliche Pfarrkirche. Ein kleines **Visitor Centre** (Mai–Okt. tägl. 9.30–17.30 Uhr, Eintritt frei) erzählt die Baugeschichte und ein wenig über das Leben in der mittelalterlichen Stadt. An der Stelle des Nebenschiffs stand einst eine keltische Kapelle.

Die jüngere St Audoen's, ein katholisches Gotteshaus, wurde 1847 fertiggestellt. Der Portikus mit den drei Statuen kam später hinzu, ungewöhnlich sind die außen angebrachten Weihwasserbecken in Gestalt riesiger Muscheln, wie man sie eher im Gartenbaucenter erwartet. Die Kirche dient heute vorrangig den polnischen Katholiken Dublins. Zwischen den Heiligen hängt auch ein Bild von Papst Woytila.

Rund um die Christ Church

Von den St Audoen's Churches gelangt man über die High Street zum früheren Kapitelhaus der Christ Church Cathedral. Dort entschädigt die Mittelalterausstellung **Dublinia** (→ S. 129) für die vertane Chance, wenigstens einen Teil der beim Bau des Rathauses freigelegten Reste der Wikingerstadt für die Nachwelt zu erhalten. Auf der anderen Straßenseite markieren weiße Pflastersteine die Umrisse einer Wikingerhütte.

Eine Passage führt vom Dublinia-Gebäude über die Straße direkt in die anglikanische **Christ Church Cathedral** (→ S. 129), sodass die Besucher der Dublinia auch bei Regen trocken in die Kirche kommen. Wikingerkönig Sigtrygg (engl. Sitric) Seidenbart (→ S. 17), so wissen die Annalen, ließ auf der heute von Verkehr umtosten Fläche um 1030 Dublins erste Kirche bauen. Ihr heutiges Gesicht bekam die Kathedrale bei einer umfangreichen und freizügigen Renovierung in den 1870ern. Den berühmten Chor der Kathedrale bekommt man gewöhnlich Do 18 Uhr, So 15.30 Uhr sowie im Rahmen der Sonntagsmesse (11 Uhr) zu hören.

Fishamble Street

Hinter dem Chor der Kathedrale in der Fishamble Street, dem mittelalterlichen Fischmarkt, markiert das Hotel Handel (sic!) den einstigen Standort von Neale's Musick Hall, wo **Georg Friedrich Händel** am 13. April 1742 mit der Uraufführung seines Oratoriums *Messiah* die Zuhörer begeisterte. Dublin feiert die Jahrestage dieses Events mit einem Händel-Festival (Programm unter www.templebar.ie). Zur Eröffnung mit „Messiah on the Street" musizieren Orchester und

Christ Church Cathedral

Tour 2 → Karte S. 123

Chor auf der Fishamble Street. Mitsingen ist hier ausdrücklich erwünscht.

Wer an einem Samstag unterwegs ist, findet eine Straße weiter in der **Cow's Lane** einen Markt mit Kunsthandwerk und Designerklamotten. Hier endet die Tour und Sie kommen über die Lord Edward Street wieder zurück zum Ausgangspunkt City Hall und können dort an Rundgang 3 anknüpfen.

Händel in Dublin

Auf Einladung des Vizekönigs und der *Charitable Music Society,* die ihm wohl sein Freund und Dubliner Kapellmeister Matthew Dubourg vermittelt hatte, kam Georg Friedrich Händel (1685–1759) im November 1741 von London nach Dublin, um hier eine Reihe von Wohltätigkeitskonzerten zu dirigieren. Mit von der Partie waren auch Händels Organist und zwei Vokalsolistinnen, Susanna Maria Cibber (Alt) und Christina Maria Avoglio (Sopran), mit denen der Meister schon in London Erfolge gefeiert hatte. Den Abschluss der Konzertreihe sollte Händels eigens für diesen Anlass in gerade mal 24 Tagen komponiertes Oratorium *Messiah* bilden.

Georg Friederich Händel lebte damals schon drei Jahrzehnte in London, doch war sein Stern als Opernkomponist dort im Sinken begriffen, sodass eine Auszeit vom englischen Konzert- und Opernbetrieb dringend geboten schien. In Dublin mietete sich Händel in der Abbey Street ein. Viele Abende verbrachte er auch auf Clontarf Castle, dessen Hausherrin, Dorothy Vernon geborene Grahn, aus Hannover stammte, wo Händel eine Zeit lang als Hofkapellmeister engagiert war.

Händel und seine Solisten traten zunächst einzeln bei verschiedenen Gelegenheiten auf, um so die Nachfrage für die Konzertreihe anzukurbeln, die in *Neale's Great Musick Hall* stattfinden sollte, einem neuen Konzerthaus in der Fishamble Street. Schon das Eröffnungskonzert der Reihe, kurz vor Weihnachten 1741, war ausverkauft und wurde ein großer Erfolg. Die Begeisterung von Presse und feiner Gesellschaft über Händels Musik bewegte schließlich auch den zunächst zögerlichen Jonathan Swift, Dean von St Patrick's, seinen Chorsängern die Mitwirkung am *Messiah* zu gestatten.

„Zur Hilfe für die Gefangenen verschiedener Haftanstalten, zur Unterstützung von Mercer's Hospital in Stephen's Street und vom wohltätigen Spital am Inn's Quay wird am Montag, den 12. April, in der Musick Hall, Fishamble Street, Herrn Händels neues Großes Oratorium mit Namen Messiah aufgeführt", hieß es in der Einladung, die damit gleich einen Fehler enthielt, denn der Montag der Uraufführung war ein 13. April. Angesichts des erwarteten Andrangs wurden die Damen gebeten, keine Reifröcke zu tragen, und die Herren sollten ihre Degen zu Hause lassen.

Anfang Juni wiederholte Händel die Aufführung noch einmal und kehrte dann über Cork nach London zurück. Dort hatte es der *Messiah* wesentlich schwerer als in Dublin und wurde als blasphemisches Machwerk kritisiert: Dass das Oratorium ausschließlich aus Bibelversen bestand, jedoch zur profanen Unterhaltung und außerhalb von Kirchen aufgeführt wurde, war für Händels Konkurrenten und Feinde, deren es in London viele gab, ein gefundenes Fressen.

Stationen

Kunst in Temple Bar

Mit gewaltigen Investitionen wurde im Dubliner Stadtteil Temple Bar eine Kunstmeile aus dem Boden gestampft, die in Europa ihresgleichen sucht: Galerien und staatlich geförderte Zentren auf Schritt und Tritt, die alle Genres zeitgenössischer Kunst abzudecken versprechen.

Graphic Studio Gallery

Das Graphic Studio ist Irlands älteste und größte Werkstatt für künstlerische Drucke wie Lithografien, Stiche oder Holztafeldrucke. Über die Galerie in Temple Bar können die Künstler ihre Arbeiten dann zum Kauf anbieten. Außerdem sind die Räumlichkeiten auch Schauplatz für wechselnde Ausstellungen einheimischer wie internationaler Künstler.

Cope Street, Temple Bar, www.graphicstudio
dublin.com. Mo–Fr 10–17.30, Sa 11–17 Uhr.

Temple Bar Gallery & Studios

Hier arbeiten etwa 30 Künstler, die einen bereits etabliert, die anderen Newcomer, und zeigen in Ausstellungen oder Darbietungen ihr Werk. Das können herkömmliche Gemälde, Fotokunst, Videoinstallationen, Sounds oder Multimediales sein, der Kreativität sind hier keine Grenzen gesetzt.

5–9 Temple Bar, www.templebargallery.
com. Di–Sa 11–18 Uhr.

The Ark

Kunst von, für und über Kinder. Die Seitenfassaden des Neubaus in der Eustace Street beziehen Elemente älterer Häuser mit ein, die Front zum Meeting House Square hin gleicht in der Mitte einem übergroßen Theatervorhang. Dieser „Vorhang" kann tatsächlich geöffnet werden und gibt dann eine Bühne für Freilichtaufführungen frei. Das von einer Stiftung getragene Zentrum umfasst zudem Ausstellungs- und Arbeitsräume, in denen tagsüber allerlei Workshops laufen.

11 a Eustace St, www.ark.ie. Mo–Fr 10–16 Uhr.

Gallery of Photography und National Photographic Archive

Das vom Platz aus betrachtet an eine Fotokamera erinnernde Gebäude birgt Irlands einzige Galerie, die ausschließlich Fotokunst zeigt. Die Galerie hat außerdem ein umfangreiches Archiv und verkauft Bildbände und anspruchsvolle bis exotische Postkarten. Ausstellungen mit historischen Fotografien zeigt gleich um die Ecke das National Photographic Archive, ein Ableger der Nationalbibliothek.

Gallery of Photography, Meeting House Sq, www.galleryofphotography.ie. Di–Sa 11–18, So 13–18 Uhr.

Ausgehviertel ...

, Meeting House Sq, www.nli.ie. Mo–Sa 10–17, So 12–17 Uhr.

Dublinia

Die Zeitreise in Dublins Vergangenheit beginnt nach einer Orientierung zur Gründungszeit mit dem Gang über den mittelalterlichen **Markt** der Stadt, mit Ständen und Buden lebensgroß und lebensecht nachgestellt bis hin zu einem knurrenden Hund. Alles darf, sehr zur Freude der Kinder (und auch der Erwachsenen), angefasst werden – immerhin stehen für den Wurf auf den am Pranger zur Schau gestellten Missetäter nicht mehr wie anno dazumal Kot und Steine, sondern Softbälle zur Verfügung.

Ein maßstabgerechtes **Modell** zeigt das alte Stadtbild, das man mit dem (realen) Panorama vom Turm des Hauses aus vergleichen kann. Anschließend wird man mit der Rekonstruktion eines Kais und eines Kaufmannshauses konfrontiert, auf dessen Küchentisch die Speisen angerichtet sind, als begäben sich die Puppen im nächsten Moment zum Dinner. Gelungen ist die Einbeziehung der Toiletten – wer auf das Örtchen muss, wird nebenbei über mittelalterliche Latrinen und Sanitäranlagen aufgeklärt. Im **Museumsraum** werden ein paar Kleinfunde vom Wood Quay präsentiert, nebenan erfährt man einiges über die Arbeitsweise der Stadtarchäologen. Der oberste Stock ist den **Wikingern** gewidmet. Hier kann man seinen Namen in Runen schreiben. Auch die Vereinnahmung der Nordleute durch faschistische Bewegungen wird nicht ausgespart.

St Michel's Hill, High St, www.dublinia.ie. Tägl. 10–18.30 Uhr (Okt.–Febr. bis 16.30 Uhr), Einlass bis 1 Std. vor Schließung. Eintritt 8,50 €, mit Christ Church 12,50 €. Bus 49 und 54 A ab Pearse St, Bus 13 und 40 ab O'Connell St.

Christ Church Cathedral

Der Normannenführer **Richard Strongbow** ließ die hölzerne Bischofskirche der Wikinger, die er bei seiner Eroberung Dublins vorfand, nach 1172 durch einen Steinbau im romanisch-gotischen Übergangsstil ersetzen, der auch eine Art Denkmal für den britischen Griff nach Irland ist. Heinrich VIII. begann hier die irische Reformation, indem er St Patricks Bischofsstab, die kostbarste Reliquie der Kirche, öffentlich verbrennen ließ. Irland rächte sich auf seine Art. 1562 brach die schlecht gebaute Südwand zusammen und zerschlug dabei auch das Grabmal mit der Statue des Strongbow, die dann als amputierter Torso neben dem Grab lag. Das heutige Monument ist eine Nachbildung aus späterer Zeit. Mit dem steinernen Strongbow als Zeugen schlossen seit alters her die Dubliner Kaufleute wichtige Verträge ab.

Tour 2 → Karte S. 123

... Temple Bar

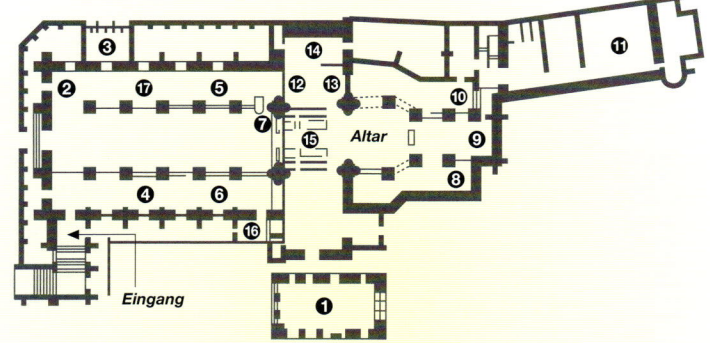

Legende Christ Church Cathedral

1 Kapelhaus	12 Romanisches Kapitell mit Musikanten
2 Musician's Corner	13 Romanisches Kapitell mit Drachen und Obstpflücker
3 Baptisterium	14 Bibelpult (Original), Ausstellung
4 Strongbow-Grabmal	15 Presbyterium
5 Bank des Bürgermeisters	16 Eingang zur Krypta
6 Bank des Staatspräsidenten	17 Bischof Lindsay-Grabmal, gotische Kapitelle
7 Bibelpult (Kopie)	
8 Kapelle des St. Laud	
9 Marienkapelle	
10 Kapelle des St. Edmund	
11 Kapelhaus	

  Christ Church Cathedral

Die schönen **Bodenmosaiken**, Rondelle mit je 74 als Bettelmönche verkleideten Füchsen, sind Repliken des alten Belags. Sehenswert ist auch das alte aus Messing gefertigte **Bibelpult** in Gestalt eines Adlers. Von der modernen Replik lässt es sich leicht anhand der Löcher unterscheiden, an die früher die Bibel gekettet war – lesekundigen Gelehrten oder armen Schluckern auf der Suche nach Heizmaterial traute man offenbar schlimmste Schandtaten zu.

Am Übergang ins nördliche Querschiff verdienen zwei romanische **Kapitelle** den Blick nach oben: Hier ist eine Gruppe Musikanten dargestellt, dort verschlingt ein Greif oder Drache zwei menschliche Gesichter.

Der am besten erhaltene Teil der Kirche ist die **Krypta**. Zu Cromwells Zeiten ging es hier hoch her: Damals war sie ein überdachter Markt mit Läden und Tavernen. Später diente der Keller als Abstellplatz für allerlei Dinge, die oben im Wege waren, aber doch irgendwie zu wertvoll, um sie einfach wegzuwerfen. Jüngst wurde das Gewölbe mit viel Aufwand zu einem Ausstellungsraum umgebaut, in dem neben alten Grabplatten und Architekturfragmenten auch der Kirchenschatz gezeigt wird. Einen Ehrenplatz bekam die berühmteste Kuriosität des Kellers, jene mumifizierte Katze auf der Jagd nach einer genauso eingetrockneten Ratte, die sich in eine Orgelpfeife geflüchtet hatte – der Jäger blieb stecken und versperrte damit auch dem Opfer den Fluchtweg, ohne dieses erreichen zu können. Ebenfalls in der Krypta erzählt ein Film die Geschichte der Christ Church Cathedral.

Christ Church Place, www.christchurch dublin.ie. Juni–Sept. Mo–Sa 9.30–19, So 12.30–14.30/16.30–19 Uhr. Okt.–Febr. Mo–Sa 10–17, So 12.30–14.30 Uhr. März–Mai Mo–Sa 10–18, So 12.30–14.30/16.30–18 Uhr. Einlass bis 45 Min. vor Schließung. Eintritt 6 €. Bus 49 und 54 A ab Pearse St, Bus 13 und 40 ab O'Connell St.

Tour 2 → Karte S. 123

Der Hellfire Club

Während sich Rowdys der Unterschichten auf den Straßen kloppten und ihre Gegner schon mal am Fleischerhaken über die Brücke zerrten, frönten die Taugenichtse der georgianischen Gentry ausgefeilteren Vergnügungen. Da gab es zum Beispiel den Hellfire Club, 1735 gegründet von Richard Parsons, 1st Earl of Rosse und Großmeister der Dubliner Freimaurer, der sich von seinen Clubkollegen als „König der Hölle" feiern ließ und bei rituellen Treffen satansgleich mit Hörnern und Pferdefuß aufzutreten pflegte. Dabei waren die „Bucks", wie sich die Gecken nannten, keineswegs überzeugte Satanisten, sondern wollten neben Sex und Rausch nur provozieren und Konventionen, Autoritäten und heilige wie weltliche Werte ins Lächerliche ziehen.

Auf ihren Treffen in der Eagle Tavern und im Lucas Coffee Shop auf dem Cork Hill tranken die Bucks gerne Scaltheen, ein Gebräu aus Whiskey und geschmolzener Butter. Nach einem Toast auf den Satan übergossen die Herren dann schon mal eine mitgebrachte Katze mit dem Teufelszeug, zündeten das arme Tier an und jagten es auf die Straße, wo die erschreckten Passanten die schreiende, entflammte Katze für eine Erscheinung des Leibhaftigen halten mussten.

Eine pyromanische Neigung hatte auch Parsons Nachfolger Richard Chapell Whaley. Seine Feldzüge gegen die „Papisten" führte er nicht nur mit Worten, sondern er pflegte wochenends durch die Lande zu reiten und dabei die strohgedeckten Kapellen anzuzünden. Dies trug ihm den Beinamen „Burn-Chapel" ein. Zu Whaleys Zeit hatte der Hellfire Club mit dem Mount Pellier House einen Landsitz in den Bergen hoch über der Stadt. Bis im fortgeschrittenen Tumult eines Trinkgelages ein Kellner versehentlich Buck Whaley bekleckerte. Der übergoss dafür den armen Mann mit Schnaps – und zündete ihn an. Der brennende Kellner warf sich auf Wand und Boden, um die Flammen zu löschen, setzte dabei Tapete, Teppich und schließlich das ganze Haus in Brand und verwandelte es in jene Ruine, als die es heute noch dasteht. Whaley kam mit dem Leben davon, die Volltrunkenen unter den Bucks nicht. Den Anwohnern erschien das Unglück als Strafe Gottes.

Erst drei Jahrzehnte nach dem Unfall von 1740 im Mount Pellier House war der Club, jetzt unter dem Namen „The Holy Fathers", dem Freeman's Journal wieder eine Notiz wert. Im 19. Jahrhundert verlor sich seine Spur.

Praktische Infos → Karte S. 123

Essen

Elephant & Castle **3** Als eines der ersten New-Wave-Lokale in Temple Bar ist E & C in die Jahre gekommen und nicht mehr trendy. Doch noch gibt's – beginnend mit dem Frühstück – gutes Essen beinahe rund um die Uhr. Kultstatus haben das California Sunrise Breakfast und die Chicken Wings, die, in Gesellschaft verspeist, ein lustiges Erlebnis jenseits der Tischsitten versprechen. Um zu reservieren, muss man persönlich erscheinen. Lunch 20 €, Dinner 40 €. Mo–Fr 8–23, Sa/So 11–23 Uhr. 18 Temple Bar, ✆ 01 679 3121, www.elephantandcastle.ie.

Oliver St John Gogarty's Pub mit Restaurant über drei Etagen. Das zugegeben sehr touristische Lokal verdient ein dickes Lob für seine Pflege speziell der irischen Küche. Manches vergessene Rezept wurde wieder ausgegraben, zum Beispiel das mit Äpfeln, Cider und Kräutern marinierte Schweinefleisch oder „Esther Dunne's Potato Cake". Abends regelmäßig Folk – das Pint dazu ein bisschen teurer als andernorts. Lunchmenu 25 €, abends Hauptgericht mit Vorspeise 20 €. Kein Ruhetag. 58 Fleet St, ℘ 01 671 1822, www.gogartys.ie.

Gallagher's Boxty House Bietet mit „Boxty Dishes" eine weitere irische Spezialität, nämlich Kartoffelpuffer mit verschiedenen Füllungen. Hauptgericht 15–25 €. Ab Mittag durchgehend geöffnet. 24 Temple Bar, ℘ 01 677 2762, www.boxtyhouse.ie.

Montys of Kathmandu In dem hochgelobten Ethno-Restaurant von Shiva Gautham wird nepalesische Küche traditionell und modern serviert (z. B. mit Meerestieren). Mutige probieren als Vorspeise *Kachela* (rohes, mariniertes Hackfleisch vom Lamm mit einem Schuss Whiskey). Eine andere Spezialität sind die Gorkhali-Gerichte, nämlich Huhn oder Lamm in einer würzigen Sauce mit Joghurt, Chili, Ingwer und Knoblauch. Auch Vegetarier finden hier reiche Auswahl. Mo–Sa Lunch (Hauptgericht 12 €), tägl. Dinner (Hauptgericht 15–25 €,

Menü 50 €). 28 Eustace St, ℘ 01 670 4911, www.montys.ie.

Pubs

Farrington's Ein bei Künstlern und solchen, die es gerne wären, beliebter Spot. Gelegentlich Jazz und Comedy live. Im Sommer versammelt man sich draußen zur informellen Streetparty. 29 Essex St, www.thesmithgroup.ie.

Porterhouse Temple Bar Noch eine Schankstube der Brauerei Porterhouse, eingerichtet wie ihr Gegenstück in der Nassau Street. Ausgeschenkt wird auch hier „Hersbrucker" (Pils); dazu Flaschenbiere aus aller Welt. 16–18 Parliament St, www.porterhousebrewco.com.

Octagon Nach dem Abriss der legendären Garage Bar und der Schließung des Kitchen Clubs bleibt den U2-Fans noch die Octagon-Bar im Clarence-Hotel, um vielleicht ihre Götter oder andere Promis zu treffen. „Flirtini" und die anderen Cocktailkreationen kosten 10 € und mehr. Im Clarence-Hotel, 6–8 Wellington Quay, www.theclarence.ie.

ThunderRoad Der Bikertreff gleich neben dem Harley-Shop („Parking allowed only for American motorbikes"). Der Name des aufwendigen „Theme Pub", der gleichzeitig Disco, Videobar, Restaurant und Sou-

Delikatessen auf dem Temple Bar Food Market

venirladen ist, spielt gleichermaßen auf einen Song von Bruce Springsteen wie auf einen Filmklassiker (mit Robert Mitchum) an. Die Kneipe ist mit Motorrädern und einschlägigen Accessoires dekoriert, die Plastiktischdecken weisen Panther- und Tigerfellmuster auf. Vor dem Hintergrund einer selbst für ein Dubliner Pub ungewöhnlich lauten Geräuschkulisse werden Steaks, Burger, Pasta und einige Fischgerichte aufgetischt. Fleet St, Temple Bar, www.thunderroadcafe.com.

»» Mein Tipp: Palace Bar 2 Ein klassischer Pub mit schönen Spiegeln und altem Mobiliar aus Mahagoniholz. Hier lassen sich bei einem Glas Whiskey gern die Journalisten der benachbarten Irish Times inspirieren. 21 Fleet St, www.thepalacebar dublin.com. **««**

Brazen Head 19 Auch wenn das Schild „founded 1198" etwas übertreibt (das Haus stammt erst aus dem 18. Jh.), ist Brazen Head ohne Zweifel die älteste Kneipe der Stadt. 1790 war es Versammlungsort der United Irishmen, später war Robert Emmet regelmäßiger Gast. Joyce empfiehlt im *Ulysses* das Barfood. Es dauerte bis in die 1980er-Jahre, bis sich der Pub zu elektrischer Beleuchtung durchrang. Mittags kommen die Beschäftigten des nahen Gerichts zum Lunch, abends gibt's oft spontane Sessions. Bridge St, www.brazenhead.com.

Einkaufen

Märkte

Temple Bar Food Market. Auf dem samstäglichen Markt am Meeting House Square gibt's Lebensmittel. Außerdem Sa/So auf dem nahen Temple Bar Square den **Book Market** mit Secondhandbüchern. Auf dem **Cow's Lane Market** kann man samstags Schmuck und Designerklamotten aus zweiter Hand erstehen.

Mode und Design

Lucy's Lounge 12 Secondhandkleidung, Designerstücke im Retrolook, Accessoires und allerlei Klimbim mit Vintage-Glamour. Allein der Laden ist ein Erlebnis. Tägl. 12–18 Uhr. 11 Fownes St, www.lucyslounge-dee.blogspot.com.

Flip – Spirit of the Fifties 11 Ob Psychedelic, Hawaii oder James Dean – hier gibt's Retromode für Männer. Mo–Mi & Sa 10–18, Do/Fr 11–19, So 13–18 Uhr. 3/4 Fownes St.

Lucy's Lounge in Temple Bar

Cow's Lane Designer Studio 21 Junge Designer haben sich zusammengetan und ihren eigenen Laden aufgemacht. Entstanden ist eine Fundgrube von irischem Kunsthandwerk: Schmuck, Hüte, Spielzeug, Kleidung und Accessoires, Kunst und Fotografie, Möbel und Keramik, Kerzen und Öle – da dürfte für jeden Geschmack was zu finden sein. Di–Sa 11–18, So 12–17 Uhr. Essex Street West, www.clds.ie.

Bücher, CDs und DVDs

Irish Film Institute (IFI). Hier gibt's Gedrucktes zum Thema Film und natürlich jede Menge DVDs mit Filmklassikern. Eustace St, www.ifi.ie.

Claddagh Records 11 Dublins bester Musikladen alten Stils. Fans irischer Musik finden hier eine breite Auswahl an CDs und DVDs, dazu kompetente Beratung. 2 Cecilia St, www.claddaghrecords.com.

Gutter Bookshop 21 Eine der wenigen unabhängigen Buchhandlungen Dublins und vom Irish Times Magazine zu den 50 besten Einzelhandelsgeschäften Irlands gezählt. Modern, hell und freundlich eingerichtet, kundige Beratung. Außer Büchern gibt's auch edle Papeterie und tolle Stoffpuppen. Cow's Lane, www.gutterbookshop.com.

Tour 2 → Karte S. 123

Dublin Castle mit Chapel Royal und dem Record Tower

Tour 3: Dublin Castle und die Liberties

Mit „Liberties" wurde einst der Besitz der Kirchen und Klöster bezeichnet, der nicht der städtischen Gerichtsbarkeit unterstand. Heute ist damit das Gebiet zwischen den touristischen Highlights St Patrick's Cathedral und Guinness-Brauerei gemeint. Sehenswert ist auch das Dublin Castle, mehr Schloss als Burg, mit dem hervorragenden Museum der Chester Beatty Library.

Keimzelle der Liberties ist die im 12. Jh. außerhalb der Stadtmauer gebaute St Patrick's Cathedral. Westlich davon, im Tal („Coombe") des heute gänzlich in unterirdische Rohre gezwungenen River Poddle, gründeten Ende des 17. Jh. französische Glaubensflüchtlinge die Dubliner Textilindustrie. Hier, vor den Toren der Stadt, waren sie frei von den Zwängen des Zunftwesens, fanden im Fluss genügend Wasser fürs Färben und Gerben und in den Zuwanderern aus dem Umland billige Arbeitskräfte.

Anders als die Gegend um St Stephen's Green waren die Liberties stets ein Arme-Leute-Viertel. Prachtbauten findet man hier nicht. Nach der Unabhängigkeit wurden die Slums Zug um Zug abgerissen und durch billige Mietwohnungen ersetzt, die heute nicht mehr in bestem Zustand sind. Mit dem Höhenflug von Dublins Immobilienpreisen ist auch in den Liberties der Boden die wertvollste Ressource geworden – nicht das, was darauf steht (und schon gar nicht die, die darin wohnen und arbeiten). Selbst Guinness dachte schon laut darüber nach, die Brauerei zu verlegen und die frei werdenden Flächen zu verkaufen. Derzeit versucht die Stadtverwaltung, einen langfristigen Entwicklungsplan für die Liberties aufzustellen und dabei auch die Bewohner zu beteiligen, die höhere Mieten oder gar die Vertreibung fürchten.

Tour-Info

Länge: 2,5 km

Dauer: 1½ Std. ohne Innenbesichtigungen

Anschluss: Sie können die Tour mit den Rundgängen 2 und 4 verbinden.

Rundgang

Rund um die City Hall

Ausgangspunkt ist die **City Hall** (→ S. 140), also das alte, als Börse gebaute und mit einer Kuppel gekrönte Rathaus beim Castle. Bevor Sie sich aber *The Story of the Capital,* die Ausstellung zur Stadtgeschichte im Rathauskeller anschauen, gehen Sie ein paar Schritte über den freien Platz rechts vom Rathaus und um das neue Geschäftshaus herum: Vor dem unteren Eingang zum Castle-Gelände, dem Palace Gate, sehen Sie rechts das Gebäude der **Sick and Indigent Roomkeepers' Society,** wie mit großen Lettern auf die Fassade geschrieben ist. Die 1790 gegründete Vereinigung ist keine Narrengesellschaft, sondern Dublins älteste noch aktive Wohltätigkeitsorganisation. Was die Gesellschaft an Spenden, Kollekten und Vermächtnissen einsammelt, kommt schon lange nicht mehr nur krankem und Not leidendem Hauspersonal, sondern allen Bedürftigen zugute. Das 1855 bezogene Haus in der Palace Street entging in den 1970ern nur durch viel Protest der Enteignung und dem Abriss durch die Stadtverwaltung. Erst als neue Gesetze einen behindertengerechten Aufgang forderten, ging die Roomkeepers' Society in die Knie und zog in die Leeson Street um.

Dublin Castle (→ S. 140) betreten Sie standesgemäß durch den oberen Eingang, also auf der Westseite der City Hall. Die Burg wurde von den Normannen Anfang des 13. Jh. angelegt und war bis zur Unabhängigkeit Sitz der englischen Vizekönige. Besichtigt werden können die **State Apartments,** also die repräsentativen, ab und an für Empfänge genutzten Staatsräume. In der Krypta der **Chapel Royal** ehrt das etwas skurrile **Revenue Museum** die Arbeit der Finanz- und Zollverwaltung. Nur nach Vereinbarung öffnet das im normannischen **Record Tower** untergebrachte **Garda Museum.**

Auch Museumsmuffel sollten der **Chester Beatty Library** (→ S. 145) etwas Zeit widmen, die im hinteren Teil des Areals erlesene Kunstgegenstände aus

Europa, der islamischen Welt und Fernost ausstellt. Das Restaurant der Library und der kreisrunde, mit Kunst bestückte Schlosspark laden zu einer Pause ein.

Iveagh Buildings

Verlassen Sie das Castle in der südwestlichen Ecke durch das Ship Street Gate. Entlang der **Little Ship Street** steht noch ein Abschnitt der Stadtmauer, aus dem der **Stanyhurst Tower** hervorspringt. Am Ende biegen Sie links in die Bride Street ein, die in etwa dem unterirdischen Lauf des Poddle folgt.

Auf der rechten Straßenseite stehen die imposanten **Iveagh Buildings**, ziegelrote Mietskasernen der Jahrhundertwende. Sie gehören noch immer dem von Edward Cecil Guinness (1847–1927), Urenkel des Brauerei-Gründers und Erster Earl of Iveagh, gestifteten Iveagh Trust und sind wegen der günstigen Mieten so beliebt, dass die meisten Wohnungen erst mit Dahinscheiden der Mieter wieder frei werden. Im Haus 3B hat die Stiftung nach dem Tod der 95-jährigen Nellie Molloy, die ihre Ein-

richtung seit dem Einzug in jungen Jahren kaum verändert hatte, das gesamte Inventar der Wohnung von den Erben gekauft und diese als Museum belassen. Diesem ist zu wünschen, dass es irgendwann für die Öffentlichkeit zugänglich wird.

Die Sanierung des von Christ Church, Patrick Street, St Patrick's Cathedral und Bride Street umschriebenen Gebiets, seinerzeit ein übler Slum, war Dublins größtes Bauvorhaben der edwardianischen Zeit, also der Ära vom Beginn des 20. Jh. bis zum Ersten Weltkrieg. Den Nordteil, also die dreigeschossigen und vergleichsweise bescheidenen Häuser, schuf die Stadtverwaltung, den Rest die Stiftung des Biermagnaten, die ihre Wohltaten keineswegs nur den Beschäftigten der Brauerei, sondern allen bedürftigen Dublinern zugute kommen ließ.

Schmuckstück des Viertels war das im Jugendstil gebaute **Iveagh Bath** in der Bride Road, ein nun zum Fitnessclub verkommenes Hallenbad. Ihm gegenüber finden im **Iveagh Hostel** alleinste-

Iveagh Baths, jetzt Dublins schönstes Fitnesscenter

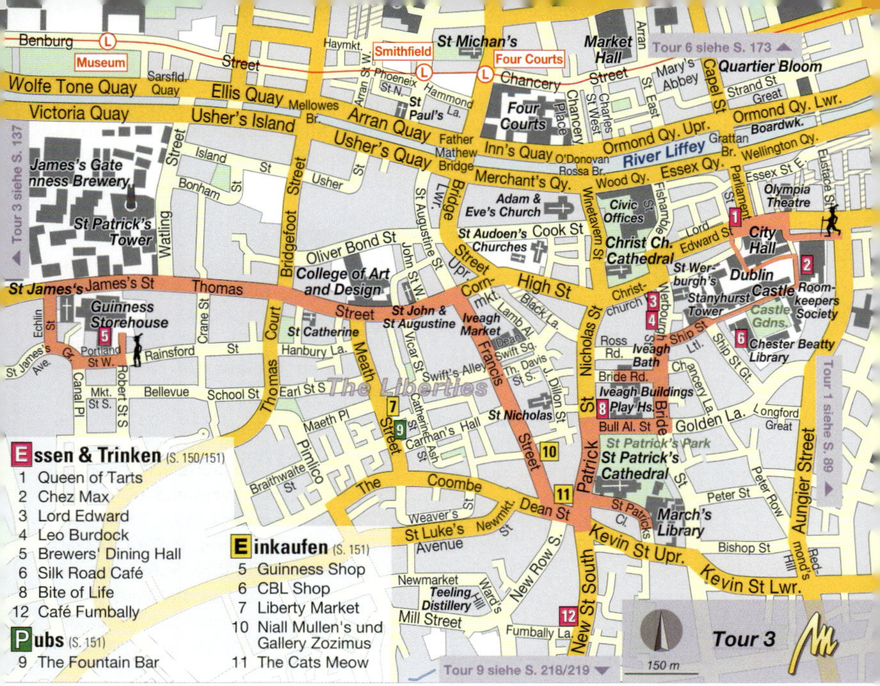
Essen & Trinken (S. 150/151)
1 Queen of Tarts
2 Chez Max
3 Lord Edward
4 Leo Burdock
5 Brewers' Dining Hall
6 Silk Road Café
8 Bite of Life
12 Café Fumbally
Pubs (S. 151)
9 The Fountain Bar
Einkaufen (S. 151)
5 Guinness Shop
6 CBL Shop
7 Liberty Market
10 Niall Mullen's und Gallery Zozimus
11 The Cats Meow
Tour 6 siehe S. 173
Tour 3 siehe S. 137
Tour 1 siehe S. 89
Tour 9 siehe S. 218/219
Tour 3
150 m
Museum
Smithfield
Four Courts
St Michan's
Market Hall
Quartier Bloom
Wolfe Tone Quay
Victoria Quay
Ellis Quay
Usher's Island
Arran Quay
Usher's Quay
Inn's Quay
Merchant's Qy.
Wood Qy.
Essex Qy.
Ormond Qy. Upr.
Ormond Qy. Lwr.
River Liffey
James's Gate
nness Brewery
St Patrick's Tower
St James's
James's St
Thomas Street
Guinness Storehouse
College of Art and Design
St Catherine
St John & St Augustine
Adam & Eve's Church
St Audoen's Churches
Civic Offices
Christ Ch. Cathedral
City Hall
Dublin Castle
Olympia Theatre
Iveagh Market
High St
Iveagh Bath
Iveagh Buildings
Play Hs.
Chester Beatty Library
The Liberties
St Nicholas
St Patrick's Park
St Patrick's Cathedral
Marsh's Library
The Coombe
Dean St
Kevin St Upr.
Kevin St Lwr.
Aungier Street
Teeling Distillery
Mill Street
New St South
Patrick St
Francis Street
Meath Street
Thomas Court
Bridgefoot Street
Watling
Pimlico
Golden La.
Bride St

hende Männer Obdach, ob nur für eine Nacht oder den Rest des Lebens, denn das Haus bietet inzwischen auch betreutes Wohnen für Pensionäre. Der Dichter Patrick Kavanagh fand einst in diesem Männerwohnheim seine erste Unterkunft, als er aus der Provinz nach Dublin zog.

Wieder zurück in der Bride Street, finden Sie an der Ecke zur Golden Lane einen neuen städtischen Wohnblock mit acht **Terrakotta-Medaillons** in der Ziegelfassade. Diese zeigen Szenen aus *Gullivers Reisen,* dessen Autor Jonathan Swift als Dekan von St Patrick's Cathedral ja gleich um die Ecke lebte und wirkte.

Rund um St Patrick's

Auf der anderen Seite der Kreuzung sehen Sie den von Edward Cecil Guinness gestifteten **St Patrick's Park.** Dort soll, so die Legende, der Heilige mit dem Wasser einer Quelle getauft haben. Auf der Ostseite des Parks feiert die **Literary Parade** als eine lange Reihe von Plaketten Irlands bekannteste Schriftsteller. Das von John Coll geschaffene Kunstwerk war noch ein Geschenk des Whiskeykonzerns Irish Distillers, kurz bevor dieser von Pernod-Ricard geschluckt wurde. Kinder erfreuen sich an einem Spielplatz.

Auf der Nordseite stößt der Park an das schlossartige **Iveagh Play Centre,** kein Theater oder Club für den Adel, sondern vom Trust als Freizeitzentrum für Kinder von 3 bis 14 Jahren gebaut. Das mit dem Slangwort *Bayno,* d. h. „Sause" bezeichnete Kinderhaus wurde 1915 eröffnet und bot mit Aktivitäten wie Nähen, Kochen, Malen, Singen, Tanzen und Schwimmen ein erstaunlich modernes Programm. Als *Liberties College* ist das Iveagh Play Centre, wie es noch immer mit großen Lettern an der Fassade steht, heute eine Art Volkshochschule.

Auf der Südseite des Parks steht die weitgehend im 19. Jh. und wiederum mit Guinness-Geld gebaute **St Patrick's**

Cathedral (→ S. 147). Sie ist die größere der beiden anglikanischen Kathedralen Dublins. Zwar residiert der Erzbischof von Dublin offiziell in der Christ Church Cathedral, doch darf sich St Patrick's mit dem Ehrentitel einer National Cathedral schmücken. Mit zahlreichen Grabmälern, Büsten und Gedenktafeln ist das Gotteshaus zugleich ein Pantheon des anglo-irischen Adels. Den Eingang finden Sie an der Südwestecke des Gotteshauses.

Bücherfreunde besuchen anschließend noch **Marsh's Library** (→ S. 148) in St Patrick's Close. Dazu gehen Sie vom Ausgang der Kathedrale die Straße nach links. Die Einrichtung dieser ältesten öffentlichen Bücherei Irlands hat sich seit der Eröffnung vor gut 300 Jahren kaum verändert.

Demnächst nimmt am Newmarket, fünf Gehminuten von St Patrick's, die **Teeling Whiskey Distillery** ihren Betrieb auf. Nach langer Pause wird damit

in Dublin wieder Whiskey gebrannt werden. Mehr dazu erfahren Sie im Visitor Centre, dessen Eröffnung für Ende 2105 erwartet wird.

Wer genug gesehen hat, kann die Tour jetzt beenden. Via Bride Street kommen Sie auf kürzestem Weg wieder zur City Hall zurück – und können sich unterwegs von **Leo Burdock,** Dublins berühmtestem Fish-and-Chips-Imbiss, und seiner Promi-Liste überraschen lassen (→ S. 150).

Francis Street

Wer jedoch noch zur Guinness-Brauerei will, geht von der Library zurück zur Kirche, überquert die Patrick Street, wendet sich nach links und geht ein paar Schritte rechts in die Dean Street und dann gleich wieder rechts in die Francis Street, Dublins Antiquitätenstraße www.artsandantiquesquarter.ie). Ein ganzes Möbelstück mag als Mitbringsel etwas zu groß sein, doch in Läden wie **The Cat's Meow** oder der Keramikgalerie **Zozimus** finden Sie auch koffergeeignete Mitbringsel.

Francis Street hat ihren Namen von einem mittelalterlichen Franziskanerkloster. 1829, als der *Catholic Relief Act* die meisten Bürgerrechtseinschränkungen der katholischen Bevölkerung aufhob, baute diese nach Plänen von John Leeson die Kirche **St Nicholas of Myra** (Mo–Sa 10.30–12 Uhr) – ein trutziges Gotteshaus, dessen strenge Erscheinung erst 1858 mit einem Säulenvorbau und dem Turm auflockert wurde. Dabei wurden auch die Fensteröffnungen auf der Altarseite vermauert und so die dort auf einer Balustrade leidende Pietà besser in Szene gesetzt.

Die von Edward Cecil Guinness 1908 weiter nördlich an der Francis Street gebauten Hallen des **Iveagh Market** stehen seit langem leer. Schade drum, wo es doch für Dublins Endverbraucher keine herkömmlichen Markthallen gibt.

Straßenkunst in der Francis Street

Werfen Sie am Nordende der Francis Street noch einen Blick in den als Parkplatz genutzten Hof von Haus Nr. 143. Die ansonsten tristen Mauern wurden von Dublins Graffiti-Künstlern farbenfroh und einfallsreich gestaltet und der Hof damit zu einer informellen **Streetart-Galerie**.

Francis Street mündet auf die Achse St James Street – Thomas Street – Cornmarket, damals wie heute eine Einfallstraße in die Stadt. Am **Cornmarket,** also von der Einmündung aus gesehen rechts, trafen sich Bauern und Kaufleute alljährlich nach der Getreideernte zu Dublins größter Messe, und bis zum Siegeszug von Aldi & Co boten Marktstände auf der Thomas Street Obst und Gemüse an.

Thomas Street

Durch die Thomas Street, in die man von der Francis Street nach links einbiegt, kommen an manchen Sommertagen wohl über tausend Touristen, denn hier geht's zur Guinness-Brauerei. Der keltische Tiger hat in dieser Straße allerdings bestenfalls Stippvisiten gemacht. Geschlossene Läden, bröckelnde Häuser, bereits verfallene Werbetafeln, die ihrerseits einmal aufgestellt wurden, um Ruinen zu kaschieren.

Sehen lassen kann sich **St John & St Augustine,** eine viktorianische Kirche im himmelwärts strebenden neugotischen Stil, der in Dublins höchstem Kirchturm seine Spitze erreicht. Als Leuchtturm im übertragenen Sinn strahlt das **National College of Art and Design** (NCAD), Irlands angesehenste Kunstakademie, die in einer früheren Schnapsbrennerei residiert.

In der zeitweise zum Konzertsaal umgewidmeten Kirche **St Catherine** begeisterten in den 1970ern Christy Moore und die Chieftains die Massen. Inzwischen hat eine charismatische Gemeinschaft der Church of Ireland den Sa-

Ein Säulenheiliger in St John & St Augustine

kralbau renoviert und nutzt ihn für Gottesdienste und religiöse Events. (www.corechurch.ie). Vor der Kirche wurde am 20. September 1803 **Robert Emmet** öffentlich gehängt, anschließend gleich noch enthauptet und an geheimer Stelle verscharrt – bis heute ist ungeklärt, wo die britische Justiz den Rebellen und Nationalisten schlussendlich bestattete.

St James's Gate

An der Ecke Thomas / Crane Street markiert eine Plakette das einstige **Wohnhaus von Arthur Guinness.** Aus seinem Fenster konnte er auf den von einer grünen Kupferkugel gekrönten **St Patrick's Tower** schauen. Gebaut 1757 als Windmühle für Roe's Distillery und über 40 m hoch, war dies der Britischen Inseln höchste Windmühle mit drehbarer Haube.

Damit sind wir schon mitten in der **Guinness-Brauerei** (→ S. 149) oder St

Tour 3 → Karte S. 137

James's Gate Brewery, wie sie auch heißt, und zu der das Gelände rechts wie links der St James's Street gehört. Mit einer Fläche von 26 ha, was etwa 36 Fußballfeldern nach FIFA-Norm entspricht, ist sie eine der größten Brauereien der Welt. Die Britischen Inseln, das übrige Europa und der Nahe Osten werden von hier aus mit dem legendären Bier versorgt. Wer nicht auf den Geschmack des Guinness gekommen ist, so der Mythos, der wird die Iren niemals verstehen. Und so ist das **Storehouse,** das Museum und Besucherzentrum der Brauerei, eine von Dublins meistbesuchten Touristenattraktionen – und eine der teuersten dazu.

Stationen

City Hall

Das von einer Kuppel gekrönte klassizistische Rathaus wurde 1769–1779 als Börse erbaut. In den 1850er-Jahren wurde das Gebäude zum Sitz der Stadtverwaltung. Auch nachdem diese 1995 an den Wood Quay umzog, tagt in der City Hall weiterhin an jedem ersten Montag im Monat die Versammlung der Stadtverordneten.

Im Kellergewölbe erzählt eine multimediale Ausstellung **The Story of the Capital,** also die Stadtgeschichte, mit Hilfe von Computeranimationen, Filmen, nachgestellten Szenen und anhand von Exponaten wie etwa dem ersten Stadtsiegel oder der Amtskette des Bürgermeisters. Den Aufbau der Ausstellung fanden wir etwas verwirrend. Abschließend geht es hoch in die Eingangshalle mit ihrer prächtigen Kuppel und einem Bodenmosaik, das das Stadtwappen zeigt.

In der City Hall

Dame Street, www.dublincity.ie/dublin cityhall. Mo–Sa 10–17.15 Uhr, Einlass bis 15.45 Uhr. Eintritt 4 €. Bus Nr. 49, 56A, 77A via College St; 13, 123 via O'Connell St.

Dublin Castle

Das Castle thront auf dem Cork Hill 200 m südlich der Liffey. Als Festung geht es auf die Normannen zurück. Man darf annehmen, dass die Eroberer bald nach ihrer Ankunft (1171) den Cork Hill mit Schanze, Palisadenzaun und einem hölzernen Turm befestigten. Ausgrabungen unter dem Bermingham Tower brachten Spuren dieser ersten Burg ans Licht.

Am 30. August 1204 befahl der englische König Johann Ohneland, eine Burg aus Stein zu errichten. Henry de Londres, Erzbischof und königlicher Statt-

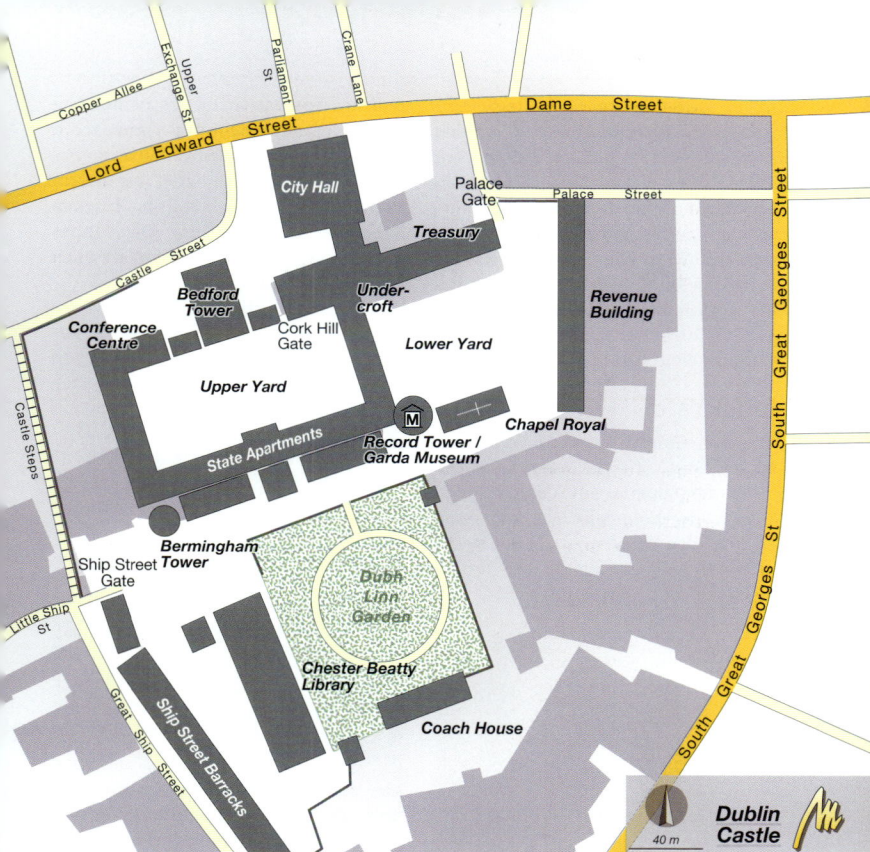

Dublin Castle

40 m

halter, soll das bis 1230 dauernde Bauvorhaben geplant und überwacht haben. Die Burg nahm ungefähr die Fläche des heutigen Upper Castle Yard ein.

Ernsthaft bedroht, doch nicht erobert, wurde Dublin Castle nur bei der Revolte (1534) des Silken Thomas (→ S. 19). Ab 1585 war das Castle Sitz der englischen Gouverneure und Vizekönige und damit das Machtzentrum der englischen Herrschaft über Irland. Nach einem verheerenden Brand (1684) wurde das Castle in weiten Teilen neu aufgebaut, nun nach Art eines Schlosses. Dabei entstanden dann auch die unten näher vorgestellten State Apartments, also die Räume für die Hofhaltung des Vizekönigs.

Der Osterputsch läutete bereits das Ende der englischen Herrschaft ein. Er begann damit, dass ein Trupp Aufständischer am Ostermontag 1916 die Wachstube des Castle besetzte. Dass ihnen aus dem Inneren der Burg kein Widerstand begegnete, deuteten sie als Falle und zogen sich ins Rathaus zurück. Tatsächlich hatte der britische Geheimdienst den Putsch für Ostersonntag angesagt. Als am angekündigten Tag nichts passierte, hielten die Kommandeure die Sache für ausgestanden und gaben den Truppen frei – die meisten Soldaten waren am Montag beim Pferderennen.

Am 16. Januar 1922 übergab Vizekönig Fitzalan, wie es der anglo-irische Vertrag vorsah, das Castle an Michael Collins und die provisorische irische Regierung, für die man extra einen roten Teppich ausgerollt hatte. Angeblich soll Fitzalan gerügt haben: „Sie sind sieben Minuten zu spät, Mr. Collins", worauf dieser antwortete: „Wir haben siebenhundert Jahre auf diesen Moment gewartet. Da können Sie die sieben zusätzlichen Minuten gerne haben." Der Dramatiker Sean O'Casey verarbeitete die Szene später in seiner Dublin-Trilogie.

Upper Yard

Über dem **Cork Hill Gate,** dem Haupteingang des Castle-Geländes, blickt die Statue der Justitia auf den früheren Amtssitz der Kolonialmacht und kehrt der Stadt den Rücken zu – Nationalisten sahen darin ein Symbol für die Befangenheit der Justiz Ihrer Majestät.

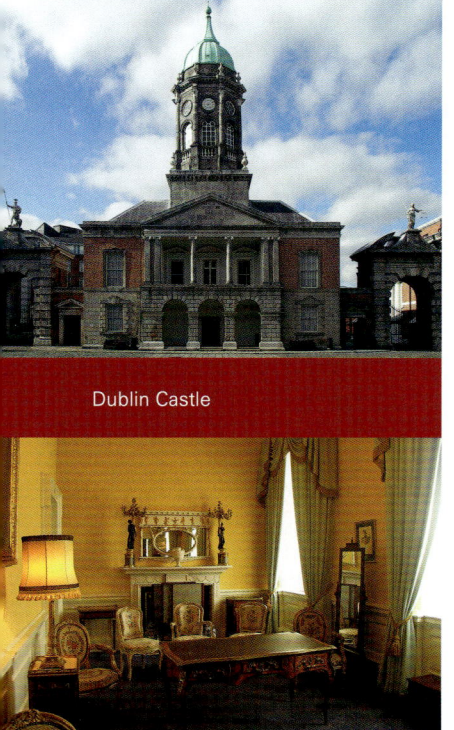

Dublin Castle

Bedford Tower, ein auf normannischen Fundamenten errichtetes Torhaus mit Uhr (1761), zeigte den Dublinern, was die Stunde geschlagen hatte. Aus diesem Turm verschwanden 1907 die irischen Kronjuwelen (→ S. 144) Der **Upper Yard,** also der obere Hof, gibt in etwa den Umfang der 1684 abgebrannten Normannenburg wieder. In der Nordostecke wurde anlässlich der irischen EU-Präsidentschaft 1990 ein **Konferenzzentrum** gebaut. Es steht teilweise auf den Resten des normannischen Cork Tower und auf dem schon im 17. Jh. verfüllten Burggraben. Direkt am Turmfundament wurde ein Abschnitt des Grabens wieder freigelegt – hier wohnen die Enten der Burg.

State Apartments

Die etwa 45-minütige Tour durch die weiterhin für Staatsbesuche genutzten **State Apartments** (1680–1830) zeigt nicht immer geschmackvolle Pracht in Form flauschiger Teppiche, aufwendiger Möbel, glitzernder Lüster und hoheitsvoll blickender Porträts.

Von der Eingangshalle im Zentrum des Gebäudes führt eine Prunktreppe vorbei an den Wappen der irischen Präsidenten hinauf zum Battleaxe Landing, einem großzügigen Vorraum am oberen Ende der Treppenflucht, in dem die Ehrengarde den **Thronsaal** bewachte.

Es folgen die einstigen **Schlafgemächer** des Vizekönigs. Im Ersten Weltkrieg war hier ein Lazarett. Ein Zimmer ist nach James Connolly, einem der Hauptverschwörer des Osterputsches, benannt. Nach seiner schweren Verwundung wurde er hier wieder zusammengeflickt, um ordnungsgemäß exekutiert werden zu können. Der Stoffbezug der Stühle im Granard Room stammt aus einer französischen Manufaktur und zeigt Motive aus Äsops Fabeln. Die Möbel und Gemälde stiftete der steinreiche Arthur Forbes, 9. Earl of Granard, dessen Eltern sich einst auf einem Ball im Schloss kennengelernt hatten. Auf der

Stuckdecke (um 1750) von Bartholomew Cramillion überreicht die Göttin
Athena der für Irland stehenden Hi-
berna die Gaben der Bildhauerei, Malerei und Baukunst. Im ehemaligen **Speisesaal** sind sämtliche Vizekönige in
Porträtform versammelt. Konvexe Spie-
gel erlaubten den Gastgebern, jederzeit
alle Anwesenden im Blick zu haben.

In der blau-weiß-goldenen **St Patrick's
Hall,** dem ehemaligen Bankettsaal,
werden Irlands Präsidenten vereidigt
und in ihr Amt eingeführt. Deckenge-
mälde illustrieren die Krönung Georgs
III., die Unterwerfung der irischen
Klanchefs durch Heinrich II. und St
Patrick, wie er unter den bösen Blicken der Druiden das Osterfeuer auf
dem Hill of Slane entzündet.

Nicht zugänglich, doch später vom Garten aus zu sehen, ist der kreisrunde **Bermingham Tower,** in dem bis ins 17. Jh.
das Gefängnis der Normannenburg war.
Die in Ketten gelegten Staatsgefangenen
wurden für erbärmliche Kost und Logis
auch noch zur Kasse gebeten, und
manch armer Schlucker moderte irgendwann nur noch deshalb im Kerker, weil
er die Rechnung nicht bezahlen konnte.

State Apartments, www.dublincastle.ie.
Mo–Sa 10–16.45 Uhr (Beginn letzte Führung), So 12–16.45 Uhr. Eintritt mit Führung
4,50 €. Buslinien wie City Hall.

Lower Yard

Eine Passage auf der Ostseite des Upper
Yard führt in den Lower Yard hinunter.
Links steht mit dem backsteinernen
Treasury Building (1714) Dublins ältestes Bürogebäude. Noch immer sind hier
die Finanzverwaltung und der Rech-
nungshof zu Hause.

Beim Neubau des aus dem Lot geratenen Eckhauses wurden im **Undercroft,**
dem Kellergewölbe, die archäologisch
älteren Schichten erforscht und zugänglich gemacht. Die Führung durch
die State Apartments schließt den Besuch dieses mittelalterlichen Unter-

grunds mit ein. Hier trafen Burg- und
Stadtmauer aufeinander. Unmittelbar
vor den Mauern diente der River Poddle als natürlicher Burggraben. An einem Steg konnten kleine Boote anlan-
den und Vorräte fürs Castle bringen.
Vom fünf Etagen hohen Pulverturm
blieben, wen wundert's, nur die unters-
ten Steinlagen. Auch einen Wall der Wikinger haben die Archäologen freigelegt.

Durch eine Cafeteria mit Souvenirladen
gelangt man nach der Führung durch
den Undercroft wieder ins Freie. Links
hat der Lower Yard mit dem **Palace
Gate** einen eigenen Ausgang zur Stadt.
Auf der Ostseite des Hofs wurden die
Stallungen abgerissen und 1974 durch
das **Revenue Building** der Finanzverwaltung ersetzt.

Francis Johnstons neugotische Burgka-
pelle **Chapel Royal** (1814) imponiert
mit schwerem, aus dunklem Holz ge-
schnitzten Gestühl, mit allerlei Stuck und
aus Kalkstein gearbeiteten Köpfen von
Heiligen und irischen Persönlichkeiten,
schließlich mit einer langen Reihe von
Wappen der englischen Statthalter, von
Hugh de Lacy (1172) bis Edmund Fitzalan (1922). Der musste schon deshalb
der letzte sein, weil mit ihm die Wap-
penreihe in der Chapel Royal voll ist.

Chapel Royal, Mo–Sa 10–16.45, So 12–16.45
Uhr. Eintritt frei.

Die Orgel der Chapel Royal

Tour 3 → Karte S. 137

Auch der obere, kronenartige Abschluss des **Record Tower** geht auf Francis Johnston zurück. Ansonsten ist dieser Turm das letzte Gebäude, das noch von der alten Normannenburg stammt.

Revenue Museum

„Gewidmet den Beamten, die über die Jahrhunderte für die Staatseinnahmen arbeiteten und sich dabei oft in Gefahr begaben. Ihr Mut, ihre Integrität und ihr Einsatz sind die stattlichen Fundamente dieses Museums", lesen wir eingangs jener kuriosen Ausstellung, die in der Krypta der Chapel Royal eingerichtet ist. War nicht schon dem Heiland dieser gemeinhin gefürchtete und verachtete Berufsstand besonders ans Herz gewachsen? Das Museum dreht sich um Geschichte und Gegenwart des irischen Steuerwesens und damit auch der Zollverwaltung. Ein High-light ist neben der üblichen Vitrine mit beschlagnahmtem Schmuggelgut jenes portable Klosett, mit dem der Stuhlgang geruchssicher auf Konterbande untersucht werden kann. Ob die Polizisten des auf der anderen Straßenseite beheimateten Rauschgiftdezernats hier mitgewirkt haben?

Revenue Museum, Eingang von der Rückseite der Chapel Royal. Mo–Fr 10–16 Uhr. Eintritt frei.

Das nebenan im Record Tower eingerichtete **Garda Museum** (Polizeimuseum) mit alten Uniformen und einer nachgebauten Wache aus den 1930er-Jahren ist derzeit nur sporadisch geöffnet.

Garda Museum im Record Tower, www.garda.ie. Nach Vereinbarung (✆ 666 9998) Mo–Fr 10–13/14–16 Uhr geöffnet. Manchmal wird auch auf spontanes Klingeln geöffnet. Eintritt frei.

Der Diebstahl der irischen Kronjuwelen

Dieser nie aufgeklärte Kriminalfall mit den pikanten Zutaten Sex und Prominenz bietet bis heute Stoff für allerlei Spekulationen. Allerdings waren die irischen Kronjuwelen ihrem englischen Pendant weder an Wert noch an symbolischer Bedeutung gleich und gehörten auch nicht der Krone, sondern dem St Patrick's Orden. Es handelte sich um Colliers, Broschen und dergleichen, die der Großmeister und die Ritter bei zeremoniellen Anlässen in der St Patrick's Hall trugen. Der Orden von St Patrick, das irische Gegenstück zum englischen Hosenbandorden, verstand sich als Crème de la Crème des anglo-irischen Adels. Die Aufnahme in diesen erlauchten, auf 22 Ritter begrenzten Kreis war eine der höchsten Auszeichnungen, die ein Mitglied des Hochadels erlangen konnte.

Bis 1905 lagerten die Juwelen in einer Bank und wurden nur im Bedarfsfall aufs Castle gebracht. Um den riskanten Transport überflüssig zu machen, wollte man die Juwelen nun direkt im Castle aufbewahren und baute dazu einen Schutzraum im Keller des Bedford Tower. Der bestellte Safe passte jedoch nicht durch die Tür, und so wurde beschlossen, diesen Safe zunächst oben in einem Nebenraum der Bibliothek aufzustellen und die Juwelen dort einzulagern. Bei diesem Provisorium blieb es dann.

Am Nachmittag des 6. Juli 1907 beauftragte der Geschäftsführer des Ordens, Ulster King of Arms Arthur Vicars, den Hausboten William Stivey damit, den Schmuck eines verstorbenen Ritters in den Tresor zu bringen. Stivey fand den Tresor unverschlossen und benachrichtigte sofort Vicars, der den Stahlschrank öffnete: Die Juwelen des Ordens samt einigen Diamanten seiner Mutter waren weg!

Dubh Linn Gardens

An der Stelle des Schlossparks befand sich früher Dubh Linn, der „dunkle Teich" und Hafen der Wikinger. Die kreisrunde Rasenfläche mit ihren verschlungenen, nach keltischen Mustern angelegten Pfaden ist vor allem in der Mittagszeit ein beliebter Treffpunkt. An versteckten Plätzen schmücken bunte Fliesen ein früheres Vogelbad und eine gläserne Riesenschlange einen Springbrunnen. Eine Büste gedenkt der Journalistin Veronica Guerin (1958–1996), die sich zu sehr für die Dubliner Drogenszene interessierte und wegen ihrer hartnäckigen Recherchen kaltblütig erschossen wurde.

Das 1832–1834 gebaute **Coach House** auf der Südseite des Gartens war sozusagen die Garage des Vizekönigs. Die kitschige Front des Kutschenhauses imitiert die alte Normannenburg und ersparte dem Vizekönig und seinen Gästen den Blick auf das profane Stadtleben jenseits der Burg.

Zur Ship Street hin begrenzt eine Zeile schlanker, graubrauner Ziegelhäuser das Castle-Gelände. Sie werden sie auch vom Treppenaufgang der Chester Beatty Library aus sehen. Diese kürzlich renovierten **Ship Street Barracks** wurden im 19. Jh. als Offizierswohnungen gebaut und werden heute von der Finanzverwaltung genutzt. Bevor Sie nun das Castle durch Francis Johnstons **Ship Street Gate** verlassen, steht noch die Chester Beatty Library auf dem Programm.

Chester Beatty Library

Im Gebäude auf der Westseite des Castle Garden ist die renommierte orientalische Kunstsammlung des 1968

Tour 3 → Karte S. 137

Der Skandal war umso größer, als für die kommende Woche König Edward VII. seinen Besuch angesagt hatte, um persönlich die Investitur eines neuen Ritters vorzunehmen. Der verärgerte Herrscher, der nun den Diebstahl statt seine Irlandreise auf den Titelseiten der Zeitung sah, ließ den Termin platzen.

Der Verdacht fiel sofort auf Arthur Vicars, der als einziger den Schlüssel zum Safe hatte. Nachweisen konnte man ihm allerdings nichts. Eine nicht-öffentlich tagende Untersuchungskommission befand Vicars jedoch der Nachlässigkeit und Pflichtverletzung schuldig, er verlor sein Amt. Vicars selbst verlangte eine öffentliche Verhandlung und beschuldigte seinerseits seinen Stellvertreter Francis Shackleton, den Bruder des Polarforschers. Dazu muss man wissen, dass der Ulster King of Arms und sein Dubliner Wappenträger unter einem Dach wohnten und der von Geldsorgen geplagte Shackleton ohne weiteres Gelegenheit gehabt hätte, eine Kopie des Tresorschlüssels zu fertigen.

Wie die Presse bald ans Licht brachte, waren Vicars und der später in einer anderen Sache wegen Betrugs inhaftierte Shackleton Mitglieder eines homosexuellen Rings, der auch den Sohn des Vizekönigs, ja sogar den Schwager des Königs selbst einschloss. Kein Wunder also, dass die Behörden die Sache lieber hinter verschlossenen Türen verhandelten. Der verbitterte Arthur Vicars zog sich nach der Entlassung auf seinen Landsitz zurück und wurde hier im Unabhängigkeitskrieg 1921 von einem IRA-Trupp erschossen. Francis Shackleton, der einen neuen Namen annahm, starb 1941 in England. Die Juwelen sind nie wieder aufgetaucht, wie auch viele Dokumente und Protokolle im Zusammenhang mit dem Fall inzwischen ungeklärt verschollen sind. Der Safe, aus dem die Juwelen gestohlen wurden, steht als schwergewichtiges Beweismittel heute im Polizeimuseum von Dublin Castle.

verstorbenen Bergbaumagnaten Alfred Chester Beatty zu Hause.

Nur ein Bruchteil der persischen und türkischen Miniaturen, Papyri, japanischen Holzdrucke und chinesischen Vasen wird ausgestellt. Die Bibliothek genießt unter Fachleuten Weltruf, die Ausstellung gewann den Europäischen Museumspreis.

Der erste Stock zeigt unter dem Motto „Arts of the Book" christliche und islamische Buchkunst. In der fernöstlichen Abteilung ist das Thema weiter gefasst, hier sehen wir auch chinesische Schnupftabakdosen und japanische Samuraischwerter. Im zweiten Stock geht es in der Ausstellung „Sacred Traditions" um die Religionen und ihre heiligen Bücher. Die Chester Beatty Papyri aus dem 3. Jh. überliefern frühe Versionen biblischer Texte. Zu den Schätzen der Library gehören Teile des ältesten erhaltenen Koranmanuskripts aus Papier, geschrieben 971/72 vom persischen Kalligraphen Ali ibn Shadan al-Razi. Mit dem Sieg des Papiers über das Pergament änderte sich auch die Schrift. Statt der majestätischen und

geometrischen Kufi-Schrift kam nun der sehr viel flüssiger zu schreibende Naskhi-Duktus in Mode, auf dem die moderne arabische Schrift basiert. Ein früher Meister dieser Schrift war der Kalligraph Ibn al-Bawwab aus Bagdad, aus dessen Feder die Bibliothek ein handliches, 1000/01 hergestelltes Koranbändchen besitzt. Auf dem Dach des Hauses lädt ein **Zen-Garten** zur Besinnung ein.

Wieder unten in der Halle, besuche man abschließend noch den mit wirklich originellen und schönen Stücken übervollen Souvenirladen und das Restaurant mit seiner orientalisch beeinflussten Küche.

Eingang Dame St oder Ship St, www.cbl. ie. Mo–Fr 10–17 (Okt.–April Mo geschl.), Sa 11–17, So 13–17 Uhr. Eintritt frei. Führungen Mi 13 Uhr, So 15 und 16 Uhr. Buslinien wie City Hall.

Lesetipp: Daniel Easterman, *The Judas Testament* und *Brotherhood of the Tomb*; zwei Thriller, die in der Library spielen.

Jonathan Swift in St Patrick's Cathedral

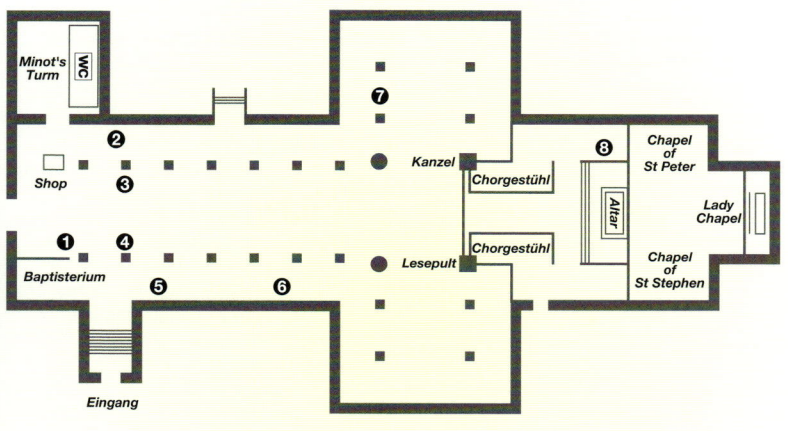

1 Boyle-Denkmal
2 Relief des Barden
   Carolan
3 Statue von St. Patrick
4 Gräber von Swift und
   Stella
5 Swift-Memorial
6 Douglas Hyde-Denkmal
7 „Friedenstür"
8 Meinhard-von-
   Schomberg-Denkmal

St Patrick's Cathedral

St Patrick's Cathedral

Warum hat der Normannenbischof Comyn, als er 1191 den Grundstein für eine neue, von der alt-irischen Christ Church unabhängige Kathedrale legte, dafür einen so ungünstigen Bauplatz wie das Sumpfland am heute kanalisierten Poddle ausgewählt? Das Grundwasser stand hier so hoch, dass für Irlands größte Kirche besonders schwere Fundamente notwendig waren. Der Ort muss dem Bischof so wichtig gewesen sein, dass er die Bedenken seiner Baumeister in den Wind schlug und sogar auf eine Krypta verzichtete.

Der Legende nach hatte hier bereits St Patrick eine Kapelle (um 450) und taufte die Menschen mit dem Wasser einer heiligen Quelle. Der 1254 völlig umgestaltete und 1864 nochmals umgekrempelte Bau stand zunächst unter einem unglücklichen Stern: Ein Turm

stürzte ein, aufgebrachte Bürger zündeten die Kirche an, Cromwell benutzte das Gotteshaus als Pferdestall, Jakob II. als Kaserne. Eine großzügige Spende von Benjamin Lee Guinness erlaubte 1864 eine umfassende Renovierung und rettete die Kathedrale so vor dem Verfall. Ein Denkmal rechts vor dem Haupteingang ehrt den Stifter.

Die Silhouette der Kirche beherrscht der 43 m hohe **Minot Tower** (1370). Mit seinem massigen und wehrhaften Erscheinungsbild erinnert er daran, dass St Patrick's im Mittelalter außerhalb der Stadtmauern stand und bei einem überraschenden Angriff den Gläubigen auch Schutz bieten sollte.

Innen ist das Gotteshaus mit den klaren Proportionen eines lateinischen Kreuzes sehr viel eleganter, als es von außen verspricht. Der Stein von Patricks Quelle liegt in der Nordwestecke neben dem

Aufgang zum Turm. Die Dauerausstellung „Living Stones" rekapituliert die Geschichte des Gotteshauses und widmet sich auch ausführlich dem berühmtesten Domherren, **Jonathan Swift** (Dekan von 1713 bis 1745). Mit seiner wohl stets nur platonischen Geliebten *Esther („Stella") Johnson* fand er gleich neben dem Haupteingang seine letzte Ruhestätte. Das zweite, auffälligere Grabmal (1632) links vom Eingang hatte **Richard Boyle**, Earl of Cork, anlässlich des Todes seiner zweiten Frau Catherine in Auftrag gegeben. Es zeigt den Earl, seine beiden Frauen und elf seiner Kinder. Der kleine Dicke in der Mitte der unteren Reihe ist *Robert Boyle* (1627–1691), Physiker und Entdecker des Boyle-Mariotteschen Geset-

zes vom Zusammenhang zwischen Druck und Ausdehnung von Gasen. Das Monument stand zunächst neben dem Hauptaltar, doch der Vizekönig Thomas Wentworth fand es schon 1633 unzumutbar, sich vor dem Earl, dessen Familie und besonders „den Nymphen von Töchtern mit schulterlangem, offenem Haar" niederzuknien, die ihn offenbar vom Gebet ablenkten. Der gekränkte Earl of Cork arbeitete daraufhin am Sturz des Vizekönigs und brachte ihn schließlich aufs Schafott.

März–Okt. Mo–Fr 9–17, Sa 9–18, So 9–10.30, 12.30–14.30 und 16.30–18 Uhr. Nov.–Febr. Mo–Sa 9–17, So 9–10.30 und 12.30–14.30 Uhr. Eintritt 5,50 €. www.stpatrickscathedral.ie. Bus Nr. 27, 54 A, 77 A, 151 via Hawkins St; 150 ab Fleet St; 151 via Hawkins St.

Ein mutiges Friedensangebot

Das im nördlichen Querschiff von St Patrick's Cathedral ausgestellte Türblatt mit einem Schlitz mittendrin erinnert an ein mutiges Friedensangebot im Dauerstreit zwischen den Butlers (Earls of Ormond) und den Fitzgeralds (Earls of Kildare), den beiden mächtigsten Familien im Irland der Tudorzeit.

Im September 1492, Kolumbus war schon auf dem Weg, um Amerika zu entdecken, griff Black James Butler mit seinen Mannen das vom Lord Deputy Gerald Fitzgerald gehaltene Dublin an. Der Überfall misslang und der Ormond suchte im Kapitelhaus der Kathedrale Zuflucht. Um sein Leben fürchtend, wozu Black James nach seinen Untaten auch guten Grund hatte, schenkte er den Versprechen des Gegners keinen Glauben. Der aber wollte, schon aus Sorge ums Seelenheil, in Gottes Haus kein Blut vergießen. Als Beweis seines guten Willens schlug Gerald ein Loch in die Tür, hinter der sich Black James verschanzt hatte – und streckte seinen Arm hindurch!

Diese wagemutige Geste, die im Englischen als „to chance one's arm" (den Arm riskieren) sprichwörtlich geworden ist, überzeugte Black James – er gab auf und durfte in Frieden von dannen ziehen. 1496 fiel er dann doch: Piers Butler, Schwiegersohn von Gerald Fitzgerald und weitläufig mit Black James verwandt, durchbohrte diesen mit seinem Speer und räumte so einen Konkurrenten um den Titel des Earl of Ormond aus dem Weg.

Marsh's Library

Die von Erzbischof Narcissus Marsh 1701 gegründete und 1707 eröffnete Bibliothek ist die älteste öffentliche Bücherei Irlands und seit ihren Gründungsjahren kaum verändert. Swift ar-

beitete hier oft, einige Bücher tragen noch seine Randbemerkungen, auch Joyce las in den alten Schätzen. In den dunklen Eichenholzregalen ruhen zwar nur 25.000 Bände, diese wurden jedoch fast alle im 17. Jh. oder noch früher gedruckt. Wertvollster Schatz ist eine Cicero-Ausgabe von 1472. Bücherklau gab es wohl schon damals. Wie sonst ist zu erklären, dass die Benutzer von besonders seltenen und wertvollen Manuskripten während der Arbeit in drei Nischen eingeschlossen wurden?

St Patrick's Close, www.marshlibrary.ie. Mo und Mi–Fr 9.30–13 und 14–17, Sa 10–13 Uhr. Eintritt 3 €. Buslinien wie St Patrick's Cathedral.

St James's Gate Brewery mit Guinness Storehouse

Schon an der St Audoen's Church werden empfindliche Nasen bei Westwind mit dem Malzgeruch aus Irlands größter Brauerei konfrontiert. Seit dem 12. Jh. brauten Mönche (wer sonst?) vor dem James's Gate. 1759 erwarb Arthur Guinness das Gelände der Rainsford Brauerei, und seine Nachfolger erweiterten die Produktionsstätten Zug um Zug auf heute 26 ha, eine surreale Metropolis mit qualmenden Schloten, ameisengleich geschäftigen Arbeitern und besagten Gerüchen. Bis 1965 dampfte eine Werksbahn durch das Gelände – eine der ungewöhnlichen Lokomotiven mit oben liegenden Ventilen ist im Werksmuseum ausgestellt. Früher brachten Schiffe die Gerste über die Liffey und über einen Nebenarm des Grand Canal und luden für den Rückweg die Fässer mit Stout ein, die an die Pubs überall im Land geliefert wurden. Zur Versorgung des britischen Marktes verfügt Guinness bis heute über eine eigene Hochseeflotte.

Die inzwischen dem Spirituosen-Weltkonzern Diageo gehörende Brauerei selbst kann nicht besichtigt werden. Das **Storehouse Visitor Centre** in einem umgebauten Gärhaus der Jahrhundertwende erzählt jedoch die Firmengeschichte und erläutert die Produktion der täglich 2,5 Millionen Pints. Branchenfremden dürfte es allerdings schwer fallen, die Besonderheiten bei der Herstellung des dunklen Stout nachzu-

vollziehen. Abschluss und Höhepunkt der Tour ist ein Bier in der Gravity Bar im Turm mit Rundum-Panoramablick über Dublin. Hier in luftiger Höhe wird, so jedenfalls die Einschätzung der Brauerei, das beste Bier der Welt am besten gezapft. „Good for you?"

Crane Lane (off James St), www.guinnessstorehouse.com. Tägl. 9.30–17 Uhr (Juli/Aug. bis 19 Uhr). Eintritt mit Drink 15 €. Zu erreichen mit Bus Nr. 13, 40, 123 ab O'Connell St, Luas Red Line Station James's.

Praktische Infos

→ Karte S. 137

Essen

Lord Edward Seafood Restaurant **3** Über dem gleichnamigen Pub bietet Dublins ältestes Fischrestaurant von den oberen Etagen einen guten Blick auf die Christ Church Cathedral. Eingerichtet wie ein englischer Club und mit dem Kochstil aus Omas Jugendtagen, der die Zugabe von Mehl und Sahne nicht scheut. Favoriten der Stammgäste sind etwa die neun Variationen von Seezunge (25–40 €) oder der in großen Portionen servierte Fischeintopf (22 €). Außer Fisch und Meeresfrüchten stehen noch Irish Stew, Hühnerbrust und Steak auf der Karte. Mi–Fr Lunch, Mi–Sa Dinner. 23 Christchurch Pl., ✆ 01 454 2420, www.lordedward.ie.

Chez Max **2** Mit dem zu Hause im Immobiliengeschäft verdienten Geld ging Max Delaboubie nach Dublin und schuf hier, am kopfsteingepflasterten Eingang des Dublin Castle, ein Stückchen Paris aus vergangenen Zeiten. Zu den Liedern von Édith Piaf

Silk Road Café mit levantinischer Küche

und Georges Brassens speist man Bistroklassiker wie Muscheln, Zwiebelsuppe, Steak mit Pommes, Käseplatte. Selbst *andouille*, diese aus Innereien fabrizierten deftigen Schweinswürstchen, findet man auf der Speisekarte. Hauptgericht mittags bis 15 €, abends bis 20 €. Mo–Fr 8–24, Sa/So 11–24 Uhr. 1 Palace St, ✆ 01 633 7215, www.chezmax.ie.

Silk Road Café **6** Ein modernes und schickes Café im Atriumhof des orientalischen Museums. Passend zum Ort wird levantinische Kost serviert, alles ohne Schweine- und Rindfleisch. Hauptgericht bis 15 €. Öffnungszeiten wie das Museum: tägl. bis 16.30 Uhr, Okt.–Mai Mo Ruhetag. Chester Beatty Library, Dublin Castle, ✆ 01 407 0770, www.silkroadcafe.ie.

Leo Burdock **4** Ein Imbiss mit nautischem Ambiente samt ausgestopften Fischen. Hervorragende Fish & Chips auf klassische Art, die angeblich sogar mal Madonnas Gaumen erfreuten. Mit Filialen und als Franchise-Label ist Leo Burdock auch anderswo in der Stadt präsent, doch Kenner schwören, im Stammhaus in der Werburgh Street schmecke der Fisch am besten. 2 Werburgh St, www.leoburdocks.com.

Bite of Life **8** Der kleine Sandwichshop an der Ecke Patrick Street/Bull Alley bietet Sandwichklassiker wie Chicken Tikka, animiert aber auch zu kreativen Kombinationen nach dem Motto „mix and match", zum Beispiel Tomatenbrot mit Salami, Brie und Mango Chutney. Im Lokal herrscht drangvolle Enge, doch an trockenen Tagen kann man ja nach draußen in den Park ausweichen. Mo–Fr 7.30–16, Sa/So 9–16 Uhr. 55 Patrick St, www.biteoflife.com.

Queen of Tarts **1** Die Meinungen der Dubliner Fans von Kuchen und Tarts über dieses winzige und urgemütliche Konditorei-Café der Geschwister Fallon gehen weit auseinander – auf jeden Fall ist die „Tortenkönigin" angesagt und meist voll (mehr Platz bietet die Filiale in der Cow's Lane, Temple Bar). Wechselnde Tagesgerichte, auch Salat, Sandwichs und Frühstück. Tägl. bis 19 Uhr. 4 Cork Hill, City Hall, www.queenoftarts.ie.

Brewers' Dining Hall **5** Die Brauerei-schenken im Guinness Storehouse würzen, wen wundert's, ihre Speisen am liebsten mit Bier. Rindfleisch mit Guinness ist das am häufigsten bestellte Gericht, aber auch Kabeljau im Bierteig oder Austern mit Guinness-Sauce werden aufgetischt. Und wer's edel mag, schlürft „Black Velvet" – einen Cocktail, der Champagner zur Hälfte mit Guinness mischt. Die Dining Hall ist wie das Visitor Centre (s. o.) geöffnet, das etwas gediegenere Gilroy's (im 5. Stock) nur mittags. Beide sind nur durch das Visitor Centre zugänglich. (Eintritt!). Guiness Storehouse, Taylor's Lane.

🍃 Café Fumbally **12** Angesagter Hipster-Treff mit Loft-Atmosphäre. Mediterrane Küche mit wechselnden Tagesgerichten, auch vegetarische Optionen, Porchetta und Salate. Frühstückseier von glücklichen Hühnern. Mo–Fr 8–17, Sa 10–17 Uhr. Fumbally Lane Ecke Clanbrassil St, www.thefumbally.ie. ∎

Pubs

The Fountain Bar **9** Diese volkstümliche Eckkneipe ist weniger berühmt als ihr Namensvetter in Belfast. Dafür verspricht sie Kontakt mit den Kunden und Händlern des benachbarten Liberty Market. 63 Meath St.

Einkaufen

Kunsthandwerk und Souvenirs

CBL Shop **6** Der Laden im Eingangsbereich der Chester Beatty Library verkauft Bücher zu asiatischer Kunst, Philosophie, Religion und sogar Küche, dazu Kunstposter, ausgefallene Schreibwaren, Kinderspielzeug und geschmackssicheres Kunsthandwerk – eine Fundgrube für Souvenirjäger. Chester Beatty Library, Dublin Castle, www.cbl.ie.

Guinness Shop **5** Auch ohne Eintritt für das Visitor Centre zu zahlen, kann man im Storehouse alle nur denkbaren Guinness-Devotionalien einkaufen. Anders als man bei einem Factory-Outlet erwarten würde, sind diese Artikel freilich nicht besonders preiswert – in den Souvenirläden im Stadtzentrum, etwa bei Caroll's, bekommt man vieles günstiger.

Klimbim in der Francis Street

Kunst, Design und Trödel

Niall Mullen's **10** Kleinmöbel, Lampen, Statuetten und andere Wohnaccessoires im schnörkellosen Art-déco-Stil der 1920er- und 1930er-Jahre. 57 Francis St, www.niallmullenantiques.com.

Gallery Zozimus **10** Wechselnde Ausstellungen vor allem von Keramik-, aber auch Holzarbeiten, Glaskunst und Gemälde. Auch Studenten der nahen Kunstakademie zeigen hier ihr Können. Mo–Sa 10–17.30 Uhr. 56 Francis St, www.galleryzozimus.ie.

The Cats Meow **11** Vintage-Shop und Schatztruhe der Retro-Kultur. Klamotten, Accessoires und Trödel im Stil von gestern. Do–Sa 1–17.30 Uhr. 74 Francis St, www.lucyslounge-dee.blogspot.com.

Märkte

Liberty Market **7** Dies ist eine ganz andere Einkaufswelt als die Glitzerarkaden der Grafton Street. Die etwas weniger wohlhabende Bevölkerung kauft an den Ständen des überdachten Liberty Market preiswerte Kleidung, Spielsachen und allerlei Ramsch. Do 10–15.30, Fr 10–16, Sa 10–17 Uhr. Meath St, www.libertymarket.ie.

Royal Hospital, das Altersheim der ausgemusterten Krieger

Tour 4: Kilmainham

Auf diesem Spaziergang erfahren Sie, wie das britische Empire mit Häftlingen und ausgemusterten Soldaten umging. Das Gefängnis Kilmainham Gaol gibt Einblick in den viktorianischen Strafvollzug, das kasernenartige Royal Hospital zeigt heute irische Gegenwartskunst. Und wer die Guinness-Brauerei nicht schon auf Tour 3 besucht hat, kann dies nun nachholen.

Kilmainham ist ein Eingangskorridor in die Stadt. Die von Kildare kommende N 7 führt mittendurch und die Schienenstränge von Westen und Südwesten enden an der Heuston Station. Die Liffey präsentiert sich in Kilmainham ein letztes Mal als ländlicher, von grünen Auen und Parkanlagen begleiteter Fluss. Ab der James's Gate Brewery zwängen ihn Kaimauern und Uferstraßen in ein urbanes Bett. Die Braustätte des braunschwarzen Kultgetränks schiebt sich als Industriegebiet zwischen Kilmainham und die Innenstadt.

Touristische Highlights sind das Guinness-Besucherzentrum im Storehouse und das Kilmainham Gaol, Dublins früheres Zuchthaus. Das Royal Hospital mit dem Irish Museum of Modern Art ist Irlands Schaufenster für zeitgenössische Kunst. Zwischen diesen Stationen führt der Stadtspaziergang durch ausgedehnte Grünanlagen.

Tour-Info

Länge: 4,5 km

Dauer: 2 Std. ohne Innenbesichtigungen

Anschluss: Sie können diese Tour an den Rundgang 3 anschließen.

Hinweis: Montags sind die Ausstellungen im Royal Hospital geschlossen.

Rundgang

Heuston Station

Die Tour startet an der Heuston Station. Dublins wichtigster Fernbahnhof wurde 1846 von der Great Southern & Western Railway eröffnet, damals noch als Kingsbridge Station. Der heutige Name ehrt Seàn Heuston, einen 1916 im nahen Kilmainham Gaol hingerichteten Revolutionär und Eisenbahner. Das im Stil eines italienischen Palazzo erscheinende Bauwerk verbirgt hinter einer Fassade mit korinthischen Säulen, Balustraden, Fenstersimsen und zwei Türmchen geschickt seine wahre Bestimmung als Bahnhof. Der Innenausbau blieb allerdings aus Geldmangel weit hinter dem ursprünglichen Konzept zurück.

Steevan's Lane

Folgen Sie nun den Straßenbahnschienen südwärts. Auf der linken Straßenseite schirmt eine lange Mauer das Areal der Guinness-Brauerei ab. Auf der rechten Seite dient das 1717 gebaute **Dr Steevan's Hospital** nun dem staatlichen Gesundheitsdienst *(Health Service Executive)* als Verwaltungsgebäude, der beschauliche Innenhof ist nun ein öffentlicher Park (nur zu Bürozeiten zugänglich). Thomas Burgh, der sich zuvor mit den Royal Barracks einen Namen gemacht hatte, nahm bei seinem Entwurf des von Dr. Richard Steevan gestifteten Kranken- und Armenhauses auch manche Anleihe am Design des Royal Hospital.

An der nächsten Ecke schützt eine Verkehrsinsel ein paar Bäume und einen Wasser speienden Obelisken mit vier Sonnenuhren. Im wolkenreichen Dublin sollen sie wohl in der Hauptsache den Sonnenschein herbeibeschwören, denn Gelegenheit, die Stunde anzuzeigen, gibt es ja nur selten.

St James's Street

Wenn Sie das **Guinness Storehouse** (→ S. 149) noch nicht besichtigt haben, überqueren Sie die Straße und wenden sich nach links. **St James's Church** wurde 1844 von Patrick Byrne gebaut, der dem damals aufkommenden neugotischen Stil nur sehr zögerlich folgte.

Wer schon bei Guinness war, kann sich den Schlenker sparen und bleibt stattdessen auf der rechten Straßenseite. Hier findet man an der nächsten Ecke den Eingang zum **St Patrick's Hospital.** Der 1745 verstorbene Jonathan Swift, in seinen letzten Lebensjahren selbst nicht mehr ganz klar im Kopf, bestimmte in seinem Testament, sein gesamtes, nicht unbeträchtliches Vermögen für Bau und Unterhalt einer Irrenanstalt zu verwenden.

„He gave the little Wealth he had To build a House for Fools and Mad: And shew'd by one satiric Touch No Nation wanted it so much", schrieb der scharfzüngige Dichter in seiner noch zu Lebzeiten veröffentlichten, in Verse gegossenen Totenrede auf sich selbst. Swift's Hospital, wie es auch heißt, ist bis heute Psychiatrische Klinik und damit eine der ältesten ihrer Art.

Körperliche Gebrechen pflegt auf der anderen Seite der James's Street das **St James's Hospital,** akademisches Lehrkrankenhaus des Trinity College. Die Klinik entwickelte sich aus einem 1703 gegründeten Armenhaus und späteren Heim für Findelkinder (s. Kasten, S. 155). Noch erhalten ist das Haus des Anstaltsleiters (ca. 1750, jetzt Gerontologisches Institut). Auch die anschließende zweigeschossige Häuserzeile stammt vom Armenhaus.

Royal Hospital Ground

Verlassen Sie das Klinikgelände wieder auf dem gleichen Weg, auf dem Sie es betreten haben, und biegen Sie an der Kreuzung James's Street / Steevan's Lane neben dem Eingang zum St Patrick's Hospital in die Bow Lane ein. Nach der Bow Bridge über den River Camac nehmen Sie rechts die Military Road und kommen so zur Einfahrt in den Hof des **Royal Hospital** (→ S. 157). Dublins erster klassizistischer Repräsentationsbau wurde 1680–1684 als Alters- und Invalidenheim für Soldaten gebaut und beherbergt heute das **Irish Museum of Modern Art (IMMA)** (→ S. 158). Je nach Wetter laden die Cafeteria im Kellergewölbe oder der schöne **Garten** des Royal Hospital zu einer Pause ein.

Hier irgendwo auf den Royal Hospital Grounds, der weiten, das Hospital umgebenden Freifläche, muss einst das **Kloster der Johanniter** gestanden haben, mit dem die Armen- und Krankenfürsorge in Kilmainham begann. Der Normannenführer Richard Strongbow hatte den Orden 1174 hier angesiedelt. Die Steine der im 16. Jh. aufgelösten Abtei wurden dann beim Bau des Royal Hospital benutzt.

So wie zu Lebzeiten blieben die meist adligen Offiziere und die einfachen Soldaten auch im Tode streng getrennt. Die Herren von Rang ruhen links der schnurgeraden **Western Alley,** die das Royal Hospital gen Westen verlässt, das gemeine Volk auf der anderen Seite.

Bully's Acre, wie das Gräberfeld zur Rechten heißt, war auch ein bevorzugter Begräbnisplatz der Dubliner Armen, da die Grablege hier, auf öffentlichem Grund, kostenlos war. Dieser Friedhof wurde nach der Cholera-Epidemie 1832 wegen Überbelegung geschlossen – und ist dies bis heute. Sportliche Naturen können jedoch an einer Stelle auf der Ostseite über die Mauer klettern, die das Parkgelände umschließt.

Das Foundling Hospital – organisiertes Kindersterben

„In allen Landstrichen des Königreichs", so lesen wir in den Parlamentsakten des 18. Jahrhunderts, „ist eine große Zahl hilfloser Kinder gezwungen, sich als Bettler zu verdingen. Wenn nicht für ihre Erziehung gesorgt wird, werden sie aller Wahrscheinlichkeit nach für ihr Vaterland nicht nur nutzlos, sondern sogar gefährlich werden." Daher wurde bestimmt, bettelnde Kinder im Alter von 5 bis 12 Jahren aufzugreifen und in Waisenhäuser einzuweisen. Charles Dickens hat uns die schlimmen Verhältnisse in diesen durchaus profitablen Einrichtungen eindrücklich geschildert; profitabel deshalb, weil die älteren Kinder gegen Entgelt als Arbeitskräfte vermietet wurden. Erst mit dem 24. Lebensjahr (Mädchen mit 21) durften die in diesen Heimen Aufgewachsenen selbst über ihr Leben bestimmen.

Wohin aber mit Kindern, die noch zu jung für diese Erziehungsanstalten waren? Auf dem Papier waren die Pfarreien für „ihre" Kleinkinder verantwortlich. Worauf die Gemeindevorsteher Frauen anstellten, welche ausgesetzte Babys aufsammelten – und im Dunkel der Nacht heimlich in die Nachbarpfarrei brachten und dort wieder aussetzten.

Um solchen Praktiken und vor allem den vielen Kindstötungen Einhalt zu gebieten, die unter Armen und ledigen Müttern gang und gäbe waren, wurde anno 1730 ein Gebäude des Dubliner Armenhauses in der James's Street zum Findlingsasyl *(Foundling Hospital)* umgewidmet. Und bekam auf allerhöchsten Befehl von Hugh Boulter, Erzbischof von Armagh, sogar eine Babyklappe, durch die Säuglinge völlig anonym abgegeben werden konnten. Die Babysammlerinnen brachten ihre Findlinge nun nicht mehr in die nächste Pfarrei, sondern aus dem ganzen Land nach Dublin.

Zweck des Foundling Hospital war aber nicht nur, todgeweihten Kindern ein Leben zu ermöglichen; sie sollten auch gute Protestanten werden. Doch war das Haus die meiste Zeit mit rund 3000 Kindern mehr als voll. So wurden viele Säuglinge, nachdem man sie als Eigentum des Heims gebrandmarkt hatte, an Pflegemütter außer Haus gegeben, an arme Frauen, die sich damit ein Zubrot verdienten. Und diese Pflegemütter waren katholische Irinnen. Dabei gab man sich größte Mühe zu verhindern, dass eine solche Ziehmutter etwa ihr leibliches Kind, das sie zuvor abgegeben hatte, nun zur Pflege bekam.

Anhand der minutiösen Buchführung der Anstaltsleitung lässt sich rekonstruieren, dass weniger als ein Viertel der eingelieferten Kinder den Heimaufenthalt überlebten. Emotionale Vernachlässigung, mangelnde Hygiene (erinnern Sie sich an die TV-Bilder der Wendezeit aus den rumänischen Waisenhäusern?) und die einseitige Ernährung mit Haferbrei waren die Helfer von Gevatter Tod. Und dann war da „The Bottle", die mit einem Opiumtrank gefüllte Flasche, mit der die Kinder reihum ruhig gestellt wurden. Immer montags, mittwochs und freitags sammelte der Hausmeister nach dem Morgengebet die Leichen ein und verscharrte sie.

Alle Versuche bis hin zu den Bemühungen parlamentarischer Untersuchungsausschüsse, die Verhältnisse zu verbessern, blieben ohne nachhaltigen Erfolg. Im Gegenteil: Es wurde alles noch schlimmer. 1829 stellte eine Kommission fest, dass von den in 30 Jahren aufgenommenen 52.150 Kindern nur 10.626 die Anstalt überlebt hatten. Daraufhin wurde das Foundling Hospital aufgelöst und die Gebäude wieder zum Armenhaus. So kehrte die Kindstötung wieder zu den Müttern und in die Provinz zurück. „Seit der Schließung des Foundling Hospital haben die Fälle von Infantizid in erschreckendem Maß zugenommen", notiert 1835 der Armutsbericht von Tullow, County Carlow.

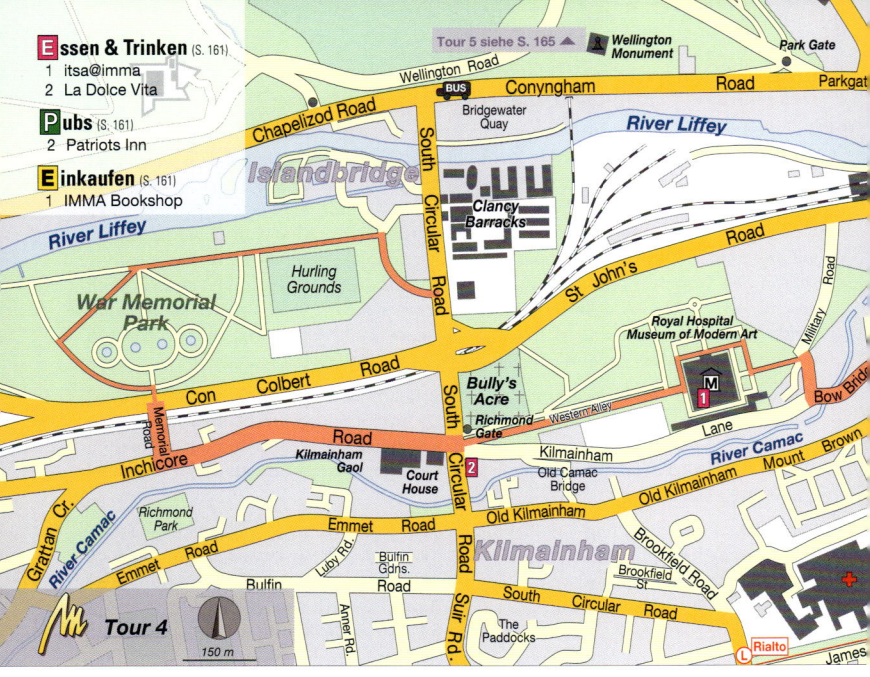

Essen & Trinken (S. 161)
1 itsa@imma
2 La Dolce Vita

Pubs (S. 161)
2 Patriots Inn

Einkaufen (S. 161)
1 IMMA Bookshop

Die Gegend war seit alters her ein Totenacker. So wurden etwa beim Eisenbahnbau im 19. Jh. frühchristliche Gräber entdeckt, die mit einem in alten Schriften erwähnten **Kloster des St Maignenn** in Verbindung gebracht werden. Der auf Bully's Acre aufgestellte Granit-Schaft eines Hochkreuzes soll von jenem Kloster stammen. Da zwischen den Christen auch heidnische Wikinger beigesetzt wurden, gehen Experten davon aus, dass die Nordmänner an der Mündung des Carmac in die Liffey einen Stützpunkt *(longphort)* hatten.

Inchicore Road

Die Allee endet am **Richmond Gate.** Dieses von Francis Johnston entworfene Repräsentationstor wurde 1812 an der Kreuzung Watling Street/Victoria Quay gebaut und nach dem damaligen Vizekönig, dem Herzog von Richmond benannt. Als der Straßenverkehr nach Eröffnung der Kingsbridge Station erheblich zunahm und das Gate als Hindernis im Wege stand, wurde es 1847 an seinen jetzigen Standort versetzt.

Vor dem Tor sehen Sie auf der anderen Straßenseite halblinks einen grauen, abweisenden Steinbau. Das **Kilmainham Courthouse** soll irgendwann zu einem Gerichtsmuseum werden. Vielleicht kann man dann wieder, wie einst die Verurteilten, vom Gerichtssaal über einen Korridor direkt ins **Kilmainham Gaol** (→ S. 159) gehen. Das nur noch als Museum betriebene Zuchthaus, geradezu eine Kathedrale des viktorianischen Strafvollzugs, wird gerne für Filmaufnahmen gebucht. Wegen der einst hier inhaftierten oder gar hingerichteten Freiheitskämpfer ist es auch ein Denkmal des irischen Nationalismus. Ein **Memorial** auf dem Bürgersteig gegenüber dem Eingang erinnert an die nach dem Osteraufstand hingerichteten Patrioten.

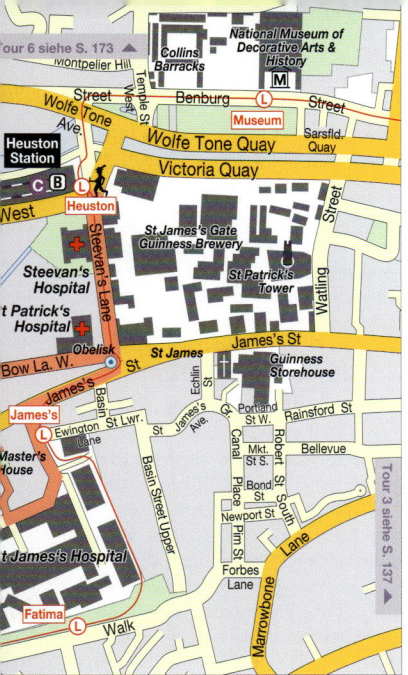

Islandbridge

Gehen Sie die Inchicore Road weiter und die nächste größere Abzweigung rechts, dann treffen Sie auf den Eingang zum **War Memorial Park** (→ S. 160). Durch den Park kommen Sie ans Ufer der von einem Wehr aufgestauten Liffey. Enten, Schwäne und Ruderer aus den hier ansässigen Clubs konkurrieren um die Wasserfläche.

Für den Rückweg verlassen Sie den Memorial Park auf der Ostseite gegenüber den früheren **Clancy Barracks.** Die Flussseite des Kasernengeländes wurde mit neuen Wohnblocks bebaut, doch die Rezession brachte das mit Monumentalplakaten beworbene Vorhaben ins Stocken. Vom Nordufer der Liffey bringt Sie ein Bus wieder zur Heuston Station oder ins Stadtzentrum. Zu Fuß nehmen Sie den schon bekannten Weg durch die Royal Hospital Grounds.

Tour 4 → Karte S. 156/157

Stationen

Royal Hospital / Irish Museum of Modern Art

Das Royal Hospital Kilmainham wurde 1680–1684 auf Veranlassung des Vizekönigs James Butler, 1. Herzog von Ormonde, als Alten- und Invalidenheim für Soldaten gebaut. Es ist damit noch ein paar Jahre älter als das Royal Hospital im Londoner Stadtteil Chelsea, in dem bis heute Soldaten Ihrer Majestät den Lebensabend verbringen dürfen. Die Anstalt in Kilmainham wurde dagegen mit der irischen Unabhängigkeit geschlossen: Die letzten Pensionäre starben in den späten 1920er-Jahren, danach diente das Haus noch eine Weile als Polizeikaserne und stand schließlich geraume Zeit leer.

Vom Pflegeheim …

Ormonde hatte eine lange Militärkarriere hinter sich und gute Verbindungen nach Frankreich. Man darf deshalb annehmen, dass er das von König Ludwig XIV. gegründete Pariser Hôtel des Invalides kannte, die erste Anstalt dieser Art.

Richmond Gate

Dem englischen Parlament und dem Schatzkanzler mag auch die Idee gefallen haben, die Baukosten nicht aus der Staatskasse zu bezahlen, sondern als Sondersteuer vom Sold der Soldaten abzuziehen.

Der von William Robinson geplante Bau in Kilmainham wurde dann gerade rechtzeitig zur Schlacht am Boyne bezugsfertig, die gleich einen ganzen Schwung an Amputierten, Verstümmelten und sonst wie Versehrten lieferte. Später sorgten Schlachten und Feldzüge der britischen Streitkräfte in aller Welt für Nachschub an Pflegebedürftigen.

Der Grundriss von Dublins erstem klassizistischen Gebäude ist so einfach wie genial: ein Rechteck mit zum Innenhof offenen Arkaden, unter denen die Pensionäre auch bei Regen trockenen Fußes frische Luft schnappen konnten. Den heute kahlen, gepflasterten Innenhof hat man sich als Grünfläche mit Bäumen vorzustellen. Die Mannschaften wohnten zu ebener Erde und, soweit sie noch in der Lage waren, Treppen zu steigen, unter dem Dach, zu viert je Raum, zu zweit je Bett. Der erste Stock blieb den

Offizieren vorbehalten, von denen jeder natürlich ein Zimmer für sich und auch noch einen Dienstboten hatte.

Seinerzeit gab es einen Sturm der Entrüstung, dass ein so prächtiges Gebäude ausgemusterten Kriegern zur Verfügung stünde. 300 Jahre später war die Umwidmung zu einem Kunstmuseum nicht weniger umstritten.

... zum Kunstmuseum

Heute ist das Irish Museum of Modern Art (IMMA) zu einem Schaufenster irischer **Gegenwartskunst** für die Welt und zugleich internationaler Kunst für die Iren geworden. Außer einer kleinen Dauerausstellung zeigt das Museum in der Hauptsache mehrere Monate dauernde Wechselausstellungen mit bereits etablierten oder auch weniger bekannten Künstlern, auch Konzerte und Diskussionen gehören zum Programm. Vor dem Haupteingang trommelt *The Drummer,* die von Barry Flanagan geschaffene Bronzeskulptur eines Hasenmenschen. Die früheren Stallungen sind Künstlern als Werkstätten und Ateliers überlassen.

Zucht und Ordnung im Barockgarten des Royal Hospital

Kilmainham Gaol, die Kathedrale des Strafvollzugs

Tour 4 → Karte S. 156/157

Der **Heritage Room** an der Südostecke erzählt die Geschichte des Hauses. Nebenan gedenken einige Tafeln und Memorabilia dem Regiment der Royal Dublin Fusiliers, das im Ersten Weltkrieg als Kanonenfutter in die Schlacht um die Dardanellen geschickt und dort aufgerieben wurde.

Die historischen Räumlichkeiten des **Nordflügels** können nur im Rahmen von Führungen besichtigt werden. Dabei sieht man dann auch die so gar nicht protestantisch-strenge Barockkapelle mit ihrer opulenten Stuckdecke (inzwischen eine Replik aus Pappmaschee) und den Großen Saal mit den Porträts der Majestäten und ihrer irischen Statthalter.

Auf der Nordseite des Hauses wurde der streng geometrische **Barockgarten** rekonstruiert, in dem die Pensionäre seinerzeit spazierten. Das hübsche **Gartenhaus** mit seinen zwei Türmchen, das man sich en miniature auch gut als Spielzeugburg vorstellen kann, wird Edward Lovett Pearce zugeschrieben.

Military Rd, Nähe Heuston Station, www. imma.ie. Di–Fr 11.30–17.30, Sa 10–17.30, So 12–17.30 Uhr, Einlass bis 15 Min. vor Schließung. Eintritt frei. Architekturgeschichtliche Führungen Juli/Aug. Mi–Sa 11.30, 14, 16, So 14, 16 Uhr. Mit Kunstbuchhandlung und Cafeteria. Bus Nr. 79/A ab Aston Quay; 123 via O'Connell St; Luas Red Line Station James's.

Kilmainham Gaol

Ein Schlangenrelief über dem Eingang lässt uns an die Höllenbrut denken. Das frühere Staatsgefängnis wurde 1795 gerade rechtzeitig fertig, um die von den Briten gefangenen Irinnen aufzunehmen. Andere „Aufrührer" wie die Fenians, die Agitatoren der Land League, und zuletzt die Aufständischen von 1916 folgten; es gibt kaum einen irischen Nationalhelden, der nicht für einige Zeit in Kilmainham gesessen hätte. Letzter Häftling war der spätere Präsident Eamon de Valera, und schon daraus erklärt sich, dass das Gefängnis heute eine nationale Gedenkstätte ist.

Weniger bekannt ist, dass zuletzt nicht mehr die Briten, sondern die irischen Bürgerkriegsparteien hier ihre Gefangenen einkerkerten und erschossen. Doch nicht nur „Politische", auch gewöhnliche Kriminelle waren hier eingesperrt und warteten in winzigen Zellen auf ihre Deportation nach Australien oder gar auf die Hinrichtung.

Zur Führung gehört auch eine Videoshow. Höhepunkte sind die Kapelle, in der Joseph Plunkett, einer der Anführer des Osteraufstands, am 4. Mai 1916 morgens um 1.30 Uhr mit Grace Gifford getraut wurde, und der Exekutionshof, wo man ihn zwei Stunden später erschoss. Ein angeschlossenes Museum erklärt die Geschichte des Knasts und des viktorianischen Strafvollzugs.

Inchicore Rd, www.heritageireland.ie. Okt.–März. Mo–Sa 9.30–17.30 (Einlass bis 16 Uhr), So 10–18 (Einlass bis 17 Uhr). April–Sept. tägl. 9.30–18 (Einlass bis 17 Uhr). Eintritt 6 €. Bus 79 ab Aston Quay; 69 ab Hawkins St.

War Memorial Park

Von den 300.000 irischen Freiwilligen, die sich im Ersten Weltkrieg zur Britischen Armee gemeldet hatten, starb etwa jeder sechste auf dem Schlachtfeld oder an den dort erlittenen Verletzungen. Doch die Würdigung jener, die, zumal aus freien Stücken, für die Kolonialmacht gekämpft hatten, war eine heikle Sache.

Nach langem Hin und Her wurde erst 14 Jahre nach Kriegsende mit dem Bau des Gedächtnisparks am Ufer der Liffey begonnen. Der für Sommer 1939 vorgesehenen Eröffnung kam der Zweite Weltkrieg in die Quere. Danach, so scheint es, wurde das Memorial bewusst vergessen und zu einem Lagerplatz für Landfahrer. Erst in den 1980ern rückten Gärtner und Handwerker an, um den Park wieder herzurichten. Der Staatsakt zur förmlichen Einweihung der Gedenkstätte fand schließlich am 1. Juli 2006 statt, dem 90. Jahrestag der Schlacht an der Somme. Rekordverdächtig lange hat's gedauert.

Das vom Architekten und Landschaftsplaner Edwin Lutyens konzipierte Mahnmal hat in seiner Mitte einen massigen „Kriegsstein" aus Granit und zwei Brunnen mit Obelisken, die wiederum von je zwei Pavillons flankiert sind. Diese stehen für die vier irischen Provinzen und bergen kunstvoll gestaltete Bücher mit den Namen der Gefallenen. Leider werden nur noch VIPs in die Bookrooms gelassen. Gewöhnliche Sterbliche dürfen nur die digitalisierten Totenlisten im Büro der Parkverwaltung einsehen.

Zum Park gehören auch zwei romantische Rosengärten, Tempelchen, Pergolen und dergleichen. An einem sonnigen Tag ist es wirklich schön hier. Leider wurde die von Lutyens vorgesehene Brücke hinüber zum Phoenixpark nie verwirklicht.

Islandbridge, www.heritageireland.ie. Mo–Fr ab 8, Sa/So ab 10 Uhr, jeweils bis Sonnenuntergang. Bus Nr. 25 A/B, 79/A ab Aston Quay.

Praktische Infos

→ Karte S. 156/157

Essen

Café itsa@imma  Kaffee, Kuchen, Bionade, Sandwichs und günstige Tagesessen im Küchengewölbe des Royal Hospital. Mo 10–15, Di–Sa 10–17, So 12–17 Uhr. Royal Hospital, Military Rd, www.itsa.ie.

La Dolce Vita Im 1. Stock über dem Pub Patriots Inn bereiten Maria und ihr Team irisch-italienische Gerichte zu, manche mit leicht asiatischem Einschlag. Alles wird frisch zubereitet – oder schmeckt wenigstens so. Das Restaurant wird vor allem von Familien aus dem Viertel besucht. Die Atmosphäre ist wohltuend unkompliziert, auch Kleinkinder sind willkommen. Lunch 10 €, Early Menu 15 €, Pizza 11–15 €, Hauptgericht abends um 20 €. Tägl. ab 12.30 Uhr. 760 South Circular Rd, www.dolcevita.ie.

Pubs

Patriots Inn Ausgemusterte Soldaten, Gefängnisaufseher und trauernde Angehörige – da muss doch ordentlich was getrunken werden, mag sich John Ward gedacht haben, als er 1793 sein Wirtshaus zwischen Royal Hospital, Friedhof und Gefängnis eröffnete. In der heutigen Kneipe vermittelt die Dekoration, nämlich alte Fotos von den Kilmainhamschen „Tatorten", noch eine Ahnung von der Atmosphäre anno dazumal. Außerdem räumt das Patriots Inn seit Jahren mit Dublins bester Kneipenmannschaft die Preise bei den Darts-Turnieren ab. Das Mittagessen (Suppe, Panini, Sandwichs) kommt aus der Küche des Restaurants Dolce Vita. Tägl. ab 11 Uhr. 760 South Circular Rd, www.patriotsinn.com.

Einkaufen

IMMA Bookshop Bücher über Kunst und Architektur, Poster und sogar ansprechende Postkarten gibt's im Museumsladen des IMMA. Royal Hospital, Military Rd, www.theimmashop.com.

Tour 4 → Karte S. 156/157

Im Rosengarten des War Memorial Park

Phoenix Park, Dublins grüne Lunge

Tour 5: Phoenix Park

Der rund 7 km² große Park ist die grüne Lunge der Stadt und das beliebteste Naherholungsgebiet der Dubliner. Familien besuchen den Zoo, Liebespaare flanieren über verschwiegene Waldwege, Blumenfreunde erfreuen sich am People's Garden und Sportler machen die Wiesen zum Spielfeld. Leider dürfen auch Autos durch den Park fahren.

Ursprünglich zum Johanniterkloster in Kilmainham (→ S. 154) gehörend, wurde das riesige Areal im 17. Jh. als Jagdrevier der englischen Gouverneure mit einer Mauer umgrenzt. Das Bauwerk kostete die damals horrende Summe von 6000 Pfund.

Wer immer in Dublin Rang und Namen hatte, durfte hier wenigstens einmal im Jahr einen Bock schießen. 1747 öffnete Vizekönig Lord Chesterfield den Park für die Allgemeinheit. Die Hirsche sind noch immer da, haben sich mit den Menschen inzwischen gut arrangiert und statt der Jäger nun vor allem Autos zu fürchten, von denen immerhin bis zu 30.000 am Tag das Gelände durchqueren. Auch Hunde, so hört man, brächten immer mal wieder ein Wildtier zur Strecke.

Rund ein Drittel der Parkfläche ist mit Bäumen bewachsen, zumeist mit für Irland typischen Arten wie Eiche, Esche, Linde, Buche, Platane und Kastanie, dazwischen aber auch irgendwo ein Mammutbaum. Anderswo schmückt grüner Rasen im strengen Vorgartenschnitt das Gelände, hier und da aufgelockert von Blumenrabatten und romantischen Weihern. In einem historischen Küchengarten duften Kräuter um die Wette. Allerlei Spielfelder bieten Raum für eher britische als irische Leibesübungen wie Polo, Kricket und Fußball, und natürlich ziehen auch Jogger ihre Runden. Eine lange Tradition haben die alljährlichen Autorennen im Park, und

ab und an gibt es auch Popkonzerte und andere Massenevents. Obwohl der Phoenix Park auch einen metallenen Phoenix besitzt, der sich auf einer Säule aus den Flammen erhebt, geht der Name auf ein längst verschwundenes Landhaus zurück. *The Phoenix,* wie das 1611 von Sir Thomas Fisher nahe einer Quelle auf dem St Thomas Hill gebaute Anwesen hieß, verballhornt in seinem Namen wohl das gälische *Fionn Uisce,* „klares Wasser".

Tour-Info

Für die Erkundung des Parks rechne man wenigstens einen halben Tag. Von der Heuston-Station (→ Tour 4) ist es ein kurzer Fußweg zum Park Gate, dem Haupteingang des Phoenix Park. Am Park Gate werden auch Fahrräder verliehen (10 €/Tag, www.phoenixparkbikehire.com).

Rundgang

Am Park Gate

Gleich hinter dem Park-Gate-Eingang findet man **People's Garden,** den einzigen Bereich des Parks mit Blumenbeeten und akkurat gestutzten Hecken. Hier zeigt sich die viktorianische Gartenbautradition von ihrer schönsten Seite. Aus einem in einer Senke versteckten Konzertpavillon, genannt **Band Hollow,** unterhalten gelegentlich Musiker und Theatertruppen die Besucher. Über dem Garten thront rechts das düstere, von James Gandon 1786 als Veteranenheim entworfene **Verteidigungsministerium.** Etwas weiter Richtung Zoo ist eine Polizeikaserne aus Königin Viktorias Zeiten seit der Unabhängigkeit das **Hauptquartier der Garda Siochána,** der irischen Polizei. Auf dem früheren Appellplatz stehen nun parkende Autos in Reih und Glied.

Zurück zur Chesterfield Avenue, die den Park als 4,5 km lange Diagonale schnurgerade durchschneidet.

1882 erregten die **Phoenix-Park-Morde** die Gemüter, als eine radikale nationalistische Gruppe den britischen Irlandminister Lord Cavendish samt seinem Stellvertreter ermordete. Mit gefälschten Briefen versuchte die unionistische Presse, eine Verbindung zwischen den Mördern und der für die Rechte der irischen Bauern kämpfenden Land League zu konstruieren. Doch der Schwindel flog auf und beeinflusste die englische Öffentlichkeit eher im Sinne der irischen Sache.

Hier wäre man früher auf die Reiterstatue des britischen Kriegshelden Hugh Gough gestoßen. Die IRA sprengte das Monument im Sommer 1957 in die Luft. Besser überstand das **Wellington Monument** die bombigen Zeiten. Der 62 m hohe Obelisk erinnert an Arthur Wellesley, Herzog von Wellington, der Napoleon in der Schlacht von Waterloo besiegte. Die Bronzetafeln an den Seiten des Denkmals, so heißt es, sind aus dem Metall erbeuteter Kanonen gegossen. Chronischer Geldmangel verzögerte die Vollendung des 1817 begonnenen Bau-

Das Liffeyufer mit dem Wellington Monument

werks bis 1861. Von der auf der Spitze geplanten Reiterstatue blieb die Nachwelt verschont. Dem Herzog war es übrigens zeitlebens eher peinlich, in Dublin geboren und damit irischer – nicht englischer – Abstammung zu sein. „Wer in einem Stall geboren ist, ist noch lange kein Pferd", pflegte er denen zu antworten, die ihn auf seine irischen Wurzeln ansprachen.

Rund um das Phoenix Monument

Vorbei am **Zoo** (→ S. 166), den Sportplätzen von Armee und Polizei sowie dem Pologelände Nine Acres nähert man sich **Áras an Uachtaráin** (→ S. 167), Residenz der irischen Präsidenten und früher Landhaus der britischen Vizekönige. In der Nachbarschaft waren auch zwei weitere hohe Vertreter der britischen Obrigkeit zu Hause: Wo sich heute das **Phoenix Park Visitor Centre** und die wieder aufgebaute Turmburg **Ashtown Castle** (→ S. 168) befinden, stand früher die Residenz des Under Secretary for Ireland, also des obersten Beamten in Irland. Auf der anderen Seite der Chesterfield Road wohnte der einem Minister für irische Angelegenheiten vergleichbare Chief Secretary. Dieses 1776, also im Jahr der amerikanischen Unabhängigkeitserklärung gebaute Palais ist heute weiträumig abgesperrt und **Residenz des Botschafters der Vereinigten Staaten.** Als 1963 John F. Kennedy bei seinem Staatsbesuch hier weilte, so die Überlieferung, durften neugierige Kinder von Schaulustigen den präsidialen Hubschrauber besteigen und vom Boden abheben – heutigem Sicherheitspersonal stünden die Haare zu Berge.

Im Schnittpunkt der drei Anwesen erhebt sich Lord Chesterfields **Phoenix Monument** von 1747, eine schlanke Granitsäule mit einem Vogel obenauf, der aber eher einem Adler als dem mythischen Feuervogel ähnelt. Im futuristi-

Essen & Trinken (S. 169)

1 The Boathouse
2 Victorian Tea Kiosk
3 Ryan's
4 Eamonn Rea's
5 Nancy Hand's

Tour 5

300 m

schen Überschwang des noch jungen Automobilzeitalters wurde das Denkmal aus dem Weg geräumt, um die Autorennen auf der Chesterfield Avenue nicht zu behindern. Erst in den 1980ern durfte es zurückkehren, nun mit dem erklärten Zweck, den Verkehr zu verlangsamen.

Höher noch ragt das **Papal Cross** gen Himmel. Das Papstkreuz erinnert an die Messe, die Johannes Paul II. hier am 29. September 1979 auf einem eigens für das Event aufgeschütteten Hügel zelebrierte. Das Millionenpublikum drängte sich, in Pferchen zu je 1000 Seelen sortiert, auf den **Fifteen Acres.** Auf diesem nun etwas eintönigen Wiesengrund pflegten früher Soldaten zu exerzieren und die Herrschaften sich im frühen Morgengrauen mit Degen und Pistole zu duellieren, um ihre hitzigen Streitgespräche aus dem Club oder dem Parlament mit einem dramatischen Showdown zu krönen. Heute wachen uniformierte Aufseher zu Fuß, auf dem Fahrrad oder im Geländewagen darüber, dass die Parkbesucher einander am Leben lassen und auch in anderer Hinsicht Recht und Ordnung respektieren.

Am Westende und schon jenseits der Parkmauer steht mit dem Schlösschen **Farmleigh** (→ S. 168) das Gästehaus der irischen Regierung.

The Wilderness

Bereits 1728 errichtete Luke Gardiner (→ S. 186) seinen Landsitz **Mountjoy House.** Mit dem Bankrott der Gardiners verlor die Dubliner High Society auch die hochkarätigen Theateraufführungen, mit der die Gäste von Mountjoy House unterhalten wurden. Danach bezog die berittene Eskorte des Vizekönigs das Haus, heute ist hier die Zentrale von **Ordnance Survey,** dem kartografischen Dienst der Irischen Republik.

An der Zufahrt passiert man den **Quarry Lake,** ein aus den Ausschachtungen eines Steinbruchs entstandener See mit einer Insel mittendrin. Am **Knockmaroon Gate** mag man einen Blick auf den River Liffey werfen, der hier gemächlich durch die Auenlandschaft mäandert. Der Park wird nun stiller und urwüchsiger. Am Grund einer dicht bewaldeten Schlucht schimmert mit dem **Glen Pond** ein weiterer See. In die abgeschiedene Schlucht **Furry Glen** ziehen sich gern die Hirsche des Parks zurück, wenn sie von den schaulustigen Zweibeinern genug haben.

Die nächsten Gebäude zur Linken sind **Cheshire Home,** eine Klinik und Rehabilitationseinrichtung für Körperbehinderte, und die geriatrische Klinik **St Mary's Hospital,** ein maroder Bau mit hohen Räumen und bröckelndem Putz, der im Winter kaum warm zu bekommen ist – Irlands Alte hätten Besseres verdient als dieses ausgediente Waisenheim für Soldatenkinder. Als Sohn des Hauskaplans wuchs hier Sheridan Le Fanu (1814–1873) auf, ein Autor von Gruselgeschichten wie der Erzählung um die lesbische Vampirin *Carmilla,* die bereits 25 Jahre vor Bram Stokers *Dracula* literarisch geboren wurde.

Chapelizod Gate führte einst hinaus an die Liffey. Jetzt trennt eine viel befahrene Ausfallstraße den Park vom Fluss und dem Stadtteil Chapelizod, wo die sagenhafte Heldin aus Wagners Oper *Tristan und Isolde* in einer Kapelle begraben sein soll.

Letzte Station der Parkumrundung ist St Thomas Hill mit dem **Magazine Fort,** einer 1735 im Vauban-Stil sternförmig errichteten Festung, die derzeit ungenutzt zerfällt. Den bereits von schwerer Krankheit gezeichneten Jonathan Swift inspirierte das Bollwerk zu der sarkastischen Notiz: *Behold a proof of Irish sense! Here Irish wit is seen. When nothing left that's worth defence. We build a magazine.*

Stationen

Zoo

Dublins 1831 gegründeter Zoo, einer der ältesten Europas, zählt mit jährlich rund einer Million Besuchern zu den Topattraktionen der Insel. An schönen Tagen formt sich bereits frühmorgens eine lange Schlange vor den Kassen.

Mit seinen Bäumen, Sträuchern und Seen wirkt der Tierpark recht natürlich. Die meisten Tierarten haben ansprechend gestaltete Außengelände mit viel Platz und Rückzugsmöglichkeiten. Was den Tieren gut tut, sorgt bei Besuchern schon mal für Enttäuschung: Etwa dann, wenn sich die Löwen partout nicht blicken lassen wollen. Bei den Tierhäusern hätte man sich etwas mehr Abwechslung gewünscht, diese gleichen einander wie die Häuser einer Reihenhaussiedlung eines Dubliners Vororts (doch warum soll es den Tieren besser gehen als den zweibeinigen Dublinern). Dürftig ist auch das kulinarische Angebot – für die Besucher, wohlgemerkt.

Ein Höhepunkt ist sicherlich die **World of Primates,** eine Reihe künstlicher Inseln und Halbinseln, auf denen Schimpansen und andere Affen zu Hause sind. **African Plains** bietet viel Raum für afrikanische Savannentiere wie Nilpferd Henry und seine Truppe, für Giraffen und Nashörner. Das ehemalige Eisbärengehege wurde zu einem Lebensraum für Amurtiger umgebaut und erweitert, andere Raubkatzen tummeln sich in der **World of Cats.** Zoolöwe Cairbre brachte es zu besonderem Ruhm: Seit 1928 brüllt er täglich rund um den Globus im Vorspann der Metro-Goldwyn-Mayer-Filme.

Als bislang jüngste Anlage wurde der nach einem indischen Nationalpark benannte **Kaziranga Forest Trail** eingerichtet, in dem eine Gruppe indischer Elefanten umherstreift. Nächstes Projekt des Zoos ist ein neues Außengehege für die noch etwas beengt lebenden Gorillas.

Vor allem kleine Kinder ansprechen will die **City Farm,** ein Streichelzoo mit Hasen, Meerschweinchen, Ponys und Ziegen. Besonders auf Kinder abgesehen hat es auch die Filiale von „Tim Hortens", eine aus Kanada stammende Fastfood-Kette mit Kaffeespezialitäten und Donuts.

www.dublinzoo.ie. März–Sept. tägl. 9.30–18, Okt. bis 17.30, Nov./Dez. bis 16, Jan. bis 16.30, Febr. bis 17 Uhr. Einlass bis 1 Std. vor Schließung. Eintritt 16,50 €. Bus Nr. 46 A via O'Connell St, Bus Nr. 25, 26, 66 A/B ab Pearse St.

Áras an Uachtaráin

Wer würde vermuten, dass die prächtige Residenz der irischen Präsidenten 1751 zunächst als Wohnhaus für den Aufseher und Jagdmeister des Phoenix Park gebaut wurde? Bald gefiel die Villa den britischen Vizekönigen, die das Haus peu à peu erweiterten, aber nur im Sommer hier wohnten. 1938, bald nach Gründung der Irischen Republik, übernahm Irlands erster Staatspräsident Douglas Hyde das Palais. Ausgestattet mit erlesenen Möbeln, Gemälden und Stuckarbeiten, kann es samstags, wenn keine Staatsgäste im Haus sind, besichtigt werden.

In der *Eingangshalle* empfängt den Besucher eine kleine Sammlung irischer Gegenwartskunst. Der *Francini-Korridor* hat seinen Namen von den Stuckpaneelen der Gebrüder Paolo und Filippo Francini, feine Halbreliefs klassischer und allegorischer Figuren im Stil des Rokoko. Die Originale hängen im Riverstown House bei Cork und wurden für den Präsidentenpalast als Abgüsse kopiert. Auch die Decke im *State Reception Room,* dem früheren Ballsaal,

kopiert eine Francini-Arbeit aus Riverstown. Der *Dining Room* wurde 1849 anlässlich des ersten Irlandbesuchs von Königin Viktoria angebaut, die hier einen prächtigen Empfang gab und dabei 1750 Gästen die Hand reichte. Im April 1900, bei ihrem letzten Irlandbesuch, verbrachte die inzwischen greise Viktoria noch einmal drei Wochen im Haus. Die Führung endet in den zum *Visitor Centre* umgewidmeten Küchenräumen, wo uns die Baugeschichte des Hauses erzählt und seine präsidialen Bewohner vorgestellt werden.

www.president.ie. Führungen durch **Áras an Uachtaráin** Sa 10–16 Uhr (Beginn letzte Führung), im Winter Sa 10.30–15.30 Uhr. Bus Nr. 46 A via O'Connell St, Bus Nr. 25, 26, 66 A/B ab Pearse St.

Phoenix Park Visitor Centre

Das Besucherzentrum informiert über die Geschichte, Flora und Fauna des Phoenix Park. Die Präsentation bringt wenig Neues und ist kein Muss. Eine gesonderte Ausstellung bemüht sich, Kinder für die Wunderwelt des Waldes zu begeistern. Meiden sollte man das Lokal des Besucherzentrums – so schlecht haben wir in Dublin nur selten gegessen.

www.heritageireland.ie. Mai–Okt. tägl. 10–17.45 Uhr, Nov.–April Mi–So 9.30–17.30 Uhr; Einlass bis 1 Std. vor Schließung. Eintritt frei. Nächster Busstop ist am Ashtown Roundabout der Navan Rd. Dorthin fahren die Buslinien 37, 39/A, 70 via Aston Quay; 38/A/B via O'Connell St.

Ashtown Castle

Neben dem Besucherzentrum steht das weitgehend neu aufgemauerte Ashtown Castle. Die originalen Reste dieses Turmhauses aus dem 15. Jh. kamen wieder zum Vorschein, als man die jüngere, doch marode gewordene Ashtown Lodge abriss, ein Herrenhaus, in dem zuletzt der Botschafter des Heiligen Stuhls amtierte. Im Obergeschoss der Turmburg befand sich die Hauskapelle des Nuntius. Der viktorianische Küchengarten wird gerade nach altem Vorbild wieder angelegt. Auf dem Gelände befindet sich auch ein Restaurant. Beinahe wäre Ashtown Lodge durch einen pompösen Amtssitz der irischen Regierungschefs ersetzt worden, doch Premier Charles Haughey zog es dann doch vor, in seinem Schloss Abbeville im Norden Dublins zu bleiben.

Das Castle ist wie das Visitor Centre geöffnet.

Farmleigh

Edward Cecil Guinness, Brauereibesitzer und Urenkel des Firmengründers Arthur, kaufte sich das Schlösschen Farmleigh anlässlich seiner Hochzeit 1873 und baute es so aus und um, wie man es vom reichsten Mann seiner Zeit erwarten konnte. Längst übertrumpften Industrielle seines Schlages den alten Adel in punkto Glanz und Gloria. Dabei kombiniert Farmleigh in eklektischer Manier allerlei architektonische Stil-

Farmleigh, Spielwiese für Staatsgäste

richtungen und Interieurs. 1999 erwarb die Regierung das marode gewordene Palais samt dem 30 ha großen Anwesen, renovierte alles mit viel Aufwand und Handarbeit. Viele der Kunstwerke und Möbelstücke, mit denen Edward Cecil Farmleigh ausstattete, auch seine Bibliothek, befinden sich heute noch als Leihgaben im Haus.

Die weitläufigen Parkanlagen bieten ummauerte und versenkte Gärten, ein wohl temperiertes Gewächshaus, malerische Spazierwege am See und eine Vielzahl botanischer Schönheiten und Raritäten. Zu Farmleigh gehört sogar noch eine echte Farm mit einer Herde schwarzer Kerry-Kühe. Ein Uhrturm, in dem sich auch das Wasserreservoir des Landguts befindet, kündet die Zeit mit Glockenschlägen im Westminsterklang. Farmleigh dient heute vorrangig als Gästehaus der Regierung. Doch wenn gerade kein Staatsgast im Haus weilt, werden Führungen für gewöhnliche Besucher angeboten. Dazu kommen im Sommer Konzerte und andere Events.

Das alte Bootshaus wurde zum Restaurant, und in den früheren Stallungen gibt es Kunstausstellungen und im Sommer ab und an einen lebhaften Bauernmarkt.

www.farmleigh.ie. **Park** tägl. 10–18 Uhr, Einlass bis 17 Uhr. Führungen durchs **Haus** Mi–So 11, 13, 15 Uhr, im Sommer bis 16.30 Uhr (Beginn letzte Führung). Eintritt frei. Bus 37 via Aston Quay bis Haltestelle Castlenock Gate, dann noch 20 Min. Fußweg.

Praktische Infos

→ Karte S. 165

Tour 5 → Karte S. 165

Essen und Trinken

The Boathouse 1 Aus dem Restaurant/ Café im früheren Bootshaus von Schloss Farmleigh blickt man auf die bezaubernde Landschaft eines künstlichen Sees. An warmen Speisen gibt's Quiche, Lasagne und einfache Nudelgerichte bis 15 €. Tägl. 10–17.30 Uhr. Farmleigh, ✆ 01 815 7255.

Victorian Tea Kiosk 2 Fast Food, Snacks und Getränke in einem winzigen, achteckigen Pavillon oder davor. Chesterfield Av., an der Abzweigung zum Zoo.

Ryan's 3 Am Tresen dieser viktorianischen Bar mit denkmalwürdigem Interieur haben schon Bill Clinton und Julia Roberts ihre Drinks genossen (und sicher nicht selbst bezahlen müssen). Das Lokal gehört heute zu einer Kette von Steakhäusern und so werden im Pub wie im Restaurant (✆ 01 671 9352) vor allem große Portionen gegrillten Rindfleischs (bis 35 €) gegessen. Immerhin: Es gibt auch Fischgerichte und zwei vegetarische Angebote. Tägl. ab 12.30 Uhr, Restaurant ab 17.30 Uhr. 28 Parkgate St, http://ryans.fx buckley.ie.

Eamonn Rea's 4 Die volkstümliche und preiswerte Alternative zum Ryan's. Hier hat das Bier Vorrang und Essen ist nur eine

Hier hat es nicht geschmeckt

mittägliche Nebensache. Hurling-Utensilien und -Trophäen schmücken die Wände. 25 Parkgate St.

Nancy Hand's 5 Knarrende Dielen, Ziegelmauern und dunkle Holzmöbel schaffen die Atmosphäre von anno dazumal. Doch der stilvolle Pub ist neu und sein altertümelndes Flair eine Schöpfung der Gastroeinrichter. Mittags isst man in der Carvery, wo das gewünschte Stück Braten oder Geflügel vor den Augen des Gastes frisch abgeschnitten wird. Abends öffnet ein gesondertes Restaurant (✆ 01 677 0149) und nachmittags gibt's in der Cafébar auch Brownies und Kuchen. Hauptgerichte bis 25 €. 30 Parkgate St, www.nancyhands.ie.

Tour 6: Smithfield und das Marktviertel

Auf diesem Spaziergang durch die nordwestliche Innenstadt treffen Sie leibhaftige Mumien und Dublins älteste georgianische Häuserzeile, erfahren etwas über die Kunst der Whiskeybrennerei und lernen zu guter Letzt die Sonnenseite der Liffey kennen.

In aller Frühe, wenn Nachteulen und Touristen noch im Land der Träume weilen, verwandelt sich Smithfield in ein Feld surrealer Ungleichzeitigkeiten. Der schicke, von modernen Apartmenthäusern, Büros und Bistros gesäumte Platz mit seinen futuristischen Leuchtkörpern wird zur Bühne der Großstadt-Cowboys. Kurzgeschorene Jugendliche aus den Vorstädten paradieren, traben und galoppieren auf edlen und weniger edlen Ponys und Pferden über die 400.000 handverlegten Pflastersteine. In den Seitenstraßen bieten Schwarzhändler Junghunde und Gebrauchtwagen feil. Ein Markt der unsichtbaren Hand, ohne Marktaufsicht, Gewerbeamt, Hygienekontrolle und Toiletten, dafür mit Rössern, die urinieren und ihre Äpfel fallen lassen, wo es ihnen beliebt. Kein Wunder, dass dieser Markt manchem

stinkt, und deshalb nur noch zweimal im Jahr stattfinden darf.

Dabei ist die nordwestliche Innenstadt seit jeher ein Marktviertel. Oxmantown (→ S. 18), die mittelalterliche Vorstadt auf dem Nordufer der Liffey, war der Handelsplatz zwischen Stadt und Umland. Im 17. Jh. etablierte sich Smithfield als Viehmarkt. Mit dem Bau von Essex Bridge (1676, heute Grattan Bridge) und Ormond Bridge (1684, heute O'Donovan Rossa Bridge) wurde die Gegend zwischen Capel Street und den Four Courts erschlossen. Hier entstanden auf dem früheren Besitz der Abtei St Mary's ein Obst- und Gemüsemarkt, ein Fischmarkt und ein Fleischmarkt, und mit diesen dann auch Betriebe der Gerber und Seifensieder.

Diese auf Handel und Verarbeitung landwirtschaftlicher Erzeugnisse ge-

stützte Ökonomie des Viertels ist in der letzten Generation weitgehend zusammengebrochen. Ob Gemüse, Fleisch oder Fisch, Lebensmittel werden heute in Kühltransportern durch halb Europa gekarrt und irgendwo weit draußen an der Autobahn gelagert und verarbeitet, nicht mehr aber in den Innenstädten. Dieser Strukturwandel, mit dem auch die Jobs der Handlanger und Tagelöhner verloren gingen, stellt Dublins nordwestliche Innenstadt vor große Herausforderungen.

Als krisensicher erscheinen allein die Geschäfte rund um die Four Courts, Sitz von Irlands höchstem Gericht, das Anwaltskanzleien, Lunch-Lokalen und Bürobedarfsläden eine blühende Zukunft verspricht.

Tour-Info

Länge: 3 km

Dauer: 1½ Std. ohne Innenbesichtigungen

Hinweis: Der Durchgang von der Henrietta Street durch die King's Inns zum Constitution Hill ist nur Mo–Fr 8.30–17 Uhr offen.

Rundgang

Quartier Bloom

Der Rundgang beginnt an der **Millennium Bridge,** einer schlanken Stahlkonstruktion, die 1999 als zweite Fußgängerbrücke über die Liffey eröffnet wurde. Auf dem Nordufer stoßen Sie direkt auf das Quartier Bloom, eine auf Italienisch getrimmte Einkaufs- und Gastrozone. Begeben Sie sich hinein in die Schluchten des neuen Dublin. Auf einer von Straßencafés genutzten Freifläche

der Bloom's Lane sehen Sie an der Wand John Byrnes **Dublin's Last Supper,** eine Adaption von da Vincis *Abendmahl.* Das großformatige, als Emailleschicht auf Stahlblech aufgetragene Foto verfremdet Jesus zum Sikh, Johannes zur Frau, Judas zum Priester und zeigt das im Hintergrund dargestellte Dublin als Multikulti-Metropole. Seine Darsteller fand der Künstler auf den Straßen der Stadt. Jonathan Hession, der Fotograf der Inszenierung, hat rechts von Jesus hinter Simon seine Hand im Spiel. Ein Juventus-T-Shirt spielt auf die Italien- und Fußballbegeisterung des Investors Mick Wallace an, der das Kunstwerk finanzierte.

Wolfe Tone Square

Bloom's Lane endet am **Jervis Centre,** einem der großen Einkaufszentren im Herzen Dublins. Gehen Sie nun links und an der Ecke des **Leprechaun Museum** (→ S. 179) wieder rechts in die **Jervis Street,** die einmal mehr den Namen des früheren Grundbesitzers trägt, nämlich Humphrey Jervis, der diese Straße im 17. Jh. anlegte.

Löwe und Einhorn bewachen die King's Inns

Zur Linken öffnet sich **Wolfe Tone Square,** auf dem im Dezember Dublins großer Weihnachtsmarkt stattfindet. Ansonsten ist der mit Sitzbänken, Abfalleimern, zwei Blumenkübeln und der Bronzeplastik einer lebensgroßen Kuh möblierte Platz nicht sonderlich aufregend. Früher war er der Gottesacker von St Mary's Church, ein paar Grabplatten hat man auf die Südseite des Platzes umgesetzt. Eine Plakette am Gebäude der Axa-Versicherung erinnert an den hier geborenen Theobald Wolfe Tone, einen Anführer der Rebellion von 1798. Der von den Idealen der Französischen Revolution begeisterte Tone scheiterte damals beim Versuch, die englische Herrschaft über Irland mit Hilfe eines französischen Expeditionskorps zu beenden, und entzog sich dem bereits gegen ihn verhängten Todesurteil durch Selbstmord.

St Mary's Church (1702) wurde von William Robinson, dem Architekten des Royal Hospital, entworfen. Das Gotteshaus, in dem einst Arthur Guinness getraut wurde, ist längst profaniert und wird als Gaststätte und Club genutzt. Erst mit dessen Treppenaufgang bekam das Gebäude nach drei Jahrhunderten endlich einen Turm. Robinson hatte ihn sich sicherlich anders vorgestellt.

Machen Sie noch einen Schlenker durch die Wolfe Tone Street. An deren Nordende steht links mit **Wolfe Tone Close** eine preisgekrönte Anlage des kommunalen Wohnungsbaus. Die Wohnungen sind in bis zu vier Etagen um einen beschaulichen Innenhof angeordnet, in den Fremde leider nur durch das Gitter am Treppenaufgang spähen können.

King's Inns Street

Überqueren Sie die Parnell Street und wenden Sie sich nach rechts, um am Ende des großen Blocks mit Parkhaus und Kino nach links in die King's Inns

■ Tour 4 siehe S. 156/157

Tour 7 siehe S. 189 ▶

Essen & Trinken
(S. 184/185)

4 The Church
6 Epicurean Food Hall
8 Bach 16
10 Winding Stair
12 Bar Italia und Panem
14 Soup Dragon

Pubs (S. 185)

1 The Black Sheep
2 Cobblestone
8 The Grand Social
9 M. Hughes'
11 Dice Bar

Übernachten

5 Generator Hostel (S. 55)
13 Morrison Hotel (S. 51)

Einkaufen (S. 185)

3 Penney's

Street einzubiegen. An der Ecke zur Loftus Lane erinnert ein denkmalwürdiger, doch zunehmend verunstalteter Industriebau mit großer Inschrift an die Süßwarenfabrik **Williams & Woods.** Der nun mit Künstlerwerkstätten und Ateliers belegte Block gehört zum **Dublin Institute of Technology.** Dessen historisches Hauptgebäude ist der schlossartige, aus Ziegeln und Sandstein gefügte Block in der Bolton Street. Die durch den Zusammenschluss mit anderen Instituten inzwischen auf ein Dutzend Standorte verteilte Hochschule soll 2017 auf den neuen Grangegorman Campus an den Nordwestrand des Stadtzentrums umziehen.

Bevor Sie nun die Bolton Street überqueren, blicken Sie rechts die Straße hinauf, die weiter oben den Namen in **Dorset Street** wechselt. Dort sehen Sie einige der für Dublins 1960er- und 1970er-Jahre typischen Mietskasernen. Diese Blocks mit über offene Galerien erschlossenen Wohnungen und individuell gestalteten Eingangstüren, die alle ihre eigene Hausnummer haben, erscheinen wie ein Ensemble gestapelter und geschachtelter, in sich abgeschlossener Häuschen.

James Joyce und das Kino

Vielleicht zum Glück für seine Leser war der Ausflug des als Schriftsteller so erfolgreichen James Joyce in die visuelle Welt ein Fiasko. Nicht nur, dass er sein halbes Leben an einer Augenkrankheit litt, die ihn zuletzt nahezu erblinden ließ. Auch seine kurze Karriere im Filmgeschäft war wenig erfolgreich.

In den schwierigen Jahren, als der von Geldnot geplagte Autor noch keinen Verleger gefunden und dabei doch auch seine Partnerin Nora Barnacle und die beiden Kinder zu versorgen hatte, überzeugte der junge Joyce in Triest, wo die Familie damals lebte, Geldgeber aus der Kinobranche, in Dublin ein Lichtspielhaus zu eröffnen. Der Vertrag sicherte James Joyce eine Gewinnbeteiligung von zehn Prozent zu.

Im Oktober 1909 reiste er nach Dublin und fand dort in 45 Mary Street ein als Kino geeignetes Ladenlokal, das nach geringen Umbauten am 20. Dezember 1909 als *Volta Picture Theatre* eröffnet wurde. Entgegen einer hartnäckigen Legende war das Volta aber nicht das erste Kino der Stadt – bereits im Februar 1908 berichteten die Zeitungen von der Umwandlung eines Theaters in der heutigen Pearse Street zum *People's Popular Picture Palace* –, doch wurden Filme damals ganz überwiegend noch mit mobilen Leinwänden auf Jahrmärkten oder Vorstadtbühnen gezeigt.

Kaum hatte das von James Joyce nach seinem Triester Lieblingskino benannte Volta den Betrieb aufgenommen, trat der Schriftsteller am 2. Januar 1910 wieder die Heimreise zur Familie an die Adria an. Die Geschäftsführung des neuen Kinos überließ er dem aus Triest gekommenen Francesco Novak, von dem es heißt, er sei zuvor Fahrradhändler gewesen.

Die Vorstellungen begannen nachmittags um fünf und wurden bis in den Abend stündlich wiederholt. Im Parkett, der teuersten Sitzplatzkategorie, saßen die Zuschauer auf Küchenstühlen, die hinteren Reihen mussten sich mit Holzbänken begnügen. Ein kleines Streichorchester begleitete die Folge der aufgeführten Kurzfilme französischer und italienischer Provenienz, ein Potpourri aus Sketchen, Reportagen und Kunstfilmen wie etwa Mario Caserinis *Beatrice Cenci*, dem zur Eröffnung des Volta gezeigten Historiendrama um die schöne Vatermörderin.

Die Auswahl der Filme besorgten die Geschäftspartner in Triest. Und darin lag vielleicht die Crux, denn die Zwischentexte waren auf Italienisch und die Besucher mussten die englische Übersetzung von Handzetteln ablesen. Das Volta schrieb rote Zahlen und wurde deshalb bereits im Juni 1910 mit herben Verlusten von den Triester Investoren an eine englische Kinokette verkauft. Die letzte Vorstellung lief 1948. Heute ist das Joycesche Kino ein Geschäft der Handelskette Penney's.

Henrietta Street

Henrietta Street wurde 1724–1755 als Dublins erste georgianische Straße gebaut – und ist die letzte, die ihr Gesicht bis heute bewahrt hat. Man sieht den schlichten, bar jeden Zierrats errichteten Ziegelfassaden nicht an, welche Paläste sich einst dahinter verbargen. Die Keller reichen bis weit unter die Straße – Pfosten sollen verhindern, dass parkende Autos die Gewölbe einstürzen lassen.

In den gerade nur 14 Häusern lebten im 18. Jh. vier Erzbischöfe, zwei Parlamentspräsidenten und zwei stellvertretende Schatzkanzler, darunter Luke Gardiner selbst, der das Gelände 1721 gekauft und die Bebauung geplant hatte.

Den Maßstab setzte die als erste gebaute Residenz von Hugh Boulter, dem anglikanischen Erzbischof von Armagh. Mit detaillierten Bestimmungen im Kaufvertrag sicherte sich seine Exzellenz eine noble Nachbarschaft: Die enorme Breite der Straße samt ihrer Pflasterung wurde festgelegt, ebenso die Lieferantenzufahrt auf der Rückseite, Schankstuben wurden weiträumig ausgeschlossen.

Als die nach Gardiners Tochter Henrietta benannte Straße in die Jahre kam, wurden die Bewohner zahlreicher und weniger vornehm. Miethaie übernahmen die Häuser, teilten die großen Räume mit Zwischenwänden weiter auf und vermieteten die entstandenen Verschläge an arme Familien. So pferchte der Bauunternehmer und Stadtrat Joseph Meade allein in das Haus Nr. 7 etwa 70 Menschen.

Henrietta Street, Dublins älteste georgianische Fassade

Tour 6 → Karte S. 173

King's Inns

Am oberen Ende schließt Henrietta Street mit den King's Inns ab, in denen seit 200 Jahren die Anwaltskammer und das für die gesamte Republik zuständige Grundbuchamt residieren. Als Architekten verpflichteten die Anwälte 1795 James Gandon. Doch der Bau zog sich hin, zumal die Bewohner der Henrietta Street sich dagegen wehrten, dass ihnen die Aussicht verbaut wurde.

Vielleicht deshalb kehren die King's Inns der Henrietta Street den Rücken zu. Francis Johnston versuchte später, den abrupten Übergang zwischen Straße und King's Inns mit dem von Löwen und Einhorn gekrönten Torhaus zu entschärfen. 1823 kaufte die Anwaltsvereinigung auch das erzbischöfliche Anwesen am Kopf der Henrietta Street und ersetzte es durch ein Bibliotheksgebäude.

Broadstone

Gehen Sie nun durch den Hof der King's Inns in den Park, von dem Sie eine gute Aussicht auf Dublin haben. (Am Wochenende oder Abend, wenn der Durchgang zum Constitution Hill geschlossen ist, müssen Sie den Umweg über die Upper Dominick Street nehmen). Im 19. Jh. befand sich hier der **Broadstone Harbour** als Endpunkt eines Seitenarms des Royal Canal – der Verlauf ist anhand des schmalen, lang gezogenen Grünstreifens im Herzen des Broadstone-Quartiers noch zu erkennen.

1845 kaufte die Midland & Great Western Railway Company (MGWR) die Kanalgesellschaft, um am Royal Canal entlang eine Eisenbahn bauen zu können. Die Strecke endete an der 1937 geschlossenen **Broadstone Station**, einer

Trutzburg mit Anklängen an ein ägyptisches Tempeltor, in der nun die Hauptverwaltung von Bus Eireann residiert. Der äußere Zustand des Gebäudes entspricht dem Standard von Dublins öffentlichem Verkehr.

Henrietta Place

Gehen Sie nun wieder zurück in die Henrietta Street und biegen von dort aus rechts in den **Henrietta Place** ein, der entgegen dem Namen heute kein Platz, sondern eine Straße ist. Rechts steht ein schmucker Wohnblock der **Henrietta Houses** (1939) mit abgerundeten Ecken, Ziegelornamenten und vorkragendem Flachdach, wie man es auch aus Amsterdam kennt.

Kleine Rache an Großbritannien?

Green Street

Am Ende von Henrietta Place überqueren Sie die Bolton Street und gehen links ums Eck in die **Green Street.** Die graue Ruine auf der rechten Straßenseite ist **Sheriff's Prison** (1794), in dem einst die Schuldner darbten und sich über die in Rechnung gestellten Kosten für Essen und Unterkunft immer größere Schulden aufluden. Nebenan im **Green Street Courthouse** (1797) amtete bis zum Umzug in den Justizpalast Irlands Special Criminal Court, ein für Terror- und Staatsverbrechen vorgesehenes Sondergericht, das ohne Geschworene verhandelt und urteilt. Wolfe Tone, Robert Emmet und andere irische Freiheitshelden hatten sich hier zu verantworten.

Auf der Grünfläche neben dem Gericht stand früher das Newgate Prison, in dem die Strafgefangenen auf ihren Prozess warteten. In Hausnummer 8–10 der **Little Britain Street** befand sich einst Barney Kiernan's Pub, in dem die Zyklopen-Episode aus Joyce's *Ulysses* spielt. Bemerkenswert ist auch, dass die Iren gleich nach der Unabhängigkeit die Great Britain Street umbenannten (heute ist es die Parnell Street), den Hinweis auf Klein-Britannien aber erhaltenswert fanden.

An der nächsten Ecke stoßen Sie auf die viktorianische **Halle des Obst- und Gemüsemarkts,** in der noch einige wenige Großhändler ihre Waren lagern. Irgendwann einmal soll die Halle zu einem Lebensmittelmarkt für Endverbraucher umfunktioniert werden.

Von der Market Hall zur Jameson Distillery

Gehen Sie hier rechts in Mary's Lane. Auf dem großen asphaltierten Parkplatz neben der Markthalle stand bis in die jüngste Vergangenheit Molly Malones Fischmarkt. An der Ecke Church

Street/Mary's Lane strahlt das frühere Arbeiterviertel der Jameson-Brennerei eine Atmosphäre kleinbürgerlicher Behäbigkeit aus und erinnert an die Zechensiedlungen des Ruhrgebiets.

Wenn Sie links in die Church Street einbiegen, kommen Sie zur **St Michan's Church** (→ S. 180), wo Sie sich die Gruft mit den Mumien anschauen können, die Bram Stoker zur Erfindung des Grafen Dracula inspirierte.

Westlich der Kirche ist zwischen Bow Street und Smithfield die Industriebrache der früheren **Jameson Distillery** (→ S. 180) zu neuem Leben erblüht. Ein Investor überbaute den Block mit einem futuristischen Ensemble schicker Apartmenthäuser und rüstete den alten Schornstein, den **Chimney,** zum Aussichtsturm um – der nur leider wegen „Wartungsarbeiten" seit geraumer Zeit gesperrt ist.

Smithfield

Smithfield, die Freifläche hinter der Bow Street, ist zweimal im Jahr Schauplatz des Dubliner Pferdemarktes, des proletarischen Gegenstücks zur Dublin Horse Show. Händler und Käufer sind Bauern aus der Umgebung, Traveller und einfache Leute, oft Jugendliche aus der Nordstadt, die dort mit ihren Tieren inoffizielle Rennen veranstalten. Freitagabend erstrahlt der Platz in besonderem Glanz. Dann flammen die Fackeln hoch oben auf den gigantischen Lichtmasten. Reflektierende Segel werfen das Licht von Strahlern an die angrenzenden Hausfassaden. Zu anderen Zeiten muss sich das als erfolgreicher Sanierungsfall gefeierte Smithfield allerdings die Frage gefallen lassen, ob es mit seinen wenigen Läden und Lokalen attraktiv genug ist, um dort länger zu verweilen … Zweifel sind angebracht.

Arran Quay / Inns Quay

Wenn Ihnen noch nach Museum zumute ist, steigen Sie am Smithfield Square

Nur Händler dürfen in die Markthalle

in die stadtauswärts fahrende Straßenbahn. Gerade eine Station weiter hält die Tram vor den **Collins Barracks** (→ S. 180), in denen Irlands Nationalmuseum seine kunsthandwerklichen Schätze und die Geschichte des Osteraufstands präsentiert.

Oder Sie gehen, ohne Museumsbesuch, hinunter zur Liffey und dort nach links bis zur **St Paul's Church,** gebaut 1835–1843 nach dem Entwurf von Patrick Byrne. Sehenswert ist besonders der einem antiken Tempel nachempfundene Innenraum mit seinem raffinierten Lichtspiel, das den Altar durch ein vom Kirchenschiff aus unsichtbares Oberlicht in strahlende Helle taucht. Das lange geschlossene Gotteshaus wird heute von den indischen Anhängern

der syrisch-orthodoxen Kirche von An-
tiochia genutzt. Man staunt, woher die
heutigen Dubliner so stammen.

Die **Father Matthew Bridge** oder besser
gesagt ihr Vorgänger war im Mittelalter
Dublins einzige Brücke über die Liffey.
Daneben dominieren die klassizistischen **Four Courts** (→ S. 181), Irlands
oberster Gerichtshof, das Ufer.

Chancery Place/ Ormond Square

Am **Chancery Place,** also auf der östli-
chen Seite der Four Courts, fällt das
viktorianische Ziegelhaus der **Medical
Mission** mit seinem aufwendigen Gie-
belfeld ins Auge. Die Medical Mission
ist inzwischen mit anderen evangelika-
len Stadtmissionen zur Dublin Chris-
tian Mission verschmolzen, doch vom
Namen abgesehen hat sich im Haus
kaum etwas geändert.

Am oberen Ende von Chancery Place
steht ein weiteres Beispiel für den sozialen Wohnungsbau der 1930er nach

Amsterdamer Vorbild. Wie schon am
Henrietta Place tragen auch diese
Wohnblocks der Dublin Corporation
die unverkennbare Handschrift des
damaligen Stadtbaumeisters Herbert
G. Simms. So auffällig wie einmalig
sind die beiden Tore im spätexpressionistischen Stil, die im Durchlass die
Form der Fensteröffnungen des Trep-
penturms aufgreifen. Im angrenzenden **Chancery Park** (Mo–Fr 9.30–15
Uhr) mit seinem hübschen Kiosk und
anderen Art-déco-Elementen erinnert
eine Tafel an Simms, dem die Dubliner
etwa 17.000 preiswerte Wohnungen
verdanken.

Über die östliche Parallelstraße zum
Chancery Place kommen Sie zum **Ormond Square.** Angesichts seiner bunten Spielflächen und Sitzecken verzeiht
man diesem Platz gerne, dass er nur
wenige Grünflächen hat. An warmen
Tagen machen Jung und Alt aus den
umliegenden Häusern den Ormond
Square, auf dem sich früher Dublins
Fleischmarkt befand, zu ihrem öffentlichen Wohnzimmer.

Schnellen Schritts über den Ormond Quay

Tief im Untergrund leuchtet St Mary's Abbey Chapter House

Mary's Abbey/
Ormond Quay

Über Arran Street und Mary's Abbey gelangen Sie zu den Resten von **St Mary's Abbey**. Dieses Kleinod mittelalterlicher Architektur wurde wiederentdeckt, als bei Bauarbeiten tief im Boden ein frühgotisches Gewölbe zum Vorschein kam. Es gehört zum 1190 erbauten Kapitelhaus eines reichen Zisterzienserklosters, dessen Mönche im Zuge der Reformation Heinrichs VIII. vertrieben wurden.

Danach geht es ans Ufer zurück. An der Grattan Bridge beginnt der **Boardwalk,** ein zur Jahrtausendwende angelegter Fußweg über dem Fluss. Bänke laden zur Pause in Südseitenlage, es gibt sogar einen Kaffeeausschank. Auf dem Boardwalk kommen Sie zurück zur Millennium Bridge.

Stationen

Leprechaun Museum

Man wird hier keinem echten Kobold begegnen und auch keinen Weg zu ihrem legendären Goldschatz am Ende des Regenbogens finden. Der Besuch kann sich gleichwohl lohnen, wenn man der im Dubliner Schnellsprechenglisch vorgetragenen Führung sprachlich zu folgen vermag. An manchen Tagen jedoch, die nicht vorhersehbar scheinen, werden die Besucher nach einem einführenden Vortrag allein auf die Ausstellung losgelassen, was den Unterhaltungswert erheblich mindert. Denn das „Museum" bietet in seinen sieben kleinen Räumen nicht mehr als den dekorierten Rahmen für die von den natürlich als Leprechaun verkleideten Guides bisweilen sogar szenisch vorgetragenen Koboldgeschichten – ohne diese bereut man schnell, das satte Eintrittsgeld gezahlt zu haben.

Jervis St/Ecke Abbey St, www.leprechaun museum.com. Tägl. 10–18.30 Uhr, Einlass bis 17.45 Uhr. Fr/Sa auch Führungen um 19.30/20 Uhr. Eintritt 12 €.

St Michan's Church

Attraktion der 1095 gegründeten, seither vielfach umgebauten Kirche ist ihre düstere Gruft, deren trockene, methanhaltige Luft die ungewöhnliche Eigenschaft hat, Leichname zu konservieren. Ein fußloser „Kreuzritter", der allerdings „nur" 300 Jahre alt ist, und drei weitere Leichname liegen offen. In einem anderen Raum stapeln sich die Särge der Grafen von Leitrim, und in einer dritten Gruft liegt hinter hingerichteten Rebellen die Totenmaske des Freiheitskämpfers Theobald Wolfe Tone. Die Gewölbe sind seit dem 19. Jh. eine Publikumsattraktion und haben Bram Stoker zu seinem Dracula-Roman inspiriert.

Smithfield Chimney

Weniger beachtet wird die schöne Orgel oben in der Kirche – angeblich hat schon Händel hier gespielt, wofür es aber keine Belege gibt. Das aus einem Stück geschnitzte Paneel der Orgelbalustrade zeigt Musikinstrumente der Barockzeit.

Church St, www.stmichans.com. März–Okt. Mo–Fr 10–12.30 und 14–16.30, Sa 10–12.30 Uhr; Nov.–März Mo–Fr 12.30–15.30, Sa 10–12.30 Uhr. Eintritt 5 €. Bus Nr. 83 via Westmoreland St; Luas-Station Four Courts.

Old Jameson Distillery

Auf dem Gelände der 1971 geschlossenen und abgerissenen Schnapsfabrik wurde ein Brennerei-Museum installiert. Nach einem einführenden Propagandafilm über den glorreichen Firmengründer John Jameson erfährt man auf einer unterhaltsamen Führung anhand von Repliken mehr über die Stationen der Whiskey-Herstellung, eine Probe in der Whiskeybar und ein Souvenirshop gehören selbstverständlich dazu. Dennoch: Mit den Präsentationen des Konzerns in Bushmills (Antrim) oder Midleton (Cork) kann die Dubliner Ausstellung nicht mithalten. Und man wird das Gefühl nicht los, gerade auf einer Werbeveranstaltung für Spirituosen zu sein und dafür auch noch bezahlt zu haben. Wussten Sie, dass die Iren mehr Geld für Alkohol ausgeben als für alle übrigen Lebensmittel zusammen?

Bow St, www.tours.jamesonwhiskey.com. Führungen tägl. 10–17 Uhr (Beginn letzte Führung). Eintritt mit Degustation 13 €. Bus Nr. 83 via Westmoreland St; Luas-Station Smithfield.

Collins Barracks

Mit 226 Jahren (1701–1997) ununterbrochener militärischer Nutzung beansprucht die Kaserne einen Eintrag ins Guinnessbuch der Rekorde. Geplant wurde der Bau von Thomas Burgh, dem die Dubliner auch das Bibliotheksgebäude des Trinity College verdanken. Auch der für sechs Regimenter geeignete Exerzierplatz ist wegen seiner Größe rekordverdächtig.

James Gandons Meisterwerk

Einen Teil des weitläufigen Gebäudes hat das **National Museum of Ireland – Decorative Arts & History** bezogen. Diese Zweigstelle des Nationalmuseums zeigt allerlei Artefakte wie Glaswaren, chinesische Porzellane, Textilien, Musikinstrumente und Möbel. Besonders sehenswert sind die 25 Exponate im Raum *Curator's Choice* – die Direktoren der führenden Museen Irlands stellen hier ihre Lieblingsobjekte aus, etwa das Hochzeitsgeschenk Oliver Cromwells an seine Tochter.

Out of Storage birgt eine eklektizistische Sammlung von japanischen Rüstungen bis hin zu Edinson'schen Phonographen, allesamt mit Hilfe von Touchscreen-Computern erläutert. Ein Gang durch die für Besucher zugänglichen *Magazine* gibt Einblick in die Überfülle an schönen und erhaltenswerten Dingen, die das Museum besitzt. Im neuen Nordostflügel führt das Museum in seiner militärgeschichtlichen Ausstellung unter dem Titel *Soldiers and Chiefs* die Iren als Söldner und Soldaten vor. Zu diesen Militaria passt dann auch die bislang letzte Erweiterung, die uns mit *The Easter Rising: Understanding 1916* das turbulente Jahrzehnt um den Osteraufstand und den Bürgerkrieg näher bringen will.

Benburb St, www.museum.ie. Di–Sa 10–17, So 14–17 Uhr. Eintritt frei. Luas-Station Museum.

Four Courts

An einem Werktag fühlt man sich in der Halle zwischen den auf ihre Verhandlung wartenden Juristen mit schwarzen Kutten und Löckchenperücken in eine vergangene, unheimliche Welt versetzt. Wie das Custom House trägt der Sitz von Irlands höchstem Gericht klassizistische Züge, strebt aber mehr in die Höhe. James Gandons Meisterwerk unter den georgianischen Repräsentativbauten Dublins entstand 1786–1802. Über einem Zentralbau mit korinthischen Säulen thront eine Dachtrommel mit flacher Kuppel. Auch die Four Courts wurden im Bürgerkrieg in Schutt und Asche gelegt, in den 1930er-Jahren aber wieder aufgebaut. Die vielen Statuen haben unter Abgasen und saurem Regen sichtbar gelitten.

Die Gerichtsverhandlungen sind in der Regel öffentlich. Prozessiert wird Mo–Fr 11–13 und 14–16 Uhr. Luas-Station Four Courts. Bus Nr. 25/A/B ab Aston Qay; Nr. 26, 66, 67 ab Pearse St; Nr. 90 ab Connolly Station.

Glasnevin Cemetry, ein Wald aus Kreuzen und Statuen

Abstecher

Abseits der Route liegen mit dem botanischen Garten und dem Nationalfriedhof Glasnevin noch zwei interessante Stätten. Zum Laufen wäre es zu weit bzw. ist die Strecke zu langweilig, doch von der Haltestelle an der Phibsborough Road auf Höhe der Broadstone Station kommen Sie mit dem Bus in wenigen Minuten dorthin.

Botanic Gardens

Der 19 Hektar große Garten liegt nördlich des Zentrums zwischen Royal Canal und River Tolka. Gestaltet im Stil eines englischen Landschaftsgartens, um-

fasst er neben einem Arboretum und diversen Themengärten auch prächtige Gewächshäuser.

Wer das Palmenhaus der Londoner Kew Gardens nicht kennt und auch nicht nach Belfast kommen wird, hat hier Gelegenheit, einen der Glaspaläste von Richard Turner kennenzulernen, der um die Mitte des 19. Jh. die schönsten dieser zerbrechlichen Kathedralen aus Glas und Eisen baute. Turners *Curvilinear House,* das auch schon auf Briefmarken zu sehen war, schützt in Dublins botanischem Garten Rhododendren, Palmfarne und andere Nacktsamer sowie eine Sammlung mit Pflan-

finden sich Café und ein Verkaufsstand für Bücher und Broschüren.

Botanic Rd, Glasnevin, Dublin 9, www.botanicgardens.ie. März.–Okt. Mo–Fr 9–17, Sa/So 10–18 Uhr. Nov.–Febr. Mo–Fr 9–16.30, Sa/So 10–16.30 Uhr. Eintritt frei. Führungen So 12 und 14.30 Uhr. Bus Nr. 4, 9 ab O'Connell St, 83 ab Westmoreland St. Audioguide gratis bei www.visitdublin.ie/downloads/Dublin_apps.

Glasnevin Cemetery

Eine mittelalterlich anmutende Mauer mit Wachtürmen schützt Dublins größtes Gräberfeld, auf dem etwa 1,5 Millionen Verstorbene beigesetzt sind. Der Schutzwall stammt noch aus der Zeit, als sich mancher Totengräber mit der Bergung frisch Bestatteter und ihrem Verkauf an Pathologen, Studenten und Seifensieder gern ein Zubrot verdient hätte. Dabei wurde Irlands Nationalfriedhof erst 1832 angelegt, als nach Aufhebung der Penal Laws ein „neutraler" Friedhof gefragt war, auf dem Katholiken wie Protestanten ihre Bestattungsrituale gleichermaßen ungehindert praktizieren konnten. Über den Wald aus Kreuzen, Harfen, Kleeblättern und Marienstatuen wacht ein Rundturm, in dessen Krypta die Gebeine von Daniel O'Connell ruhen. In seiner Nachbarschaft sind auch die anderen Promis wie Charles Stewart Parnell, Michael Collins, Constance Markievicz und dergleichen beigesetzt. Ein **Friedhofsmuseum** erzählt in seinen unterirdischen Räumlichkeiten die Geschichte des Friedhofs und macht uns mit Grabräubern und Seuchen bekannt.

Finglas Rd, Glasnevin, Dublin 9, www.glasnevintrust.ie. **Museum**, Mo–Fr 10–17, Sa/So 11–17 Uhr. Eintritt 6 €, mit Friedhofsführung 10 €. **Friedhof** tagsüber geöffnet (Tor 3 bei der Esso-Tankstelle auch abends). Eintritt frei. Führungen im Sommer tägl. 11.30 und 14.30 Uhr, im Winter Mi und Fr 14.30 Uhr. Bus Nr. 40 und 140 via O'Connell St.

zen aus der südlichen Hemisphäre vor irischem Wind und Wetter. Ein weiteres Schmuckstück, das leider brüchig gewordene *Victorian Waterlily House,* in dem es einst wagenradgroße Wasserlilien zu sehen gab, wartet seit einigen Jahren auf die Restaurierung.

Herz der Freiluftpflanzungen ist ein bis ins 19. Jh. zurückreichender Lehrgarten, der in Irland heimische Pflanzenfamilien systematisch ordnet. Auch verbreitete Biotope wie Moorheide, Salzmarschen, Wiesen- und Karstflora werden vorgestellt. Im Herbarium sind einige hunderttausend heimische Pflanzen und Pflanzenteile fein säuberlich getrocknet und dokumentiert. Im Besucherzentrum

Tour 6 → Karte S. 173

Auf der Sonnenseite der Liffey

Praktische Infos

→ Karte S. 173

Essen

Winding Stair 10 Restaurant mit offener Küche, schickem Publikum und schönem Blick über den Fluss. Der Dielenboden und einfache Tische mit Kaffeehausstühlen zeugen noch von seiner Zeit als nostalgisches Café. Zu essen gibt's irische Hausmannskost in Bioqualität, z. B. die Vorspeisenplatte mit Aufschnitt oder die üppige Portion Kohl mit Speck an Petersiliensauce. Hauptgerichte bis 28 €, Lunchmenü 25/30 €. Tägl. 12.30–15.30 und ab 18 Uhr. North Side gegenüber der Halfpenny Bridge, ✆ 01 872 7320, www.winding-stair.com.

Bach 16 7 Nette Weinbar mit zwei Außentischen. Zu essen gibt's Pizza, kalte Platten und warmen Ziegenkäse. Tägl. ab 12 Uhr. Bachelors Walk, ✆ 01 872 0215, www.bach16.com.

Epicurean Food Hall 6 Etwas für fast jeden Geschmack: Die Mall birgt ein gutes Dutzend Gastrostationen, angefangen vom kleinen Italiener über die Sushibar bis zum Bagelstand. Mo–Mi bis 20, Do–Sa bis 21, So bis 19 Uhr. 13 Lower Liffey St, www.epicureanfoodhall.com.

Soup Dragon 14 Frühstück kontinental, irisch, vegetarisch oder amerikanisch (Bagel mit pochiertem Ei), hausgemachte Suppen auch zum Mitnehmen, einige wechselnde Tellergerichte und frisch gepresste Obstsäfte. Mo–Fr bis 17, Sa bis 16 Uhr. 168 Capel St, www.soupdragon.com.

Panem 12 Die winzige Bäckerei mit Café ist ein Fluchtpunkt vor dem tosenden Verkehr. Spezialität sind gefüllte Foccacia (ligurisches Fladenbrot), an warmen Gerichten gibt es mittags Suppe und Nudelzubereitungen. Mo–Sa 9–17 Uhr. 21 Lower Ormond Quay.

Bar Italia 12 Pizza & Pasta (um 15 €), dazu Salate, tolle Vorspeisen, Snacks und guter Kaffee in authentisch italienischer Atmosphäre. Blooms Lane, www.baritalia.ie.

The Church 4 Der Name ist treffend gewählt, denn Bar, Café, Restaurant und Club sind in einem alten Kirchenbau untergebracht. Mitten im stylisch eingerichteten Schiff steht, sozusagen als Ersatzaltar, ein gewaltiger Tresen. Auf der Galerie kann ab 17 Uhr unter dem vielleicht von Englands bestem Orgelbauer Renatus Harris aufgestellten Instrument diniert werden (Hauptgericht bis 30 €, Menü 40 €). Dann sind da noch die Cellar Bar, die Tower Bar und der Biergarten auf dem früheren Kirchhof. Fr/Sa Clubbing. Mary St/Ecke Jervis St, ✆ 01 828 0102, www.thechurch.ie.

Pubs

>>> **Mein Tipp: The Black Sheep** **1** Ein Gastropub nach Gasthofart. Nur wenige Hocker am Tresen, dafür Holztische (auch der Stammtisch ist da), tagsüber viel Licht, gedämpfte Musik und kein TV. Ausgeschenkt werden handgepumpte, also nicht mit Kohlensäure versetzte Edelbiere diverser Kleinbrauereien. Dazu gibt's auch Snacks oder ganze Mahlzeiten, darunter Sondersames wie „Bier- und Lauchwürstchen mit Knoblauchkartoffelbrei". Wohl bekomm's! Hauptgericht mittags bis 10 €, abends bis 15 €. 61 Capel St. www.facebook.com/theblacksheepdublin. «

The Grand Social **8** Das Lokal bringt Pub-Leben, Clubbing, Liveacts, Theater, Filmabende, Kunstausstellungen, Tanz- und Zeichenunterricht und sogar Flohmarktnachmittage unter ein Dach! Für gutes Essen sorgt das Küchenteam des Winding Stair Restaurants. Lower Liffey St am Nordufer der Halfpenny Bridge, www.thegrandsocial.ie.

M. Hughes' **9** Tagsüber von den Advokaten und anderen Streithähnen aus dem nahen Gerichtsgebäude besucht, wird das Lokal am Abend zur traditionellen Musikkneipe mit Folk oder gar Kammermusik und Setdancing). 19 Chancery St (hinter den Four Courts).

Cobblestone **2** Ob Folk oder Rock – hier wird fast jeden Abend musiziert. Auf der Bühne im Obergeschoss laufen die geplanten Gigs, bei denen auch Newcomer ihre Stücke vorstellen. Außerdem ist im Lokal immer eine Ecke für spontane Sessions reserviert. 77 North King St, Smithfield, www.cobblestonepub.ie.

Dice Bar **11** Die schlichte Bar will an New York erinnern und ist eine Adresse für ungezwungene Abende ohne übermäßigen Schick. Das weitgehend einheimische Publikum ist zwischen 30 und 50 Jahre alt. Rockige Musik, wenig Platz, kein Essen, die Getränke etwas billiger als in der Innenstadt. 79 Queen St/Ecke Benburb St, www.thatsitdublin.com.

Einkaufen

Penney's **3** Dublins Billigkaufhaus. Hier bekommt Frau Stilettos für 9 €, Pullis für 5 € und viele andere Schnäppchen. Kein Wunder, dass die Wühltische manchmal zur Kampfzone werden. Do Abendverkauf, auch So geöffnet. 47 Mary St, www.primark.com.

Tour 6 → Karte S. 173

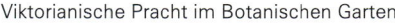

Viktorianische Pracht im Botanischen Garten

Custom House, im Hintergrund das Internationale Finanzzentrum IFSC

Tour 7: Rund um die O'Connell Street

Die O'Connell Street, ein breiter Boulevard nach Pariser Vorbild, ist Dublins wichtigste Einkaufsmeile auf dem Nordufer der Liffey. Mit dem General Post Office war sie das Zentrum des Osteraufstands und ist bis heute die erste Adresse für politische Demonstrationen. Die 120 m hohe Stahlnadel des Spire steht für Dublins Aufbruch ins dritte Jahrtausend.

Die nach dem Freiheitshelden Daniel O'Connell benannte Straße als breitesten Boulevard Europas zu bezeichnen, wie es manche Dubliner und besonders die Fremdenführer tun, ist eine kühne Übertreibung und der Versuch, einmal auch die Dubliner North Side mit einem Superlativ zu schmücken – belassen wir es bei der mit 45 bis 49 m breitesten Straße Irlands.

Ursprünglich war die O'Connell Street nach Henry Moore, Earl of Drogheda, benannt, der im 17. Jh. als Erster die Gegend zwischen Parnell Square und Abbey Street überbaute. Nach der Umbenennung seiner Drogheda Street zuerst in Sackville Mall und dann zugunsten des Freiheitshelden O'Connell sind dem Earl in der Nachbarschaft immerhin noch Henry Street, Moore Street, Earl Street, und, kein Scherz, sogar eine Of Lane verblieben.

Um 1740 kaufte der vom Kutschersohn zum Bankier und Spekulanten aufgestiegene Luke Gardiner senior (vor 1690–1755) den Moores die Drogheda Street ab, ließ die Gebäude auf der Westseite niederreißen und die spätere O'Connell Street auf ihr heutiges Maß verbreitern. Die Wide Streets Commission schuf dann den Durchbruch zum Fluss, die Brücke (1794) und auf dem Südufer die Westmoreland Street. Damit verband die Sackville Mall die zentrale

Rund um die O'Connell Street

Achse Dublin Castle – Trinity College mit den georgianischen Nobel-quartieren am Parnell und am Mountjoy Square, mit dem sich Luke Gardiner junior (1745–1798) ein Denkmal gesetzt hatte.

Mit der vierten Generation begann das Gardiner-Imperium zu bröckeln, 1848 ging es bankrott. Damit ging die ordnende Hand in der Sackville Mall verloren. Neue Besitzer rissen Lücken in die georgianischen Einheitsfassaden und bauten nach ihrem eigenen, unterschiedlichen Geschmack. Osteraufstand und Bürgerkrieg schlugen eine Schneise der Zerstörung, so dass die Fassaden besonders im unteren Teil der O'Connell Street heute vom Wiederaufbau in den 1920er- und 1930er-Jahren stammen. Durch den Umbau des Straßenraums zur Jahrtausendwende, bei dem die Fahrbahn verengt und mehr Platz für Passanten geschaffen wurde, hat der Boulevard weiter an Attraktivität gewonnen.

Schlimmer als die O'Connell Street traf der durch den Act of Union (→ S. 21)

eingeleitete Niedergang Dublins die Straßen der zweiten Reihe, besonders die der North Side. Hier wurden die Häuser nun zimmerweise an arme Familien vermietet und damit völlig überbelegt. Besonders betroffen war die Gegend östlich des Boulevards, die den Hafen mit billigen Arbeitskräften versorgte.

Auch der Abriss der ärgsten Slums, die in den 1940er- und 1950er-Jahren durch Mietskasernen ersetzt wurden, hat der sozialen Misere zwischen Marlborough Street, Summerhill und Connolly Station nicht abgeholfen. Noch immer hat dieser Teil der Innenstadt den höchsten Anteil an Arbeitslosen, Alleinerziehenden und jetzt auch Flüchtlingen.

Tour-Info

Länge: 4,5 km

Dauer: 2 Std. ohne Innenbesichtigungen.

Anschluss: Sie können diesen Rundgang mit Tour 1, Tour 6 und Tour 8 verknüpfen.

South Side gegen North Side

Seit bald 750 Jahren überspannen Brücken die Liffey, doch der Fluss, den die Dubliner naserümpfend „Sniffey" nennen, trennt heute mehr denn je. Er ist die Barriere zwischen Arm und Reich, elegant und vulgär, zwischen Hochkultur und billigem Videoentertainment, Sanierung und Verfall. Vor allem in den Köpfen der Menschen von der South und der North Side existiert diese Barriere, die sie den jeweils anderen Stadtteil ignorieren lässt. Für die kleinen Leute ist, auch wenn sie in den Vorstädten wohnen, die nördliche Innenstadt das bevorzugte Ziel für größere Einkäufe und die Abendunterhaltung. Die aufstrebende Mittelklasse aus den südlichen Vororten jedoch fürchtet die North Side wie der Teufel das Weihwasser und weiß damit nicht anders umzugehen, als sie zur schier unerschöpflichen Quelle von Witzen zu machen.

Rundgang

O'Connell Bridge

Beginnen Sie Ihren Spaziergang an der O'Connell Bridge. Das ursprüngliche, von James Gandon geplante Brückenbauwerk wurde in den 1880er-Jahren auf die Breite der O'Connell Street erweitert. Seither ist die Brücke breiter als lang! Beobachten Sie einen Moment den Strom der Passanten: Im Hektik-Ranking europäischer Metropolen, von britischen Forschern nach der Laufgeschwindigkeit von Fußgängern ermittelt, steht Dublin nach Kopenhagen und Madrid auf dem dritten Platz. Da wird der Zwangsstopp an der Ampel zur geradezu traumatischen Freiheitsberaubung!

Lower O'Connell Street: Von der Brücke zum GPO

Vom nördlichen Brückenkopf blickt **Daniel O'Connell** (1775–1847) mit Beinamen „der Befreier" als Bronzestatue unbeteiligt über das Geschehen. Die vier geflügelten Statuen am Sockel des Monuments, an denen beim genauen Hinsehen noch die Einschüsse von Osteraufstand und Bürgerkrieg auszumachen sind, verkörpern die O'Connell zugeschriebenen Tugenden Patriotismus, Mut, Treue und Beredsamkeit.

Mit der O'Connell-Statue beginnt ein ganzer Reigen von Denkmälern auf dem Mittelstreifen des Boulevards. **William Smith O'Brien** (1803–1864), Führer des Young Ireland Movement, der während der Großen Hungersnot in Tipperary einen Bauernaufstand anzettelte, blickt kritisch auf die McDonald's-Filiale. Jenseits der Tramgleise wird der Arzt und Publizist **John Gray** (1815–1875), auch er ein Mitstreiter O'Connells, für den Aufbau der Dubliner Trinkwasserversorgung geehrt, den er als Stadtrat und Bürgermeister vorantrieb.

Der Sozialist **Jim Larkin** (1876–1947) gilt als Vater der irischen Gewerkschaften und führte die Arbeiter während des *Dublin Lockout* 1913/14, als Dubliner Unternehmer einen Streik der Straßenbahner mit der Massenentlassung von Gewerkschaftsmitgliedern beantworteten. Wo heute Larkins Denkmal steht, erlebte Dublin am 31. August 1913 seinen *Bloody Sunday,* als die Polizei mit Waffengewalt eine Kundgebung der Streikenden auflöste. Larkin sprach

damals vom Balkon des Imperial Hotel (heute Kaufhaus Clerys) zu den Demonstranten.

Verschwunden ist der britische Seeheld Lord Nelson. Er stand vor dem Postamt, bis ihn die IRA 1966 sprengte. Seinen Platz nimmt nun der **Dublin Spire** ein, ein 120 m hoher und vier Millionen Euro teurer „Leuchtturm" aus Edelstahl – als wäre Dublin nicht hell genug oder gar zu übersehen oder als bedürften die zahlreichen Heroinsüchtigen eines Denkmals in Form einer Nadel.

Gehen Sie wieder ein paar Schritte zurück, überqueren die Fahrbahn und begeben sich in das Gebäude mit der Tempelfassade: Das **General Post Office** (→ S. 198) hat seinen Platz in den irischen Geschichtsbüchern als Bühne für den Osteraufstand 1916. Ihm gegenüber, auf der Ostseite der O'Connell Street, verführt das Kaufhaus **Clerys** (→ S. 199) zum niveauvollen Geldausgeben. Vom ersten Stock, Abteilung Damenwäsche, bietet sich eine gute Fotoperspektive auf das GPO (wenn denn die Scheiben geputzt sind).

Upper O'Connell Street: Vom GPO zum Parnell Square

An der Ecke zur Earl Street mustert eine Statue von **James Joyce** die Passanten. Verlassen sie hier für einen Moment die O'Connell Street. **Madigan's**, ein viktorianischer Pub in der North Earl Street, bietet sich für eine erste Pause an. Gestärkt geht es dann weiter in die Marlborough Street zu Dublins katholischer Bischofskirche **St Mary's Pro-Cathedral** (→ S. 199). Gegenüber der Kirche, im Park des Bildungsministeriums, lässt Linda Brunkers Monumentalskulptur **Wishing Hand** (→ Foto S. 204) darüber mutmaßen, welche Wünsche Kirche, Staat und Bildung heute noch zu erfüllen vermögen.

Über die unscheinbare Cathedral Street kommen Sie wieder auf den Boulevard zurück. Die Gasse zielt direkt auf das Haus Nr. 62 Upper O'Connell Street, dessen Baumeister etwas zu tief in die Kiste der Halbsäulen, Gesimse, Balustraden und anderen klassizistischen Zierelemente gegriffen hat. Das Erdge-

Alt (GPO) und Neu (Dublin Spire) streben nach oben

schoss wurde im Zuge des Umbaus zum Fastfood-Lokal abgespeckt.

Vor dem Gresham-Hotel steht das Denkmal von **Theobald Mathew** (1790–1856), Begründer der irischen Abstinenzlerbewegung und angesichts der irischen Neigung zu Bier und Whiskey ein Don Quichotte der Grünen Insel. **Nr. 42**, das drittletzte Haus auf der linken Seite, neben dem Polizeiposten und zu einem Hotel gehörend, ist das letzte noch erhaltene Gebäude aus der georgianischen Gründerzeit der O'Connell Street.

Am oberen Ende der Straße grüßt der Nationalheld **Charles Stewart Parnell** (→ S. 21) und deklamiert die berühmte, in goldenen Lettern auf einem Obelisken festgehaltene Passage aus seiner Corker Pro-Home-Rule-Rede vom 21. Januar 1885: *Niemand hat das Recht, den Weg der Nation aufzuhalten. Niemand hat das Recht, seinem Land zu sagen: Bis hierher sollst du gehen und nicht weiter.* Das Parnell-Denkmal war die letzte Arbeit des in Dublin geborenen und in den USA zu Ruhm gekommenen Bildhauers Auguste Saint-Gaudens (1848–1907).

Parnell Square South & West

Ein Zusammenhang mit der Frauenklinik **Rotunda** (1757), auf die das Standbild weist, war sicher nicht beabsichtigt, doch lässt sich zumindest der erste Satz des Parnell-Zitats auch als päpstliche Mahnung an Mütter und Ärzte interpretieren. Die Rotunda (www.rotunda.ie) war die erste Geburtsklinik der Britischen Inseln. Der Ersparnis halber verwendete Richard Cassels teilweise erneut die Pläne der Leinster House, die Ähnlichkeit ist also kein Zufall. Sehenswert ist die zur Besuchszeit (tägl. 18.30–20.30, Sa/So auch 14–16 Uhr) zugängliche Hauskapelle über dem früheren Haupteingang mit ihrem feinen Stuckdekor im Rokokostil.

Mit Lotterien, Bällen und Konzerten in den *Assembly Rooms* hinter dem Spital am West Parnell Square, wo heute das **Gate Theatre** spielt, sammelte Dr. Bartholomew Mosse seinerzeit das Geld für die Klinik. Die Rotunda im engeren Sinn, die runde Haupthalle, war lange ein Kino und ist derzeit unter dem Namen **Ambassador** eine Bühne für Events aller Art.

Es hätte sich angeboten, die Halle etwas weiter rechts in die Achse der O'Connell Street zu platzieren, um so einen markanten Abschluss des Boulevards zu bekommen. Doch wie man sieht, baute schon damals jeder Investor nur für sich und seine Interessen, wenn die ordnende Hand der Gemeinde keine größeren Zusammenhänge durchsetzte.

Parnell Square North

Dr. Mosse ließ für seine Patientinnen auch einen großzügig bemessenen Garten anlegen. Ein Teil dieser Grünanlagen gehört noch immer zum Krankenhaus. Zum 250. Jubiläum der Klinikgründung wurde hier die Statue eines Teddybären aufgestellt. Der bei Tageslicht öffentlich zugängliche Teil des Mosse'schen Gartens pflegt seit 1966, dem 50. Jahrestag des Osteraufstands, als **Garden of Remembrance** die Erinnerung an die Märtyrer der irischen Nation. Am Kopf eines kreuzförmigen Wasserbassins umgeben keltische Symbole und christliche Kreuze *The Children of Lir* (1964). Diese vom Henry-Moore-Schüler Oisin Kelly (1915–1981) entworfene Skulptur hält jenen Moment der Sage fest, da die eifersüchtige Stiefmutter Aoife die vier Kinder des Lir in Schwäne verwandelt. *„A terrible beauty is born"*, schrieb W. B. Yeats über den Osteraufstand.

Die Nordseite des Parnell Square war zur Bauzeit die beste Wohnadresse rund um den Platz, die georgianische Häuserzeile mit ihren typischen Back-

Im Garden of Remembrance werden die Kinder des Lir zu Schwänen

steinfassaden und den von Säulen flankierten Eingängen ist noch vollständig erhalten.

Im etwas zurückgesetzten Palais des Earls of Charlemont (Charlemont House), dessen Symmetrie durch den kürzlich an der Seite angebauten Treppenhaus-Glaskasten etwas aus dem Lot geraten ist, residiert die **Dublin City Gallery The Hugh Lane** (→ S. 200).

Mit dem Doppelhaus Nr. 20/21 verbinden viele ältere Dubliner romantische Jugenderinnerungen. Hier war mit dem **National Ballroom** (1920–1989) der führende Ballsaal der Stadt, bis der

Trend zu Discos und Popmusik den Ballsälen samt ihren Orchestern das Aus brachte und den Gesellschaftstanz in Tanzclubs und andere Nischen zurückdrängte. Ein Memorial vor dem Haus erinnert an die 1975 von unionistischen Paramilitärs ermordeten Mitglieder der **Miami Showband.**

Zwischen dem National Ballroom und der presbyterianischen Findlater's Church ist im Haus Nr. 18, das für den Whiskeymagnaten Jameson gebaut wurde, das **Dublin Writers Museum** (→ S. 202) zu Hause.

Vom Parnell Square zum Mountjoy Square

An der Findlater's Church verlassen Sie den North Parnell Square geradeaus in die Great Denmark Street. Die nächste Gasse rechts, Rutland Place, war früher der Versorgungsweg zu den Stallungen und Hintereingängen der Häuserzeile auf der Ostseite des Parnell Square.

An der nächsten Einmündung, der North Great Georges Street, steht auf der linken Seite das **Belvedere House,** gebaut für George Augustus Rochfort,

Das Miami-Showband-Massaker

Als die Mitglieder der Miami Showband nach ihrem Auftritt im Castle Ballroom von Banbridge die Instrumente einpacken, ahnt noch niemand, dass drei der jungen Musiker in den nächsten Stunden sterben würden. Das Showband-Business war auf seinem Höhepunkt und die Tanzhallen *der* abendliche Treffpunkt. Besonders im vom Bürgerkrieg geplagten Nordirland, wo sich bei Dunkelheit niemand mehr auf die Straße traute, waren die Ballrooms Oasen abendlicher Geselligkeit und des unbeschwerten Vergnügens.

Der 31. Juli 1975 war gerade angebrochen, als sich die Band nach Mitternacht auf den Heimweg machte. Es war eine Zeit der Hoffnung. Ein halbes Jahr währten nun schon der Waffenstillstand, und, wie wir heute wissen, auch die geheimen Kontakte zwischen der IRA und den Vertrauten des britischen Premierministers Harold Wilson. Vorneweg fuhr Roadmanager Brian Maguire mit dem Equipment. Dahinter der vom Trompeter Brian McCoy gesteuerte Kleinbus mit Bandleader Des Lee McAlea (sax), Fran O'Toole (vocals), Tony Geragthy (guitar) und Stephen Travers (bass). Nicht dabei war Drummer Ray Millar, der nach dem Konzert in seinem eigenen Wagen zu den Eltern nach Antrim aufgebrochen war.

Maguire sollte später berichten, dass ihm im Rückspiegel ein Fahrzeug auffiel, das den Bus mit den Musikern zu verfolgen schien. Auf der Umgehungsstraße von Newry wurden sie durch Uniformierte des Ulster Defence Regiment (UDR), eine Feierabendtruppe der britischen Armee, gestoppt und in eine Parkbucht gewunken. Solche Kontrollen waren damals gang und gäbe, zumal in der Nacht.

Die Musiker müssen sich abseits des Autos aufreihen und ihre Personalien zu Protokoll geben, während zwei Soldaten den Kofferraum zu durchsuchen scheinen. Dann explodiert der Kleinbus – mitsamt den beiden Kontrolleuren, von denen später nur noch einzelne Körperteile geborgen werden. Die Wucht der Explosion schleudert Des Lee in einen Graben, was ihm das Leben rettet. Denn die Soldaten eröffnen nun das Feuer auf die Musiker. Fran wird von 22 Schüssen durchsiebt, Tony und Brian fliehen und werden auf einer Wiese rücklings erschossen. Der mit einem Lungendurchschuss schwer verletzte Steven stellt sich tot und überlebt so die Hinrichtung.

2. Earl of Belvedere. Für die Stuckaturen wurde Michael Stapleton engagiert, dessen Kunst Sie vielleicht schon im Charlemont House gesehen haben. Als Belvedere 1841 in den Besitz des Jesuitenordens kam und dieser hier eine Knabenschule einrichtete, wurde allzu freizügiges Stuckwerk, so etwa die Göttin Venus, entfernt. Das Belvedere College, das auch James Joyce besuchte, ist bis heute eine der angesehensten Schulen Dublins. Aufgenommen werden bevorzugt Buben mit gut katholischem Leumund, deren Eltern oder Geschwister schon die Schule besucht haben.

Ein kurzer Abstecher von der Great Denmark Street nach links in die Temple Street bringt Sie zur **St George's Church** (1814), einem Werk von Francis Johnston. Für den Turm, den man bereits von der O'Connell Bridge sehen kann, nahm er St Martin-in-the-Fields zum Vorbild (die keineswegs auf einem Feld, sondern am Londoner Trafalgar Square steht), jene Kirche, die als erste einen herkömmlichen Glockenturm mit einem griechischen Tempelportikus kombinierte. Zuletzt als Raveclub genutzt, steht die Kirche nun leer. Die von Johnston gestifteten Glocken, die

Die polizeilichen Ermittlungen werden ergeben, dass mindestens vier der Soldaten zugleich einem Killerkommando der Ulster Volunteer Force (UVF) angehören, einer Organisation unionistischer Paramilitärs. Die vorgebliche Kontrolle diente dazu, eine Bombe im Gepäck der Musiker zu platzieren, die dann zu einem späteren Zeitpunkt hätte gezündet werden können.

Harry Boyle und Wesley Summerville, die beiden zerfetzten Bombenleger, bekommen ein Ehrenbegräbnis, geleitet von Pastor William McCrea, heute Abgeordneter der nordirischen DUP in Westminster. Thomas Crozier und Rodney McDowell werden zu je 35 Jahren Haft verurteilt, sind wegen guter Führung aber bereits seit Anfang der 1990er wieder auf freiem Fuß. Der ebenfalls verurteilte James Summerville wird im Zuge des Karfreitagsabkommens 1998 begnadigt. Weitere Verdächtige wie der psychopathische Auftragskiller in britischen Diensten, Robin Jackson, genannt „der Schakal", bleiben für diese Tat unbehelligt.

Ob die UVF/UDR-Terroristen auf eigene Faust arbeiteten oder nur Helfershelfer höherer Stellen waren, wurde nie geklärt. Jedenfalls gibt es ernsthafte Hinweise, dass der britische Geheimdienst MI5 den Labour-Premier Harold Wilson und seine Nordirlandpolitik zu desavouieren versuchte. Der immer wieder als Drahtzieher des Anschlags genannte Robert Nairac, Offizier der geheimnisumwitterten 14 Intelligence Company, wurde 1977 von der IRA hingerichtet.

Warum dieser Anschlag auf eine Band, die mit Politik und Konfessionalismus nichts am Hut hatte? Vielleicht ging es darum, Showbands und Ballrooms als Unionisten und Nationalisten gemeinsames Freizeitvergnügen anzugreifen. Das Showband-Geschäft erholte sich nach diesem Schlag nicht mehr, wobei Discos und der sich wandelnde Musikgeschmack, der statt Happy Sound à la James Last nun lieber Thin Lizzy hörte, sicher wirksamere Totengräber waren als der Anschlag auf die Miami Showband. Doch die ist unvergessen. Zwei Wohltätigkeitskonzerte, welche die Überlebenden der 1975er-Formation, Steven Travers, Des Lee McAlea und Ray Millar 2008 wieder auf der Bühne vereinten, wurden ein Riesenerfolg.

Lesetipp: Stevens Travers/Neil Fetherstonhaugh, *The Miami Showband Massacre,* London (Hodder & Stoughton) 2008.

Leopold Bloom im *Ulysses* hört, hängen heute in Dundrum, die Kanzel steht im Pub Thomas Read. Jene eisernen Klammern, welche einst die Steine des Mauerwerks zusammenhielten, bewirken jetzt das Gegenteil: Sie rosten, dehnen sich dabei aus und sprengen so das Gefüge.

Mountjoy Square

Die Temple Street wieder zurück und links in den Gardiner Place gelangen Sie zum Mountjoy Square. Mountjoy, zu deutsch „Berg der Freude", hat in Dublin keinen guten Klang. Die einen denken zuerst an das berüchtigte Gefängnis, das diesen Namen trägt, die anderen an einen übel beleumundeten Platz mit Park und Sportanlagen, um den man, zumindest nachts, besser einen großen Bogen macht.

Dabei war Mountjoy Square einmal eine der besten Adressen Dublins. Benannt ist er nach Luke Gardiner dem Jüngeren, 1. Earl of Mountjoy (1745–1798), der das Areal ab 1782 anlegte. Als einziger unter Dublins georgianischen Plätzen bildet Mountjoy mit 600 x 600 m ein Quadrat. In der Mitte war eine Kirche vorgesehen. Sie wurde ebensowenig gebaut wie die Eckpavillons der den Platz säumenden Häuserzeilen, die diesen ein schlossartiges Aussehen gegeben hätten.

Während sich die Häuserzeilen auf der West- und auf der Ostseite des Platzes in die Flucht der passierenden Straßen einfügen, sind die Zeilen auf der Nord- und Südseite um zwei Häuserbreiten versetzt, betonen so die Ecken und heben den Platz von einem schlichten Straßengeviert ab.

Daniel O'Connell und seine Straße

Mountjoy Prison – Ort des Schreckens

Während Kilmainham Gaol nur noch für Touristen und Filmcrews seine Tore öffnet, dient das nicht minder museale und berüchtigte Mountjoy Prison noch immer dem Strafvollzug. Etwa eine halbe Million Gefangene, auch Frauen, saßen bereits in Dublins dienstältestem Gefängnis ein. Mountjoy wurde 1847–1850 als Zwischenstation für frisch Verurteilte gebaut, die auf ihre Deportation nach Tasmanien und Australien warteten. Als die Sträflingstransporte auf den Fünften Kontinent 1868 endeten, mussten die Gefangenen hier ihre Strafe absitzen. Von 1901 bis zur letzten irischen Hinrichtung 1954 war Mountjoy auch ein Ort, an dem die Todesstrafe vollzogen wurde.

Dabei war Mountjoy für das 19. Jh. ein erstaunlich modernes Gefängnis. So hatte jede Zelle fließend Wasser und ein Spülklosett. Bis die Gefängnisverwaltung anno 1939 befand, die Gefangenen verbrauchten zu viel Wasser. Danach gab es Toiletten nur noch am Ende jeden Flurs und Duschen nur noch in der Umkleide des Sportraums, wozu man wissen muss, dass die Gefangenen drei Viertel des Tages in ihren Zellen eingesperrt sind. Erst seit sich mit der Finanzkrise Pläne für ein neues Gefängnis am Stadtrand zerschlugen, baut man in die Zellen wieder Toiletten ein. So muss heute nur noch jeder zweite Gefangene seine Notdurft in einen Eimer verrichten.

1917 kämpfte der Häftling Thomas Ashe, Mitglied der IRA und Brigadeführer beim Osteraufstand, per Hungerstreik um den Status eines Kriegsgefangenen – und erstickte bei der Zwangsernährung, der die Hungerstreikenden unterzogen wurden. Prominentester Häftling in Mountjoy war wohl der Schriftsteller Brendan Behan, auch er in seiner Jugend ein IRA-Aktivist, der 1942 hier als Neuzehnjähriger wegen der angeblichen Beteiligung an zwei Polizistenmorden einsaß. 1973 kam es zu einem spektakulären Ausbruch von IRA-Kämpfern, die mit einem gekaperten Hubschrauber vom Gefängnishof abgeholt wurden. Danach verlegte die Justiz Gefangene mit politischem Hintergrund und Schwerkriminelle ins Hochsicherheitsgefängnis von Portlaoise und sperrt in Mountjoy nur noch gewöhnliche Kriminelle ein.

Neben den sanitären Verhältnissen ist die chronische Überbelegung ein Hauptproblem der Strafanstalt. Es fehlt an Arbeits- und Ausbildungsmöglichkeiten. Hier bringen sich die Gefangenen doppelt so häufig um wie die Insassen englischer Knäste – und sechzehnmal häufiger als die Iren außerhalb des Strafvollzugs. „The Joy" ist alles andere als eine Freude.

Lesetipp: Timothy Carey, *Mountjoy – The Story of a Prison*, Cork (Collins Press).

Tour 7 → Karte S. 189

Chinatown/Moore Street

Verlassen Sie Mountjoy Square in Richtung Süden auf der Lower Gardiner Street. Am unteren Ende hinter der Eisenbahnbrücke erspähen Sie bereits das Custom House, das die letzte Station dieses Rundgangs sein wird.

Doch noch ist es nicht so weit. An der Kreuzung mit der Parnell Street wenden Sie sich nach rechts. Hier hat sich Dublins **Chinatown** entwickelt, mit einschlägigen Läden und zwei Dutzend asiatischer Restaurants, allesamt farbenfroh gestrichen. Pfiffige Geschäftsleute haben bei der Stadtverwaltung beantragt, einen Torbogen im chinesischen Stil mit Drachen und allem Pipapo über der Parnell Street errichten zu dürfen, um so das Chinesenviertel besser markieren (und vermarkten) zu können.

Die zweite Straße rechts, North Great Georges Street, an deren Ende Sie das Ihnen schon bekannte Belvedere House ausmachen können, bringt Sie zum **James Joyce Centre** (→ S. 202), das sich dem Erhalt und der Pflege des Joyce'schen Erbes widmet.

Wieder zurück auf der Parnell Street und vorbei am Parnell-Denkmal kommen Sie noch einmal auf die Südseite des Parnell Square. An der Ecke

Moore Lane befand sich mit **Conway's Pub** ein ausgelagerter Wartesaal des Rotunda Hospital. Nervöse Väter in spe konnten in der angeblich ältesten Kneipe der North Side die Zeit bis zur Niederkunft mit einem und noch einem Pint überbrücken.

Weiter auf der Parnell Street und vorbei am Jury's Inn erreichen Sie an der nächsten Ecke die **Moore Street** mit dem beliebtesten Markt der Stadt. Die Markthalle wurde allerdings durch ein modernes Shopping Centre ersetzt, sodass der Ort, ungeachtet des nach wie vor pittoresken Straßenmarktes vor dem Einkaufszentrum, etwas an Charme verloren hat. Die gesamte Ostseite der Straße mit ihren exotischen, vorwiegend von afrikanischen Einwanderern betriebenen Läden steht nur noch auf Abruf. Nur die Rezession verhinderte bislang den bereits beschlossenen Neubau monumentaler Konsumpaläste.

Henry Street/ Abbey Street

In der **Henry Street**, auf die Sie weiter südlich stoßen und in die Sie nach rechts einbiegen, der wohl umsatzstärksten Einkaufsmeile der North Side, bewegen wir uns wieder auf dem Terrain der Dubliner Mittelschichten. Das Warenangebot ist weniger exklusiv als auf der Grafton Street, jedoch erschwinglich. Zum Beispiel bei **Arnotts**, Dublins ältestem und größtem Kaufhaus.

Durchqueren Sie Arnotts und wenden sich in der Abbey Street nach links. Fast am Ende der Straße, welche die Ihnen schon bekannte O'Connell Street quert, stoßen Sie auf das **Abbey Theatre.** Irlands Nationaltheater öffnete 1904 unter der Direktion von W. B. Yeats und Lady Gregory und sollte gleichermaßen modernes Theater wie die Erneuerung der irischen Kultur fördern. Nach einem Brand musste das Gebäude durch

Die Heilsarmee trotzt dem Finanzkapital

einen Neubau (1966) ersetzt werden. Ihn entwarf Michael Scott (1905–1989), der in seiner Jugend selbst auf der Bühne des Abbey gespielt hatte und dem Dublin auch seinen Busbahnhof zu verdanken hat.

Gegenüber dem Theater auf der anderen Straßenseite duckt sich ein graues, mit den Lettern FBC beschriftetes Gebäude, das ebenso ein Lagerhaus wie eine Bankfiliale sein könnte. Tatsächlich ist mit FBC die **First Baptist Church** gemeint. Das unauffällige Gotteshaus (1839) in der Abbey Street stammt von George Papworth, dem auch die so viel imposantere St Mary's Pro-Cathedral (→ S. 199) zugeschrieben wird.

Nebenan hält ein schmales Ziegelhäuschen der **Heilsarmee** tapfer die Stellung neben dem erdrückend übermächtigen Hauptsitz des Finanzdienstleisters **Irish Life.** Hier wird Leben gesichert, dort versichert.

An der Liffey

Abbey Street mündet auf den halbkreisförmigen Straßenring um das **Custom House,** das vielleicht prächtigste Gebäude des georgianischen Dublin. James Gandon prägte mit seinen klassizistischen Monumentalbauten maßgeblich das Gesicht der Stadt. Custom House (1781–1791) war sozusagen sein Gesellenstück, dem später noch die Four Courts und die King's Inns folgten. Im Schatten der Eisenbahnbrücke und des Internationalen Finanzzentrums kommt das Zollhaus, ungeachtet seiner stolzen Länge von 114 m und der mächtigen Kuppel, heute nicht mehr recht zur Geltung. Der beste Blick bietet sich von der anderen Flussseite aus. Im Bürgerkrieg 1921 weitgehend niedergebrannt, hat man es nach den alten Plänen erneuert und zuletzt in den Achtzigerjahren gründlich modernisiert. Den dorischen Säulengang zieren allegorische

Gesellenstück Custom House

Darstellungen des Atlantiks und der dreizehn Flüsse Irlands. Edward Smyth, der die überlebensgroße Statue des Handels auf der Kuppel modellierte und auch die meisten Figuren der Four Courts kreierte, wurde von Gandon mit Michelangelo verglichen.

Einst reichte das Hafenbecken bis an die Nordseite des Custom House. Dann wurde es verfüllt und auf dem so gewonnenen Land 1945–1953 der Busbahnhof **Busáras** mit den beiden Bürogebäuden errichtet, in denen das Ministerium für Soziales und Familie arbeitet. Der Rasterbau in Bauhaustradition, mit dem moderne Architektur in Irlands Hauptstadt Einzug hielt, gilt als Meilenstein in Dublins Architekturgeschichte.

Der weitere Weg entlang der Kais in die Docklands ist eine Tour für sich (→ Tour 8). Drehen Sie für jetzt um und gehen über **Eden Quay** (Nordufer) oder Burgh Quay (Südufer) wieder zur O'Connell Bridge zurück, wo der Rundgang begonnen hat.

Stationen

General Post Office

Das von Francis Johnston in palladianischer Tradition geplante General Post Office (GPO) war der zentrale Schauplatz des Osterputsches von 1916 und das Hauptquartier der Aufständischen. Von der Eingangstreppe verlas Patrick Pearse am Ostermontag die Unabhängigkeitserklärung. Am folgenden Freitag eroberten die Briten das brennende, von den Rebellen heimlich verlassene Gebäude zurück. Eine filmisch-theatralische Inszenierung im Postmuseum (siehe unten) schildert die Episode aus der Perspektive des damaligen Postdirektors.

Im Fenster der Schalterhalle ehrt eine Bronzestatue des mythischen Helden Cuchulainn die Aufständischen. So schön kann das Sterben sein (wenigstens in der Kunst). Was die britische Armee 1916 nicht restlos schaffte, erledigten sechs Jahre später die Bürgerkriegsparteien so gründlich, dass Premier William Cosgrave vorschlug, an dieser Stelle eine Kathedrale zu bauen. Dazu kam es dann doch nicht, 1928 wurde die Post wieder eröffnet. Während die Fassade Johnstons Entwurf rekonstruiert, ist der Schalterraum mit seinen schönen Lampen ganz im Stil der 1920er.

Ein kleines, doch feines **Museum** auf der Nordseite der Schalterhalle steht unter dem Motto *Letters, Lives and Liberty*. Hier kann man den Enkeln zeigen, was Post in grauer Vorzeit ohne E-Mail und SMS einmal war: Handgeschriebene Briefe, zum Beispiel von Swift, die man auch heute noch mühelos entziffern kann – der Transkription in Druckbuchstaben bedürfte es gar nicht. Briefmarken natürlich, die Briefsortierung im Bahnpostwagen, der Briefträger, der noch Beamter statt Dienstleistungssklave war, der Klappenschrank einer Telefonvermittlung, jetzt gefüllt mit erzählten Lebensgeschichten von Postlern. Das waren noch Zeiten!

www.anpost.ie. Postmuseum Mo–Fr 10–17, Sa bis 16 Uhr. Einlass bis ½ Std. vor Schließung. Eintritt 2 €.

Clerys Department Store

Gegenüber der Post steht auf der anderen Straßenseite ein weniger heroisches, doch für den Alltag vielleicht bedeutsameres Wahrzeichen: Clerys Department Store. Das erste, bereits 1853 an dieser Stelle eröffnete Kaufhaus hatte in den oberen Etagen noch ein Hotel. Beim Osteraufstand zerstört, wurde es 1920 durch den jetzigen Bau ersetzt. Den entwurf Ro-

Die Schalterhalle des GPO

bert Atkinson (1883–1952), der schon beim Kaufhaus Selfridges (1909) in der Londoner Oxford Street mitgearbeitet hatte, und dieses als Vorbild für das neue Clerys nahm. Im Kern für die Zeit durchaus modern (nämlich aus Stahlbeton), war das neoklassizistische Design der Fassade mit ihren Monumentalsäulen ein Rückfall ins 19. Jh. Die Uhr am Haus ist ein seit Generationen beliebter Fixpunkt für Verabredungen auf der O'Connell Street. Auch das **Gresham Hotel** (1927), auf der gleichen Seite wie Clerys einige Häuser weiter, ist ein Werk von Atkinson.

St Mary's Pro-Cathedral

Neben seiner Co-Kathedrale St Patrick's hat Dublin auch eine Pro-Kathedrale, nämlich eine *pro*visorische. Das Provisorium währt zwar nun schon bald zwei Jahrhunderte, doch für die römisch-katholische Kirche als älteste Institution der Welt ist das ja kein besonders langer Zeitraum. Nachdem Papst Alexander III. Ende des 12. Jh. die Christ Church als Dubliner Bischofskirche bestimmt hatte, war dieser Titel bereits vergeben. Schon für St Patrick's blieb nur der zweite Rang einer Co-Kathedrale. Dass beide Gotteshäuser seit Heinrichs VIII. Kirchenspaltung von der anglikanischen Church of Ireland belegt sind, schmälert die Ansprüche Roms so wenig, wie ein Dieb rechtmäßiges Eigentum am gestohlenen Gut bekommt. Noch immer beansprucht Dublins römisch-katholischer Erzbischof die Christ Church Cathedral.

Die Diskriminierung der Katholiken durch den britischen Staat und den anglo-irischen Adel erlaubte es zu Beginn des 19. Jh. noch nicht, eine katholische Kirche in Eins-a-Lage, also an der O'Connnell Street selbst zu errichten. So steht die 1815–1825 im klassizistischen Stil gebaute St Mary's in der zwei-

St Mary's, Dublins Kathedrale Nr. 3

ten Reihe, was die Fassade mit ihren dorischen Säulen kaum zur Geltung kommen lässt. Zu allem Überfluss war die Gegend um die Marlborough Street, bei Joyce heißt sie „Nighttown", bis zum Abzug der britischen Armee das Rotlichtviertel Dublins.

Die Architektur von St Mary's hat die Pariser Pfarrkirche Saint-Philippe-du-Roule zum Vorbild. Fassade und besonders Portal zitieren einen griechischen Tempel, das Innere sieht ungefähr so aus, wie ein Schüler mit kleinem Latinum sich eine römische Repräsentationshalle vorstellen mag. Die vermeintlich aus massivem Kalkstein gefertigten Säulen im Schiff erweisen sich bei einer Klopfprobe als hohl.

> Das international angesehene Vokalensemble von St Mary's, der **Palestrina-Chor**, singt gewöhnlich, die Zeit der Schulferien ausgenommen, sonntags ab 11 Uhr bei der lateinischen Messe und freitags ab 17.15 Uhr zur Vesper. www.palestrinachoir.com.

Die Identität des Architekten, der seine noch erhaltenen Baupläne der Kirche nur mit einem geheimnisvollen P. signierte, ist bis heute nicht gelüftet. Viele tippen auf George Papworth (1781–1855), andere setzen auf Louis-Hippolyte Lebas (1782–1867).

Marlborough St/Ecke Cathedral St, www. procathedral.ie. Mo–Sa 7.30–19, So 9–13.45 und 17.30–19.45 Uhr. Eintritt frei.

Dublin City Gallery
The Hugh Lane

Die städtische Kunstgalerie mit sehenswerten Werken französischer Impressionisten und irischer Malerei geht auf eine Stiftung des Kunstsammlers Hugh Lane zurück, der 1915 beim Untergang der *Lusitania* starb. Lane, übrigens ein Neffe von Lady Gregory, (→ Literatur S. 34) vermachte seine Schätze „der Nation", was nach der irischen Unabhängigkeit eine zweideutige Festlegung war. Welcher Nation? Der britischen oder der irischen? 1959 wurde die Sammlung geteilt, eine Hälfte ist in der Londoner Tate Gallery ausgestellt, die andere hier in Dublin.

Charlemont House

Zusammen mit den Nachbarhäusern zeigt Charlemont House, in dem die

Charlemont House, ein Schloss für die Kunst

Galerie zu Hause ist, den bruchlosen Übergang von der klassizistischen Landhaus- zur vierstöckigen Backsteinarchitektur des georgianischen Dublin.

Als Stadtpalais wurde es 1763 für James Caulfeild, 1. Earl of Charlemont gebaut. Von den Eltern als Achtzehnjähriger zusammen mit einem Tutor auf die „Grand Tour" durch Europa und die Levante geschickt, erwarb er auf dieser immerhin neun Jahre dauernden Bildungsreise auch eine beachtliche Sammlung von Kunst und Kuriosa. In Rom lernte der künftige Earl den schottischen Architekten William Chambers kennen, der neben Charlemonts Stadthaus auch das Casino Marino (→ S. 204) auf dessen Landsitz baute.

Impressionisten …

In der City Gallery werden aus dem Lane'schen Erbe etwa Edouard Manets

Porträt seiner Schülerin *Eva Gonzales* (Raum 1) gezeigt, deren weißes Gewand faltenreich im Schattenspiel zu Boden wallt. Claude Monet ist mit der *Waterloo Bridge* (Raum 15) vertreten, Auguste Renoir mit *Les Parapluies* (Raum 17). Im Gruppenbild *Le Concert aux Tuileries* (Raum 17) hat Manet nicht nur seine Familie in den Tuilerien versammelt, sondern auch prominente Zeitgenossen wie den Lyriker Charles Baudelaire, den Bohemien Théophile Gautier, oder den Komponisten Jacques Offenbach. Der Maler selbst steht ganz links außen hinter Albert de Balleroy, mit dem er sich das Atelier teilte.

… und irische Kunst

Über Lanes Vermächtnis hinaus hat die städtische Galerie noch weitere Werke erworben, vornehmlich von irischen Künstlern des 20. Jh. Der überwiegende Teil dieses Bestands wird allerdings in Magazinen verwahrt und kommt nur zu Wechselausstellungen manchmal ans Licht. Diese widmen sich einzelnen Themen oder Akteuren zeitgenössischer Kunst.

Einen Platz in der Dauerausstellung haben der Glasmaler Harry Clarke (im Durchgang zur Halle links) und Sean Scully mit seinen großflächigen Mustern aus Variationen horizontaler und vertikaler Balken und Rechtecke (Sean Scully Room im Neubau).

Eine weitere Attraktion der Galerie ist das nachgebaute Atelier (oder soll man besser sagen: das rekonstruierte Chaos) des in Dublin geborenen Malers Francis Bacon (1909–1992). In einem einleitenden Interview beschreibt der Künstler seine Arbeitstechnik, per Bildschirm kann man in einer Datenbank mit den vielen tausend im Atelier gefundenen Objekten wühlen.

22 North Parnell Sq, www.hughlane.ie. Di–Do 10–18, Fr/Sa 10–17, So 11–17 Uhr. Eintritt frei.

Tour 7 → Karte S. 189

Dublin Writers Museum

Mit gleich vier Nobelpreisträgern – George Bernhard Shaw, William Butler Yeats, Samuel Beckett und Seamus Heaney – und weiteren literarischen Größen wie Jonathan Swift, Oscar Wilde, Sean O'Casey, Brendan Behan und last but not least James Joyce ist Dublin Europas heimliche Literaturhauptstadt. Das Museum unterstreicht im **Erdgeschoss** diesen Anspruch mit Memorabilia wie beispielsweise Behans Schreibmaschine, mit Manuskripten und Erstausgaben. Etwas kurz kommen allerdings die modernen Autoren – die Ausstellung vermittelt den falschen Eindruck, als sei das literarische Schaffen mit dem Zweiten Weltkrieg abrupt abgebrochen. Noch lebende Autoren, sie mögen noch so berühmt sein, haben in diesen Ruhmeshallen keinen Platz. Als einzige Frau wird Maria Edgeworth (1767–1849) gewürdigt.

Eine Prunktreppe vorbei an Bleiglasfenstern der Musen und Allegorien auf die schönen Künste, die Wissenschaft, Literatur und Musik führt ins **Obergeschoss,** das einen guten Eindruck von dem an der Antike orientierten Zeitgeschmack der irischen Aristokratie des späten 18. Jh. vermittelt. Die Decke der *Gorham Library,* der Bibliothek des Museums, dekorierte der Francini-Schüler Michael Stapleton (1747–1801), Irlands führender Stuckateur des damals aufkommenden klassizistischen Geschmacks. Die *Gallery of Writers* nutzt das Museum für Empfänge und Sonderausstellungen. Der Whiskeymagnat George Jameson, dem das Haus im 19. Jh. gehörte, ließ die Türfüllungen mit Allegorien der Tageszeiten und Monate bemalen.

In einem rückseitigen **Anbau** sind Buchhandlung und Cafeteria des Museums untergebracht. Darüber widmet sich ein Raum der Kinder- und Jugendliteratur. Ein **Zen-Garten** lädt zur Meditation ein, und im Kellergeschoss des Vorderhauses zelebriert das **Restaurant Chapter One** die feine Küche (→ S. 205).

Für gewöhnliche Besucher nicht zugänglich ist das im Nachbarhaus Nr. 19 eingerichtete **Irish Writers' Centre,** das mit Arbeitsräumen, Seminaren und Lesungen ein Treffpunkt der noch lebenden Schriftsteller und Übersetzer ist. Wechselnde Stipendiaten können als *Writers in Residence* im Haus wohnen und ungestört ihrer Arbeit nachgehen.

18 North Parnell Sq, www.writersmuseum. com. Mo–Sa 10–17, So 11–17 Uhr. Einlass bis 16.15 Uhr. Eintritt 7,50 €.

James Joyce Centre

Das Haus war einst die Tanzschule des Denis Maginni, der uns im *Ulysses* als professor of dancing begegnet. Als neuer Tempel der Joyceaner zeigt es unter prächtigen Stuckdecken Dokumente und Fotos aus dem Leben des Meisters, dazu gibt's Lesungen oder Stadtrundgänge auf den Spuren Leopold Blooms (→ S. 34). Man sieht einen Videofilm

Glaskunst im Writers Museum

James Joyce Centre: Rätselwand für Kenner

zum Leben und Wirken von James Joyce, der seiner Heimat früh den Rücken kehrte und vorwiegend in der Emigration über Dublin schrieb. Joyceaner sitzen an PCs und surfen durch Dokumente und Fotoarchive. Im Hof wurde die Originaltür von Nr. 7 Eccles Street aufgebaut, auf einer Wand tummeln sich Zitate aus *Ulysses* (Aufgabe für Fortgeschrittene: Finden Sie die Fälschungen!). Dem Centre angeschlossen sind eine einschlägige Bibliothek und Buchhandlung.

35 North Great Georges St, www.james joyce.ie. Di–Sa 10–17, So 12–17 Uhr. Einlass bis 16.30 Uhr. Eintritt 5 €.

Tour 7 → Karte S. 189

Abstecher

Die nachfolgend vorgestellten Sehenswürdigkeiten liegen etwas abseits im Nordosten der Route. Zum Croke Park kann man vom etwa 1 km entfernten Mountjoy Square via Fitzgibbon und Russel Street auch laufen. Zum Marino Casino und zum St Anne's Park fährt man dagegen besser mit dem Bus. Bei einer Radtour oder mit einem Auto lassen sich Casino und Park auch gut auf dem Weg nach Howth und Malahide (→ Ausflugsziele rund um Dublin, S. 246) besuchen.

Croke Park

Auch Irland hat seinen heiligen Rasen, den hierzulande allerdings kaum jemand kennt. Er gehört der *Gaelic Athletic Association* (GAA), die mehr Gralshüter irischer Identität als ein herkömmlicher Sportverband ist. So waren im „Croker", wie das mit 82.000 Plastiksitzen größte Stadion der Insel genannt wird, bislang nur die traditionell irischen Leibesübungen (→ S. 66) gälischer Fußball und Hurling erlaubt, nicht aber Rugby und Soccer, das Fußballspiel nach FIFA-Regeln. Doch nun bröckelt die Bastion des Irisch-Seins. Während der Erneuerung des Rugby-Stadions an der Lansdowne Road, in dem auch die Soccer-Spieler Gastrecht genossen, erlaubte die GAA auch Rugby und Fußball im Croke Park. Ausnahmsweise, so hieß es. Seither sieht das Croker immer wieder auch nichtgälische Ballspiele.

Das im Bauch der Cusack-Tribüne eingerichtete **Sportmuseum der GAA** ist ein beliebtes Ausflugsziel irischer Schulklassen. Hier erfahren sie allerlei zu der eng mit der Nationalbewegung verbundenen Geschichte der gälischen Spiele (übrigens kein rein irisches Phänomen, wie ein Display mit Turnvater Jahn demonstriert), lernen die Regeln kennen und können Banner und Trophäen bestaunen. Per Touchscreen kann man sein frisch erworbenes Wissen testen und Aufzeichnungen berühmter Spiele und Spieler abrufen. An einer Torwand ist fußballerisches Können gefragt, andere Maschinen testen die Reaktionszeit.

Nur bei schönem Wetter empfiehlt sich der **Skywalk**, ein geführter Rundgang über das mehr als 40 m hohe Tribünendach, wo man von Aussichtsplattformen einen herrlichen Rundblick über die Stadt genießt.

Museum: Mo–Sa 9.30–17 Uhr (Juli/Aug. bis 18), So 11.30–17 Uhr; Einlass bis 30 Min. vor Schließung. Eintritt 6 €, mit Stadionführung 12,50 €. Die Zeiten dieser täglichen Führungen findet man unter www.crokepark.ie. **Skywalk**: Tägl. (Okt.–April nur Fr–So) 11–14 Uhr, Juli/Aug. 10.30–15.30 Uhr. Eintritt mit Museum und Stadionführung 20 €. www.skylinecrokepark.ie. Der **Eingang zum Stadion** ist von Nordwesten via Clonliffe Rd. Bus 3, 11, 16, 44, 123 ab O'Connell St, DART Station Drumcondra.

Marino Casino

Das kuriose Gebäude voll trickreicher Sinnestäuschungen und meisterhafter Illusionen, errichtet 1762 von William Chambers (s. a. Charlemont House), gehörte zum in den 1920er-Jahren abgerissenen Landschloss des Earl of Charlemont, der auch die Nordfront des Parnell Square bebauen ließ. Die Tempelfassade und der Eingang des auf einem Hügel platzierten Sommerhauses verheißen einen großen Zentralraum – tatsächlich verbirgt sich dahinter eine Vielzahl kleiner Räume auf zwei Etagen. Kamine sind als Graburnen getarnt, die hohlen Säulen dienen zugleich als Zentralheizung oder Wasserrohre, die Fenster sind von außen nur bei genauem Hinsehen zu erkennen, es gibt Geheimtüren und verborgene Gänge in den Weinkeller. Leider sind Versteckspiele nicht erlaubt. Das Haus ist nur mit Führung zu besichtigen.

Cherrymount Crescent (off Malahide Rd), Marino, Dublin 3, www.heritageireland.ie. Mitte März bis Okt. tägl. 10–17 Uhr, Juni–Sept. bis 18 Uhr. Einlass bis 45 Min. vor Schließung. Eintritt 3 €. Bus Nr. 14, 15, 27/A/B, 42, 43 via Eden Quay, 130 ab Lower Abbey St, Bus 123 via O'Connell St.

St Anne's Park und Rose Garden

Der große Park im Nordosten Dublins zwischen Clontarf und Raheny geht auf

„Wishing Hand" vor dem Bildungsministerium

ein Landgut der Guinness-Familie zurück. 1835 soll es gewesen sein, als Sir Arthur Guinness die ersten Bäume pflanzte, die mächtigen Eichen vielleicht. Heute gehört das Gelände der Stadt Dublin. Ein Teil ist mit Wohnblocks überbaut, ein anderer mit Sportfeldern und sogar einem kleinen Golfplatz belegt. Die verbliebene Grünfläche hat einen Rosengarten als neuen Mittelpunkt bekommen, der inzwischen auch von Reisegruppen besucht wird.

Eingang von der Mount Prospect Av. Tagsüber geöffnet. Bus 130 ab Lower Abbey St.

Praktische Infos

→ Karte S. 189

Essen

Chapter One 3 Das Edelrestaurant mit rustikalem Flair befindet sich im Untergeschoss des Dublin Writers Museum. Die Wände sind mit zeitgenössischer Kunst geschmückt. Die klassische, saisonorientierte Küche setzt auf Bio-Zutaten und beweist Geschick, das mit einem Michelin-Stern belohnt wurde. Empfohlen werden etwa der mit Kalbfleisch und Schinken gefüllte Rex du Poitou (ein natürlich ernährtes Kaninchen für gehobene Ansprüche). Di–Fr Lunch (Menü 30/40 €), Di–Sa Dinner (Menü 40–90 €). 18–19 Parnell Sq North, ✆ 01 873 2266, www.chapteronerestaurant.com.

101 Talbot 11 Bistroatmosphäre mit moderner Kunst an den Wänden und mediterraner Küche auf dem Tisch. Auch Vegetarier kommen auf ihre Kosten. Dank der Nähe zum Abbey Theatre beginnen viele Theaterbesucher hier ihren Ausgehabend. Hauptgericht 15–25 €, Early Menü 20 €. Di–Sa 12–15/17–23 Uhr. 101 Talbot St, ✆ 01 874 5011, www.101talbot.ie.

Govinda's 18 Vegetarische Küche nicht nur im indischen Stil, auch Pizza und Vegiburger, Obstsäfte und Lassi. Selbstbedienung, Wasser gibt's umsonst. Die Restaurants sind Teil einer weltweiten Kette der Hare-Krishna-Bewegung – deshalb wird ohne Knoblauch und Pilze gekocht. Viele Zutaten kommen vom eigenen Bauernhof. Hauptgericht bis 12 €. Mo–Sa 12–21, So 12–19 Uhr. Middle Abbey St, ✆ 01 475 0309, www.govindas.ie.

Clerys 14 Das Besondere an diesem Restaurant im Dachgeschoss des Kaufhauses ist die tolle Aussicht über die O'Connell Street. In punkto Essen und Flair wird dagegen nur eben so viel geboten, wie man auch bei Karstadt in Singen oder Wanne-Eickel erwarten würde. Der Vorspeisensalat war winzig, der Barsch in Tomatensauce akzeptabel, der Kuchen gelungen und der Preis günstig (Lunchmenü 10 €). 18–27 Lower O'Connell St.

Beshoff 10 Über diese Dubliner Institution ließe sich mühelos ein ganzes Buch schreiben. Der Großvater des Inhabers wurde 104 Jahre alt, der Urgroßvater 108, der Ururgroßvater 115 – Fisch, wie ihn die Beshoffs zubereiten, muss also außerordentlich gesund sein. Firmengründer Ivan Beshoff stand als einer der Meuterer auf dem Panzerkreuzer Potemkin im Rampenlicht der Weltgeschichte.

Der Fish-and-Chips-Imbiss gefällt mit dem schwarzweißen Ambiente einer edwardianischen Austernbar. Die verschiedenen Fischsorten werden jeden Morgen frisch auf dem Markt gekauft, die Kartoffeln kommen von der eigenen Farm, serviert wird mit Metallbesteck und Porzellantellern. Das Lokal in der O'Connell Street eignet sich auch, um dem Straßentreiben zuzuschauen. 6 Upper O'Connell St, www.beshoffrestaurant.com.

Tour 7 → Karte S. 189

Fish'n'Chips von Beshoff

Lee's Charming Noodles 4 Schlichtes und preisgünstiges Lokal im Herzen von Chinatown. Die Karte listet wohl 100 Nudelgerichte, da bestellt man am besten Vertrautes oder lässt sich von Chefin Wei Pan beraten. Favorit bei der chinesischen Kundschaft sind Nudeln mit Rindfleisch und dem „Asiaspinat" Pak Choi, während die Iren Curry- und Süßsauer-Zubereitungen bevorzugen. Hauptgericht um 10 €. Tägl. ab 17 Uhr. 105 Parnell St, ✆ 01 872 9340, http://charming noodles.weebly.com.

Dehli o Deli 8 Selbstbedienungslokal mit indisch-vegetarischer Küche. Einfach und pflegeleicht eingerichtet, dezente Bollywood-Musik. Täglich wechselndes Büffetmenü; Inder und andere Kenner wählen à la carte. Hauptgericht bis 10 €. 12 Moore St, www.delhiodeli.com. Tägl. bis 20 Uhr.

Moore Street Mall Food Market 7 Wer das kulinarische Ethno-Abenteuer sucht, begibt sich ins Untergeschoss der Moore Street Mall. Mehrere Buffets mit afrikanischer und orientalischer Küche bieten für wenig Geld exotische Gerichte in jeder Menge („All you can eat!"). Zugegeben: Das Ambiente ist in etwa so einladend wie die Warteräume von Bahnhöfen, als es solche noch gab. Mo–Sa bis 20, So bis 19 Uhr. Moore Street Mall. www.moorestmall.com.

Pubs

Madigan's 9 Die Kneipe in der Earl Street ist der älteste Pub der Madigan-Kette, die einen Block weiter in der Lower Abbey Street noch einen weiteren Pub mit gleichem Namen betreibt. Der Earl-Street-Madigan's zeichnet sich durch seine tolle Einrichtung aus den 1920er-Jahren aus: viel Holz, eine bunte Glaskuppel von Harry Clarke und allerlei Snugs, also Nischen, in denen man unter sich sein kann. Tagsüber gibt es Pubfood, Fr/Sa abends gelegentlich Folkmusik. North Earl St, www.madigan.ie.

Sackville Lounge 15 Der Besuch der kleinen Kneipe gleicht einer Zeitreise in das Dublin von gestern. Ein paar Stammgäste fortgeschrittenen Alters sitzen herum, als gehörten sie zum Inventar, sehen fern oder diskutieren wohl immer das Gleiche. Gegen Abend warten Männer hier auf ihre shoppenden Frauen, Freitag und Samstag kommen auch mal Trupps von Partygängern zum Vorglühen vorbei. Der Service ist flott, das Bier für Innenstadtverhältnisse günstig, selbst am Wochenende findet man meist noch einen Sitzplatz. Eine Katastrophe sind jedoch die Toiletten. 16 Sackville Pl, www.thesackvillelounge.ie.

Hill 16 2 Der Pub ist nach einer populären Stehplatztribüne im Croke Park benannt und wie diese eine Bastion der Anhänger von Hurling und anderen gälischen Sportarten. Besonders hoch geht es nach einem Heimsieg Dubliner Mannschaften her. Alle Spiele werden auf Großbildschirmen übertragen und Sport ist zu jeder Zeit das große Thema am Tresen. Warme Küche (10–19 Uhr) mit Pubfood (Hauptgerichte 10–15 €), auch Frühstück. Gardiner St Middle.

Einkaufen

Märkte

Moore Street Market 13 Der populärste Dubliner Lebensmittelmarkt hat durch die Sanierung der Straße deutlich an Charme verloren. Mo–Sa bis 17 Uhr. Moore St (off Henry St).

Kaufhäuser

Arnotts 19 Gegründet 1843 von John Arnott, ist es Dublins ältestes und größtes Kaufhaus. In den letzten Jahren modernisiert, ist es für irische Verhältnisse preiswert geblieben und durchaus einen Rundgang wert. Henry St, www.arnotts.ie.

Clerys 14 Das Traditionskaufhaus ist für Generationen von Iren ein zentraler Einkaufspunkt in Dublin. Unter anderem bietet Clerys auch feine irische Waren an, zum Beispiel Waterford-Kristall oder Leinentextilien. Do Abendverkauf, auch So geöffnet. 18–27 Lower O'Connell St, www.clerys.ie.

Bücher

Eason 16 Die größte Buchhandlung auf der Northside, außerdem viele Zeitschriften. Auch So geöffnet. 40 Lower O'Connell St, www.eason.ie.

Kleidung und Schuhe

Revolver Project 21 Vintage-Mode, modern präsentiert. Do–Sa 11–18 Uhr. Im Twisted Pepper, 54 Middle Abbey St, www.revolver project.com.

Schuh 20 Der Name sagt's: Pumps, High Heels, Mokassins, Sandaletten, Clogs, Sneakers, Ballerinas – hier finden Schuhsüchtige und -fetischisten, was das Herz begehrt. Auch So geöffnet. 47–48 O'Connell St, www.schuh.ie.

O'Connell-Denkmal,
Bronzeengel mit Schussverletzung

Samuel Beckett Bridge, Harfe über der Liffey

Tour 8: Die Docklands

Hier zeigt sich Dublin als Weltstadt – oder wenigstens seine Sehnsucht danach. Ein Rundgang durch das einstige, nunmehr weitgehend sanierte Hafenviertel zeigt architektonisch interessante bis mutige Bauprojekte aus Stahl, Glas und Beton. Der jähe Absturz des keltischen Tigers hat jedoch auch noch Bauplätze für kommende Generationen gelassen.

Nirgendwo sonst hat die Stadt ihr Gesicht so schnell und drastisch verändert wie an der Liffey östlich der Stadtmitte. Noch vor zwei Generationen waren die Docklands ein klassisches Hafenviertel mit Kais und Kränen, mit Lagerschuppen, Kopfsteinpflaster, Eisenbahngleisen und einem Heer von Schauerleuten, die in ärmlichen Vierteln hinter dem Hafen wohnten. Heute glänzt das Gebiet mit neuer Urbanität aus Glas und Stahl. Hier gibt sich Dublin als Weltstadt, mit Büros für Anwälte und Finanzdienstleister, mit Kulturpalästen und Kongresszentren, dazu Apartments für die Besserverdienenden, die sich hier zu wohnen leisten können und ihre Blocks mit Zäunen und Kameras sichern.

Mit dem neuen Glanz kontrastieren die verbliebenen Inseln des Verfalls. Bestandsentwicklung gibt es hier nicht. Altes vermodert, bis es abgerissen wird, Neues kommt direkt vom Reißbrett. Oft genug führt die Spurensuche nach jenen dubiosen Töchtern, die mit riskanten Finanzprodukten nur scheinbar grundsolide Banken an den Rand des Abgrunds brachten, in die Docklands. Angelockt von niedrigen Steuersätzen und einer laxen Aufsicht vernichtete diese Finanzindustrie schließlich in der letzten Krise Milliardenwerte. Umso mehr erstaunt es, dass diese Zweckgesellschaften noch immer aktiv sind und die guten Adressen in Dublins neuem Bankenviertel keinen Leerstand vermelden.

Die Docklands

Tour-Info

Länge: 3 km

Dauer: 1½ Std. ohne Innenbesichtigungen.

Anschluss: Sie können diesen Rundgang mit Tour 7 und Tour 9 verknüpfen. Vom Endpunkt zurück ins Stadtzentrum geht's mit der Bahn (ab Grand Canal Docks Station) oder mit dem Bus (Linie 1 ab Rings-end Road).

Tipp: Sie können die Docklands auch bei einer Bootsfahrt auf der Liffey kennenlernen. Mehr dazu auf S. 49.

Rundgang

Um die Custom House Docks

Die Tour beginnt am Custom House Quay mit dem **Famine Memorial,** einer Skulptur mehrerer abgemagerter Hungerleider auf dem Weg zu den Auswandererschiffen. Diese steht passenderweise vor dem **International Financial Services Centre** (IFSC) auf dem Kai.

War für Irlands historische Hungersnot in den 1840ern die Kombination aus Kartoffelfäule und gnadenloser Politik verantwortlich, so unterstellen heute manche Kritiker einen Zusammenhang zwischen den Global Players der Finanzwelt und den periodischen Hungerkrisen in der Dritten Welt. So passt auch der etwas östlich des Famine Memorial ins Pflaster eingelassene **World Poverty Stone** zum Thema.

Ein imposantes, nach seinem Konstrukteur **Scherzer Bridges** genanntes eisernes Hebelwerk (1912) staut den Zufluss von der Liffey zum **George's Dock** und wirkt zugleich als Brücke. Im Wasser schwimmt eine Bühne für allerlei Events. Im Sommer sorgt ein aufgeschütteter Strand mit Palmen, Liegestühlen und Sonnenschirmen für mediterranes Flair. Schwimmen kann man freilich nicht, auch nicht im benachbarten **Inner Dock,** dessen glitzernde Wasserfläche von Badequalität und -hygiene noch Lichtjahre entfernt ist.

Zwischen den beiden Docks duckt sich das zur Kneipe umgebaute **Harbour Master's Office,** eines der letzten Gebäude aus der Zeit, da in den Hafenbecken noch Schiffe ihre Fracht umschlugen. Auch die Eisenkonstruktion der Einkaufsgalerie **chq,** auf der Ostseite von George's Dock, ist alte Bausubstanz. Gebaut als Lagerhaus für Tabak und Wein, erlebte die Halle am 22. Oktober 1856 ein Staatsbankett zu Ehren der aus dem Krimkrieg heimgekehrten Soldaten, von denen immerhin 3000 aufs Mal hier bewirtet wurden.

Hungersnot und Auswanderung: Famine Memorial am Custom House Quay

Windmill Lane/ Jeanie Johnston

Am Ausgang der Halle überspannt die in Polen vorgefertigte **Séan O'Casey Bridge** (2005) die Liffey. Sie kann für den Schiffsverkehr geöffnet werden. U2-Fans wechseln das Ufer und besuchen die **Windmill Lane,** wo die Band ihre ersten Platten aufnahm. Zwar sind die Windmill Lane Studios längst in ein neues Domizil (in der Ringsend Road) umgezogen, doch erinnern farbenfrohe Graffitis von U2-Anhängern aus aller Welt an die Anfänge der Band und machen die Windmill Lane zu einem Kunstwerk.

Wieder am Nordufer der Liffey passiert man einen Schwimmsteg mit Ankerplätzen für schicke Jachten und das Segelschiff **Jeanie Johnston** (→ S. 214), auf dessen Vorbild einst Auswanderer nach Amerika geschippert wurden.

Am Spencer Dock

Nächster Blickfang an der Ufermeile ist das **Convention Centre Dublin** (CCD) mit seiner schrägen, scheinbar ins Wasser gleitenden Röhre aus Stahl und Glas. Das nach einem Entwurf des Architekten Kevin Roche gebaute Kongresszentrum fasst in seinem größten Auditorium bis zu 2000 Zuhörer.

Gleich neben dem CCD sperrt ein Zwilling der schon von den Custom House Docks bekannten Scherzer-Brücken den Auslass vom **Spencer Dock** in die Liffey und erlaubt so im Dock und dem anschließenden Royal Canal einen konstanten, von den Gezeiten unabhängigen Wasserstand. Das noch im Bau begriffene Viertel umfasst neben Büros und Hotels für die CCD-Besucher im hinteren Teil auch ein paar Rasterbau-Apartmentblocks. Für etwa 3000 €/m² kann Mann oder Frau vom Typ Wochenendheimfahrer hier eine kleine Zweitwohnung für die Dubliner Arbeitstage erstehen.

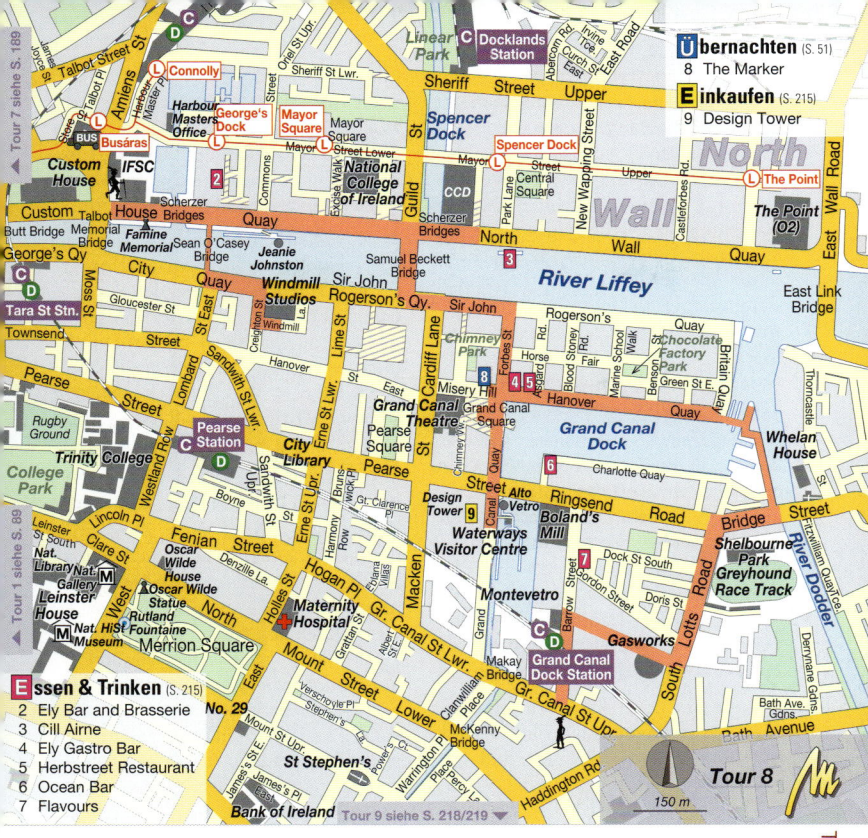

Tour 8 → Karte S. 211

Wie eine Harfe überspannt die vom katalanischen Brückenbauer Santiago Calatrava entworfene **Samuel Beckett Bridge** den Fluss. Bei Bedarf kann die Brücke zur Seite schwenken und so auch größeren Schiffen die Passage weiter flussaufwärts erlauben.

Wir überqueren hier den Fluss, folgen ihm auf dem Südufer noch ein paar Schritte und nehmen dann die Forbes Street zum Grand Canal Square.

Grand Canal Square

Der 8 Mio. Euro teure und fast 1 km² große, mit einem Parkhaus unterkellerte Platz ist das neue Herz der südlichen Docklands. Ein roter Laufsteg, simuliert durch farbige Pflastersteine und gesäumt von Alleereihen roter Stangen,

führt aus dem äußeren Becken der **Grand Canal Docks** leicht diagonal über die Freifläche zu Daniel Libeskinds **Grand Canal Theatre**. Den Laufsteg kreuzt ein grüner, mit Rasenflächen markierter Streifen, der das Hotel auf der Nordseite des Platzes mit dem gegenüberstehenden Bürogebäude verbindet. Quer über den Platz laufen zudem mehrere Granitstreifen und lassen die Fläche aus der Vogelschau wie einen Schnittmusterbogen aussehen.

Vom wasserseitigen Ende des Laufstegs hat man einen guten Blick auf die Gebäude rund um die beiden Hafenbecken. Am Inner Dock, schon jenseits der Straßenbrücke, wartet die **Boland's Mill**, eine stillgelegte Getreidemühle, auf eine neue Zukunft, die nach dem jähen Ende des irischen Immobilienbooms in weite Ferne gerückt scheint. Eine Nutzung der trutzigen Backsteinbauten als Hotel oder Bürohaus mag man sich noch irgendwie vorstellen. Doch was soll aus dem großen, kantigen Stahlbetonsilo werden, das auch die modernen Hochbauten der Nachbarschaft überragt? Das Industriedenkmal steht für die Geschichte des Hafens und spielte auch im Osteraufstand 1916 eine Rolle, als ein Kommando unter dem späteren Präsidenten Éamon de Valera die Mühle besetzte.

Vom Grand Canal Square südwärts Richtung Grand Canal fällt **Alto Vetro** ins Auge, ein zierlicher Glasturm, der mit 52 m derzeit das höchste Wohnhaus Dublins ist. Die voll eingerichteten Apartments werden für etwa 25 €/m² vermietet – zum Wohnen, wohlgemerkt, nicht als Büros. Dahinter scheint das **Waterways Ireland Visitor Centre** (→ S. 214) im Inner Dock zu schwimmen.

Wir machen nun noch einen Schlenker über den **Hanover Quay** zum Ostende des Docks. Hier stehen Alt und Neu noch unvermittelt nebeneinander: das neue Dublin der Latte macchiato trinkenden Dienstleistungsgesellschaft und das alte der malochenden oder erwerbslosen Proletarier und Unterschichten.

Drei Schleusenbecken nebeneinander sperren den Ausgang des Docks zur Liffey hin. Nur das mittlere, das Buckingham Lock, ist noch betriebsfähig. Wir überqueren den Kanal auf der Fußgängerbrücke, dann bringt uns die South Dock Road an den River Dodder, dem wir zur nächsten Brücke folgen.

Ringsend

Am anderen Ufer des Flusses fällt in der **Thorncastle Street** eine Zeile graubrauner Wohnblocks auf, von denen die rechten, die **Whelan House Flats** gleich neben der Kirche, ein gutes Beispiel für die Dubliner Mietwohnungen der 1930er-Jahre sind. Von Herbert G. Simms entworfen, folgt er spätexpressionistischen Vorbildern aus Amsterdam, wo der soziale Wohnungsbau jener Zeit seine Blüte erlebte.

Grand Canal Dock mit Boland's Mill und dem Millennium Tower

Wie das Segelschiff „Ouzel" verschwand – und mit Schätzen beladen wieder auftauchte

Das merkwürdige Verschwinden und mehr noch das unvermutete Wiederauftauchen des Seglers „Ouzel" gehört zu den großen, bis heute ungelösten Rätseln der christlichen Seefahrt. Mit Kapitän Eoghan Massey und einer Crew von 37 Mann, fast alle stammten aus Ringsend und Irishtown, verließ das Handelsschiff im Sommer 1695 den Hafen von Ringsend. Die Fahrt sollte nach Smyrna, dem heutigen Izmir gehen, von wo die „Ouzel" mit neuen Handelswaren nach Dublin zurückkehren sollte.

Doch dort kam das Schiff nicht mehr an. Nachdem drei Jahre verstrichen waren, und niemand auch nur Nachricht über den Verbleib der „Ouzel" hatte, erklärte ein Komitee der Dubliner Kaufmannschaft den Segler für untergegangen und die Mannschaft für tot – eine Versicherung entschädigte die Schiffseigner.

Zwei Jahre später, an einem regnerischen Herbstmorgen des Jahres 1700, segelte das totgesagte Schiff vor den Augen der ungläubigen Hafenarbeiter und Passanten die Liffey hinauf – voll beladen mit allerlei Beute aus Piratenüberfällen. Algerische Korsaren, so erzählte Kapitän Massey, hätten sein Schiff gekapert und zur Piraterie gezwungen. Erst jetzt habe man sich der nach einer Siegesfeier sturzbetrunkenen Besatzer entledigen und wieder heimwärts segeln können.

Eine unglaubliche Geschichte. Und so ging auch bald das Gerücht um, die „Ouzel" sei in Wahrheit in der Karibik gewesen und die Crew sei dort aus freien Stücken der Piraterie nachgegangen. Was auch immer die Wahrheit war, die Behörden beschlagnahmten das vermeintliche Beutegut und entschädigten daraus die geprellte Versicherung und die Schiffseigner. Der restliche Erlös ging an den Sozialfonds der Kaufmannsgilde.

Nicht nur, dass Kapitän und Mannschaft nun mit leeren Händen dastanden. Viele der ja amtlich für tot Erklärten mussten zudem erleben, dass ihre Frauen inzwischen neue Männer hatten und ihr Vermögen unter der Verwandtschaft aufgeteilt war. Andere wurden von Kleinkindern begrüßt, deren Väter sie angesichts fünfjähriger Abwesenheit unmöglich sein konnten. Bis heute nennt man in Ringsend die un- und außerehelichen Kinder *ouzeler*.

Ringsend, das vor langer Zeit einmal Dublins Haupthafen war, ist bis heute ein Arbeiterviertel geblieben, geprägt von der Kläranlage und einem **Kraftwerk**. Beide stehen an der Straße zum Leuchtturm. Die mächtigen, 207 m hohen Schlote stammen noch aus der Zeit, als hier Kohle verstromt wurde, sind heute aber nur noch Industriedenkmäler, denen der Abriss droht. Mit dem Fahrrad oder Auto mag man sich das alles anschauen und noch auf einem Damm immer ostwärts bis zum **Poolbeg Leuchtturm** hinausfahren, doch zu

Fuß lohnt sich der hin und zurück 10 km lange Weg nicht.

Architekturinteressierte machen besser noch einen Abstecher zu den preisgekrönten **Gasworks**. Dazu biegen Sie am Ende der South Dock Road nach rechts in die von Ringsend kommende Bridge Street ein, um diese gleich an der nächsten Ecke wieder südwärts in die South Lotts Road zu verlassen. Hier passieren Sie den auf der linken Straßenseite hinter einer Mauer verborgenen Hunderennplatz **Shelbourne Park** und sehen dann auf der rechten Straßenseite die Gasworks, an denen Sie sich nach rechts wenden.

Im Metallskelett des früheren Gasometers und seiner Nachbarschaft wurden schicke Apartments gebaut – sehenswert, doch für Familien unerschwinglich teuer und viel zu klein.

Selbst die Lage gleich neben Googles Europazentrale **Montevetro,** Dublins derzeit höchster Büroturm, bringt nicht genügend Käufer oder Mieter, und so ist immer mal wieder im Gespräch, im Gasometer ein Hotel einzurichten.

Stationen

Jeanie Johnston

Der stolze Dreimaster ist die hochseetaugliche Replik eines 1847 in Quebec vom Stapel gelaufenen Schiffs, das auf 16 Fahrten nordamerikanisches Holz nach Irland und im Gegenzug irische Auswanderer nach Amerika brachte. Im Design nur wenig verändert – die neue Jeanie hat einen stählernen Rumpf, Motoren und Generatoren –, wurde sie in den 1990ern in Tralee zum Gedenken an die Große Hungersnot gebaut. Dass die Baukosten mit bald 14 Mio. Euro völlig aus dem Ruder liefen, beschäftigte sogar das irische Parlament. Immerhin schipperte der teure Nachbau bis nach Amerika und überstand schadlos einen Biskaya-Sturm der Windstärke 10.

Heute sind die Segel eingemottet und die Jeanie II hat ihre Hochseezulassung verloren. Das Geld, um sie im Trockendock TÜV-fit zu machen, mag in der Rezession keiner aufbringen. So liegt sie nun am Kai und kann besichtigt werden. Eine kleine Ausstellung an Bord vergegenwärtigt mit lebensgroßen Puppen die Überfahrt der dicht an dicht gedrängten Auswanderer.

North Wall Quay, www.jeaniejohnston.ie. Führungen tägl. 10, 11, 12, 14, 15, 16 Uhr. Eintritt 9 €. Bus Nr. 90 via Eden Quay, Luas Station Mayor Square.

Das Museumsschiff Jeanie Johnston meisterte schon den Atlantik

Waterways Visitor Centre

Die Ausstellung der irischen Binnenschifffahrtsbehörde richtet sich vor allem an Kinder und potentielle Freizeitkapitäne, die erschnuppern möchten, was sie auf Irlands Wasserstraßen erwartet. Man sieht ein paar nette Filmchen, erfährt computeranimiert etwas über Flora und Fauna, darf die Bedienung einer Schleuse ausprobieren und sein Wissen in einem Quiz zeigen. Um die doch etwas magere

Ausstellung etwas aufzupeppen, ist im Eintrittsgeld auch eine Führung rund um das Grand Canal Dock inbegriffen. Grand Canal Quay, www.waterwaysireland

visitorcentre.org. April–Sept. Mi–So 10–18 Uhr, Führung 11.30 und 14.30 Uhr. Eintritt 8 €. DART Grand Canal Dock, Bus Nr. 1 via O'Connell St.

Praktische Infos

→ Karte S. 211

Essen

Ely Bar and Brasserie 2 Die trendige Weinbar lässt dem Gast die Wahl zwischen einem heimeligen Kellergewölbe, der geräumigen Halle der chq-Einkaufsgalerie und schließlich der Terrasse mit Blick auf Liffey und George's Dock. Bioküche vom Frühstück bis zum späten Abend, das Fleisch stammt von Farmen im Burren-Gebiet. Hauptgericht mittags bis 17 €, abends bis 30 €. So Ruhetag. CHQ Building, George's Dock, ☎ 01 672 0010, www.elywinebar.ie.

Ely Gastro Bar 4 Ein Außenposten von Ely bietet abends am Grand Canal Square den Anwohnern Zuflucht vor der Einsamkeit ihrer Mini-Apartments.

🌿 **Herbstreet** 5 Das Restaurant hält mehr, als der erste Blick verspricht: Auf den Drahtstühlen im Eames-Design sitzt man wider Erwarten ganz bequem, und der Blick auf das Grand Canal Dock lässt das Kanteninterieur vergessen. Aufgetischt wird kreative irische Küche zu erstaunlich günstigen Preisen. Hauptgericht bis 15 €. Mo–Fr ab 8.30, Sa/So ab 10 Uhr. Hanover Quay, ☎ 01 675 3875, www.herbstreet.ie. ■

Cill Airne 3 Das 1961 als Zubringerboot für Ozeandampfer gebaute Schiff liegt nun fest vor Anker und ist ein schöner Ort, um mit einem Glas Wein auf dem Wasser schaukelnd den Sonnenuntergang zu genießen. Die Deckplätze sind entsprechend begehrt. Kinder sind leider unerwünscht. Neben der Bistrobar (tägl. 12–22 Uhr) gibt es auf dem Schiff auch das edlere Restaurant Quay 16 (Menü 20–50 €, Di–Sa ab 17.30 Uhr). North Wall Quay Höhe CCD, ☎ 01 817 8760, www.mvcillairne.com.

Flavours 7 Ein guter Tipp fürs Mittagessen. Die zwischen Büropalästen und einer Zeile alter Arbeiterhäuser platzierte Sandwichbar mit nur wenigen Tischen lebt weitgehend vom Catering und Take-away für die Büros der Nachbarschaft. Ein Hit ist die heiße Schinkenrolle. Mo–Sa tagsüber. Gordon St/Ecke Barrow St.

Ocean Bar 6 Tolle Lage direkt am Grand Canal Bassin. Bei gutem Wetter sitzt man direkt am Wasser, ansonsten bleibt der Blick durch bodentiefe Glasfenster. Mittags und abends wird gespeist (15 €), dazwischen herrscht eher Pubatmosphäre. Die Gäste sind jung und trendy. Tägl. ab 12 Uhr. Charlotte Quay Dock, www.oceanbar.ie.

Einkaufen

Design Tower 9 In einem früheren Lagerhaus haben Künstler und Kunsthandwerker Platz für ihre Ateliers und Austellungen gefunden. Grand Canal Quay, beim Alto Vetro.

Mittagszeit an der Uferpromenade

Tour 9: Am Grand Canal

Der Grand Canal, der mit seinem venezianischen Vetter kaum mehr als den Namen gemein hat, schmiegt sich als grünes Band an den Südrand der Innenstadt – ideal für einen Spaziergang im Park oder eine kleine Pause vom städtischen Trubel, die sich hier in sonnigen Mittagsstunden auch viele Beschäftigte aus den nahen Büros gönnen.

Zunächst begann der 130 km lange Grand Canal, der Dublin mit dem Shannon und dem River Barrow verbindet, erst an der Guinness-Brauerei. Und die Brauerei zählte auch zu den größten Nutznießern der 1779–1804 etappenweise eröffneten Wasserstraße, konnte sie doch ihre Bierfässer auf Kähnen zu den Abnehmern ins Hinterland bringen. Gezogen wurden die Schiffe von Pferden, weshalb auf beiden Ufern Wege den Kanal begleiten und auch die Brücken unterqueren. Für Passagiere errichtete die Grand Canal Company eigene Hotels in den Etappenorten.

Die Entwicklung der Eisenbahn und schließlich die Motorisierung brachten den Kanal ins Abseits, bis er 1960 schließlich für den Verkehr geschlossen wurde. Beinahe hätte man in Dublin das Kanalbett verfüllt und darauf eine Stadtautobahn errichtet. Schließlich erkannte man das touristische Potential der Wasserstraße und ihre Bedeutung als Erholungsraum. Inzwischen ist der Grand Canal entmüllt, instand gesetzt und sogar wieder schiffbar.

Die von einem Uferpark gesäumte Ringstrecke zwischen Kilmainham und den Grand Canal Docks, wo der Kanal in die Liffey mündet, wurde 1790–1796 gebaut und markiert heute die Südgrenze der Innenstadt. Wehre und Schleusentore formen kleine Wasserfälle, romantische Brücklein schwingen sich über den Wasserweg und eher ruhige Straßen begleiten den Kanal durch

Tour 3 S.134 Tour 2 S.120 Tour 1 S.86 Tour 8 S.208

Am Grand Canal

gepflegte Viertel. Ruhebänke und Rasen-flächen säumen diesen Laufsteg der Jogger und Gassigeher, an schönen Tagen genießen die Angestellten aus den Büros hier ihre Mittagspause, Enten schnabulieren die Brotzeitreste. Leider sammelt sich an den Wehren und im Schilf auch mancher unverdauliche Unrat, viel zu selten kommt die Stadtreinigung vorbei.

Tour-Info

Länge: 4,5 km

Dauer: 1½ Std. ohne Innenbesichtigungen.

Anschluss: Sie können diesen Spaziergang mit Tour 1 oder mit Tour 8 verknüpfen. Zum Startpunkt Grand Canal Bridge kommen Sie mit der Bahn (Grand Canal Docks Station) oder mit dem Bus (steigen Sie an der Ecke Northumberland/Haddington Road aus), Linie 4, 7, 8 oder 120 ab O'Connell Street.

Rundgang

Von den Grand Canal Docks zur St Stephen's Church

Unser Spaziergang beginnt wie der Uferweg an der **Maquay Bridge,** wo die Grand Canal Street den Kanal überquert. Die im Betonzeitalter für eine breitere Straßenführung neu angelegte Brücke ist ein guter Standort, um den Kanal samt seiner ersten Schleuse zu fotografieren oder zu filmen. Ein kleiner Umweg über die Haddington Road bringt uns zu den

Beggar's Bush Barracks. Wo früher die britische Armee ihre Rekruten drillte, amten nun Behörden und das Arbeitsgericht. In der einstigen Garnisonskapelle ist das **National Print Museum** (→ S. 222) untergekommen.

An der **McKenny Bridge,** benannt nach einem früheren Vorstand der Kanalgesellschaft und Bürgermeister Dublins, erreicht man wieder den Kanal und folgt ihm zur nächsten, der **Huband Bridge.** Die ist besonders reich verziert. Joseph Huband, auch er lange Jahre Präsident der Grand Canal Company,

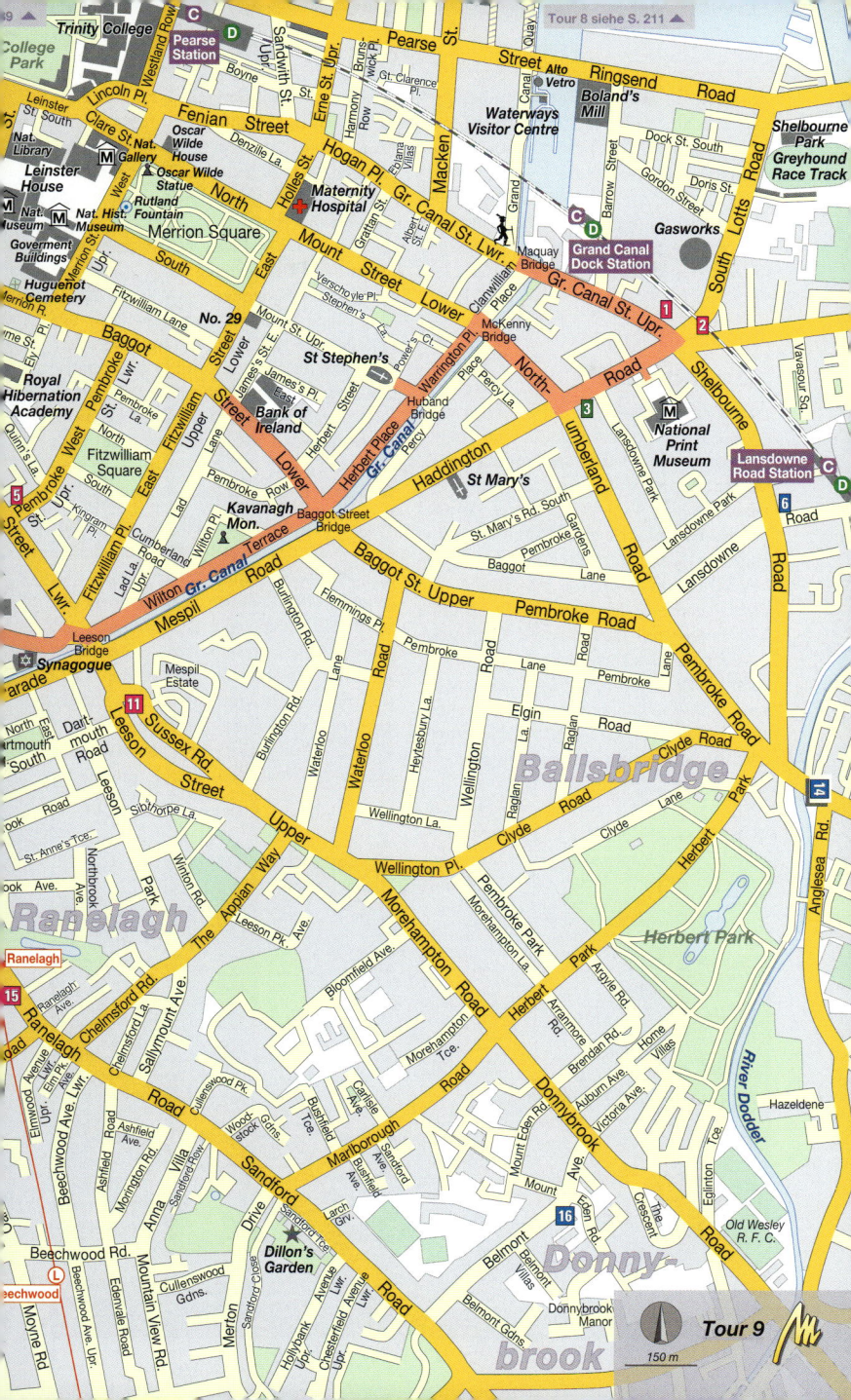

bezahlte die Brücke seinerzeit aus eigener Tasche und setzte sich damit ein Denkmal. Vom westlichen Brückenkopf ein paar Schritte in die Upper Mount Street hinein, steht inmitten eines kleinen Platzes mit georgianischen Häuserfronten die anglikanische **St Stephen's Church** (→ S. 223).

An der Baggot Street Bridge

Das aktuelle Handbuch der Kanalverwaltung empfiehlt Freizeitkapitänen, nahe der Baggot-Street-Brücke (amtlich heißt sie Macartney Bridge) zu ankern und einen Shopping-Trip ins Zentrum zu unternehmen. Allerdings habe ich auf dem Dubliner Kanalabschnitt mit seinen vielen Schleusen noch nie ein Touristenboot gesehen. In den 1950er- und 1960er-Jahren hätte sich ein Landgang zu Parsons Bookshop empfohlen, dem geistigen Zentrum von „Baggotonia". Mitsamt dem Buchladen ist auch die Boheme aus diesem Teil der Stadt verschwunden, die Mieten stiegen wohl zu sehr.

Architekturfreaks machen an der Macartney-Brücke einen Abstecher in die Lower Baggot Street zum Hauptquartier der **Bank of Ireland.** Die drei um einen Platz mit Stahlskulptur gebauten Büroblocks wurden 1968–1978 gegen massiven Protest der veröffentlichten Meinung hochgezogen. Die Architekten-Fachwelt dagegen war von dieser Hommage an Mies van der Rohe begeistert. Heute müssen auch Kritiker zugeben, dass das Ensemble sich durchaus sehen lassen kann. Da gibt es in Dublin schlimmere Bausünden als diese Rasterfassaden aus braun getöntem Glas und dazu farblich abgestimmten Verschalungen aus Manganbronzeblechen.

Zurück zum Kanal. Gleich nach der Brücke kann man auf einem Schleusentor über den Kanal balancieren. Am rechten Ufer (Wilton Terrace) sitzt ein Herr mit Nickelbrille tagaus tagein auf seiner Parkbank und trotzt auch dem schlimmsten Wetter. Es ist der 1967 verstorbene Dichter **Patrick Kavanagh,** der in der nahen Pembroke Street wohnte und jetzt als lebensgroßes Bronzedenkmal den Kanal überblickt,

G. B. Shaw in der Richmond Street

Das Eye and Ear Hospital, ein Augenschmaus in der Adelaide Road

dem er mit *Canal Bank Walk* auch ein Gedicht gewidmet hat.

Vorbei an Kavanaghs Ruhebank führt der Uferweg im Schatten mächtiger Bäume zur **Eustace Bridge,** auf der die Leeson Street den Kanal überquert. Vorbei an einem Kiosk mit hübschem Ziegelwerk und dem Dubliner Stadtwappen geht es in die **Adelaide Road.** Der vage byzantinisch anmutende Backsteinbau zur Linken (Haus Nr. 37) mit seinen weißen Zierbändern in der Fassade wurde 1892 als **Synagoge** gebaut. Auf der anderen Straßenseite nimmt das schlossartige, 1901 vollendete „Eye and Ear" – offiziell heißt es **Royal Victorian Eye and Ear Hospital** – das Motiv der weißen Fassadenbänder auf rotem Ziegelgrund auf. Nach **St Finian's,** dem neugotischen Kirchlein der deutschen Protestanten, biegen wir links in die Harcourt Terrace, eine der edelsten Wohnadressen im Stadtzentrum. An einer der Villen belehrt uns ein Schild, dass der gleichermaßen patriotisch wie mystisch bewegte Maler

und Dichter George Russel hier sein Drama Deirdre (1901) erstmals der Öffentlichkeit präsentierte.

Portobello

Wieder am Kanal wendet man sich rechts, unterquert die Brücke der Straßenbahn, lässt die gesichtslose Charlemont Bridge links liegen und stößt an der nächsten Ecke auf das 1807 eröffnete **Grand Canal Hotel.** Aufstieg und Niedergang der insgesamt fünf Hotels, die die Kanalgesellschaft an den Etappenorten längs des Kanals betrieb, folgten dem Auf und Ab der Personenschifffahrt. 1860, die Eisenbahn hatte das Rennen gegen die Kähne klar gewonnen, wurde das Hotel geschlossen. Nach wechselvoller Geschichte als Blindenanstalt und Altersheim, in dem der Maler Jack B. Yeats seinen Lebensabend verbrachte, gehört das Haus heute zum renommierten Portobello College.

Portobello („Schöner Hafen"), das Viertel hinter der gleichnamigen Brücke, hat

Tour 9 → Karte S. 218/219

seinen Namen nicht aus der Ideenküche kreativer Immobilienvermarkter, sondern von einem karibischen Hafenort, den der englische Admiral Vernon 1739 mit einer famosen Seeschlacht den Spaniern entriss. Dublins Portobello war der Passagierhafen des Grand Canal. Auch das Trinkwasser für die südlichen Stadtteile wurde, man glaubt es kaum, hier dem Kanal entnommen und in einem offenen Bassin gespeichert. Längst sind die Becken verfüllt und überbaut.

Hinter den Neubauten am Kanal zeigt sich Portobello bescheiden: biedere Reihenhäuschen, viele stammen noch aus dem 19. Jh. In der Synge Street, Haus Nr. 33, zu erreichen über Richmond Row und Lennox Street, wurde der Dramatiker George Bernard Shaw geboren. **Shaw Birthplace** ist als Museum und Gedenkstätte eingerichtet, aber nur zu besonderen Anlässen geöffnet.

„Klein-Jerusalem"

Vor hundert Jahren war Portobello das bevorzugte Wohnviertel der Dubliner Juden. Viele waren als Flüchtlinge aus Osteuropa gekommen und versuchten sich hier ein neues Leben aufzubauen. Mit zunehmendem Wohlstand verlagerte sich das Gemeindeleben in bessere Viertel, andere zogen weiter nach Palästina oder Amerika. Geblieben sind die **Bretzel Bakery** in der Lennox Street und das **Irish Jewish Museum** (→ S. 223) in der Walworth Road.

Zurück am Kanal sieht man auf der anderen Seite die **Cathal Brugha Barracks.** Seit 1815 sind hier erst britische und dann irische Soldaten kaserniert. Dank dieser Kundschaft hatte Portobello vor langer Zeit auch seine Rotlichtmeile, nämlich in der Victoria Street gleich hinter der Synagoge.

An der nächsten Brücke blockiert das **Griffith College** eine Fortsetzung des Uferspaziergangs. Das von Francis Johnston 1812 entworfene Hauptgebäude diente zunächst als Gefängnis und dann als Kaserne – wer weiß, welche Geister heute im College ihr Unwesen treiben.

Werfen wir zum Schluss einen Blick in die **Clanbrassil Street,** die vor dem College stadteinwärts führt. Hier war die Einkaufsmeile des jüdischen Dublin. Am Haus Nr. 52 erinnert eine Plakette an Leopold Bloom – James Joyce ließ seinen Romanhelden aus dem *Ulysses* hier zu Hause sein.

Mit allen Bussen, die nordwärts fahren, kommen Sie wieder ins Stadtzentrum zurück.

Stationen

National Print Museum

Das Museum, so der Anspruch, will über die Geschichte des irischen Druckwesens informieren. Bis dahin hat das Haus aber noch eine weiten Weg vor sich. Es fehlt an Geld und einem festen Mitarbeiterstamm, denn das Museum gehört zu einem Beschäftigungsprogramm des irischen Arbeitsamts FAS, das Arbeitslose für eine paar Monate qualifiziert und dann wieder dem Dschungel der freien Wirtschaft überlässt. So ist dieses Museum in mehrfacher Hinsicht ein Asyl für Gestrandete: Linotype- und Monotype-Setzmaschinen, Druckerpressen, Winkelhaken und Schließplatte – ein Sammelsurium mechanischer Gerätschaften und Maschinen der schwarzen Kunst aus einer Epoche, als Lesestoff noch ohne Computer produziert wurde. Dazu gibt es eine kleine Sammlung politischer Flugschriften. Dem Zuviel an Exponaten,

Die Synagoge im Irish Jewish Museum

die sich dicht an dicht in der Halle drängen, korrespondiert ein Zuwenig an informierenden und erklärenden Schautafeln. Da muss man sich mit einem Handzettel oder den Filmen auf der Website begnügen.

Das Museum (mit Tearoom) liegt etwas versteckt hinter dem Arbeitsgericht im Beggar's Bush, einer früheren Kaserne am Westende der Haddington Rd. www.nationalprintmuseum.ie. Mo–Fr 9–17, Sa/So 14–17 Uhr. Eintritt frei, mit Führung Mo/Di und Do/Fr 11.30/14.30, Mi nur 11.30 Uhr 3,50 €, So 15 Uhr frei. Bus Nr. 4, 7, 8 ab O'Connell Street.

St Stephen's Church

Wegen ihres charakteristischen Glockenturms wird die St Stephen's Church of Ireland auch Peppercanister („Pfefferstreuer") genannt. Die Frontseite mit dem klassizistischen Eingangsportal ist Blickfang und Fixpunkt einer langen, am Leinster House beginnenden georgianischen Straßenachse. Wegen ihrer guten Akustik wird die Kirche ab und an auch als Konzertraum für klassische Kammermusik genutzt.

Mount St Crescent, www.peppercanister.ie. Do 12.30–14.30 Uhr. Eintritt gegen Spende. Bus Nr. 4, 7, 8 ab O'Connell Street.

Irish Jewish Museum

Im Erdgeschoss eines Backsteinhauses wird die Geschichte der kleinen jüdischen Gemeinde Irlands geschildert. Wir sehen Fotos, Bücher und Kunstobjekte, in einer historischen Küche ist zum Sabbatmahl gedeckt. Auch die im ersten Stock eingerichtete Synagoge ist zu besichtigen. Leider fehlt es an Raum und museumsdidaktischer Aufbereitung, um die Schätze der ehrenamtlich geführten Sammlung gebührend zur Geltung kommen zu lassen. Ein Nachbarhaus und ein Anbau sollen Abhilfe schaffen, doch noch fehlen die Mittel, um das ehrgeizige Projekt zu verwirklichen.

3 Walworth Rd (off Victoria St), Portobello, Dublin 8. www.jewishmuseum.ie. Mai–Okt. So–Do 11–15.30 Uhr, Nov.–April nur So 11–15 Uhr. Eintritt frei. Bus Nr. 16, 122 via O'Connell St.

Tour 9 → Karte S. 218/219

Abstecher

In den Stadtvierteln südlich vom Grand Canal befinden sich noch weitere Sehenswürdigkeiten. Ein paar davon lassen sich auf einem Rundgang erkunden (→ Tour 10). Andere liegen zu weit verstreut, um sie zu einem Spaziergang verbinden zu können. Da ist etwa **Dillon Garden** in Ranelagh, der einigermaßen häufig mit dem Bus (Linie 11) von der Leeson Bridge angesteuert werden kann. In der Charlemont St kann man in Bus 44 Richtung **Fernhill Gardens** steigen. Buslinie 151 zum **Drimnagh Castle,** der ältesten Burg im Dubliner Stadtgebiet, überquert den Grand Canal mit der Dolphin's Barn Bridge.

Dillon Garden

„Oh, Lady Hillingdon. Not good in bed, but great against the wall." Wer so aus dem Nähkästchen plaudert, verrät keine Intimitäten aus dem Sexualleben besagter Dame, sondern seine Erfahrungen im Gartenbau: Lady Hillingdon ist eine aprikosenfarbene Rosensorte. Wir befinden uns im Garten von Helen Dillon, bekannt als Irlands führende Autorität im ewigen Kampf des Menschen gegen die wuchernde Natur, die er zu bändigen und nach seinen Vorstellungen zu gestalten versucht. Ihr kleiner Stadtgarten ist sozusagen das Versuchslabor, in dem die Päpstin der Home-&-Garden-Szene ihre botanische Lebenshilfe ausprobiert. Und den Trend für die Moden setzt, beispielsweise mit ihrem Kanal aus weißem Kalkstein, der einen Hauch von Alhambra ins regenreiche Dubliner Villenviertel bringt. Sehenswert ist auch das mit Muscheln dekorierte Gäste-WC des Hauses.

45 Sandford Rd, Sandford Church, Ranelagh, Dublin 6, www.dillongarden.com. März, Juli/Aug. tägl. 14–18 Uhr; April–Juni,

Helen Dillons Stadtgarten – Lebenshilfe für die Home-&-Garden-Szene

Wasserburg Drimnagh Castle

Sept. So 14–18 Uhr. Eintritt 5 €, Kinder und Hunde nicht erwünscht. Bus 11, 44 via O'Connell St, 61 ab D'Olier St; Luas Station Ranelagh.

Fernhill Gardens

Der nur selten besuchte Park ist unter Kennern besonders für seine Rhododendronsträucher berühmt und ein schönes Beispiel für die naturbewegte bürgerliche Gartenkultur der viktorianischen Zeit. Als romantische „Robinsonade" imitiert er gleichermaßen die unberührte Insel des Robinson Crusoe wie auch die Ideale des Gartenbauarchitekten William Robinson (1838–1935), der Exoten zu einem möglichst natürlich erscheinenden Setting arrangierte. Aus diesen Gründungsjahren nach 1860 stammen die drei weithin sichtbaren Mammutbäume; andere Baumriesen wie die mächtige Esskastanie sind noch älter und wurden in das Ensemble integriert. Auch ein Fischteich, auf und in dem sich allerlei Wasserpflanzen tummeln, ein Wasserfall und künstlich aufge-

türmte Felsen gehören dazu. Verwildert gibt sich auch der Küchengarten: Kräuter, Gemüsereihen, Spalieräpfel und immer wieder Beete mit Schnittblumen säumen die zugewucherten Pfade.

Enniskerry Rd, Belarmine, Stepaside, Dublin 18. März–Okt. Di–Sa 11–17, So 14–17 Uhr. Eintritt 5 €. Bus 44 via O'Connell St, 47 ab Townshend St.

Drimnagh Castle

Der erste Hausherr von Irlands einziger Burg mit heute noch geflutetem Graben, Hugo de Berneval, kam bereits 1216 mit dem Normannenkönig Johann ins Land. 750 Jahre später war die Burg eine Ordensschule der Christlichen Brüder. Die zogen in einen Neubau nach nebenan und überließen das Gemäuer dem Verfall. Erst in den 1990er-Jahren wurden der spätmittelalterliche Wohnturm, die Banketthalle und der historische Garten sorgfältig restauriert. Schnitzwerk im Gebälk des Festsaals zeigt die Gesichter der Meisterhandwerker und manchen

Scherz, etwa die mittelalterliche Figur vor dem Kamin links mit Armbanduhr.
Long Mile Rd, Drimnagh, Dublin 12, www. drimnaghcastle.org. Mo–Do 10–16, Fr bis

13 Uhr. Sicherheitshalber anmelden unter ✆ 01 450 2530. Einlass bis 1 Std. vor Schließung. Eintritt 4 €. Bus 123 via O'Connell St, 151 ab Hawkins St.

Praktische Infos → Karte S. 218/219

Essen

Dax 5 Auch in der Krise ist dieser Dax im Höhenflug – wobei das Kellerlokal nicht nach dem Aktienindex, sondern nach der Heimatstadt seines Besitzers und Maîtres Olivier Maisonnave benannt ist. Noch ohne Stern, bekommt der Gast hier alles, was er von einem Spitzenrestaurant erwarten mag: freundliche Begrüßung, aufmerksam-unaufdringlicher Service, kundige Beratung, gediegenes Ambiente (mit nautischem Touch) und exzellentes Essen. Einziger Wermutstropfen für arme Autoren sind die heftigen Preise: Lunchmenü 25/30 €, Hauptgericht um 30 €. Di–Fr Lunch, Di–Sa Dinner. 23 Upper Pembroke St, ✆ 01 676 1494, www.dax.ie.

Juniors 2 Kleines, familiäres Lokal mit Wohnzimmeratmosphäre. Auch wer nur einen Kaffee trinkt, ist willkommen. Ein paar Tischchen draußen auf grünem Kunstrasen unter rotem Dach, von denen man gut dem Straßentreiben zuschauen kann. Internationale Küche – als Snack etwa Krabben im Trinkglas serviert. Hauptgericht bis 25 €. Mo–Fr Frühstück, tägl. Lunch, Mo–Sa Dinner. 2 Bath Av, ✆ 01 664 3648, www.juniors.ie.

Paulie's Pizza 1 Hier gibt's die „echte" Pizza, zubereitet nach dem Reglement der „Assoziatione Verace Pizza Napoletana", also der Gralshüter handwerklicher Pizzabackkunst, gebacken im Holzofen bei mindestens 485° Celsius. Tägl. ab 18 Uhr. 58 Upper Grand Canal St, ✆ 01 664 3658, www. juniors.ie/paulis-pizza.php.

Canal Bank Café 11 In dieser legeren Brasserie fällt man auch in Urlaubsalltagskleidung nicht unangenehm auf. Auf der übersichtlichen Karte stehen etwa Muscheln, Fisch, Steak und Burger. Hauptgericht bis 25 €. Mo–Fr ab 10, Sa/So ab 11 Uhr. 146 Upper Leeson St, ✆ 01 664 2135, www.canal bankcafe.ie.

Neon 7 Das Tapetenbild eines Straßenverkäufers in Hanoi begrüßt den Gast, die Werbung tiefstapelt mit „asian street food". In einem hellen, schicken Raum speist man kontaktfördernd an einer langen Tafel. Thai-

ländisch-vietnamesische Küche, mein Hit ist die Mekong-Ente. Hauptgericht bis 15 €. Tägl. 12–23 Uhr. 17 Lower Camden St, ✆ 01 405 2222, www.neon17.ie.

Punjabi by Nature 15 Indische Küche im Bistroambiente mit Bollywood-Musik. Aufgetischt weren Klassiker wie Lamm Saag oder Hühnchen Tika Masala, außerdem viele Optionen für Vegetarier. Auch die Nachspeisen machen Appetit. Hauptgericht 10–20 €, Beilagen kosten extra. Tägl. ab 17 Uhr. 15 Ranelagh Village, ✆ 01 496 0808, www. punjabibynature.ie.

Pubs

Ryan's Beggars Bush 3 Eine Institution im Quartier, wird mittags auch gern zum Lunch aufgesucht. 115 Haddington Rd, www.beggarsbush.com.

Bleeding Horse Pub 9 Der Pub ist seit 1649 im Geschäft, James Joyce und andere Stadtgrößen gingen hier ein und aus. Beheizter Biergarten. Auch zum Essen kann man hier einkehren, wenngleich das Haus kein Gourmettreff ist. Über Mittag breite Auswahl (Hauptgerichte bis 15 €), danach noch bis 21 Uhr Barfood. Donnerstag- bis sonntagabends Clubbing mit DJs, So ab und an Livemusik. 24 Upper Camden St (Ecke Camden Pl), ✆ 01 475 2705, www. bleedinghorse.ie.

The Barge 13 Ein Imperium aus gleich mehreren Bars auf zwei Etagen. Sobald das Wetter es zulässt, kann man vor der Barge am Ufer auf dem Rasen sitzen und ein frisch gezapftes Guinness oder ein Bulmers schlürfen. Mittagsbüffet, warme Küche bis 21 Uhr, sonntags Brunch. 42 Charlemont St, ✆ 01 475 1869.

Einkaufen

Bretzel Bakery 12 Als Überbleibsel des jüdischen Portobello backt die „Bretzel" noch immer koscheres Brot. Gelobt werden die Bagels und das Schokoladeneclair. Der Laden ist auch sonntagvormittags geöffnet. 1 a Lennox St, Portobello, www.bretzel.ie.

Patrick Kavanagh an seinem Lieblingsplatz

Im Garten von Marlay House / Rathfarnham Castle

Tour 10: Rathfarnham

Patrick Pearse, der Held des Osteraufstands 1916, William Connolly, der steinreiche Landbesitzer und Mitbegründer des Hellfire Club, und Mutter Teresa, der Engel von Kalkutta – drei Berühmtheiten, die Rathfarnham verbunden sind. Zu sehen gibt es ein altes Schloss und das Pearse-Museum im St Enda's Park, wo der Nationalheld eine Schule gründete.

Im 18. Jh. entwickelte sich Rathfarnham, damals noch ein Dorf vor den Toren Dublins, zu einer bevorzugten Adresse des protestantischen Adels, der hier, gerade eine Gehstunde außerhalb der Stadt, seine Landhäuser baute. Zur gleichen Zeit entstanden am Ufer des River Dodder Spinnereien und Papiermühlen, die mit der Wasserkraft des Flusses ihre Maschinen antrieben. Doch diese Ära währte nur kurz: Mit dem Aufkommen der Dampfkraft waren die Fabrikherren nicht länger auf Flusslagen und Mühlräder angewiesen. Heute ist der mit Dublin zusammengewachsene Ort eine Schlafstadt, aus der man früh morgens zu seinem Arbeitsplatz in der Innenstadt aufbricht.

Tour-Info

Länge: 3,5 km

Dauer: 1½ Std. ohne Innenbesichtigungen.

Anfahrt: Zum Anfangspunkt der Tour, dem Schloss in Rathfarnham, kommt man mit Bus Nr. 16 ab O'Connell St. Mit Linie 16 kann man am Ende der Tour ab Marlay Park auch wieder ins Stadtzentrum zurück fahren.

Rundgang

Rathfarnham

Die Tour beginnt am **Rathfarnham Castle** (→ S. 232). Der einst großzügige Schlosspark wurde bereits zu Beginn des 20. Jh. teilweise mit Wohnungen überbaut und in einen Golfplatz umgewandelt. Ein Triumphbogen an der Dodder Park Road, fast zwei Kilometer vom Schloss entfernt, markiert den ursprünglichen Eingang und die frühere Größe des Anwesens.

Überqueren Sie nach der Schlossbesichtigung die Straße und gehen Sie quer durch die neue Apartmentanlage auf die alte Dorfstraße von Rathfarnham.

Das unscheinbare rot-weiße Gebäude gegenüber der Kirche, in dem jetzt ein Sportclub zu Hause ist, war einmal das **Amtsgericht,** in dem Hühnerdiebe, Schläger und Trunkenbolde ihre nicht immer gerechte Strafe auferlegt bekamen.

Folgen Sie der Dorfstraße südwärts bis zum **Memorial für Anne Devlin.** Sie war die Haushälterin des Freiheitshelden Robert Emmet, der vor seiner Gefangennahme und Hinrichtung (siehe S. 139) zuletzt in Rathfarnham wohnte. Als Komplizin Emmets wurde sie von den Briten verhaftet und gefoltert, kam aber mit dem Leben davon.

Grange Road

Nach dem Denkmal links, vorbei an einem Tante-Emma-Laden mit musealer Einrichtung, biegen Sie in die Grange Road, also die zweite Straße nach dem Yellow House rechts ab. Gegenüber dem von einer hohen Mauer abgeschirmten

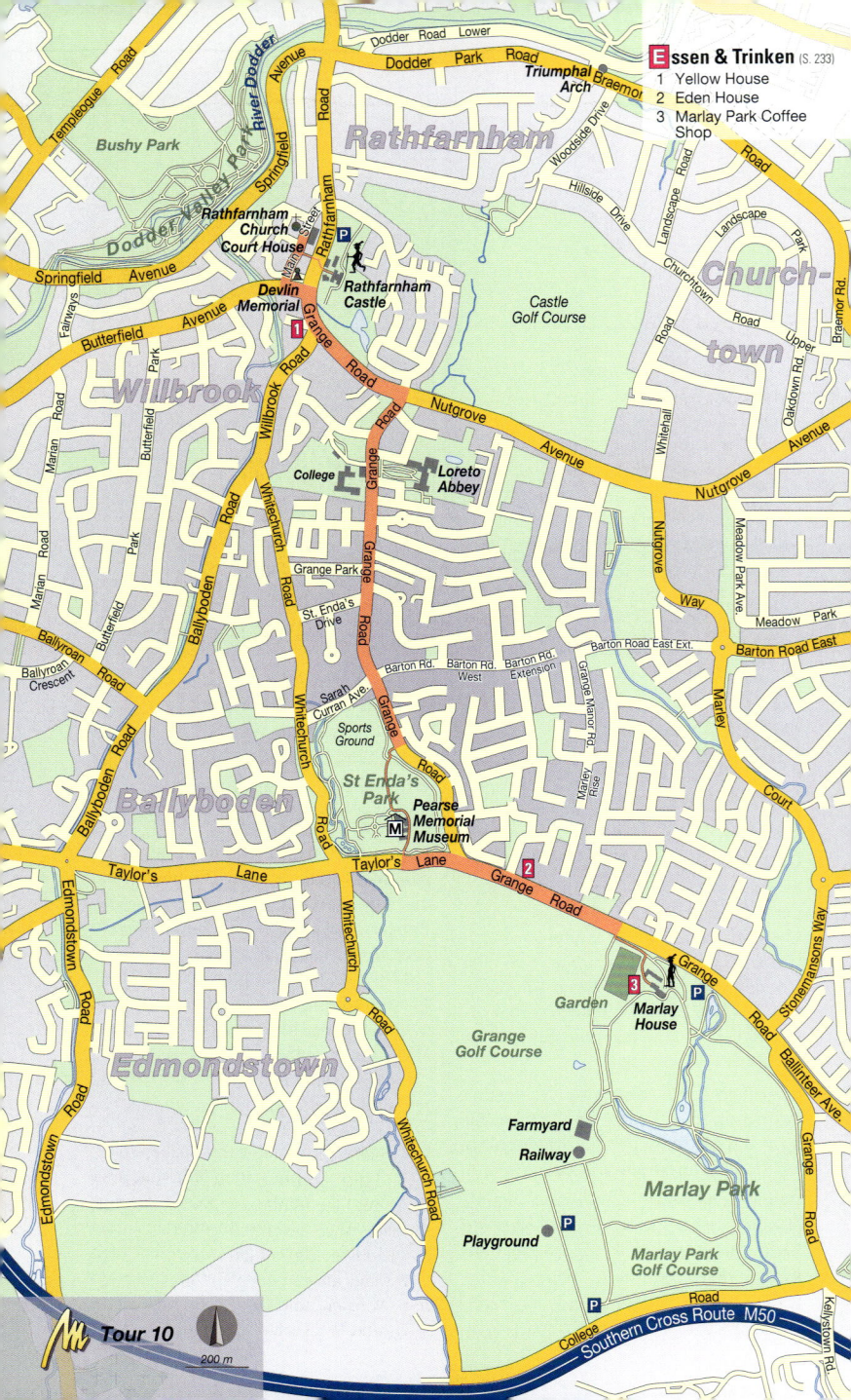

Essen & Trinken (S. 233)

1 Yellow House
2 Eden House
3 Marlay Park Coffee Shop

Tour 10

200 m

Dorffriedhof und einer Mädchenschule erstreckt sich das Gelände der früheren **Loreto Abbey.** Das leerstehende Haus, heute ist es der Mittelpunkt einer gediegenen Apartmentanlage, wurde 1725 für William Palliser, Erzbischof von Cashel, errichtet. Händel war hier mehrfach zu Gast und hat dabei sicher auch sein musikalisches Können zum Besten gegeben. 1821 kaufte die katholische Kirche das Gebäude und richtete ein Mädcheninternat der Loretoschwestern ein, einem Zweig der Englischen Fräulein. Zu ihren besten Zeiten beherbergte die Abtei ein riesiges Internat mit sechs verschiedenen Schulen. Die berühmteste Schülerin in Rathfarnham, Agnes Gonxha Bojaxhiu, besser bekannt als Mutter Teresa von Kalkutta, wählte ihren Ordensnamen nach dem Vorbild der ersten Oberin von Loreto Abbey. Heute sind nur noch die Grundschule und eine High School auf der Westseite der Grange Road aktiv.

Der folgende Abschnitt der Grange Road bietet wenig Interessantes – wenn gerade ein Bus vorbeikommt, nehmen Sie diesen bis zum St Enda's Park mit seinen Sportplätzen und dem **Pearse Museum** (→ S. 233), jener Schule, in welcher Patrick Pearse seinerzeit die Jugend für irische Kultur und Sprache zu begeistern versuchte. In den früheren Stallungen befindet sich ein Tearoom, und an den Sommerwochenenden wird hier manchmal ein familienfreundliches Unterhaltungsprogramm mit Musik und Kleinkunst geboten.

Marlay Park

Im Südosten geht St Enda's in den Grange Golf Course und dieser wiederum in den **Marlay Park** über. Der hat sich in den letzten Jahren einen Namen als Schauplatz großer Open-Air-Konzerte gemacht, bei denen etwa Lenny Kravitz und Metallica auftraten.

Das gleich am Parkeingang zu findende georgianische **Marlay House** wurde in

Gesehen im Marlay Garden

seinem Kern Ende des 17. Jh. von Thomas Taylor als Landsitz (engl. *grange)* gebaut, daher auch der Name Grange Road. 1764 kaufte der Bankier David III. La Touche das Anwesen, baute es aus und benannte es nach seiner Frau Elizabeth geborene Marlay. Der ummauerte **Garten** (tägl. 10–17 Uhr) samt Orangerie wurde im Stil der Gründerzeit restauriert und mit bunten Blumen und alten Obstbaumarten bepflanzt. Ein Pfau stolziert umher, farbenprächtige Vögel zwitschern in Volieren. Das frühere Gärtnerhaus dient nun als Cafeteria, in die Stallungen zog das **Marlay Craft Centre** ein, in dessen Innenhof sonntags ein lebhafter **Markt** stattfindet. Etwa 10 Gehminuten südlich vom Schloss werkeln neben den Wirtschaftsgebäuden samstags die Mitglieder des Dampfeisenbahnclubs an ihren Loks herum und lassen Kinder auf dem Zug der **Miniaturbahn** eine Runde drehen. Auch zwei Spielplätze erfreuen die Kleinen. Beschilderte Wege führen durch das ausgedehnte Gelände mit seinen Wiesen und Wäldchen, mit Teichen und Wasserfällen.

Tour 10 → Karte S. 230

Stationen

Rathfarnham Castle

Das Schloss wurde vermutlich 1583 gebaut. Mit seinen vier rechteckigen, vorspringenden Ecktürmen erinnert es an das Castle von Portumna. Eine Ausstellung historischer Kostüme und altem Spielzeugs versucht, die sonst kahlen und unrenovierten Räume zu beleben.

Schlossherr Adam Loftus, protestantischer Erzbischof von Dublin und Lordkanzler von Irland, setzte hier gegenüber den rebellischen Klans aus den Wicklow-Bergen ein Zeichen der Stärke und Macht. Ganz in diesem Sinn lagerte hier 1641 Oliver Cromwell mit seinen Truppen und bereitete seine Strafexpeditionen gegen unbotmäßige Städte und Landstriche vor, die so viel Schrecken verbreiten sollten.

Auf Schloss Rathfarnham war für den Fall der Fälle vorgesorgt, indem zwei heimliche Fluchttunnel zur Dorfkirche und auf das heutige Gelände des Golfclubs mündeten.

Über Tochter Lucy kam das Schloss an die Whartons, eines der angesehensten britischen Geschlechter – schwarze Schafe inbegriffen: Philip Wharton (1698–1731), dem Trunk und der Spielsucht verfallen, verkaufte Rathfarnham an William „Speaker" Connolly, Irlands reichsten Mann, der sich später Schloss Castletown bauen ließ.

Doch 1767 erwarb die Loftus-Familie das Schloss zurück – der Triumphbogen unten am Fluss erinnert an das Ereignis. Der zum Earl of Ely geadelte Henry Loftus engagierte den Antikenfan James „Athenian" Stuart als Architekten und die High-Society-Malerin Angelika Kauffmann, um Rathfarnham zu modernisieren. Ein Gruppenbild (Original in der Nationalgalerie) zeigt die Künstlerin zusammen mit den Elys und ihrer schönen Nichte Dolly Monroe, die der Dubliner Männerwelt den Kopf verdrehte und schließlich zur Geliebten des Vizekönigs aufstieg.

Rathfarnham, Dublin 14, www.heritage ireland.ie. Juni–Sept. Di–So 10–17.15 Uhr, Okt.–Mai Mi–So 10.30–17 Uhr; Einlass bis 45 Min. vor Schließung. Eintritt und Führung frei. Bus Nr. 16 via O'Connell St.

Pearse Museum

Einmal zeigt sich Patrick Pearse nicht nur als Held des Osteraufstandes, sondern auch ganz unpathetisch. Mit seinem Bruder leitete er hier, inmitten eines schönen Parks, die Reformschule St Enda's, in der Jugendliche in irischer Sprache und Kultur unterwiesen wur-

Das Schlossgespenst von Rathfarnham

Nicht überliefert ist der Name jener Frau, die heute noch als Schlossgespenst in Rathfarnham umgehen soll. Ihr in ein nicht mehr ganz schickes Seidenkleid gehülltes Skelett, so heißt es, soll um 1880 hinter einer Wandverkleidung in einer geheimen Nische gefunden worden sein. Zwei Galane hätten sich um die Maid gestritten und schließlich duelliert. Der Sieger, so die Abmachung, sollte sie aus der Wandnische befreien dürfen – ein übler Scherz, denn beide Herren hatten, maskiert, das Mächen vorher nächtens überwältigt und in ihr Wandgefängnis gezwungen.

Man kann sich denken, wie die Sache ausging. Beide wurden beim Duell getötet und das arme Mädchen starb elend in ihrem Verlies.

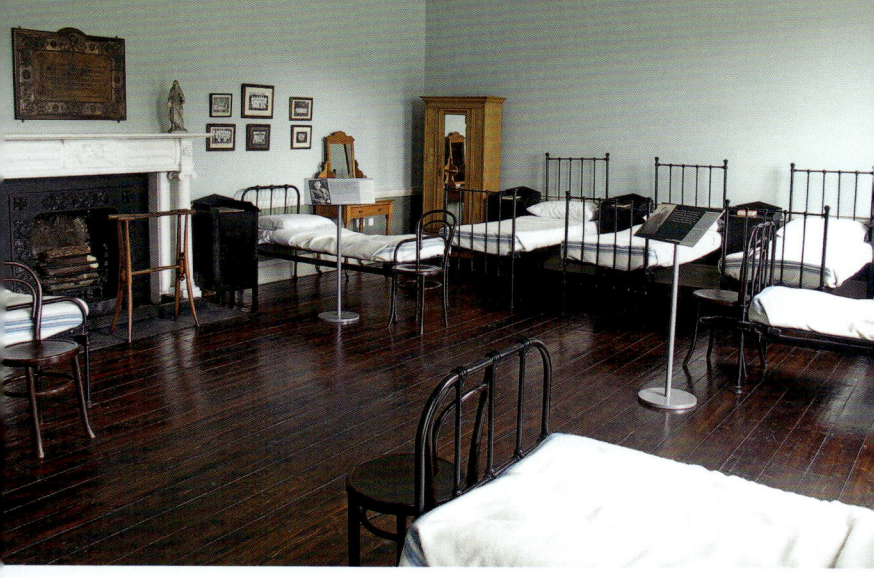

Internatsleben früher: Schlafsaal in der Reformschule St Enda's

den – eine Kaderschmiede der politischen und geistigen Elite des jungen Irland. Dem Unternehmen war freilich auf lange Sicht kein großer Erfolg beschieden. Nach Pearse' frühem Tod (er wurde als Anführer des Osteraufstands 1916 hingerichtet) von seiner Mutter übernommen, musste die Schule in den 1930ern mangels Nachfrage aufgeben.

Durch einen Film und durch Zitate von Freunden und Bekannten lernt man das Leben des Nationalhelden kennen.

Beim Rundgang erstaunt der karge, wohl auf körperliche Abhärtung zielende Schlafraum der Zöglinge. Einige Räume zeigen klassische Skulpturen von Patricks Bruder William, der hier als Kunstlehrer wirkte, und vom Vater der beiden, der auch Bildhauer war.

St Enda's Park, Grange Rd, Rathfarnham, Dublin 14, www.heritageireland.ie. März–Okt. Mo und Mi–Sa 9.30–17.30 Uhr; Nov.–Jan. bis 16 Uhr, Febr. bis 17 Uhr. Eintritt frei. Bus Nr. 16 ab O'Connell St.

Praktische Infos

→ Karte S. 230

Essen und Trinken

Yellow House 1 Der Traditionspub ist anhand des ungewöhnlichen, aus gelben und roten Backsteinen gemauerten Hauses (seit 1825) leicht auszumachen. Die Kneipe bietet das übliche Barfood, abends öffnet im Obergeschoss eine Lounge mit Restaurant, deren Einrichtung mit Textiltapeten und schweren Ledersofas an einen englischen Club erinnert. Hauptgericht abends bis 25 €, Early Menu (bis 19 Uhr) 25 €, kein Ruhetag. Willbrook Rd/Ecke Grange Rd, ☎ 01 493 2994, www.yellowhouserathfarnham.com.

Eden House 2 Der gegenüber dem Marlay Park in einem früheren Landhaus eingerichtete Pub gefällt mit seiner Lage auf aussichtsreicher Anhöhe und dem einladenden Biergarten. Eher traditionelle Küche mit Steaks und allerlei Hühnerzubereitungen. Hauptgericht bis 20 €. Grange Rd, ☎ 01 493 1492, www.edenhouse.ie.

Marlay Park Coffee Shop 3 Hier gibt's außer tollem Kaffee und Kuchen eine leichte irische Küche mit viel Salat, allerlei Quiches und natürlich Sandwichs. Tägl. tagsüber. Marlay Demesne, beim Garten.

Newgrange, Eingang zum Grabhügel

Dublin - Ausflüge

Am Hafen Dun Laoghaire

Ausflugsziele rund um Dublin

Wer mehr Zeit in Dublin verbringt, Schlösser und Gärten liebt, gern herrliche Landsitze besichtigt oder wilde Natur erleben will, für den bieten sich noch einige reizvolle Ausflüge ins Dubliner Umland an.

Die Ausflüge um Dublin führen Sie etwas weiter vom Stadtzentrum weg. Zunächst wandeln Sie in **Dun Laoghaire** (→ S. 238) und **Dalkey** (→ S. 241) auf den Spuren eines viktorianischen Seebads an der Dublin Bay und sehen jenen Turm, in dem James Joyce ums Haar erschossen wurde und Leopold Bloom, der Held des *Ulysses*, seinen Tag beginnt. Der nächste Ausflug ist eine Klippenwanderung zum Leuchtturm der Halbinsel **Howth** (→ S. 247) und ermöglicht einen Besuch von Schloss **Malahide** (→ S. 248).

Die am Fuße der Wicklow Mountains gelegenen **Powerscourt Gardens** (→ S. 252) gehören zu den schönsten Landschaftsgärten Irlands. Organisierte Tagesausflüge verbinden die Tour nach Powerscourt oft mit dem Besuch des Naturwunders **Glendalough** (→

S. 255) und seiner romantischen Klostersiedlung.

Am Landsitz **Castletown House** (→ S. 260) arbeiteten die besten Architekten und Stuckateure der Rokoko-Zeit. In **Newgrange** (→ S. 262) können Sie prähistorische Ganggräber erkunden, deren rätselhafte Erbauer sich durch Kunstsinn, technisches Können und erstaunliche Kenntnisse der Astronomie auszeichneten.

In die Welt der Sagen und Mythen um König Artus und seine Tafelrunde entführt der keltische Kultort **Tara** (→ S. 264). In **Monasterboyce** (→ S. 268) sehen Sie frühchristliche Kunst in Gestalt aufwändiger Hochkreuze, während **Mellifont** (→ S. 269) mit einer alten Zisterzienser-Abtei aufwartet. Zu guter Letzt lernen Sie in **Trim** (→ S. 270) eine wehrhafte Normannenburg kennen.

Dublins Riviera

Auf diesem Uferspaziergang sehen Sie jenen Turm, in dem „Ulysses" beginnt und der heute die Erinnerung an James Joyce pflegt. Am Strand oder am felsigen Forty Foot Pool können Sie es waghalsigen und vor allem kältefesten Schwimmern gleich tun und sich in die Fluten stürzen. Zum Abschluss lernen Sie Dublins Nobelvorort Dalkey kennen.

Etwa zehn DART-Stops südlich des Stadtzentrums beginnt mit **Dun Laoghaire** (sprich: „Dan Liery") Dublins

Riviera, wie dieser Küstenstreifen etwas großspurig beworben wird. Immerhin ist dies eine der respektabelsten

Wohngegenden Irlands: Schon im 19. Jh. verbrachten hier gerne britische Offiziere ihren Lebensabend. Passend dazu hieß Dun Laoghaire von 1821 bis zum Ende der Kolonialzeit Kingstown, zur Erinnerung an König Georg IV., der hier zum ersten Mal irischen Boden betrat. Bis heute ist Dun Laoghaire der wichtigste Passagier- und Jachthafen der Dublin Bay.

Eine Promenade führt die Felsküste entlang in den Vorort **Sandycove** mit dem James Joyce Tower. Ziel unseres Spaziergangs ist der Nobelort **Dalkey**. Die Gründerväter, die sich im 19. Jh. in Dalkey ihre Villen bauten, hatten mit der Riviera noch nichts im Sinn, son-

dern schwärmten für den Golf von Neapel und nannten ihre Straßen *Vico Road* oder *Sorrento Road*. Teurer kann man in Irland nicht residieren. Türschilder sind rar, Bono wohnt hier, Van Morisson, der Regisseur Neil Jordan und manch andere Größe aus Wirtschaft und Showbusiness verschanzt sich hinter hohen Mauern und Hecken.

Tour-Info

Länge: 7 km (abgekürzt 3 km)

Dauer: 2½ Std. ohne Innenbesichtigungen

Start: Am Bahnhof Dun Laoghaire

Anfahrt: Mit der DART-Bahn

Rückfahrt: Ab DART-Station Dalkey

Rundgang

Dun Laoghaire

Wer den Bahnhof Dun Laoghaire auf der Meerseite verlässt, steht direkt am

Das etwas andere Gottesauge im National Maritime Museum

Hafen. Mehrmals am Tag entleeren hier die aus dem englischen Holyhead kommenden Autofähren ihren Bauch, Auto um Auto rollt auf die Insel. Zwei riesige Arme umschlingen den Landeplatz. Die beiden aus Granit gefügten **Kaimauern** ragen rund 1500 m ins Meer hinaus und waren um 1900 als Kurse inoffizieller Radrennen berüchtigt – heute sind die Radler vom Kamm der Kais verbannt. Fischer, Vogelbeobachter und Spaziergänger lassen sich den Wind um die Ohren pfeifen, an den Enden halten Leuchttürme die Stellung. Auf der Ostmauer wurde der viktorianische Pavillon restauriert, in dem einst Militärkapellen ihre Promenadenkonzerte gaben.

Wir gehen nun landeinwärts und überqueren die Bahn. Ein gusseisernes **Brunnenhaus** erinnert an den Besuch (1900) Königin Viktorias. Auf der linken Seite der **Marine Road** warten zwei Einkaufszentren auf Kunden, auf der rechten Seite folgt auf das Rathaus die katholische St Michael's Church. Am Ende der Straße wenden wir uns links in die **George's Street**. Zeitweise war diese Hauptstraße Dun Laoghaires ein Stück weit Fußgängern vorbehalten, doch die

Proteste der Geschäftsleute ließen die Politiker einknicken und die Straße wieder für den Autoverkehr öffnen.

An der Abzweigung der nächsten Querstraße zur Linken, der Haigh Terrace, wirbt ein Schild für das **National Maritime Museum** (→ S. 244). Gegenüber dem in einer früheren Kirche untergebrachten Museum sieht man die Schaufassade des **Royal Marine Hotel**, ein

Essen & Trinken (S. 245/246)
1 Purple Ocean
3 Cafe Mao
4 Caviston's
5 Ouzos und Tramyard Café
6 Jaipur

Einkaufen (S. 246)
2 Blackrock Market
5 Tramyard Market

Dublins Riviera

300 m

klassisches Grandhotel der viktorianischen Zeit, das nach langer Restaurierung nun wieder geöffnet ist. Unterhalb des Hotels leistet sich die Gemeinde auf dem Gelände des **Moran Park** den Neubau eines Kulturzentrums mit Bibliothek.

An der Seeseite des Parks steht die Bronzestatue **Christ the King** des irisch-amerikanischen Bildhauers Andrew O'Connor (1874–1941). Bereits 1932 beauftragten die Stifter den damals in Paris lebenden Künstler, dessen Stil entfernt an Rodin erinnert. Zunächst verhinderte der Zweite Weltkrieg die Reise des Denkmals nach Dun Laoghaire. Als es dann schließlich nach dem Krieg ankam, verbat sich der langjährige Erzbischof von Dublin John Charles McQuaid die allzu avantgardistische Darstellung Jesu. Erst 1978 war die Zeit reif, das Denkmal aufzustellen.

Folgen Sie nun der Uferstraße **Queens Road** nach rechts. Auf der Seeseite erkennt man noch das alte **Freibad.** Wohl nur die Finanzkrise verhinderte eine Privatisierung dieser Eins-a-Lage und den Bau von Apartments – nun soll der Badeplatz erhalten werden. In den beiden **Unterständen** an der Queens Road, sie erinnern an Bushaltestellen, warteten einst Droschkenkutscher auf ihre badende Herrschaft oder Kundschaft.

Mit seinen gepflegten Blumenrabatten, dem Konzertpavillon und den gusseisernen Wasserspielen gefällt der Peo-ple's Park – nichts Spektakuläres, aber hübsch gelegen, sanft abfallend vor dem Hintergrund der blauen See. Einfach mal auf den Rasen setzen und die Beine ausstrecken! Kinder erfreuen sich an einem abwechslungsreichen Spielplatz, und in der Schutzhütte, in der die viktorianischen Parkgänger das Ende des Regens abwarteten, verabreicht nun ein Kiosk leckeren Latte Macchiato. Jeden Sonntag ist der Park Schauplatz eines Marktes mit Biokost *(organic food)*.

Martello-Turm

Martello-Türme wurden ab 1804 an den Küsten der britischen Inseln zur Verteidigung gegen die erwartete napoleonische Landung errichtet, später auch von anderen Nationen auf mehreren Kontinenten (von Quebec bis zur Adria, dort heißen sie „Maximilians-Türme"). Ihr Vorbild war ein Turm am Kap Mortella (sic!) in Korsika, der die Briten 1794 mächtig beeindruckte, weil sie ihn trotz mehrerer Anläufe von der See her nicht einnehmen konnten. Das Kap Mortella heißt Mortella, weil dort viele Myrten (italienisch: „mortella") wachsen. „Martello" ist also ein verballhorntes „mortella". Bei der Verballhornung standen die „Torri da Martello" Pate, Rundtürme an den italienischen Küsten, in denen bei der Annäherung von Piraten mit dem „martello" (= Hammer) auf einer Glocke Alarm geschlagen wurde.

Sandycove mit dem James Joyce Tower

Sandycove

Die Promenade folgt nun der Uferlinie und wird zum Revier der Jogger, Gassigeher und Kinderwagenschieber. Am Ende durchquert man das alte Frauenbad und streift **Sandycove Harbour,** einen geschützten und kinderfreundlichen Sandstrand, von dem statt Booten heute allenfalls Schwimmer in See stechen. **Geragh House,** die weiße Art-déco-Villa auf der Spitze der Halbinsel mit den halbrunden Fensterfronten, baute sich in den 1930er-Jahren Irlands Meisterarchitekt Michael Scott. Unser Etappenziel ist der felsgraue **James Joyce Tower** (→ S. 244), ein Martello-Turm, der wie seine zahlreichen Brüder an den irischen und britischen Küsten die Inseln gegen die erwartete Invasion Napoleons verteidigen sollte. James Joyce verbrachte hier seine letzten Tage auf irischem Boden und lässt auch den *Ulysses* im Turm beginnen, der heute als Museum an James Joyce erinnert.

Der **Forty Foot Pool,** ein Badeplatz auf der Seeseite des Turms, benannt nach dem 40. Infanterieregiment ihrer Majestät, war lange ein Refugium männlicher Nudisten, die selbst im Winter von den Felsen ins eiskalte Wasser sprangen. Seit sich auch Frauen den Zugang erkämpft haben, gebietet ein Schild Badekleidung. Darauf, auch die Umkleidekabinen benutzen zu dürfen, musste das weibliche Geschlecht weitere 40 Jahre warten – dies wurde erst 2014 erlaubt. Der Badebetrieb beginnt bereits morgens um sechs, wenn Werktätige und Frühaufsteher, im Winter mit der Taschenlampe bewaffnet, sich im Meer erfrischen und stählen.

Nach dem Turm ist es mit der Küstenwanderung vorbei und der Rundgang führt landeinwärts zur Hauptstraße (**Breffni Road**), an der man sich links wendet. Sollte gerade ein Bus vorbei kommen, was selten genug der Fall ist, kann man mit diesem bis Dalkey fahren.

Dalkey

Am Ortseingang wacht **Bullock Castle,** eine Turmburg aus dem 12. Jh., über den

Ausflüge in die Umgebung → Karte S. 237

kleinen **Hafen.** Solange die Liffeymündung noch eine Sumpflandschaft war, schlugen größere Schiffe nicht in Dublin, sondern in Dalkey ihre Waren um.

Flann O'Brien hat Dalkey in seiner Satire *The Dalkey Archive* verewigt, James Joyce lässt das zweite Kapitel des *Ulysses* hier spielen, George Bernard Shaw wuchs in der Torca Road auf. Seinen ersten Boom erlebte Dalkey bereits im Mittelalter. Außer Bullock Castle blieben noch zwei weitere Turmburgen aus dieser Zeit erhalten, von denen **Goat Castle** (1429) als Teil des **Dalkey Castle & Heritage Centre** (→ S. 245) besichtigt werden kann. Dazu geht man am Bullock Castle vorbei einfach die Straße weiter geradeaus und biegt an der Kreuzung im Ortszentrum nach links in die Castle Street. Neben dem Heritage Centre findet man inmitten des alten Dorffriedhofs die Ruine der **St Begnet Church** (11. Jh.). Auf ihrer Nordseite steht zwischen den Grabsteinen ein T-förmiges Antoniuskreuz, ein Symbol, wie man es vor allem aus Nordafrika kennt, nicht aber aus Irland.

Dalkey Hill

Wer genug hat, erreicht von der Castle Street in wenigen Minuten Dalkeys kleinen Bahnhof und fährt zurück nach Dublin. Wer noch mehr von Dalkey kennenlernen will und viele Treppen und naturbelassene Pfade nicht scheut, geht die von noblen Villen des 19. Jh. gesäumte Coliemore Road hinunter ans Meer. Vom **Coliemore Harbour** setzen Taxiboote (25 €) zum 500 m entfernten **Dalkey Island** über. Auf der Fahrt zeigen sich manchmal neugierige Seehunde. Das Eiland ist ein Vogelschutzgebiet, auch ein paar verwilderte Ziegen leben hier. Im Spätsommer kann man auf den benachbarten Felsen oft Seeschwalben beobachten, die sich zum Flug gen Süden versammeln. An menschlichen Spuren findet man einen Martello-Turm und die Ruine einer St. Begnet geweihten Kapelle.

Die Coliemore Road führt weiter zum verwilderten **Sorrento Park.** Unten am Meer hoffen Angler auf Beute. Am Aufstieg zum oberen, auf der Landseite der

Edle Eckneipe in Dalkey

Straße angelegten Bereich des Parks ehrt ein Mosaik den Komponisten und Shakespeare-Zeitgenossen John Dowland (1563–1626), der möglicherweise aus Dalkey stammte.

Verlassen Sie den Park am Südostende und nehmen Sie die Vico Road. Über einen Fußweg könnte man zum Ufer absteigen, doch wir nehmen stattdessen am höchsten Punkt der Straße die **Cat's Ladder** mit exakt 238 Stufen hinauf zur Torca Road. Im **Torca Cottage,** dem zweiten Haus rechts, pflegte die Familie des jungen George Bernard Shaw die Sommer zu verbringen.

In die andere Richtung geht die Torca Road in einen asphaltierten Fußweg zum Killiney Hill über. Wir steigen jedoch schon an der ersten Möglichkeit den Hang weiter hinauf. Zunächst durch einen Zaun von einer Privatstraße getrennt und dann von Mauern eingefasst, erklimmt der schmale öffentliche Weg den **Dalkey Hill**. Der Hügel belohnt den Aufstieg mit prächtiger Aussicht. Dalkey Quarry, ein früherer Steinbruch, von dem das Material für die Hafenmauern von Dun Laoghaire stammt, ist nun beliebter Treff der Dubliner Kletterszene. Der **Signalturm** über dem Steinbruch wurde 1807 errichtet. Er gehörte zu den Verteidigungsanlagen gegen die vermutete Invasion Napoleons und kommunizierte per Lichtzeichen mit den Martello-Türmen unten an der Küste.

Killiney Hill

Vom Turm sehen Sie schon das nächste Ziel, den Obelisken auf dem benachbarten Killiney Hill (170 m ü. M.). Folgen Sie zunächst dem Asphaltweg. An der Gabelung vor einem Kiefernwäldchen verlassen Sie diesen aber wieder, gehen nach links und bleiben so auf der Meerseite des Hügels. Der Pfad überquert einen Asphaltweg, zieht dann wieder durch den Wald bergauf zu besagtem **Obelisken**. Der wurde, so belehrt uns die Inschrift, im Hungerjahr 1742 vom

Turmburg Dalkey Castle

örtlichen Grundherren John Mapas errichtet, um den Armen Arbeit zu verschaffen. Das kleinere, mit „Mount Mapas" beschriftete **Türmchen** versteckt sich kurz vor dem großen Bruder hinter einer aussichtsreichen Stufenpyramide.

Der Asphaltweg umrundet nun mit Ausblick auf die Killiney Bay den Hügel. Am Haupteingang des Parks passiert man neben dem Tearoom Niall O'Neill's **Skulptur** *Thus Daedalus Flew* (1986). Bleiben Sie auf dem Weg, er mündet auf den **Killiney Hill Car Park**. Unten sehen Sie das **Fitzpatrick Castle Hotel,** das frühere Schloss der Mapas-Dynastie. Entlang der Parkplatzzufahrt kommt man auf die Straße, folgt dieser nach rechts (Dalkey Avenue) und erreicht über die Cunningham Road eine halbe Gehstunde ab Obelisk die DART-Station Dalkey.

Ausflüge in die Umgebung → Karte S. 237

Hier nächtigte James Joyce – und wär' beinah erschossen worden

Stationen

James Joyce Tower

Schon von Dun Laoghaire erblickt man den Martello-Turm von Sandycove, wo *Ulysses* beginnt und ein Museum heute die Erinnerung an James Joyce pflegt. Robert Nicholson, langjähriger Kurator und einer der besten Joyce-Kenner, sammelte Briefe, Fotos, Manuskripte, Erstausgaben, Übersetzungen und persönliche Gegenstände des Meisters, wie z. B. seinen Gehstock oder die Totenmaske. Der erste Stock ist als spartanisches Apartment eingerichtet, wie es in jenem September 1904 ausgesehen haben mag, als der junge Joyce hier einige Tage bei seinem Freund Oliver John Gogarty verbrachte. Dieser, im *Ulysses* unter dem Aliasnamen Buck Mulligan verewigt, hatte das Gemäuer damals für acht Pfund im Jahr vom Militär gemietet.

www.jamesjoycetower.com. Tägl. 10–18, im Winter bis 16 Uhr. Eintritt gegen Spende. DART Sandycove, Bus Nr. 59 ab Dun Laoghaire.

National Maritime Museum

Das Meeresmuseum wurde passenderweise in der ehemaligen Kirche für Seeleute eingerichtet. Im Mittelpunkt stehen Mensch und Technik, die Natur kommt etwas kurz. Blickfang und Highlight ist die im Chor anstelle des Altars aufgestellte, im Minutentakt rotierende Optik eines Leuchtturms. Andere Exponate darf man anfassen und ausprobieren, was vor allem kleinen und vielleicht auch großen Jungs Freude macht: einmal mit dem Nebelhorn tuten oder die Schiffsglocke läuten. Wir dürfen allerlei Knoten ausprobieren, an Taucherhelme und uralte Außenbordmotoren klopfen und erleben dramatische Schiffsunglücke und den Einsatz des Seenotrettungsdienstes.

Haigh Terrace, Dun Laoghaire. www.mariner.ie. Di–So (im Sommer tägl.) 11–17 Uhr. Eintritt 5 €. DART Dun Laoghaire.

Dalkey Castle und Heritage Centre

Im Erdgeschoss der **Burg,** heute Kassenraum und Souvenirladen des Museums, wurden im Mittelalter die Handelsgüter gelagert. Später diente das Gemäuer als Rathaus, der Versammlungsraum im ersten Stock bekam einen schönen Kamin. Von Mai bis Oktober setzen Schauspieler die Geschichte der Stadtfestung als **living history** in Szene. Modelle zeigen Dalkey anno dazumal sowie eine pneumatische Eisenbahn, die 1844–1854 zwischen Dalkey und Dun Laoghaire vom Unterdruck einer Vakuumpumpe gezogen wurde. Die Ausstellung im **Neubau** feiert die literarische Vergangenheit der Stadt. James Joyce ist mit einer wunderschön gezeichneten Ausgabe von *The Cat and the Devil* vertreten, ein Kinderbuch vom Teufel, der eine Brücke baute.

www.dalkeycastle.com. Juni–Aug. Mo und Mi–Fr 10–18, Sa/So 11–18 Uhr. April/Mai und Sept./Okt. bis 17.30 Uhr. Nov.–April bis 17 Uhr. Letzte Führung 50 Min. vor Schließung. Eintritt 8,50 €. DART Dalkey.

Abschied von Irland

Der Aufenthalt in Sandycove endete für Joyce dramatisch: Ein anderer, von Alpträumen geplagter Gast ergriff eines Nachts seinen Revolver und ballerte in das Kaminfeuer. Der Hausherr entwand ihm die Waffe und feuerte seinerseits mit den Worten „Lass ihn mir!" auf die Töpfe und Pfannen am Bord über dem Bett, in dem Joyce lag. Der nahm den Hinweis ernst, zumal er Gogarty zuvor in einem Gedicht angegriffen hatte, und verließ am nächsten Morgen für immer das Haus, um sich mit Nora Barnacle zum Kontinent einzuschiffen.

Praktische Infos

→ Karte S. 239

Essen

Purple Ocean 1 Einem Leuchtturm gleich thront am Ende einer langen Treppenflucht das lichtdurchflutete Restaurant mit Bar über dem Hafengebäude. An warmen Tagen kann man auch draußen auf der Terrasse sitzen. Leider wechselte zuletzt mehrfach der Wirt und das Lokal war zweitweise geschlossen. St. Michael's Pier, Dun Laoghaire.

Cafe Mao 3 Asiatische Küche nach englisch-irischem Geschmack in farbenfrohem Ambiente. Schöner als im Speiseraum mit Kantinenflair sitzt man draußen auf der Terrasse. Beliebte Klassiker der mit mehreren Filialen in Dublin vertretenen Kette sind Hähnchen auf malaysische Art, Nasi Goreng (gebratener Reis) oder Gemüse thailändisch mit grünem Curry. Hauptgericht mittags bis 10 €, abends bis 18 €. Tägl. ab Mittag geöffnet. The Pavilion, Dun Laoghaire, ☎ 01 214 8090, www.cafemao.com.

Caviston's 4 Das Fischlokal der Stadt! Aus einer alteingesessenen Fischhandlung wurde ein kleiner Gourmettempel mit Delikatessengeschäft und Restaurant. Serviert werden Fischgerichte (15–25 €) und Meeresfrüchte, ohne Schnickschnack und umso schmackhafter zubereitet. Bei gerade nur 26 Sitzplätzen ist Reservierung unabdingbar. Lunch Di–Sa 12, 13.30, 15 Uhr, Dinner Do–Sa18, 20.15 Uhr. 59 Glasthule Rd., Sandycove, ☎ 01 280 9245, www.cavistons.com,

Ouzos 5 Das familiengeführte Restaurant ist eine gute Adresse für die Fans von zarten Steaks, Schalentieren und frischem Fisch. Junges, freundliches Personal, flotter Service und einladendes Bistroambiente. Mittagsmenü 18 €, Hauptgericht bis 30 €. Kein Ruhetag. 22 Castle St., Dalkey, ☎ 01 285 1890, www.ouzos.ie.

Tramyard Café 5 Marktstände und kleine Läden machen den kopfsteingepflasterten Hof des früheren Tramdepots zu einem gemütlichen Dorfplatz – im Mittelpunkt das angesagte Cafe, in dem man auch gut essen kann. In den Ausgehnächten am Wochenende wird das Lokal zur Weinbar, manchmal gibt's Livemusik mit Barbecue. Faire Preise, schleppender Service. Tägl. tagsüber, Mi–So auch abends. 14 Castle St, ☏ 087 255 1261, www.thetramyardcafe.com.

Jaipur 🄖 Indische Küche mit reicher Auswahl auch für Vegetarier. Fischesser empfehlen das Goa Seafood Curry. Early Bird Menu (bis 19.30 Uhr) 20 €, Hauptgericht 15–30 €. Mo–Sa ab 17.30, So ab 12.30 Uhr.

21 Castle St., Dalkey, ☏ 01 285 0552, www.jaipur.ie.

Einkaufen

Blackrock Market 🄂 Dublins beliebtester Flohmarkt mit Büchern, CDs, Klamotten und allerlei Krimskrams. Nur wenige Schritte von der DART-Station Blackrock entfernt. Sa/So 11–17.30 Uhr. Main St., Blackrock, www.blackrockmarket.com.

Tramyard Market 🄄 Lebensmittel und Kunsthandwerk, nette Atmosphäre. Sa 11–16 Uhr. Tramyard, Castle St, Dalkey.

An den Klippen von Howth

Howth und Malahide

Gerade zehn Bahnminuten von Dublin lädt die Halbinsel Howth dazu ein, Pause vom Großstadttrubel zu machen. Ein Küstenpfad bietet sich zum Wandern an, im Hafen locken Restaurants mit frischem Fisch. Den Nachmittag kann man im Villenort Malahide verbringen, wo es ein Schloss, einen botanischen Garten und ein Puppenhausmuseum zu sehen gibt.

Ab 1807 war Howth für einige Jahre der Post- und Passagierhafen von Dublin. Mit dem Bau einer Chaussee in die Stadt und der Umstellung auf Dampfschiffe konnte eine Nachricht binnen sieben Stunden von Holyhead nach Dublin gelangen. Doch da die Hafenbucht zusehends versandete, wurden 1833 neue Kais in Dun Laoghaire angelegt. Heute ist die schon auf der Weltkarte des Ptolemaios verzeichnete Halbinsel ein Wohnort der Besserverdiener, deren nicht immer geschmackvolle Vorstadt-Bungalows unkrautartig die Halbinsel überwuchern. Im früheren Fischerhafen liegen nun schicke Segeljachten, während die letzten Fischtrawler sich mit dem weniger attraktiven Westpier begnügen müssen.

Das Innere der Halbinsel ist Naturschutzgebiet und autofrei. „Der einzige Ort nahe der Stadt mit Feldern gelben Stechginsters und Flächen wilder Myrte, roten Heidekrauts und Farnen" – Oscar Wildes 1876 geschriebene Zeilen gelten heute noch.

Tour-Info

Länge: 8 km in Howth, 2 km in Malahide

Dauer: Inkl. Innenbesichtigungen ein ganzer Tag

Start: Am Bahnhof Howth

Anfahrt: Mit der DART-Bahn

Rückfahrt: Ab DART-Station Malahide

Rundgang

Howth Harbour

Vom Bahnhof wenden wir uns nach rechts Richtung **Hafen.** Der westliche Teil gehört noch den Fischern. Zu deren Ärger erlauben die Irland zugestandenen Fangquoten den Booten nur noch an wenigen Tagen im Monat auszulaufen – die meiste Zeit liegen sie im Hafen, und auch im Kühlhaus und in der Markthalle ist wenig los. Immerhin ist frischer Fisch in den Läden und Imbissstuben deutlich billiger als im Dubliner Stadtzentrum.

Der östliche und größere Teil des Hafens ist mit Freizeitbooten von der Hochseejacht bis zum motorisierten Ruderboot belegt. Über den Hafen wacht ein **Martello-Turm** (Zugang via Abbey Street). Zu Beginn des 20. Jh. experimentierten hier die Funkpioniere Lee de Forest und Guglielmo Marconi mit der drahtlosen Nachrichtenübertragung. Passend dazu ist der Turm heute ein Museum für Funkgeräte: **Ye Olde Hurdy-Gurdy Museum of Vintage Radio** (→ S. 249).

Im Norden erkennt man im Dunst **Ireland's Eye.** Auf dem kahlen Felsen wohnen viele Seevögel, statt Bäumen ragen eine Klosterruine und ein Martello-Turm in den Himmel.

Cliff Walk und Summit

Gehen Sie nun wieder hinunter ans Meer und auf die Ostseite des Hügels.

Die Straße führt noch eine Weile die Küste entlang und geht dann in den **Cliff Walk** über, der auf den Klippen um die Halbinsel führt.

Auf dem Pfad kommen uns Jogger und Hundeführer entgegen. „Keine Angst, der tut nichts!", heißt es selbst dann, wenn der Vierbeiner wild an der Leine zerrt und die Zähne fletscht. Unten am Wasser zanken kreischende Möwen um die Beute, Seehunde recken ihre schwarzen Köpfe neugierig aus den Wellen. Durch die Spalte im **Puck's Rock,** so weiß die Legende, fuhr der Teufel zur Hölle, als der Inselheilige Nessan eine Bibel nach ihm schleuderte.

Nach dem **Baily Lighthouse,** wo 1997 der letzte irische Leuchtturmwärter in Pension ging, wird die Küste sanfter und weniger imposant, sodass man getrost den Rückweg einschlagen kann. Gehen Sie dazu den vom Leuchtturm kommenden Fahrweg bergauf und am Ende nach rechts in die Thormanby Road.

Am **Summit Car Park** scheint bei schönem Wetter halb Dublin den Sonnenuntergang zu betrachten. Wir nehmen an der Kreuzung beim **Summit Shop** den mit drei Absperrpfosten markierten Weg, der, einst für die Straßenbahn angelegt, sanft abfallend quer über die Insel zum Bahnhof hinunterführt.

Ausflüge in die Umgebung → Karte S. 237

Howth

300 m

Howth Castle

Eine dieser Trambahnen, die bis 1959 von Sutton kommend die Halbinsel umrundete, ist im **National Transport Museum** (→ S. 249) ausgestellt, das Sie ganz am Ende unseres Rundgangs erreichen. Dieses Museum ist in einem Wirtschaftsgebäude neben dem Schloss eingerichtet. **Howth Castle** ist noch immer im Besitz der Nachkommen jenes Almeric Tristram, der es 1177 vom König erworben hatte. 1576 erschien die legendäre Piratin Grace O'Malley unangemeldet zu Besuch – und wurde vom Baron of Howth prompt abgewiesen. Woraufhin die gekränkte Piratenkönigin den Enkel des Schlossherren entführte und erst wieder frei ließ, als ihr Genugtuung

widerfahren war. Seither, so heißt es, wird beim Dinner im Schloss immer ein Platz für unerwartete Gäste eingedeckt.

Um auf der früher kahlen Insel einen **Garten** für das Schloss anlegen zu können, schaffte man körbeweise Mutterboden heran, auf dem heute prächtige Palmen, Azaleen und Rhododendren gedeihen. Hier siedelt Joyce die Schlussszene seines *Ulysses* an. Anders als das Schloss ist der Garten zugänglich und besonders zur Blütezeit (Mai/Juni) einen Besuch wert.

Malahide

Für den zweiten Teil der Tour fährt man von Howth mit der Bahn zur Station

Howth Junction und steigt dort in einen Zug nach Malahide um. Dort angekommen überquert man auf der Hauptstraße die Eisenbahn. Rechter Hand wird demnächst das strohgedeckte **Casino House** renoviert und erweitert. Die frühere Jagdhütte der Talbots soll neue Heimat der Modellbahn Fry Model Railway werden. Links der Straße beginnt **Malahide Demesne**, der etwa 1 km² große Landschaftspark von Schloss Malahide: etwas Wald, viel kurz geschorener Rasen, beliebt für Picknick und Ballspiele, dazu ein toller Kinderspielplatz. Im **Malahide Castle** (→ S. 249), dem zum Museum gewordenen Schloss der Talbot-Dynastie, zeigt das Kinderzimmer Spielzeug aus Urgroßvaters Zeiten. Neben dem Schloss stellen die **Talbot Botanic Gardens** (→ S. 250) seltene Pflanzen aus Tasmanien vor.

Für die abschließende Rückfahrt nach Dublin begibt man sich zweckmäßig wieder zum Bahnhof und nimmt den Zug.

Stationen

Ye Olde Hurdy-Gurdy Museum of Vintage Radio

An Technikfreaks wendet sich das private Museum von Pat Herbert, der im Martello-Turm seine umfangreiche Sammlung zur elektromagnetischen Nachrichtenübermittlung ausstellt: Morsetaster, Radioapparate, alte Funkgeräte, auch Grammophone. Am Wochenende pflegen in Pats Museum Amateurfunker ihr Hobby und lassen sich dabei über die Schulter schauen.

www.hurdygurdyradiomuseum.wordpress.com. Mai–Okt. tägl. 11–16 Uhr, Nov.–April nur Sa./So. Eintritt 5 €. Bus 31/B, DART-Station Howth.

National Transport Museum

Dieses Museum ist vor allem eine Sache für kleine und große Buben, die sich für Autos interessieren oder solche gar sammeln. Diesem Hobby frönen die durchweg ehrenamtlichen Mitarbeiter des Transportmuseums. Sie haben etwa 200 Omnibusse, Lastwagen, Feuerwehrautos, Straßenbahnen und Militärfahrzeuge, die irgendwann einmal in Irland im Einsatz waren, vor der Schrottpresse gerettet. Nur ein Teil der Fahrzeuge wird in den viel zu kleinen Ausstellungshallen gezeigt. Ältestes Stück ist ein dreirädriger Handkarren, mit dem im Hafen von Howth Material transportiert wurde. Eine der Trambahnen, die bis 1959 zwischen Howth und Dublin pendelten, wurde wieder fahrbereit gemacht.

www.nationaltransportmuseum.org. Sa/So 14–17 Uhr. Eintritt 3,50 €. Bus 31/B, DART-Station Howth.

Malahide Castle & Gardens

Fast jede Generation der *Talbots*, in deren Besitz das von einem großzügigen Park umgebene Schloss von 1185 bis 1976 war, hat das mittelalterliche Gemäuer durch Um- und Anbauten verändert. Innen ist es vollgestopft mit Möbeln und Accessoires der verschiedenen Epochen. Als Rose Talbot (1915–2009), die letzte der Dynastie, ihre Erbschaftssteuer nicht bezahlen konnte, wurde das Anwesen samt Inventar von Sotheby's versteigert. Das County Fingal erwarb zwar Schloss und Park, doch ein Gutteil der wertvollen Einrichtung ging an Sammler in aller Welt.

Der Besucher wird in einem brandneuen **Visitor Centre** im früheren Wirtschaftsgebäude empfangen. Man findet hier neben einer interaktiven Ausstellung über den Schlossgarten auch einen Tearoom und einen Laden der Avoca-Kette, die irische Mode und Wohnaccessoires verkauft.

Die **Schlosstour** beginnt in einem erdrückend-düsteren, mit schwarz gebeizter Eiche getäfelten Raum. Das anschließende orangerosafarbene Zimmer ist trotz der kitschigen Farbe geradezu eine Erleichterung. An seinen durchbrochenen Türgiebeln dürften selbst Kunstbanausen unschwer das Rokoko erkennen. Im grünen Zimmer bedarf eine an einem Ständer befestigte Tafel der Erklärung. Damit schützten die Herrschaften ihre gepuderten und geschminkten Gesichter vor der Wärme des Kaminfeuers – sonst wäre die Maskerade zur Grimasse verlaufen. In der **Großen Halle** blicken die Ahnen würdevoll-düster von der Wand. Ein Monumentalgemälde, die *Battle of the Boyne,* hält das Ereignis fest, bei dem 14 Familienmitglieder umkamen. Das **Schlossgespenst** *Puck* war klug genug, zu Hause zu bleiben, und so kann es auch heute noch spuken.

Herz des Schlossparks ist der nach dem Zweiten Weltkrieg von Lord Milo Talbot (1912–1973) angelegte **botanische Garten**. Hier wachsen vor allem Sträucher aus der südlichen Hemisphäre und besonders aus Tasmanien, wo die Talbots ein zweites Malahide besaßen, nämlich eine riesige Farm mit Schafzucht. Allerdings bekommen das Klima und der stark alkalische Boden von Malahide nicht allen Pflanzen und der gärtnernde Lord musste auch viele Misserfolge erleben. Ein Denkmal setzte er sich als Finanzier der sechsbändigen *Endemic Flora of Tasmania,* die mit ihren wunderbaren Zeichnungen nicht nur Botaniker, sondern auch Kunstliebhaber anspricht.

www.malahidecastleandgardens.ie. Tägl. 9.30–17.30 Uhr, Einlass bis 16.30 Uhr. Eintritt 12 €. Bus 42 oder Zug. Vom Bahnhof Malahide über die Brücke und dann gleich links, man läuft ca. 20 Min.

Schloss Malahide, Stammsitz der Talbot-Dynastie

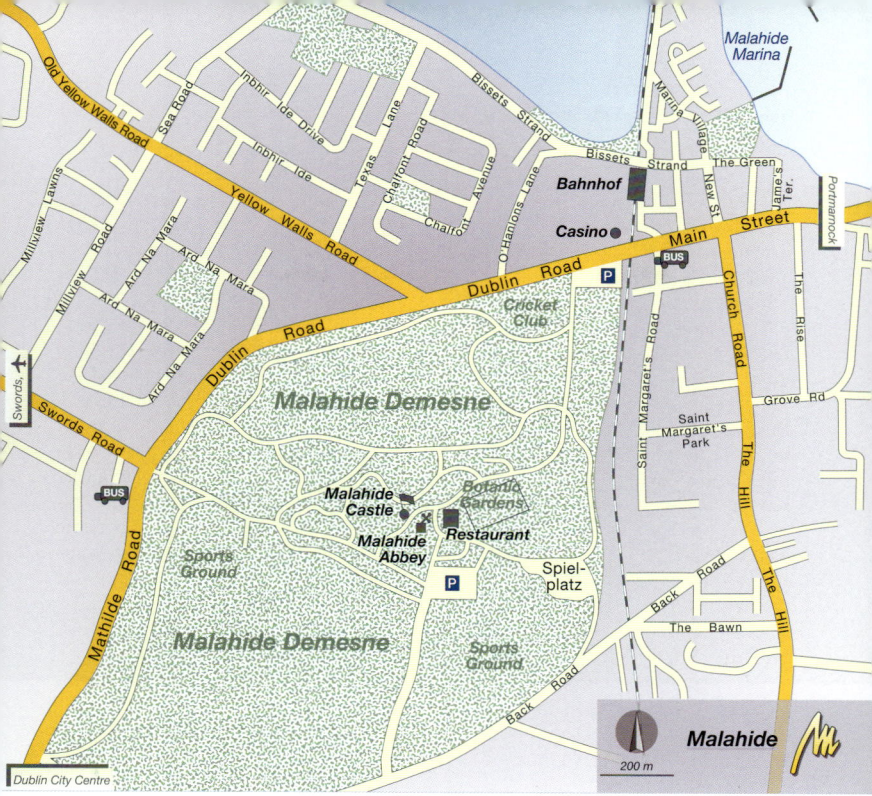

Dublin City Centre

→ Karte S. 248

Praktische Infos

Essen

King Sitric's Fish Restaurant **1** Serviert werden Genüsse wie Sashimi, d. h. roher Fisch auf japanische Art, oder Lammzunge in Portweinsauce. Reiche Auswahl an Elsässer Weißweinen, als Zugabe gibt's tollen Seeblick. Gediegene Kleidung erwünscht. Seafood-Dinnermenü 30/35/45 €. Sept.–Mai Mi–Sa ab 18.30, So ab 13 Uhr. Juni–Aug. Mi–So mittags und abends. East Pier, Howth, ☎ 01 832 5235, www.kingsitric.ie.

O'Connells **1** Neues Gastropub mit Meerblick und Außenplätzen. Gemüse und Kräuter kommen aus dem eigenen Garten, das Fleisch liefert Dorfmetzger Ray und der Fisch kommt frisch aus dem Hafen. Hauptgericht 15–25 €. Tägl. ab 12 Uhr. 4 Main St, ☎ 01 839 5087, www.oconnellshowth.ie. ∎

The House **4** Kreative irische Küche (auch vegetarische Optionen) in gemütlicher Wohnzimmeratmosphäre. Im Haus wohnte einst Kapitän William Bligh („Meuterei auf der Bounty"). Auf einer Schiefertafel stehen die aktuellen Tagesgerichte. Mittwochabends Dinner mit Jazzmusik. Hauptgericht mittags bis 15 €, abends um 20 €. Mo–Sa ab 9, Sa/So ab 10 Uhr. 4 Main St., Howth, ☎ 01 839 6388, www.thehouse-howth.ie.

Beshoff Bros **3** Der Geruch von Fritten und gebratenem Fisch weist den Weg zu diesem ansprechend eingerichteten und mit alten Fotos dekorierten Imbiss – nicht zu verwechseln mit Beshoff's Fish Market nahebei. Harbour Rd., Howth, www.beshoffbros.com.

Il Panorama Café **2** Italienische Cafébar mit irischem Frühstück, Panini, mediterranen Vorspeisen und Pizza. An Sommerabenden gut für ein Glas Hauswein zum Sonnenuntergang. Tägl. ab 9 Uhr. Harbour Rd. www.ilpanoramacafe.com.

Ausflüge in die Umgebung → Karte S. 237

Schloss Powerscourt mit dem Italienischen Garten

Powerscourt Estate

Die am Rande der Wicklow Mountains gelegenen Powerscourt Gardens gehören zu den meistbesuchten Landschaftsgärten der Insel. Viele organisierte Tagesausflüge kombinieren Powerscourt mit dem Naturwunder Glendalough, dem „Tal der zwei Seen" und seiner romantischen Klostersiedlung.

Das georgianische **Herrenhaus** Powerscourt wurde 1731–1741 nach Plänen von Richard Cassels gebaut und ersetzte eine bis ins Mittelalter zurückreichende Burg. 1974 brannte das Haus just bei jenem Empfang bis auf die Grundmauern nieder, mit dem der Abschluss langjähriger Renovierungsarbeiten gefeiert wurde. Erst 1997 war der „Phoenix wieder der Asche entstiegen", wie die Lokalpresse titelte. Der öffentliche Teil des Prachtbaus dient jetzt als Restaurant, Souvenirkaufhaus und Visitor Centre, in dem die Besucher die Geschichte des Anwesens erfahren. Auch das früher in Malahide untergebrachte Puppenmuseum Tara's Palace hat im Schloss eine neue Bleibe gefunden. Die Instandsetzung wurde mit EU-Geldern unterstützt, zusätzlich verkauften die Slazengers, denen Powerscourt gehört und die auch im Schloss wohnen, einen Teil des Parks als Bauland für das Luxushotel Ritz-Carlton und für einen Golfplatz.

Die Gärten

Auf der Südseite des Schlosses erstrecken sich die aristokratischen Gärten mit italienischen und japanischen Elementen, mit sorgsam gestutzten Hecken, Blumenrabatten, mit Teichen und klassischen Statuen.

Beidseits der mit Kieselmosaiken geschmückten Prachttreppe fällt der **Italienische Garten,** für den sich gut hundert Arbeiter zwölf Jahre abmühten, über Terrassen zum Triton Lake ab. Zwei geflügelte Pferde bewachen die inmitten des kreisrunden Teichs platzierte Statue des Meeresgottes Triton, der eine Wasserfontäne himmelwärts schleudert. Mit seiner strengen Symmetrie bildet der Italienische Garten einen starken Kontrast zum Hintergrund der scheinbar wilden, ungeregelten Bergwelt. Er war eine der letzten Anlagen dieser noch vom Barock geprägten Stilrichtung des Gartenbaus.

Auf der Westseite des Italian Garden gelangt man durch kunstvoll geschmiedete Tore in den **Walled Garden,** den früheren Blumen- und Küchengarten. Vergoldete Blätter und himmlische Trompeter zieren das *Chorus Gate.* Das barocke *Bamberg Gate* zierte ursprünglich den Bamberger Dom.

Der zu Beginn des 20. Jh. angelegte **Japanische Garten** verdeutlicht den Wandel des Geschmacks hin zu eher „natürlichen" Parks, und der Rest der Domäne zeigt sich dann auch wirklich weitgehend naturbelassen. Im Ostteil des Parks versteckt sich in einem Wäldchen der **Pepper Pot Tower,** ein zum Gedenken an den Besuch des englischen Thronfolgers erbauter Turm, den der 8. Viscount of Powerscourt angeblich nach dem Vorbild seines Pfefferstreuers gestalten ließ.

Bizarr ist der **Tierfriedhof,** wo nicht nur Katzen und Hunde, sondern auch Lieblingspferde und eine prämierte Kuh („Eugenie, dreimal Champion von Dublin") beigesetzt sind.

Der Wasserfall

Im oberen Teil des Gutes fällt der Fluss Dargle in Irlands größtem Wasserfall 121 m in die Tiefe. Leider blockiert ein verschlossenes Tor den direkten Weg vom Schloss zum Wasserfall und erzwingt den 7 km langen Umweg über die Straße. Wanderer erreichen das Naturdenkmal ab Enniskerry auf dem Wicklow Way (einfacher Weg 2 Std.).

Angesichts eines bevorstehenden Besuchs von König George IV. wollten die Herren von Powerscourt dem ihrer Meinung nach spärlichen Wasserfluss etwas nachhelfen und stauten den Bach oben mit einem künstlichen Damm, der just in dem Moment hätte gesprengt werden sollen, da der König sich anschickte, die Szenerie zu betrachten. Doch George, nach dem Bankett von Darmgrimmen geplagt, verzichtete auf das Spektakel. Die Unpässlichkeit rettete das königliche Leben, denn die nach der Sprengung vom Wassersturz mitgerissenen Felsbrocken zerschmetterten die Aussichtsplattform.

Tara's Palace und Museum of Childhood

Ein gewisser Sir Neville Wilkinson, Schwiegersohn des 14. Earls of Pembroke, baute im Jahre 1907 für seine Tochter Gwendolen ein fabelhaftes Puppenhaus. Im Wilkinson'schen Garten bot es Elfen und Feen ein standesgemäßes Zuhause, heute ist *Titania's Palace* im Legoland zu Billund ausgestellt. Ein irischer Antiquitätenhändler, der den Puppenpalast vergeblich zu ersteigern suchte, nahm ihn zum Vorbild und ließ von den besten irischen Modellbauern das Double *Tara's Palace* errichten. Im Maßstab 1:12 kopiert das auch nach zwei Jahrzehnten Bauzeit noch unvollendete Modell voll eingerichtete Räume aus den großen georgianischen Schlössern der Insel wie etwa Castletown House. Andere Puppenhäuser und natürlich auch Puppen runden die Ausstellung ab.

Der Japanische Garten des Powerscourt Estate

Praktische Infos

Verbindungen

Stadtbus Nr. 44 ab Dublin Hawkins St.; auch Bus Nr. 185 von der Station Bray der DART-Bahn bis zur Endstation Enniskerry. Vom Dorfplatz läuft man noch etwa 15 Min. bis Powerscourt.

Organisierte Touren

Tagesausflüge von Dublin zum Powerscourt Estate und nach Glendalough bieten für 35 € Bus Éireann (www.buseireann.ie, Abfahrt 10 Uhr ab Dublin Busbahnhof). **Dublinbus** (www.dublinsightseeing.ie) startet mehrmals die Woche um 10.30 Uhr am Büro 59 Upper O'Connell Street für 25 € eine Rundfahrt zum Powerscourt Garden und an die Wicklowküste.

Öffnungszeiten

Park tägl. 9.30–17.30 Uhr (im Winter bis Einbruch der Dunkelheit). **Haus** tägl. 9.30–17.30 Uhr. Eintritt für Haus und Park 8,50 €, im Winter ermäßigt. Der Eingang ist 500 m südlich des Dorfplatzes von Enniskerry. www.powerscourt.ie.

Wasserfall tägl. 9.30–19 Uhr (im Winter bis Einbruch der Dunkelheit). Eintritt 5,50 €. Ab dem Parkeingang ausgeschildert.

Tara's Palace, www.taraspalace.ie. Mo–Sa 10–17, So 12–17 Uhr. Eintritt 12 €.

Essen

Powerscourt Terrace Café. Hier versteht man sich perfekt auf die nahezu gleichzeitige Verpflegung ganzer Busladungen lunchhungriger Tagesausflügler – und bringt dazu noch gutes Essen auf den Tisch! Spezialität ist eine Terrine mit Aprikosen und Schweinefleisch. Tägl. bis 17 Uhr.

Einige ansprechende Cafés und Restaurants befinden sich am Dorfplatz von Enniskerry:

Poppies. Selbstgebackenes Brot, eigene Konfitüre und tolle Salate lassen den chaotischen Service schnell vergessen. Tägl. 9–18 Uhr. www.poppies.ie.

Emilia's. Dünne und knusprige Pizzas werden Di–So ab 17.30 und So ab 12 Uhr im 1. Stock serviert, außerdem auch die üblichen Verdächtigen wie Steaks, Cäsar-Salat oder gefüllte Riesenchampignons. ☎ 01 276 1834, www.emilias.ie.

Glendalough

Die von Eiszeitgletschern geschaffene Bergwelt von Glendalough, dem „Tal der zwei Seen", bietet die ideale Kombination von Naturerlebnis und Schnitzeljagd durch die geschichtsträchtigen Ruinen einer mittelalterlichen Klostersiedlung.

Das Tal war schon in der Bronzezeit bewohnt. Es wurde von eiszeitlichen Gletschern geformt und war nach dem Rückzug der Gletscher zunächst von einem großen See gefüllt, den die vom Poulanass angeschwemmten Erd- und Geröllmassen allmählich in zwei Teile teilten. Das Granit- und Schiefergestein der umliegenden Berge birgt Adern mit Quarz, Blei-, Silber- und Zinkerzen, und die bronzezeitlichen Siedler dürften Bergarbeiter und Schmelzer gewesen sein, die diese Vorkommen ausbeuteten.

Die schwache Stunde des Heiligen

Viele der für Volksheilige üblichen Wundergeschichten werden auch mit St. Kevin in Verbindung gebracht: Er habe glühende Kohlen mit bloßen Händen angefasst, ohne Schaden zu nehmen, in einem hohlen Baum gelebt, sich ausschließlich von Beeren und Kräutern ernährt, und die Bäume des Waldes hätten vor dem vorbeischreitenden Heiligen in Ehrfurcht ihre Wipfel geneigt. Wie dem Heiligen Franziskus wird Kevin eine besondere Nähe zu Tieren nachgesagt. Am bekanntesten ist die Legende von der Amsel, die Kevins Hände, während er meditierte, als Nest erkoren und ihre Eier hineingelegt hatte – worauf der Heilige in seiner Kreuzvigil, also mit ausgestreckten Armen, verharrte, bis die Jungen ausgebrütet waren. Ein andermal, als ihm sein Gebetbuch in den See fiel, rettete es ein Otter vor dem Untergang und brachte es trocken (!) an Land. Eine weitere Geschichte rankt sich um den *Deer Stone*. Irgendwie war der Heilige in die missliche Lage geraten, einen Säugling, noch dazu einen Abkömmling des Königshauses, aufziehen zu müssen. Woher unter lauter männlichen Einsiedlern die Milch nehmen? Eine Rehkuh ließ sich jeden Tag in die Kuhle des verwitterten Steines melken, das Kind konnte genährt werden, und dem Kloster Glendalough war der Dank des späteren Königs gewiss.

Doch es gibt auch weniger schmeichelhafte Legenden über Kevin, z. B. die Geschichte der Prinzessin Kathleen. Sie hatte sich unsterblich in Kevin verliebt, doch der war nur geistigen Genüssen zugetan und wusste nichts besseres, als vor den Nachstellungen des Mädchens in seine Höhle zu fliehen. Die Prinzessin, nicht dumm, ließ sich vom Hund des Heiligen den Aufstieg zeigen. Als sie Kevin dann auch in seiner vermeintlich sicheren Behausung mit ihrer engelsgleichen Schönheit in fleischliche Versuchung brachte, warf der Eremit Kathleen kurzerhand in den See, wo sie ertrank. Das reute Kevin, und er betete darum, dass in Zukunft niemand mehr im Upper Lake ertrinken möge.

Ausflüge in die Umgebung → Karte S. 237

Die Klosterstadt Glendalough mit restauriertem Rundturm

Geschichte

Sozusagen den Grundstein zum Ruhm des Ortes legte im 6. Jh. der *Heilige Kevin*, der sich hierher als Einsiedler zurückzog, ohne indes lange allein zu bleiben. Bald folgten ihm andere Einsiedler, Schüler und Mönche, eine **Klosterstadt** entstand, und Glendalough mit seinen damals fast 5000 Einwohnern avancierte zum Bischofssitz. Während die meist aus Adelsgeschlechtern stammende Elite der Mönche sich mit dem Kopieren und Illuminieren der heiligen Schriften beschäftigte, sorgten die Laienbrüder mit Landwirtschaft und Handel für die materielle Grundlage des Klosterlebens.

Nach dem Untergang der Klosterstadt – die letzten Mönche verließen im 17. Jh. den Ort – hielten die Bauern der Umgebung die Erinnerung an die heilige Stätte aufrecht. Jedes Jahr kamen sie zu einer **Wallfahrt** herauf, auf der es, so die Chronisten, wenig christlich zuging. Dem Whiskey wurde kräftig zugesprochen, und im Suff blieben auch die üblichen Prügeleien nicht aus.

Am oberen Ende des Upper Lake zeugen noch die Gebäude einer Mine und ihre Schlackenhalden vom **Bergbau,** der bis 1920 im Tal betrieben wurde. Einige Schächte führten unter dem Berg hindurch bis ins *Glendassan-Tal,* wo man die Öffnungen von der Straße zum Wicklow Gap aus noch erkennen kann.

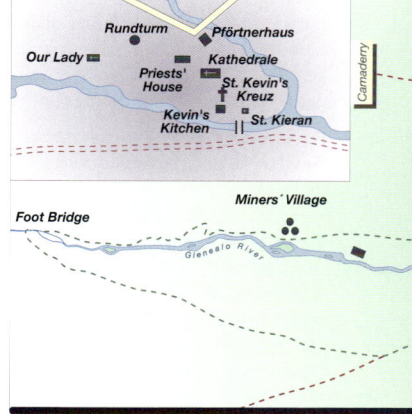

Mehr zur Geschichte des Orts und besonders zum Klosterleben erfährt man in der Ausstellung und Videoshow des **Visitor Centre.**

Glendalough Visitor Centre, ☎ 0404 45425, www.heritageireland.ie. 16. März bis 15. Okt. tägl. 9.30–18 Uhr, 16. Okt. bis 15. März tägl. 9.30–17 Uhr. Eintritt 3 €.

Die Klosterstadt

Mittelpunkt der Klosterstadt, die man wie früher durch das **Pförtnerhaus** betritt, ist der weithin sichtbare **Rundturm,** dessen Spitze von einer Restaurierung gegen Ende des 19. Jh. stammt. Der Turm diente gleichermaßen als Ausguck und Fluchtburg, der Eingang war nur über eine Leiter zu erreichen.

Die im 9. Jh. begonnene **Kathedrale Peter und Paul** ist das an Grundfläche größte Gebäude Glendaloughs. An der Südwestecke schließt sich der Friedhof mit dem seltsamen **Priest's House** an, einer Grabkapelle oder einem Schrein: auch hier könnte Kevins Grab gewesen sein. Der Fries über dem Eingang wurde erst 1870 eingesetzt, es ist ungewiss, woher er eigentlich stammt. Auf alten Stichen erkennt man einen König oder Abt zwischen zwei demütigen Klerikern, doch inzwischen sind die Figuren zur Unkenntlichkeit verwittert. **Kevins Kreuz** ist nicht das einzige, aber das größte Hochkreuz von Glendalough. Wer es mit beiden Armen zu umfassen vermag, dem wird der Heilige einen Wunsch erfüllen. **Kevin's Kitchen** – der wohlproportionierte Rundturm auf dem Westgiebel erinnert an die Kamine alter Kloster- oder Schlossküchen – war keine Küche, sondern ebenfalls eine Kirche. Sie ist außer dem Turm das einzige noch überdachte Gebäude des Klosters. Lediglich die Fundamente sind von der dem Zeitgenossen Kevins und Abt von Clonmacnoise geweihten **Kapelle St. Kieran** geblieben, die mit einem Schiff von gerade 6 x 4,5 m und einem Chor von 2,75 x 2,75 m recht winzig war. Etwas abseits steht, aus schweren Granitquadern gefügt, **Our Lady's Church,** die zu einem Nonnenkloster gehörte.

Priory of St Saviour's

Von der Klosterstadt führt eine Brücke über den Glenealo auf die Green Road, den alten Pilgerweg zur Anachoretensiedlung.

Der **Deer Stone** am südlichen Brückenkopf war vielleicht ein Bullaun, ein

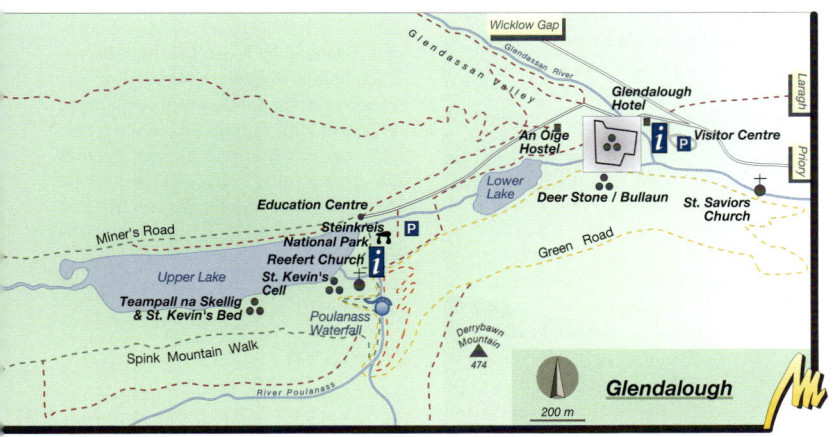

prähistorischer Mahlstein, wie man sie oft in der Nähe irischer Klöster findet. Von diesen im Volksglauben mit übernatürlichen Kräften versehenen Steinen ist bis heute nicht klar, ob sie von den Mönchen in die Nähe der Klöster geschleppt wurden, oder ob die Klöster an Orten mit langer Siedlungskontinuität angelegt wurden, also die Steine sich schon immer hier befanden.

Impressionen aus Glendalough

Wendet man sich an der Brücke nach links, nämlich flussabwärts, erreicht man nach etwa 10 Min. die **Priory of St Saviour's,** die *Lawrence O'Toole* (1128–1180) gestiftet haben soll. Der spätere Erzbischof und Kirchenreformer wirkte in jungen Jahren als Abt in Glendalough. Mit ihren bemerkenswerten Steinmetzarbeiten (Friese mit Köpfen und Blumen, ein Löwe, der sich in den Schwanz beißt und weitere Tierdarstellungen) ist das Kirchlein eines der seltenen Beispiele des irisch-romanischen Stils.

Am Upper Lake

Die **Reefert Church,** nahe dem Wasserfall des in den Upper Lake mündenden Poulanass, gilt einigen Forschern als das Grab des Heiligen. Die Kirche, in der noch andere religiöse Würdenträger und Lokalfürsten der O'Toole-Familie begraben sind, ist schwer zu datieren. Fenster- und Chorbögen sind romanisch, möglicherweise aber in schon bestehende Wände eingefügt. **Kevin's Cell,** von der auf einer Felsnase nur die kaum bemerkenswerten Fundamente erhalten sind, war entgegen dem Namen keineswegs die Zelle des Heiligen. Diese dürfte auf der künstlichen Plattform **Teampull na Skellig** am Südufer des Upper Lake gewesen sein, die nur mit dem Boot zu erreichen ist. Dort steht zwischen Resten von Bienenkorbhäuschen eine in Teilen bis ins 7. Jh. zurückgehende Kapelle. Wenn ihm der Rummel in der Anachoretensiedlung zu viel wurde, zog sich Kevin, so die Überlieferung, in die Höhle namens **Kevin's Bed** zurück, ein bronzezeitliches Grab. Allein der Aufstieg Kevins zu der 8 m über dem Erdboden schier unerreichbar in einer Felswand klebenden Höhle muss den Zeitgenossen als ein Wunder erschienen sein.

Wandern

Nahe dem Parkplatz am Ostende des Upper Lake befindet sich das **Informa-**

tionsbüro des Nationalparks. Hier gibt es neben einer kleinen Ausstellung zur Naturkunde der Wicklow Mountains auch ein Faltblatt mit **Wandervorschlägen** samt Karte und Wegbeschreibungen. Die neun markierten Touren von 2 bis 11 km Länge und unterschiedlichem Schwierigkeitsgrad beginnen direkt am Infobüro, in dessen Schaukasten auch eine für die längeren Touren nützliche aktuelle Wetterprognose aushängt.

Der **Spinc Mountain Walk** führt von der Reefert Church hinauf zum **Poulanass-Wasserfall**, dann weiter auf alten Eisenbahnschwellen bergauf durch Wald und Moor zu herrlichen Aussichtspunkten und oben auf dem Kliff um den See herum. Man überquert den jungen Glenealo und begleitet ihn entlang an Wasserfällen abwärts zum See. Links oben am Hang sieht man die hellen Abraumhalden der alten Bergwerke, kurz vor dem See passiert der Weg das verfallene Betriebsgelände einer Mine. Auf der Nordseite des Upper Lake kommt man über die Miners' Road wieder zum Ausganspunkt zurück. (ca. 2½ Std., 350 m Anstieg)

Der **Derrybawn Woodland Trail** steigt zunächst zum Wasserfall auf, zieht dann am Hang mit Panoramablick über das Tal westwärts und steigt bei der St Saviour's Church wieder ab zum River Glendalough, wie der Bach nach dem Zusammenfluss von Glendasan und Glenealo heißt. (orangefarbene Route, 2 Std.)

Anspruchsvoller ist die Tour auf den **Camaderry** (700 m), der höchsten, von den vorgelagerten Hügeln zunächst verdeckten Erhebung auf der Nordseite des Upper Lake. Der Pfad beginnt, von Glendalough kommend, 50 m vor dem Parkplatz am Upper Lake, führt steil den Hang hinauf auf den Bergrücken, von wo man in nordwestlicher Richtung auf den gut sichtbaren Gipfel zuhält (hin und zurück 4 Std.). Eine Wegbeschreibung findet man unter www.wicklowwalks.com/camaderry oder auf den Webseiten der irischen Bergsteiger, http://mountainviews.ie.

Wicklow Mountains National Park Office, beim Parkplatz am Upper Lake, ✆ 0404 45425, www.wicklowmountainsnationalpark.ie. Mai–Sept. tägl. 10–17.30 Uhr, Febr.–April, Okt. nur Sa/So 10–17.30 Uhr, Nov.–Febr. Sa/So 10–16 Uhr.

Praktische Infos

Verbindungen

Mit St Kevin's Coach Service (✆ 01 281 8119, www.glendaloughbus.com) von Dublin, Mansion House, Dawson St., Abfahrten tägl. 11.30 Uhr, Halt in Bray am Rathaus; zurück 16.30 Uhr (März–Sept. Sa/So 17.40 Uhr) vom Parkplatz gegenüber dem Glendalough Hotel.

Organisierte Touren

Tagesausflüge von Dublin nach Glendalough und zum Powerscourt Estate bietet für 35 € Bus Éireann (www.buseireann.ie, Ostern bis Okt. tägl. 10 Uhr ab Dublin Busbahnhof). Dublinbus (www.dublinbus.ie) startet mehrmals die Woche um 10.30 Uhr am Büro 59 Upper O'Connell Street für 25 € eine Rundfahrt zum Powerscourt Garden und an die Wicklowküste.

Übernachten

Glendalough Hotel. In Toplage nahe dem Kloster, der Bach fließt direkt unter dem Speiseraum hindurch. Am Ort ohne Konkurrenz, daher etwas abgewohnt und mit oft trägem Service. DZ 110–150 €. ✆ 0404 45135, ✉ 0404 45142, www.glendaloughhotel.ie.

Glendalough Youth Hostel. Älteres, gründlich renoviertes und um einen modernen Anbau erweitertes Haus, in dem sich die Mehrzahl der Schlafräume (2- bis 8-Bett-Zimmer) befinden. Die Küche ist mit Teewasserspeicher und diebstahlsicherem Dosenöffner ausgestattet und bietet die Chance, dem teuren Frühstück mit einem selbst zubereiteten Morgenessen zu entgehen. Die Herberge ist ganztägig geöffnet, die Rezeption nur am Morgen und Abend besetzt. Bett 20–25 €, DZ ohne Frühstück 55 €.

Ausflüge in die Umgebung → Karte S. 237

Ganzjährig geöffnet. 400 m vom Visitor Centre Richtung Upper Lake, ☎ 0404 45342, www.anoige.ie.

Essen

Wicklow Heather Restaurant. Ein rustikal-modern eingerichteter Bungalow, die Lage hat ihren Preis. Ungewöhnlich ist der Leseraum mit Büchern von Joyce, Yeats, Heaney und anderen irischen Klassikern. Hauptgericht 15–28 €. Tägl. durchgehend geöffnet. Laragh, ☎ 0404 45157, www.the wicklowheather.com.

Castletown House

Irlands größter und schönster georgianischer Landsitz entging nur um Haaresbreite der Abrissbirne. Nun ist das Schloss am Rande des Örtchens Celbridge Staatsbesitz und kann besichtigt werden.

Eine prächtige Lindenallee führt vom Nordende der Celbridger High Street schnurgerade zum Schloss. Sein Bauherr William Conolly (1662–1729) hatte es mit Immobilienspekulationen vom Gastwirt zum Sprecher des irischen Unterhauses gebracht und ließ es sich Einiges kosten, seinen Aufstieg in die Gentry und den neuerworbenen Reichtum mit einem 120 m langen und bis 18 m hohen Haus für alle Welt sichtbar zur Schau zu stellen. Für den Entwurf wurde der italienische Stararchitekt Alessandro Galilei verpflichtet, die Ausführung lag bei örtlichen Baumeistern, bis 1722 Edward Lovett Pearce die Bauleitung übernahm und die halbrunden Säulengänge sowie die beiden Seitenflügel anfügte. Die Inneneinrichtung trägt die Handschrift einer Frau. Louisa Conolly widmete über 20 Jahre lang ihre Energie der Ausstattung des Palastes.

Eine Rarität ist der **Print Room,** für den Lady Louisa Mappen mit Zeitungen und Kupferstichen eigens aus London kommen ließ. Schäferidyllen, die königliche Familie, Stars der Theaterszene und natürlich alle möglichen Verwandten und Bekannten schnitt sie säuberlich aus und klebte die Bilddrucke statt einer Tapete an die Wand. Bei den Stuckarbeiten im Treppenhaus und in der angrenzenden Halle schwelgten die Gebrüder Francini im Rokoko, namhafte Maler gestalteten die Wände. Die

Long Gallery, der in Blau gehaltene Aufenthaltsraum im Obergeschoss, steht ganz im Zeichen der Klassik. Statuen antiker Philosophen und einer Jagdgöttin belegen, dass es schon damals einen blühenden Handel und Schmuggel mit griechischen Antiquitäten gab. Die Leuchter ließ Louisa nach ihren Vorgaben in Murano blasen, bezahlte aber nie den vollen Preis. Das Blau passe nicht zur Wandfarbe, befand die Hausherrin.

Die Conollys lebten bis 1965 in Castletown, zuletzt nur noch in drei Zimmern und ohne Strom und Zentralheizung. Es fehlte an Geld für Investitionen und für die 120 Bediensten, die in den guten Zeiten hier putzten, heizten, dienerten. Castletown ist prächtig, aber nicht wohnlich. Die Salons liegen alle nach Norden – für heiße italienische Sommer sicher ein guter Gedanke, für Irland ein Unding. Zuletzt versteigerten die Hausherren die gesamte Einrichtung, um noch irgendwie über die Runden zu kommen. Die Guinness-Dynastie und eine Stiftung retteten das Schloss vor dem Abriss. Doch auch ihnen war der Unterhalt des Monstrums zu teuer, und so gehört es heute dem Staat, der es mit viel Aufwand und technischen Tricks restaurieren ließ. www.castletown.ie. April–Okt. Di–So 10–18 Uhr (16.45 Uhr Start der letzten Führung). Eintritt 4,50 €.

Nur eine Scheune: Wonderful Barn

Conolly's Follies

Zu Castletown gehören zwei seltsame Bauwerke, die der Volksmund Conolly's Follies, also Conollys Torheiten, nennt. Zum einen ist damit ein **Obelisk** gemeint, der auf einem Triumphbogen steht; vom Fenster des Blauen Salons kann man ihn in der Ferne erkennen. Das Ding war als Picknickplatz gedacht, doch hatten sich die Conollys vermessen und versehentlich auf dem Grundstück eines Nachbarn gebaut. Der schwieg, bis alles fertig war, und verwehrte den Castletownern anschließend den Zutritt. Auch zum Verkauf des Grundstücks ließ er sich nie bewegen.

Die zweite „Torheit", **Wonderful Barn,** fällt von der Landstraße Celbridge – Leixlip gleich nach der Autobahnbrücke ins Auge: Drei bizarre Türme, die an Zuckerhüte oder flügellose Windmühlen erinnern. Der größte misst stattliche fünf Etagen, die von außen über eine spiralförmige Wendeltreppe zugänglich sind. Die absonderlichen Gebilde waren Scheunen, die 1743 von den Landlords in Castletown in Auftrag gegeben wurden, um den Pächtern Arbeit zu geben und gleichzeitig für Hungersnöte gerüstet zu sein.

Praktische Infos

Verbindungen

Castletown House: Bus 67 via Westmoreland St. nach Celbridge, dann noch 10 Min. Fußweg zum Schloss.

Wonderful Barn: Am Ortsausgang Leixlip beim Spar-Markt parken. Der letzte Weg vor der Brücke führt zu den Türmen. Nächster Bushalt ist die Endstation der Linie 66 B.

Essen

Castletown Inn. Der Pub an Celbridges Hauptstraße serviert über Mittag Pubfood in gigantischen Portionen.

Green's Restaurant. Befindet sich direkt über dem Inn. Mi–So speist man abends hier etwas gediegener. Hauptgericht bis 15 €. Upper Main St., Celbridge, ℘ 01 627 1158, www.thecastletowninn.com.

Ausflüge in die Umgebung → Karte S. 237

Gräber für die Ewigkeit: Der Hügel Newgrange

Newgrange und Knowth   (Brú na Bóinne)

Das geheimnisumwitterte Gräberfeld in der Boyne-Schleife ist nach der Überlieferung der Friedhof der legendären Könige von Tara oder gar die Wohnstatt heidnischer Götter.

Etwa 50 einander ganz ähnliche Gräber wurden im Tal entdeckt, die drei größten, Dowth, Knowth und Newgrange, sind durch ihre Lage auf Anhöhen noch zusätzlich betont. Es handelt sich hier um *Ganggräber,* künstlich aufgeschüttete Rundhügel, in die ein beinahe waagrechter Gang führt. Dieser endet in einer Kammer, die etwa den Grundriss eines Kleeblattes hat und mit in der Art eines Bienenkorbes geschichteten Steinplatten überkuppelt ist. Gang und Kammer wurden zunächst aus großen Steinen als freistehende Strukturen aufgebaut, wie man sie ganz ähnlich auf Malta sehen kann. Anschließend errichtete man darum den Hügel *(Cairn = Bruchstein)* mit wechselnden Lagen aus Erde und Stein, wobei für die äußerste Schicht feiner weißer Quarz aus den Wicklow-

Zugang: Newgrange und Knowth können nur vom Brú na Bóinne Visitor Centre aus besucht werden – die Wegweiser „Newgrange" leiten dorthin. Vom Centre geht man, mit Eintrittskarte, über eine kleine Fußgängerbrücke auf das andere Flussufer, wo ein Kleinbus wartet, der die Besucher zu den Monumenten bringt.

Tickets: Für Newgrange wird täglich nur eine limitierte Anzahl Karten verkauft, Vorausbuchung ist für Individualtouristen nicht möglich. Wer an einem Sommerwochenende oder Feiertag also nicht schon am Vormittag sein Ticket ersteht, hat möglicherweise keine Chance auf Einlass. Für die besonders begehrten Tage um die Wintersonnenwende werden die Tickets verlost.

room, in der Buchhandlung oder mit Spaziergängen in der Umgebung vertreiben.

Febr.–April, Okt. tägl. 9.30–17.30 Uhr; Mai und Mitte–Ende Sept. 9–18.30 Uhr; Juni–Mitte Sept. 9–19 Uhr; Nov.–Jan. 9.30–17 Uhr; Einlass bis 45 Min. vor Schließung. Eintritt 3 €.

Newgrange

Der Hügel hat einen Durchmesser von 90 m und ist heute noch 13 m hoch – früher dürfte er um einiges mehr aufgeragt haben, doch Wind und Wetter ebneten ihn allmählich ein. Auf der Spitze stand bis ins 17. Jh. als weithin sichtbares Wahrzeichen ein gewaltiger Stein. Das gegenwärtige Äußere des Cairns ist Ergebnis der gründlichen Erforschung und Rekonstruktion vor etwa dreißig Jahren. Den Cairn fasst ein Kranz von fast 100 liegenden, ungefähr 1,20 m hohen Steinen ein, der wohl verhindern soll, dass die „Torte" durch ihr eigenes Gewicht an der Basis auseinander quillt. Einige von ihnen sind auch auf der nicht sichtbaren Rückseite verziert, was zu vielerlei Spekulationen Anlass gibt.

In den drei **Kammern** im Inneren des Cairns fanden die Ausgräber in den Boden eingelassene Steinbecken und um diese herum Schalen mit Resten von Knochen und Leichenbrand. Bei den Grabungen kamen auch römische Münzen zutage – die Römer mögen als Touristen hier gewesen sein und den fremden Göttern ihren Obolus gebracht haben, oder irgendjemand hat vielleicht hier seinen Schatz vergraben.

Der **Eingangsstein** ist mit fünf Spiralen ziseliert, dazu Rhomben und Wellenlinien. Auch die Orthostaten (hochkant stehende Seitensteine) der Kammer sind üppig verziert. In die Decksteine von Gang und Kammer sind Rinnen eingemeißelt, die das Regenwasser nach außen ableiteten. Durch einen **Lichtkasten** über dem Eingang und weiter durch den Gang leuchtet die Sonne am 21. Dezember, dem Tag der **Wintersonnenwende**, kurz nach ihrem Aufgang für etwa eine Viertelstunde bis in die

Bergen herbeigeschafft wurde. Bei allen Hügeln liegt der Eingang im Südosten.

Um einige zieht sich ein Steinkreis, wobei nicht immer klar ist, ob Steinkreis und Cairn gleichzeitig oder in verschiedenen Epochen gebaut wurden, also beispielsweise der Cairn in einen schon bestehenden Steinkreis hineingebaut wurde.

Brú na Bóinne Visitor Centre

Das Zentrum erzählt die Geschichte der Gräber und stellt sie in einen kulturellen Zusammenhang, hilft ihren Aufbau zu verstehen, zeigt die Lebensweise der Steinzeitmenschen und gibt Einblick in die Arbeit der Archäologen. Eine Geräuschkulisse aus Vogelgezwitscher und Insektensummen erinnert daran, dass unsere Ahnen zumindest akustisch ein ruhigeres Leben hatten. Moderne Kunst ist mit einem gespaltenen Granitblock vertreten, in dessen Inneren es geheimnisvoll funkelt. Die Wartezeit auf die Führungen durch die Gräber kann man sich, außer in der Ausstellung, auch im Tea-

Ausflüge in die Umgebung → Karte S. 237

Kammer. Das Lichtspiel wird außer in der Ausstellung des Visitor Centre auch während der Besichtigung mit Lampen simuliert, weshalb Sie nicht unbedingt am 21. Dezember kommen müssen.

Eher auf einen Termin hoffen können Sie in der Woche vor und nach der Wintersonnenwende. Auch dann erreicht die Sonne, wenn auch etwas kürzer, das Innere des Cairns. Die geringe Abweichung von der Idealachse – die Sonnenstrahlen erreichen am 21. erst vier Minuten nach dem Aufgang des Gestirns die Kammer, und sie reichen auch nicht ganz bis an deren Rückwand – ist keine Ungenauigkeit der steinzeitlichen Baumeister. Die Astronomen gehen davon aus, dass sich in den letzten Jahrtausenden die Erdachse leicht verschoben hat.

Newgrange gehört zu den meistbesuchten Monumenten Irlands. Kommen Sie also nach Möglichkeit unter der Woche oder wenigstens früh am Morgen, denn die Teilnehmerzahl bei den Führungen ist begrenzt. In dem schmalen Gang ins Innere des Cairns streift man unwillkürlich an den Reliefs entlang, manche Besucher klauen Steine aus dem Grab, andere ritzen ihre Namen in die Wände der Kammer – eine Unsitte, der sogar der Archäologe *McAllister* gleich dreimal frönte.

Öffnungszeiten siehe Visitor Centre; letzter Zubringerbus 1:45 Std. vor Schließung. Eintritt mit Führung und Visitor Centre 6 €.

Knowth

Die Grabungen legten 1962 zunächst einen 35 m langen Gang frei, später eine zweite, von gegenüber in den Hügel führende Passage. Die Kammern am Ende der Gänge liegen ungefähr im Mittelpunkt des Cairns und so dicht beieinander, dass man Klopfgeräusche vom jeweils anderen Gang deutlich hört. Der Tumulus wurde in der Bronzezeit und darauf von den Kelten benutzt, im 9. Jh. wohnte hier die mächtige UiNeill-Familie und später sogar ein Großkönig.

Geöffnet April–Okt. wie Visitor Centre, letzter Zubringerbus 1:45 Std. vor Schließung; Nov.–März geschlossen. Eintritt mit Führung und Visitor Centre 5 €; Visitor Centre, Newgrange und Knowth 11 €.

Dowth

Von hier wurden die Steine für Dowth Castle und eine Kirche genommen, die ihrerseits schneller zerfallen sind als der geplünderte Tumulus. Oben auf dem Hügel stand lange Jahre ein Teehaus, in dem der örtliche Grundherr die Besucher für den Anblick der Burgruine abzocken ließ. Inzwischen haben die Archäologen den Cairn übernommen – Besucher können ihn nur von der Straße aus sehen.

Praktische Infos

Verbindungen

Bus Éireann fährt mehrmals tägl. via Drogheda zum Visitor Centre (Linie 163). ☎ 01 836 6111, www.buseireann.ie.

Zudem verkehrt bei entsprechender Nachfrage der **Newgrange Shuttlebus**, Abfahrt 9 und 11.30 Uhr ab Dublin Tourist Office in der Suffolk St. Fragen Sie dort nach telefonisch nach, ob der Bus auch tatsächlich fährt. ☎ 1800 424252, www.overthetoptours.com.

Organisierte Rundfahrten

Mary Gibbon's Tours, ☎ 086 355 1355, www.newgrangetours.com. Bietet im Sommer beinahe tägl. fachkundig geführte und hoch gelobte Tagestouren ins Boyne Valley und nach Tara an. Abfahrt am Dublin Tourist Office, 35 €.

Auch **Bus Éireann**, ☎ 01 836 6111, www.buseireann.ie, organisiert geführte Tagestouren ab Dublin.

Fahrradverleih

Newgrange Bike Hire, am Nordufer des Boyne 300 m vom Visitor Centre entfernt, ☎ 086 069 5771. 15 €/Rad und Helm, dazu eine Karte und jede Menge guter Tipps vom Vermieter.

Rätsel der Steinzeit

Die meisten Forscher glauben, dass die Monumentalbauten von den Steinzeitmenschen vor 5000 Jahren als Gräber angelegt wurden. Sicher ist das nicht, und eine Minderheit billigt ihnen ein Alter von „nur" 3000 Jahren zu. Wir wissen herzlich wenig über die Megalithkultur, die uns buchstäblich fast nur Steine hinterlassen hat (griech. *megalos lithos* = großer Stein). Die Aussagen der Wissenschaftler beruhen auf einer Kette von Indizien, Hypothesen und Plausibilitäten – ein Gedankengebäude aus vielen Steinen, aus dem man nicht einen wegnehmen darf, um nicht das ganze Haus zusammenbrechen zu lassen.

Nehmen wir das Alter der Cairns. Es wird mit der *C14-Methode* bestimmt, die sich zunutze macht, dass Pflanzen (wie alles Lebendige) zu Lebzeiten aus der Atmosphäre Kohlenstoff aufnehmen. Neben dem gewöhnlichen Kohlenstoff (C12) gelangt dabei über den Stoffwechsel auch das seltene Kohlenstoffisotop C14 in den Körper, Kohlenstoffatome, die im Kern zwei zusätzliche Neutronen haben. Diese C14-Kerne zerfallen

Rätselhafter Kleinfund aus Newgrange

über die Jahre unter Abgabe radioaktiver Strahlung. Aus dem noch vorhandenen Rest von C14-Atomen lässt sich das Alter von Knochen, Samen u. Ä. bestimmen.

Die C14-Analyse führt jedoch oft zu Ergebnissen, die sich nicht in das Zeitraster der Geschichtswissenschaft fügen. Eine andere Methode, die Altersbestimmung anhand der charakteristischen Jahresringe gefällter Bäume, liefert widersprechende Ergebnisse. Offenbar war der C14-Gehalt der Atmosphäre nicht immer und überall gleich. Die C14-Ergebnisse werden deshalb „kalibriert", also nach einer von der Zunft akzeptierten Skala umgerechnet. Bei Steinen funktioniert weder die C14-Methode noch die Jahresringzählung. Man behilft sich damit, einen organischen Rest, beispielsweise gefundene Asche, in die gleiche Zeit wie den Stein zu datieren – eine zusätzliche Unsicherheitsquelle.

Ungeachtet der in den Cairns gefundenen Asche und Knochenreste ist es nicht zwingend, die Hügel als Gräber zu betrachten. Die von ihren Bauwerken her ganz ähnlichen Megalithkulturen des Mittelmeerraumes verbrannten ihre Leichen nicht. Die Hügel könnten auch Tempel gewesen sein, in denen Menschen rituell geopfert wurden. Möglicherweise haben erst spätere Völker hier ihre Toten bestattet. Doch wie gesagt – die Wissenschaft tappt bei der Erforschung der Megalithkulturen ziemlich im Dunkeln.

Tara

Hier am Kultort der Göttin Maeve befindet sich sozusagen der Nabel der irisch-keltischen Welt. Generationen heidnischer Priesterfürsten und ihre sechs christlichen Nachfolger residierten auf den Hügeln von Tara und herrschten über das Land, so weit das Auge reicht.

Cormac MacArt, der von 227 bis 266 regierte, war mit seiner üppigen Hofhaltung vielleicht das Vorbild der **Artus-Sage**. Er soll die Gebäude Taras glanzvoll restauriert und jeden Herbst ein großes Fest gefeiert haben, bei dem im über und über bemalten Bankettsaal mehr als 1000 Gäste bewirtet wurden – Krieger, Höflinge, Druiden, Handwerker, Baumeister und Künstler.

Visitor Centre

So interessant und ergiebig die Stätte für Archäologen war und ist, so sehr enttäuscht sie die meisten Besucher. Außer einem Höhenrücken, künstlichen Hügeln, Gräben und Schanzen gibt es nämlich nichts zu sehen. Aus diesem Grund legen viele Ausflugsbusse nach Newgrange nur während des Sommers einen Stopp in Tara ein: Dann ist das in einer Kirche untergebrachte **Visitor Centre** geöffnet, das mit großformatigen Luftaufnahmen und einer Multimediashow die gewaltigen Ausmaße der Anlage verdeutlicht. Historisch sachkundige und zugleich anekdotenreiche Führungen über das Gelände lassen den Ort lebendig werden.

Fort der Synoden

In dem Hügel, der an das Visitor Centre und den protestantischen Friedhof angrenzt, fanden sich Spuren von Begräbnissen sowie Spuren einer mit Palisaden gesicherten Siedlung der Eisenzeit. Patrick soll hier seine ersten Versammlungen („Synode") abgehalten haben. Grabungen brachten keltischen Goldschmuck und römische Münzen, Glas- und Tonwaren ans Tageslicht, die im Na-

tionalmuseum ausgestellt sind. Der wüste Zustand des Hügels ist auch Ergebnis einer Grabung besonderer Art. Um 1890 hatte ein Brite die Vision, just hier sei die israelitische Bundeslade verborgen. Mit Helfern machte er sich daran, den Hügel zu durchsuchen, doch der Erfolg blieb aus. Als die Schatzgräber dann auch auf der anderen Straßenseite zu buddeln begannen, wurde es den zunächst eher belustigten Dörflern zu viel, und sie vertrieben die religiösen Schatzsucher.

Fort der Könige

Die mit einem Graben und Wall geschützte Königsfestung besteht aus mehreren, wiederum mit Wällen und Gräben befestigten Hügeln. Der größte von ihnen, das **Grab der Geiseln,** ist das eingangs erwähnte steinzeitliche Ganggrab. Auch später wurde der Tumulus für Bestattungen benutzt. Die beiden anderen Schanzen innerhalb der Königsfestung sind **Cormacs Haus,** ein Ringfort mit Spuren eines Holzhauses, und der **Forradh** („Königssitz"), wiederum ein Grabhügel. In der Mitte von Cormacs Haus hat man den phallischen **Lia Fáil** aufgestellt, der neben dem Hügel der Geiseln gefunden wurde. Es gehörte zur Krönungszeremonie, dass sich der neue König auf den Krönungsstein stellte, der mit einem dreifachen Stöhnen den neuen Herrscher als rechtmäßig bestätigen musste. Ein weiterer Stein gedenkt der Toten des Aufstandes von 1798.

Fort des Königs Laoghaire

In dieser kleineren Anlage etwas südlich der Königsfestung soll Patrick mit König Laoghaire gestritten haben. Der Heilige erklärte dem König und den Druiden die Dreifaltigkeit anhand eines Kleeblatts.

Bankettsaal

Das eigentümlichste Bauwerk von Tara ist ein Rechteck von 237 x 27 m, dessen Achse genau auf den Forradh zielt. Das *Book of Leinster* (12. Jh.) und das *Yellow Book of Lecan* (15. Jh.) haben uns außer Gebäudebeschreibungen sogar Zeichnungen überliefert, dazu die genaue Sitzordnung der Gäste nach ihrem Rang und die ihnen dementsprechend zustehende Größe des Bratenstücks! Unter Wissenschaftlern gehen die Meinungen über den Bankettsaal auseinander. Für die einen ist er eine zum Eingang der Burg führende Rampe, für die anderen der Friedhof der Herrscher von Tara – was einen üppigen Leichenschmaus ja nicht ausschließt.

Gráinnes Fort

Die drei Hügel westlich des Bankettsaals waren wohl allesamt vorkeltische Gräber. Die Halbgöttin Gráinne, die Tochter Cormacs, war dem Krieger MacCool versprochen, liebte aber Diamuid. Als sie mit MacCool vermählt werden sollte, dessen Name heiße Liebesabenteuer verspricht, belegte sie Diamuid mit einem Zauber und ließ sich entführen – Gráinnes Fort soll die erste Station auf dieser Flucht gewesen sein. Die Sache schien gut zu gehen. Gráinne verführte den anfangs etwas

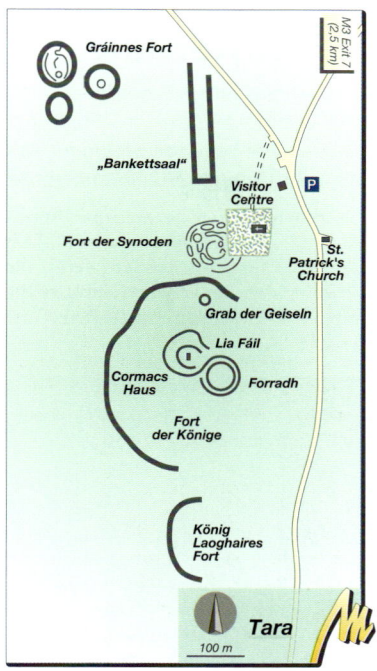

zögerlichen Diamuid, und auf der Flucht hatten die beiden auch reichlich Gelegenheit zu Heldentaten, die wiederum Stoff für weitere Geschichten abgaben. Das Ende jedoch war tragisch: Diamuid tötete aus Versehen einen Menschen, der die Gestalt eines Wildschweins angenommen hatte, und musste dafür selbst sterben.

Praktische Infos

Verbindungen

Selbstfahrer nehmen ab Dublin die N 3 Richtung Navan. Etwa 30 km nach dem Dubliner Autobahnring zweigt links die ausgeschilderte Zufahrt nach Tara ab. Keine öffentlichen Verkehrsmittel.

Organisierte Touren

Mary Gibbon's Tours, ☎ 086 355 1355, www.newgrangetours.com, bietet im Sommer beinahe tägl. fachkundig geführte und hoch gelobte Tagestouren nach Tara und ins Boyne Valley an. Abfahrt am Dublin Tourist Office, 35 €. Auch **Bus Eireann** besucht auf seinen Newgrange-Touren Tara. Oft pfeift dort ein eisiger Wind – warme Kleidung ist angeraten.

Öffnungszeiten

Juni bis Mitte Sept. tägl. 10–18 Uhr, Einlass bis 17.15 Uhr. Eintritt 3 €. www.heritageireland.ie.

Ausflüge in die Umgebung → Karte S. 237

Monasterboice

Das um das Jahr 500 gegründete Kloster war neben Glendalough seinerzeit das wichtigste Zentrum christlicher Gelehrsamkeit in der Umgebung von Dublin. Die Legende verbindet es mit dem heiligen Buithe, dessen Name später zu Boyne verballhornt wurde.

Zu sehen sind ein Rundturm, ähnlich dem in Glendalough, und vor allem drei Hochkreuze, anhand derer die Priester den einfachen Gläubigen die biblische Geschichte erzählten. Wie

Die Bibel als Bildergeschichte

sich der Sockelinschrift entnehmen lässt, ist das dem Eingang am nächsten stehende **Hochkreuz** dem Abt **Muiredach** (887–923) geweiht. Man muss es, beginnend mit der Ostseite, von unten her lesen. Über einem Tiermotiv reicht Eva Adam den Apfel – der Sündenfall. Kain erschlägt Abel, darüber streiten David und Goliath, Moses vollbringt sein Wasserwunder, dann kommen schon die Weisen aus dem Morgenland. Im Zentrum des Kreuzes steht das Jüngste Gericht. Christus als Weltenrichter ist von Musikanten umgeben, der Erzengel wiegt die Seelen, wonach die Guten (links) sich Jesus zuwenden, die Sünder (rechts) von spindeldürren Teufeln in die Hölle gestoßen werden. Auf der anderen Seite lauern bei der Sockelinschrift zunächst zwei Katzen. Es folgen, wieder von unten nach oben, die Gefangennahme Christi, der ungläubige Thomas, die Übergabe des Schlüssels an Petrus und des Buches an Paulus, in der Mitte dann die Kreuzigung. Ganz oben ist ein Kirchlein in den Stein gehauen, vielleicht eine von Muiredach gestiftete Kapelle.

Das **Westkreuz** ist ebenso üppig geschmückt, doch stärker verwittert. Es zählt über 50 Bildfelder und gehört mit 6,50 m Höhe zu den größten Kreuzen Irlands. Das einfache **Nordkreuz** wurde von Cromwells Soldaten zerschlagen und der untere Teil später ersetzt.

Monasterboice liegt 10 km nördlich von Drogheda. Von Linienbussen und Bahn wird es nicht angefahren. Einige **organisierte Touren** nach Newgrange haben Monasterboyce mit im Programm. Das Gelände ist jederzeit ohne Eintritt zugänglich.

Das Waschhaus von Mellifont

Mellifont

Mellifont Abbey war die erste Zisterzienserabtei auf irischem Boden – und ein Stützpunkt, um die Unabhängigkeit der irischen Klöster zu brechen und sie unter die Oberhoheit des Papstes zu zwingen.

Zu Anfang des 12. Jh. waren die meisten Klöster Irlands, nicht anders als auf dem Kontinent, zu Versorgungshäusern und Pfründen des Adels degeneriert. Kaum jemand hielt noch die Ordensregeln ein, wichtige Ämter wurden an den Meistbietenden verkauft. *Malachius*, Bischof von Down, hatte in Frankreich bei seinem Freund Bernhard von Clairvaux die Reformbewegung der *Zisterzienser* kennengelernt. Davon angetan, lud er die Mönche zu sich nach Irland ein, um hier einen neuen Anfang im Klosterleben zu setzen, die Klöster wieder stärker in die kirchliche Hierarchie einzubinden und dem Gehorsam des Papstes zu unterwerfen. So wurde 1242 mit der Einweihung Mellifonts auch gleich eine Synode veranstaltet, auf der alle Bischöfe und die weltlichen Fürsten Irlands unter der Aufsicht des päpstlichen Legaten zusammenkamen, neue Bistumsgrenzen zogen und sich bemühten, die kirchlichen Verhältnisse neu zu ordnen. Die weltlichen Herren erwiesen dabei dem neuen Kloster ihre Referenz, indem sie mit Geschenken geradezu wetteiferten – 60 Unzen Gold scheinen der Mindestbeitrag gewesen zu sein.

Alle Gebäude waren, wie bei Zisterziensern üblich, um einen rechteckigen **Hof** gruppiert; an der Nordseite die **Kirche**, ihr gegenüber das **Kapitelhaus, Refektorium**, die **Küche** und sicher auch die **Wärmestube**, der einzige beheizbare Raum des Klosters und zugleich Gästezimmer. Auf der Ostseite befanden sich die **Zellen** der Mönche. Augenfällig ist in Mellifont das achteckige **Waschhaus** vor dem Refektorium, das vom Fluss durch ein unter der Kirche hindurch geführtes Bleirohr mit Wasser gespeist wurde, in dem sich die Brüder den Dreck von der Feldarbeit abspülten.

Mellifont liegt 6 km nordöstlich von Drogheda. Von Linienbussen und Bahn wird es nicht angefahren. Einige **organisierte Touren** nach Newgrange haben Mellifont mit im Programm.

Geöffnet Ende Juni–Sept. tägl. 10–18 Uhr, Einlass bis 17.15 Uhr. Eintritt 3 €. Ist das Visitor Centre geschlossen, sind die Ruinen ohne Eintritt zugänglich.

Ausflüge in die Umgebung → Karte S. 237

Trim

Eine mächtige Normannenburg, die größte auf den Britischen Inseln, lockt Besucher in das Städtchen am Ufer des Boyne. Besonders Kinder werden hier auf den Spuren von Braveheart & Co ihre Freude haben.

Trim Castle

Von Trim Castle, gebaut 1172 bis ca. 1250, stehen außer dem massiven Donjon nur noch Teile der Außenmauer und Fundamente – eine echte Normannenburg mit acht schönen Rundtürmen in der Mauer, wie sie Heinrich II. und seine Nachfolger etwa auch im französischen Angers hinterlassen haben. 1647 wurde die Burg von den Katholiken ohne viel Anstrengung gestürmt, zwei Jahre später wiederum von Cromwell erobert und gründlich verwüstet. Angriffen mit Kanonen war die im Zeitalter der Armbrustschützen und Reiterheere gebaute Burg nicht gewachsen.

Die weite, eingeebnete Rasenfläche des Burghofs diente lange als Filmkulisse (z. B. für „Braveheart") und als archäologisches Forschungsfeld. Auf der Führung durch den **Wohnturm** werden anhand von Modellen die einzelnen Bauphasen erklärt. Nachhaltiger blieb mir in Erinnerung, dass der Kastellan in seinem Schlafzimmer den damals beachtlichen Luxus eines Aborts genoss – ein Loch unmittelbar unter dem Fenster, von dem man sich erhoffte, der aufsteigende Gestank würde das Ungeziefer draußen halten.

Mitte März bis Sept. tägl. 10–18 Uhr, Okt. tägl. 9.30–17.30 Uhr, Nov. bis Mitte März Sa/So 9.30–17 Uhr. Einlass bis 1 Std. vor Schließung. Eintritt 4 €.

Visitor Centre

Vor der Burgmauer wird im Besucherzentrum die Videoshow **Power and Glory** über die Normannen und ihr Erbe gezeigt. Im Warteraum finden wir ein Modell der Stadt. Wie bei einem Adventskalender kann man an der Wand Klappen und Türen öffnen und so den Leuten in die Häuser schauen. Nach dieser unterhaltsamen Aufwärmphase beginnt die Show mit eher hartem Stoff, nämlich der Lebensge-

Trim, ...

schichte des ersten Burgherren Hugh de Lacy, um dann, leichter verdaulich, die weitere Geschichte der Burg zu inszenieren. Mindestens so sehenswert wie die Show sind die Glasarbeiten und anderen Kunst-Stücke, die an der Kasse verkauft werden – Wohltaten im sonst üblichen Einerlei der Souvenirs.

Mo–Sa 9.30–17.30, So 13–17.30 Uhr. Eintritt 3,20 €.

St Mary's Abbey

Auf der anderen Flussseite überragt der Glockenturm einer Augustinerabtei das Städtchen. Auf dem Gelände dieser Abtei baute John Talbot 1415 die zweite Burg Trims. Der Burgherr mit dem Beinamen „die Geisel Frankreichs" war jedoch die meiste Zeit seines Lebens auf Feldzügen gegen die Franzosen unterwegs und hatte wenig Gelegenheit, sich seines Besitztums zu erfreuen. Shakespeare erwähnt ihn in *Heinrich VI.* als Inbegriff des Kriegsterrors. Im 17. Jh. wurde Talbot Castle für 65 Pfund von Esther Johnson erworben. Nur 18 Monate später verkaufte sie es für den dreifachen Preis an ihren vermutlichen Liebhaber Jonathan Swift (Geistlicher und Autor von *Gullivers Reisen*), der das Anwesen, wiederum mit Profit, an die Kirche verschacherte. Spekulanten gab es schon damals.

Praktische Infos

Information

Im Visitor Centre, Castle St., ✆ 046 943 7227. Mo–Sa 9.30–17.30, So 13–17.30 Uhr. Die Broschüre „Trim Tourist Trail" informiert über die Sehenswürdigkeiten der Stadt.

Verbindungen

Trim wird von den Bussen (Bus Éireann) zwischen Dublin und Athboy/Granard passiert, außerdem liegt es an der Strecke Athlone – Drogheda. Busauskunft, ✆ 01 836 6111, www.buseireann.ie.

Essen

Franzini O'Brien's. Empfohlen seien der Seafood Chowder mit Tomaten oder der Seeteufel. Und ein dickes Lob verdient der Brauch, dem Gast mit jedem Gang auch frische Papierservietten zu bringen. Menü 20/25 €. Mo–Sa ab 18, So ab 13 Uhr. Castle St., am Parkplatz vor der Burg, ✆ 046 943 1002.

Ramparts. Coffeeshop mit auch bei Ortsansässigen beliebtem Mittagstisch. Tägl. 9.30–17.30 Uhr. Castle St., im Visitor Centre.

... die Stadt der Burgen

Kleines Speiselexikon

Zubereitungen

baked	gebacken	*well done*	gut durchgebraten
boiled	gekocht	*rare*	kaum durchgebraten
braised	geschmort	*poached*	pochiert
cooked	gekocht	*roasted*	im Ofen gebacken
fried	gebraten	*smoked*	geräuchert
jellied	geliert	*steamed*	gedünstet
marinated	mariniert	*stewed*	geschmort
medium	halb durchgebraten	*stuffed*	gefüllt

Eintöpfe (stews)

Irish Stew	Eintopf aus Hammelfleisch, Kartoffeln und Zwiebeln, gewürzt mit viel Thymian und Petersilie	*Dublin Coddle*	Eintopf aus Würstchen, Schinken, Zwiebeln und Kartoffeln

Fisch, Meeresfrüchte (seafood)

bream	Brasse	*mackerel*	Makrele
brill	Meerbutt	*monkfish*	Seeteufel
chowder	Fischsuppe (auch Schalentiere)	*mussels*	Muscheln
		oysters	Austern
clams	Venusmuscheln	*plaice*	Scholle
cockles	Herzmuscheln	*prawn*	Garnele
cod	Kabeljau	*salmon*	Lachs
crabs	Krabben	*scallops*	Jakobsmuscheln
crawfish	Languste	*sea trout*	Meeresforelle
eel	Aal	*shellfish*	Schalentiere
haddock	Schellfisch	*squids*	Kalamares
hake	Seehecht	*sole*	Seezunge
halibut	Heilbutt	*trout*	Forelle
kippers	geräucherte Heringe	*tuna*	Thunfisch
		turbot	Steinbutt
lobster	Hummer	*on/off the bone*	mit/ohne Gräten

Fleisch (meat)

bacon	Schinkenspeck	*minced meat*	Hackfleisch
bacon & cabbage	Kohl (meist Wirsing) mit Speck	*mutton*	Hammelfleisch
beef	Rindfleisch	*pheasant*	Fasan
blackpudding	Blutwurst	*pork*	Schweinefleisch
chicken	Huhn	*poultry*	Geflügel
chicken curry	Hühnerfrikassee	*rabbit*	Kaninchen
chop	Kotelett	*rib*	Rippe
duck	Ente	*roast*	Braten
gammon steak	gegrillter Schinken	*roast beef*	Rinderbraten
ham	gekochter Schinken	*saddle of lamb*	Lammrücken
hare	Hase	*sausage*	Wurst
joint	Keule	*shepherd's pie*	Rind- bzw. Hammel fleisch mit Zwiebeln und Kartoffeln überbacken
kidney pie	mit Nieren gefüllte Pastete		
lamb	Lammfleisch	*sirloin steak*	Rumpsteak
leg of lamb	Lammkeule	*snails*	Schnecken
liver	Leber	*turkey*	Truthahn
loin	Lendenstück	*veal*	Kalbfleisch
meatballs	Fleischklößchen	*venison*	Reh bzw. Hirsch

Gemüse (vegetables), Salate (salads), Obst (fruit)

asparagus	Spargel	*French beans*	grüne Bohnen
baked potatoes	in Folie gebackene Kartoffeln	*fruit salad*	Obstsalat
beans	Bohnen	*grapes*	Weintrauben
Brussels sprouts	Rosenkohl	*horse radish*	Meerettich
cabbage	Kohl	*leek*	Lauch
carrots	Karotten	*lentils*	Linsen
cauliflower	Blumenkohl	*lettuce*	Kopfsalat
celery	Sellerie	*mashed potatoes*	Kartoffelbrei
chips	Pommes frites	*mushrooms*	Pilze (Champignon)
colecannon	Kartoffelbrei mit Kohl, Butter, Milch	*onions*	Zwiebeln
coleslaw	Krautsalat	*parsnip*	Pastinaken
corn	Mais	*parsley*	Petersilie
creamed potatoes	Kartoffelbrei	*peach*	Pfirsich
cucumber	Salatgurke	*pear*	Birne
egg mayonnaise	russische Eier	*peas*	grüne Erbsen
		peppers	Paprikaschoten

pineapple	Ananas	*turnips*	weiße Rüben
potato	Kartoffel	*stewed fruit*	Kompott
spinach	Spinat	*strawberries*	Erdbeeren

Sonstiges

carageen	mit Milch gekochter Seetang	*mint sauce*	Pfefferminzsauce
cereals	Müsli	*mustard*	Senf
cheese	Käse	*noodles*	Nudeln
cream	Sahne	*pancake*	Pfannkuchen
custard	Vanillesauce	*porridge*	Haferbrei
dumplings	Klöße	*rice*	Reis
egg	Ei	*scrambled eggs*	Rühreier
garlic	Knoblauch	*soup*	Suppe
jam	Marmelade, Konfitüre	*sour cream*	saure Sahne
		sugar	Zucker
marmalade	Bittermarmelade	*trifle*	(süßer) Auflauf
		vinegar	Essig

Brot (bread), Gebäck (pastry)

barm bread	süßes Brot	*lemon meringue pie*	Zitronencremeku- chen mit Baiserhaube
biscuits	Kekse		
boxties	gefüllte Pfannkuchen	*scones*	Teegebäck
brown bread	Weizenvollkornbrot	*soda bread*	Sodabrot
cream gateau	Sahnetorte	*tart*	Obsttorte
Guinness cake	mit Bier gewürztes Früchtebrot		

Getränke (beverages)

beer	Bier		Schuss Whiskey, zwei Teelöffeln braunem Rohrzucker und einer Sahne haube obenauf
stout	dunkles Bier, Typ Guinness		
lager	helles, pilsähnliches Bier		
ale	leichtes Dunkelbier, Typ Export	*Irish cream*	Likör auf Whiskey- Basis mit Schoko lade und Sahne
bitter	leichtes Dunkelbier, Typ Alt	*Irish mist*	Likör auf Whiskey- Basis mit Honig und Kräutern
cider	Apfelwein		
mead	Met	*ginger ale*	Ingwerlimonade
Irish tea	Whiskey-Grog, gewürzt mit Nelken und Zitrone	*malt beer*	Malzbier
		red wine	Rotwein
		sparkling wine	Sekt
Irish coffee	Kaffee mit einem	*white wine*	Weißwein

Abruzzen • Ägypten • Algarve • Allgäu • Allgäuer Alpen • Altmühltal & Fränk. Seenland • Amsterdam • Andalusien • Andalusien • Apulien • Australien – der Osten • Auvergne & Limousin • Azoren • Bali & Lombok • Barcelona • Bayerischer Wald • Bayerischer Wald • Berlin • Bodensee • Bornholm • Bretagne • Brüssel • Budapest • Chalkidiki • Chiemgauer Alpen • Chios • Cilento • Comer See • Cornwall & Devon • Costa Brava • Costa de la Luz • Côte d'Azur • Cuba • Dolomiten – Südtirol Ost • Dominikanische Republik • Dresden • Dublin • Ecuador • Eifel • Elba • Elsass • Elsass • England • Fehmarn • Föhr & Amrum • Franken • Fränkische Schweiz • Fränkische Schweiz • Friaul-Julisch Venetien • Gardasee • Gardasee • Genferseeregion • Golf von Neapel • Gomera • Gran Canaria • Graubünden • Hamburg • Harz • Haute-Provence • Ibiza • Irland • Island • Istanbul • Istrien • Italien • Kalabrien & Basilikata • Kanada – Atlantische Provinzen • Karpathos • Kärnten • Katalonien • Kefalonia & Ithaka • Köln • Kopenhagen • Korfu • Korsika • Korsika Fernwanderwege • Korsika • Kos • Krakau • Kreta • Kreta • Kroatische Inseln & Küstenstädte • Kykladen • Lago Maggiore • La Palma • La Palma • Languedoc-Roussillon • Lanzarote • Lesbos • Ligurien – Italienische Riviera, Genua, Cinque Terre • Ligurien & Cinque Terre • Limnos • Liparische Inseln • Lissabon & Umgebung • Lissabon • London • Lübeck • Madeira • Madeira • Madrid • Mainfranken • Mainz • Mallorca • Mallorca • Malta, Gozo, Comino • Marken • Mecklenburgische Seenplatte • Mecklenburg-Vorpommern • Menorca • Midi-Pyrénées • Mittel- und Süddalmatien • Montenegro • Moskau • München • Münchner Ausflugsberge • Naxos • Neuseeland • New York • Niederlande • Norddalmatien • Norderney • Nord- u. Mittelengland • Nord- u. Mittelgriechenland • Nordkroatien – Zagreb & Kvarner Bucht • Nördliche Sporaden – Skiathos, Skopelos, Alonnisos, Skyros • Nordportugal • Nordspanien • Normandie • Norwegen • Nürnberg, Fürth, Erlangen • Oberbayerische Seen • Oberitalien • Oberitalienische Seen • Odenwald mit Bergstraße, Darmstadt, Heidelberg • Ostfriesland & Ostfriesische Inseln • Ostseeküste – Mecklenburg-Vorpommern • Ostseeküste – von Lübeck bis Kiel • Östliche Allgäuer Alpen • Paris • Peloponnes • Pfalz • Pfälzer Wald • Piemont & Aostatal • Piemont • Polnische Ostseeküste • Portugal • Prag • Provence & Côte d'Azur • Provence • Rhodos • Rom • Rügen, Stralsund, Hiddensee • Rumänien • Rund um Meran • Sächsische Schweiz • Salzburg & Salzkammergut • Samos • Santorini • Sardinien • Sardinien • Schottland • Schwarzwald Mitte/Nord • Schwarzwald Süd • Shanghai • Sinai & Rotes Meer • Sizilien • Sizilien • Slowakei • Slowenien • Spanien • Span. Jakobsweg • St. Petersburg • Steiermark • Südböhmen • Südengland • Südfrankreich • Südmarokko • Südnorwegen • Südschwarzwald • Südschweden • Südtirol • Südtoscana • Südwestfrankreich • Sylt • Teneriffa • Teneriffa • Tessin • Thassos & Samothraki • Toscana • Toscana • Tschechien • Türkei • Türkei – Lykische Küste • Türkei – Mittelmeerküste • Türkei – Südägäis • Türkische Riviera – Kappadokien • Umbrien • Usedom • Venedig • Venetien • Wachau, Wald- u. Weinviertel • Wales • Warschau • Westböhmen & Bäderdreieck • Westliche Allgäuer Alpen und Kleinwalsertal • Wien • Zakynthos • Zentrale Allgäuer Alpen • Zypern

Reisehandbuch   MM-City   MM-Wandern

Marsh's Library

Register

Die (in Klammern gesetzten) Koordinaten verweisen auf die beigefügte Dublin-Karte.

Die in diesem Reisebuch enthaltenen Informationen wurden vom Autor nach bestem Wissen erstellt und von ihm und dem Verlag mit größtmöglicher Sorgfalt überprüft. Dennoch sind, wie wir im Sinne des Produkthaftungsrechts betonen müssen, inhaltliche Fehler nicht mit letzter Gewissheit auszuschließen. Daher erfolgen die Angaben ohne jegliche Verpflichtung oder Garantie des Autors bzw. des Verlags. Autor und Verlag übernehmen keinerlei Verantwortung bzw. Haftung für mögliche Unstimmigkeiten. Wir bitten um Verständnis und sind jederzeit für Anregungen und Verbesserungsvorschläge dankbar.

ISBN 978-3-95654-003-5

© Copyright Michael Müller Verlag GmbH, Erlangen 2011, 2013, 2015. Alle Rechte vorbehalten. Alle Angaben ohne Gewähr. Druck: Stürtz GmbH, Würzburg.

Aktuelle Infos zu unseren Titeln, Hintergrundgeschichten zu unseren Reisezielen sowie brandneue Tipps erhalten Sie in unserem regelmäßig erscheinenden Newsletter, den Sie im Internet unter www.michael-mueller-verlag.de kostenlos abonnieren können.